Ullstein Sachbuch

Ullstein Sachbuch
Ullstein Buch Nr. 34118
im Verlag Ullstein GmbH,
Frankfurt/M – Berlin – Wien

Ungekürzte Ausgabe

Umschlagentwurf:
Manfred Siegler

Lizenzausgabe mit Genehmigung
des Bechtle Verlags, Esslingen am Neckar

Die Bildvorlagen stammen fast ausschließlich
aus dem Deutschen Museum in München und
werden mit freundlicher Genehmigung reproduziert. Bild Nr. 21: Ullstein Bilderdienst.
Printed in Germany 1983
Druck und Bindung:
Mohndruck Graphische Betriebe GmbH,
Gütersloh
ISBN 3 548 34118 7

Februar 1983

CIP-Kurztitelaufnahme
der Deutschen Bibliothek

Hermann, Armin:
Weltreich der Physik: von Galilei bis Heisenberg / Armin Hermann. – Ungekürzte
Ausg. – Frankfurt / M; Berlin; Wien: Ullstein, 1983.
(Ullstein-Buch; Nr. 34118: Ullstein-Sachbuch)
ISBN 3-548-34118-7
NE: GT

Armin
Hermann

Weltreich der Physik

Von Galilei bis Heisenberg

Ullstein Sachbuch

Inhaltsverzeichnis

I. Das neue Weltbild

1. Galilei: Die »Nuova Scienza«

»Biedermeier« war der Spitzname eines Schülers im Münchener Luitpold-Gymnasium. Mozart-Sonaten liebte er und sein »heiliges Geometrie-Büchlein«.

Seine Eltern hatten sich von den Traditionen ihrer Kirche gelöst. Damit war der junge Albert unzufrieden und fand für sich den Weg zum Glauben. Die Bücher aber, die er damals las über »Kraft und Stoff« und die Entstehung des Lebens, brachten ihn zu der Überzeugung, daß vieles in den Erzählungen der Bibel nicht wahr sein konnte. Mit zwölf Jahren geriet er in schwere Konflikte. Jeder Mensch müsse sich entscheiden, so stand es in den Büchern, zwischen Vernunft und Glauben.

Am Ende des 19. Jahrhunderts war es über die Abstammungslehre von Charles Darwin zum scharfen Konflikt zwischen der Wissenschaft und dem traditionellen Christentum gekommen. Viele Naturforscher und Ärzte stellten sich schroff gegen die Kirchen, und viele der Heranwachsenden übernahmen dieses Urteil. Darunter war auch der am 14. März 1879 geborene Albert Einstein, dessen Vater, fortschrittsgläubig wie viele Zeitgenossen, aus Ulm nach München gezogen war, um hier die Fabrikation elektrotechnischer Erzeugnisse zu betreiben.

1899 schrieb der Biologe Ernst Haeckel in Jena das Buch »Die Welträtsel«. Bald rühmte er sich, allein in Deutschland zwei Millionen Leser zu haben. Er behauptete: »Das Christentum steht in einem prinzipiellen Gegensatz zu Vernunft und Wissenschaft.«

Weite Verbreitung fand die Reproduktion eines Gemäldes, das Galilei darstellte. Man sah den großen Physiker vor dem Tribunal der »Heiligen Inquisition«. Soeben hatte er auf den Knien dem »Irrtum und der Ketzerei« abschwören müssen, die er bisher gelehrt: daß die Erde ein

Planet sei wie alle anderen Planeten und sich um die Sonne bewege. Der Augenblick danach ist auf dem Bild eingefangen. Die erzwungene Abschwörung hat den Stolz des Gelehrten ungeheuer gedemütigt. Er weiß: Die Wahrheit ist auf seiner Seite. Galilei hat sich soeben wieder erhoben, und halb abgewendet von den Richtern über Leben und Tod, stampft er wütend auf mit dem Fuß: »Und die Erde bewegt sich doch!«

Ende des 19. Jahrhunderts wollte man Galilei als großen Kämpfer gegen die Kirche darstellen. In Wirklichkeit war er wie fast jeder Mensch im Europa des 16. und 17. Jahrhunderts ein gläubiger Christ und hätte es gar nicht ertragen, im Konflikt mit der Kirche zu leben.

Galilei war davon überzeugt, daß die Sonne im Mittelpunkt der Welt steht und daß sich die Erde um die Sonne bewegt. Gerade weil aus der Heiligen Schrift das Gegenteil herausgelesen werden konnte, bemühte er sich um Beweise für die Bewegung der Erde, um theologische und physikalische Beweise. Gegen den Richterspruch der Heiligen Inquisition hat er sich aber nicht aufgebäumt, sondern sich resignierend unterworfen.

Ein ganz falsches Galilei-Bild ist also in der Zeit des »Kulturkampfes« vor 100 Jahren entstanden. Heute wissen wir, daß der Ausspruch »Eppur si muove, Und sie bewegt sich doch«, nur eine Legende ist.

Hartnäckiger noch als das »Eppur si muove« hat sich eine zweite Legende gehalten: Diese betrifft Galilei als den Begründer der neuzeitlichen Physik. Wir schlagen dazu zwei Hochschullehrbücher auf, nämlich Bergmann-Schaefer, *Lehrbuch der Experimentalphysik*, und Ludwig Föppl, *Elementare Mechanik vom höheren Standpunkt:*

»Zwei gleich große Kugeln aus Aluminium und Blei, die also sehr verschiedenes Gewicht haben, lassen wir gleichzeitig aus derselben Höhe zu Boden fallen. Wir stellen fest, daß sie zur gleichen Zeit am Boden aufschlagen, wie bereits Galilei 1590 durch Fallversuche am schiefen Turm zu Pisa festgestellt hat.«

»Auch ohne dieses Ergebnis sind die Versuche allein deshalb von großer historischer Bedeutung, weil Galilei damit den Versuch als Frage an die Natur in den Vordergrund der physikalischen Forschungen gestellt hat.

Seine Schrift ›De Motu‹, erschienen 1590, in der er über diese Versuche berichtet, kann als Beginn der Bewegungslehre angesehen werden.«
Richtig ist: Galilei hat die Anfangsgründe der Bewegungslehre und damit die Anfangsgründe der neuzeitlichen Physik geschaffen. Die Begründung aber ist falsch. Nicht durch Experimente, nicht durch eine »Befragung der Natur« ist die »Nuova Scienza« entstanden. Galilei hat die neuzeitliche Naturwissenschaft durch eine intellektuelle Analyse begründet, durch eine Abstraktion von der Naturwirklichkeit.
Galilei schuf mit dem richtigen Fallgesetz auch zugleich die Methode der Physik. Aber diese Methode besteht nicht einfach im »Experiment als Frage an die Natur«. Bevor nämlich überhaupt erst sinnvoll experimentiert werden kann, müssen durch einen geistigen Prozeß die sogenannten idealen Versuchsbedingungen erschlossen werden. Die intellektuelle Analyse aber ist der entscheidende erste Schritt. Erst danach können die Experimente ausgeführt werden. Wie später Albert Einstein hat es Galilei meist bei Gedankenexperimenten belassen.
Die Legende von den Fallversuchen Galileis am schiefen Turm zu Pisa ist also nicht bloß ein Irrtum über die geschichtliche Wahrheit. Die hartnäckig kolportierte Legende zeigt, daß viele Physiker ganz falsche Vorstellungen hegen von der Methode ihrer Wissenschaft.
Deshalb interessiert der Weg Galileis zum Fallgesetz: weil er zeigt, wie die Physiker damals und heute zu dem kommen, was sie ein »Gesetz« oder gar eine »Theorie« nennen. Methode ist der Weg der Wissenschaft zu ihren Aussagen. Wie jeder große Entdecker knüpfte auch Galilei an eine lange geistige Tradition an. Er war vor allem beeinflußt vom christlichen Neuplatonismus. Um Galilei zu verstehen, müssen wir auf den großen griechischen Philosophen Plato zurückgehen und betrachten, wie das Christentum seine Lehre umgeformt hat.
Für Plato gibt es zwei verschiedene Welten. Es gibt die Welt, in der wir Menschen leben, die Welt der sinnlich wahrnehmbaren Gegenstände. Daneben aber existiert für Plato eine höhere geistige Welt, die Welt der Ideen. Zu den Ideen gehören die geometrischen Figuren in der Ebene und im Raum.

Das Eigentlich-Seiende ist für Plato gar nicht das, was in der Natur existiert. Wenn der Mensch die Natur beobachtet, dann erkennt er gar nicht das Wesentliche. Plato sagte: »Wenn einer sich über Gegenstände der sinnlichen Erfahrung zu unterrichten sucht, dann nenne ich das niemals ein wirkliches sich Unterrichten. Denn wirkliche Erkenntnis liegt nicht in diesen Gegenständen.«

Plato glaubt, daß am Himmel in den Bewegungen der Sterne wahre mathematische Formen realisiert sind. Der Sternenhimmel existiert zwar nicht von Ewigkeit her, sondern er ist vom Demiurg, vom göttlichen Baumeister, geschaffen, aber seither ist er unveränderlich. Die Bewegungen der Fixsterne verlaufen in Kreisen; die Bewegungen der Planeten in Bahnen, die sich aus Kreisen zusammensetzen lassen.

Ganz anders als am Sternenhimmel ist es nach Plato in der Welt unter dem Monde. Hier auf unserer Erde herrscht ein ständiger Wechsel, ein dauerndes Entstehen und Vergehen, ein dauerndes Stirb und Werde. Nichts ist unveränderlich. Die irdischen Dinge haben nur ganz unvollkommen teil an den ewigen Ideen. Es hat gar keinen Sinn, nach mathematischen Beziehungen suchen zu wollen.

Für Plato ist also die Physik von ganz anderem Charakter als die Astronomie. In der Astronomie sind wahre mathematische Formen realisiert, in der Physik aber nicht: Die Astronomie gehört zum Kreis der mathematischen Wissenschaften, nicht die Physik. Ja, noch mehr: Die Physik ist überhaupt keine Wissenschaft. Vom Werden und Vergehen der Dinge kann es nämlich nach Plato überhaupt keine Wissenschaft geben, sondern nur mehr oder weniger glaubwürdige Ansichten. Wenn man sich damit beschäftigt, so hat dies nur den Wert eines Spieles zur Erholung von der philosophischen Beschäftigung mit dem wahrhaft Seienden.

Plato bestreitet also, daß die Physik eine Wissenschaft sein könne. Und doch war der Platonismus die Grundlage, aus der die Physik hervorgewachsen ist.

In den Jahrhunderten nach Plato fand das platonische Gedankengut weite Verbreitung. Das aufkommende Christentum bekämpfte zunächst die sogenannte »heidnische« Philosophie. Als aber im Jahre 529 die alte platonische Akademie in Athen als Bollwerk des Heidentums geschlossen wurde, da war der Platonismus längst in das Christentum eingedrungen. Der heilige Augustinus wurde der große Lehrer des christlichen Neuplatonismus: Nach christlicher Auffassung hat Gott Himmel und Erde geschaffen nach seinen Vorstellungen. Im christlichen Neuplatonismus sind also nicht nur am Himmel mathematische Formen realisiert, sondern auch hier auf unserer Erde.

Die Bedeutung, die der christliche Neuplatonismus für die Naturwissenschaft besitzt, erkennt man sofort an der neuartigen Behandlung des Problems des fallenden Körpers. Aristoteles hatte eine mathematische Beschreibung gegeben. Diese gibt in grober Näherung das wieder, was man in der Natur wahrnimmt. Danach ist die Fallbewegung um so schneller, je schwerer der Körper und um so langsamer, je größeren Widerstand das Medium leistet, in dem der Körper fällt.

Aus dem aristotelischen Gesetz folgt ein absurdes Ergebnis für den Grenzfall, daß man den Widerstand des Mediums ganz aufhebt. Aristoteles sah das sehr wohl. Es war für ihn ein zusätzliches und erwünschtes Argument, daß ein Vakuum unmöglich ist.

Der christliche Neuplatoniker Johannes Philoponos, der im 6. Jahrhundert in Alexandria lebte, nahm eine andere Position ein. Er sagte: Die Fallbewegung im Vakuum, die es zwar hier auf der Erde nicht gibt, sei keineswegs sinnlos, sondern sei geradezu die »Idee der Bewegung«. Der Fall im Vakuum sei der »motus naturalis«, die wahre mathematische Form der Bewegung.

Diese Auffassung des christlichen Neuplatonikers wurde unterstützt von dem hispano-arabischen Gelehrten Ibn Baddscha Anfang des 12. Jahrhunderts. Der berühmte Ibn Roschd aber, auch Averroës genannt, der für Aristoteles eine fast religiöse Verehrung besitzt, bekämpfte die Auffassung des christlichen und islamischen Neuplatonismus. Nach Averroës ist es ganz unsinnig zu meinen, daß das Medium, in dem sich die Bewegung abspielt, nur sekundäre Bedeutung besitze. Es ist doch Tatsache, argumentierte er, daß jede irdische Bewegung in einem

Medium verlaufe und folglich sei doch die natürliche Bewegung diejenige im Medium. Wenn man dagegen sage, die Bewegung im Vakuum sei der »motus naturalis«, dann müsse man die Bewegung im Medium als unnatürlich bezeichnen. Das aber sei absurd.
In der Auffassung, welches der wahre motus naturalis sei, scheiden sich die Geister. Die Aristoteliker, auch Nominalisten genannt, sagten, daß die abstrakten Begriffe, also die »Ideen« der Platoniker, wie etwa »das Gute« oder der »motus naturalis« als Fall im Vakuum, nur menschliche Abstraktionen seien, nur nominelle (aber keine reale) Bedeutung hätten. Der Nominalist bestand darauf, daß die mathematische Formel auch tatsächlich das Verhalten der Natur beschreibt.
Die Neuplatoniker dagegen glaubten, daß Gott im Großen und im Kleinen die Welt nach einem mathematischen Bauplan geschaffen hat und besaßen die Überzeugung, daß es sich dabei nicht um eine vordergründige Realisierung handeln werde. Für sie waren das Entscheidende die mathematischen Ideen hinter den Naturerscheinungen.
Fruchtbar geworden ist der Neuplatonismus. Dieser führte direkt zu der Auffassung: Der freie Fall im Vakuum ist der eigentliche »motus naturalis«; der freie Fall im Vakuum ist die »Idee der Fallbewegung«. Das ist eine notwendige Voraussetzung, die Fallbewegung physikalisch verstehen zu können. Wie die Neuplatoniker Philoponos und Ibn Baddscha brachte Galilei diese Voraussetzung mit.
Es ging Galilei also um die Bewegung im leeren Raum. Nach welchem Gesetz verläuft der freie Fall? Nach der Legende hat schon der junge Galilei 1590 durch Versuche am schiefen Turm zu Pisa ermittelt: Alle Körper fallen gleich schnell.
In Wirklichkeit war Galilei noch 1590 der Meinung (wie aus der Jugendschrift »De Motu« eindeutig hervorgeht), daß die Geschwindigkeit des freien Falles durch das spezifische Gewicht des fallenden Körpers bestimmt würde. Deshalb war der junge Galilei überzeugt, daß sich die Bleikugel erheblich schneller nach unten bewegt. So schrieb er 1590: »Wenn man eine Kugel von Blei und eine von Holz von einem hohen Turm fallen läßt, bewegt sich das Blei weit voraus. Das habe ich

oft nachgeprüft.« Das also sind Galileis angebliche Fallversuche von 1590: »Blei bewegt sich weit voraus.«

Zwanzig Jahre benötigte Galilei, von 1589 bis 1609, um seine Ergebnisse zu erzielen:

1. Im Vakuum fallen alle Körper gleich schnell.
2. Die Bewegung ist gleichförmig beschleunigt.

Wie kam Galilei zu der Überzeugung, daß im Vakuum alle Körper gleich schnell fallen? Als Neuplatoniker ging er davon aus, daß im Vakuum die Fallbewegung besonders einfach abläuft und daß das Gesetz mathematisch erfaßbar ist. So analysierte er den freien Fall im Hinblick darauf, was im nicht beobachtbaren Grenzfall des Vakuums geschehen würde. Galilei dachte sich drei Kugeln aus Gold, Blei und Holz. In Gedanken ließ er diese Kugeln im Quecksilber fallen, im Wasser und in Luft. Im Quecksilber fällt nur das Gold nach unten; im Wasser fallen Gold und Blei, aber das Gold deutlich voraus. In Luft fallen alle drei Körper. Nun ist kein Unterschied mehr zwischen Gold und Blei. Nur das Holz bleibt ein wenig zurück.

Nun kam der wichtige Schluß auf das Vakuum. Galilei schrieb, und heute noch kann man es in seinen „Discorsi" nachlesen: »Angesichts dessen glaube ich, daß, wenn man den Widerstand der Luft ganz aufhöbe, alle Körper gleich schnell fallen würden.«

Man nennt seine Schlußweise eine »Extrapolation«. Die so gewonnene Erkenntnis wurde durch geniale Gedankenversuche abgestützt. Aristoteles hatte behauptet, daß der schwerere Körper schneller nach unten fällt. Nimmt man dies einmal als richtig an, was folgt daraus? Galilei dachte sich einen großen Körper M und einen kleinen m. Stellt man sich die beiden verbunden vor, so ist, wie wir heute sagen würden, die neue Masse $M + m$, und der neue Körper muß nach Aristoteles noch schneller fallen als der Körper M allein. Aber dies ist absurd, sagt Galilei. Der kleine Körper m, der allein für sich langsamer fallen würde als der Körper M, müßte doch, wenn die Körper verbunden sind, dessen Bewegung hemmen. Die Annahme, daß ein Körper um so schneller fällt, je größer sein Gewicht ist, führt also auf einen Widerspruch.

Ebenso ist es aber auch mit der Annahme, daß ein Körper um so schneller fällt, je kleiner sein Gewicht ist. Auch hier läßt sich sehr leicht zeigen, daß ein Widerspruch auftritt. Es bleibt also nur der Schluß: Alle Körper fallen gleich schnell.

Es lohnt sich, diese Argumentation bei Galilei im Wortlaut nachzulesen. Wir greifen dazu zu dem physikalischen Hauptwerk Galileis, den »Discorsi e Dimonstrazioni matematiche, intorno à due nuove scienze«, zu deutsch den »Unterredungen und mathematischen Beweisen über zwei neue Wissenschaften.«

Dieses Buch ist 1638 in Leiden erschienen, vier Jahre vor Galileis Tod. Galilei hat hier die physikalischen Ergebnisse seiner Lebensarbeit niedergelegt. Unter den beiden neuen Wissenschaften werden die Festigkeitslehre und die Bewegungslehre verstanden. Tatsächlich sprechen wir heute von der »Nuova Scienza« Galileis und meinen die Physik, denn die zwei Teildisziplinen entwickelten sich zu einer einzigen großen Wissenschaft.

Wie die platonischen Schriften sind auch Galileis »Discorsi« in der Form von Dialogen geschrieben. Es unterhalten sich zwei venezianische Edelleute Sagredo und Salviati mit einem Anhänger der Aristotelischen Philosophie namens Simplicio. Bei dem Nachweis, daß alle Körper gleich schnell fallen, treten nur Salviati und Simplicio auf.

Salviati: Ohne viel Versuche können wir durch eine kurze, bindende Schlußfolgerung nachweisen, wie unmöglich es sei, daß ein größeres Gewicht sich schneller bewege als ein kleineres . . . Denn sagt mir, Herr Simplicio, gebt Ihr zu, daß jeder fallende Körper eine von Natur ihm zukommende Geschwindigkeit habe; so daß, wenn dieselbe vermehrt oder vermindert werden soll, eine Kraft angewandt werden muß oder ein Hemmnis.

Simplicio: Unzweifelhaft hat ein Körper in einem gewissen Mittel eine von Natur bestimmte Geschwindigkeit, die nur mit einem neuen Antrieb vermehrt oder durch ein Hindernis vermindert werden kann.

Salviati: Wenn wir zwei Körper haben, deren natürliche Geschwindigkeit verschieden sei, so ist es klar, daß, wenn wir den langsameren mit

dem geschwinderen vereinigen, dieser letztere von jenem verzögert werden müßte . . . Seid Ihr hierin mit mir einverstanden?
Simplicio: Mir scheint die Consequenz völlig richtig.
Salviati: Aber wenn dieses richtig ist, und wenn es wahr wäre, daß ein großer Stein sich z. B. mit 8 Maß Geschwindigkeit bewegt und ein kleinerer Stein mit 4 Maß, so würden beide vereinigt eine Geschwindigkeit von weniger als 8 Maß haben müssen; aber die beiden Steine zusammen sind doch größer, als jener größere Stein war, der 8 Maß Geschwindigkeit hatte; mithin würde sich nun der größere langsamer bewegen als der kleinere; was gegen Eure Voraussetzung wäre. Ihr seht also, wie aus der Annahme, ein größerer Körper habe eine größere Geschwindigkeit . . ., ich Euch weiter folgern lassen konnte, daß ein größerer Körper langsamer sich bewege als ein kleinerer.
Das also ist die Argumentation Galileis. Er widerlegte damit das Fallgesetz von Aristoteles. Galilei ging es um den Nachweis: Im Vakuum fallen alle Körper gleich schnell. Das war seine erste große Erkenntnis. Und die zweite: Die Geschwindigkeit eines frei fallenden Körpers nimmt laufend zu; in gleichen Zeiten sind die Geschwindigkeitszuwüchse gleich. Heute konstatieren wir einfach: Die Beschleunigung ist konstant.
Galilei sagte: Man kann durchaus beliebige Bewegungsabläufe frei ersinnen, wir aber wollen eine Definition der beschleunigten Bewegung suchen, die der natürlichen Bewegung entspricht: »Zur Untersuchung der natürlich beschleunigten Bewegung hat uns gleichsam mit der Hand geleitet die aufmerksame Beobachtung des gewöhnlichen Geschehens und der Ordnung der Natur in allen ihren Verrichtungen, bei deren Ausübung sie die allerersten einfachsten und leichtesten Hilfsmittel zu verwenden pflegt . . . Wenn ich daher bemerke, daß ein aus der Ruhelage von bedeutender Höhe herabfallender Stein nach und nach neue Zuwüchse an Geschwindigkeit erlangt, warum soll ich nicht glauben, daß solche Zuwüchse in allereinfachster, jedermann plausibler Weise zustande kommen?«
Galileo Galilei, der Begründer der Physik, zeigt sich als ein Mann, der

ein gegebenes physikalisches Problem durch Überlegung zu lösen sucht. Dabei leitete ihn, wie den theoretischen Physiker von heute, der metaphysische Glaube an die Einfachheit der Natur.
Das Ergebnis war schließlich:

1. Die Geschwindigkeit des fallenden Körpers nimmt zu proportional mit der Zeit. Wir schreiben heute $v = gt$
2. Die zurückgelegte Strecke nimmt zu proportional mit dem Quadrat der Zeit. Wir schreiben heute $s = \frac{1}{2} gt^2$

Nochmals sei es betont: Galilei hat seine Ergebnisse nicht durch Versuche gewonnen. Er hat vielmehr einfache Ansätze gemacht für die Geschwindigkeit und die zurückgelegte Strecke, und er hat die Konsequenzen seiner Ansätze mathematisch geprüft.
Wie gesagt hat Galilei seine Ergebnisse 1638 in der Form von Dialogen niedergelegt. In dem Gespräch zwischen den drei Männern erhebt an dieser Stelle Simplicio, der Aristoteliker, eine Forderung. Er verlangt, daß nun in der Natur nachgesehen werde, ob diese Gesetze auch tatsächlich realisiert sind.
Wenn es Simplicio ist, der auf dem Versuch besteht, kann dies nur bedeuten: Sehr wichtig nahm Galilei den experimentellen Nachweis nicht. Zwar ging er nicht so weit, eine solche Forderung geradezu abzulehnen. Aber er behandelte die experimentelle Bestätigung seines Fallgesetzes doch deutlich als eine Sache minderer Bedeutung.
Im freien Fall hat man es mit kurzzeitigen Vorgängen zu tun. Kurze Zeiten konnte man schlecht messen damals. Also benutzte Galilei die schiefe Ebene. Dabei wird der Vorgang sozusagen »in die Länge gezogen«. Während des Versuchs lief Wasser in einem feinen Strahl in einen Behälter, und die Zeit wurde durch Auswiegen des Wassers bestimmt. Über die Genauigkeit dieser Experimente darf man keine Illusionen hegen. Wenn Galilei von der Richtigkeit seiner Ergebnisse überzeugt war, hat er unbedenklich behauptet: »Das habe ich oft nachgeprüft.« Das geht so weit, daß sich Galilei auch dort auf den Versuch berief, wo der Versuch seine Behauptung widerlegen würde. So behauptete Galilei an mehreren Stellen, daß die Dauer der Pendelschwingung unabhängig

davon sei, ob die Ausschläge fast 90° oder nur wenige Grade betragen. Er schilderte anschaulich, aber falsch den Ablauf des Vorganges, so daß wir nur den Schluß ziehen können: Galilei hat, obwohl er es ausdrücklich behauptet, den Versuch nie unternommen.

Die Fallrinnenexperimente hat Galilei aber wirklich durchgeführt, jedoch eher als groben Test denn als zahlenmäßige Verifizierung. Die Größe Galileis liegt darin, daß er überhaupt an die Möglichkeit gedacht hat, durch künstliche Eingriffe die Naturvorgänge in eine Form zu bringen, in der sie messend verfolgt werden können.

Ob ein Körper im freien Fall nach unten fällt oder auf einer schiefen Ebene gleitet oder rollt, bedeutet für uns keinen *prinzipiellen* Unterschied. Eben nur den, daß im ersten Fall die Beschleunigung viel größer ist und damit auch die Geschwindigkeiten, mit denen man es zu tun hat.

Ein schwerer Fehler wäre es zu glauben, man hätte dies auch zur Zeit Galileis so gesehen. Die schiefe Ebene galt nämlich als ein künstliches Mittel wie ein Hebel oder ein Flaschenzug, mit dem man die Natur überlistet. Schiefe Ebene, Hebel und Flaschenzug sind ein Trick des Menschen. Mit derlei Mechanik mogelt und hilft man sich über die Natur hinweg.

Die schiefe Ebene wurde seit Jahrtausenden in der Technik angewendet. Wenn nun auch Galilei die schiefe Ebene gebraucht, liegt darin scheinbar überhaupt nichts Originelles. Das ungeheuer Neue aber war, daß Galilei überzeugt ist: Der freie Fall eines Körpers und das Herabrollen auf der vom Physiker trickreich hingestellten schiefen Ebene sind gleichartige Vorgänge.

Seit Aristoteles bis zu den Zeiten Galileis galten Mechanik und Physik oft geradezu als Gegensätze. Die Physik sah man als Wissenschaft von der Natur, die Mechanik als Handeln wider die Natur: Mit kleiner Kraft große Lasten zu heben, Wasser mit der archimedischen Schraube gegen seine Natur steigen zu lassen, galt als List, mit der der Mensch die Natur übertölpelt.

Da gab es einen Guidobaldo del Monte, einen Mathematiker der Universität Pisa. Guidobaldo sah in der Anwendung von Maschinen etwas

Wunderbares und meinte, daß man mit solchen Mitteln die Natur überliste. Galilei hingegen betonte, schon in einer Jugendschrift von 1593, daß man nur *mit* der Natur handelt, wenn man Maschinen anwendet: Man kann die Natur nicht betrügen, nicht überlisten, nicht übertreffen. Z. B. wird beim Hebel an Leichtigkeit gewonnen, was an Weg, Zeit und Langsamkeit verlorengeht. Galilei sagte: »Und das wird bei allen anderen Instrumenten statthaben, welche ersonnen worden sind oder noch erdacht werden können.«

Die Verwendung von Apparaten und Mechanismen ist also nichts Natur-widriges. Auch die Meß-Apparatur ist dann also sozusagen etwas Natur-gemäßes: Wenn Galilei Instrumente als Beobachtungs- und Versuchsapparaturen anwendet, so wird durch seine neue Einstellung diesen Mitteln die legitime Teilnahme an der Naturgesetzlichkeit zugesprochen. Das ist für die Anerkennung der Beobachtungs- und Versuchsergebnisse natürlich grundlegend wichtig.

Als der Konflikt mit der Kirche drohte, da hat sich Galilei intensiv bemüht, einen unwiderlegbaren Beweis für das kopernikanische Weltbild zu finden, einen Beweis dafür, daß es die Erde ist, die sich im Weltenraum um die Sonne dreht.

Wir wissen heute, daß Galilei an dieser Aufgabe scheitern mußte. Wichtig in unserem Zusammenhang ist aber, in welcher Weise Galilei einen solchen Beweis zu führen hoffte. Er glaubte nämlich, daß die doppelte Bewegung der Erde: zum ersten die tägliche Umdrehung einmal um die Achse, zum zweiten der jährliche Umlauf um die Sonne, in der Zusammensetzung zum Effekt von Ebbe und Flut führt. Diese Meinung war irrig, was aber für uns keine Rolle spielt. Wesentlich ist: Galilei wollte den Naturvorgang von Ebbe und Flut in einem mechanischen Modellversuch wiedergeben: »Mag es vielen auch unmöglich erscheinen, durch künstliche Apparate und Gefäße die Wirkungen eines solchen Umstandes experimentell zu prüfen, so ist es doch nicht ganz unmöglich. Ich habe eine Maschine konstruiert, an der sich gerade die Wirkung dieser merkwürdigen Zusammensetzung von Bewegungen beobachten läßt.«

SIDEREVS
NVNCIVS

MAGNA, LONGEQVE ADMIRABILIA
Spectacula pandens, suspiciendaque proponens
vnicuique, præsertim verò
PHILOSOPHIS, atq; *ASTRONOMIS*, quæ à

GALILEO GALILEO
PATRITIO FLORENTINO

Patauini Gymnasij Publico Mathematico

PERSPICILLI

Nuper à se reperti beneficio sunt obseruata in LVNÆ FACIE, FIXIS IN-NVMERIS, LACTEO CIRCVLO, STELLIS NEBVLOSIS,
Apprime verò in

QVATVOR PLANETIS

Circa IOVIS Stellam disparibus interuallis, atque periodis, celeritate mirabili circumuolutis; quos, nemini in hanc vsque diem cognitos, nouissimè Author depræhendit primus; atque

MEDICEA SIDERA

NVNCVPANDOS DECREVIT.

VENETIIS, Apud Thomam Baglionum. M DC X.

Superiorum Permissu, & Priuilegio.

1 *Der »Sidereus nuncius« von 1610 (zu übersetzen mit »Sternenbotschaft« oder »Sternenbote«). In dieser Schrift beschrieb Galilei den Bau seines Fernrohres und teilte seine ersten Beobachtungen mit.*

Auch bei Francis Bacon, dem Zeitgenossen Galileis und Keplers, ist keine Rede mehr von einer »List«, die Natur durch künstliche Mittel zu betrügen. Vielmehr müssen nach Bacon gerade solche künstlichen Mittel, d. h. Experimente eingesetzt werden, um die Natur in allen ihren Zusammenhängen auszuforschen. Für die Bedeutung des Experiments als Erkenntnismittel hat Bacon einen einprägsamen Vergleich: »Wie im gewöhnlichen Leben die Denkart und Gemütsbeschaffenheit eines Menschen sich leichter offenbart, wenn er in Leidenschaft geraten ist, so enthüllen sich auch die Verborgenheiten der Natur besser unter den Quälungen der Kunst, als wenn man die Natur in ihrem Gange ungestört läßt.«

Bacon selbst hat noch viel ungenügender als Galilei den Versuch angewandt. Von Bedeutung aber wurden beide als intellektuelle Wegbereiter der experimentellen Methode.

In seinem Stück »Das Leben des Galilei« hat Bert Brecht den alten und den neuen Standpunkt bühnenwirksam kontrastiert. Die Szene spielt 1610 im Hause Galileis in Florenz, kurz nachdem Galilei mit dem Fernrohr die Monde des Jupiters entdeckt hatte.

Der Philosoph: Herr Galilei, bevor wir Ihr berühmtes Rohr applizieren, möchten wir um das Vergnügen eines Disputs bitten. Thema: Können solche Planeten existieren?

Galilei: Ich dachte mir, Sie schauen einfach durch das Fernrohr und überzeugen sich?

Für uns heute ist es selbstverständlich, aber es war nicht selbstverständlich für die damalige Zeit: Eine vom Menschen gebaute Apparatur ist genau so natürlich wie die Natur selbst.

Die Entdeckung der richtigen Fallgesetze durch Galilei im Jahre 1609 war ein entscheidender Schritt zur Begründung der neuen Naturwissenschaft. Den Menschen damals ist das gar nicht bewußt geworden. Aufsehen machte jedoch die Erfindung des Fernrohres.

Im Mai 1609 hatte Galilei einen Brief aus Paris erhalten, der ihm bestätigte, was er schon gerüchteweise gehört: Es sei Niederländern gelungen, ein »Augenglas« zu entwickeln, »durch dessen Hilfe man

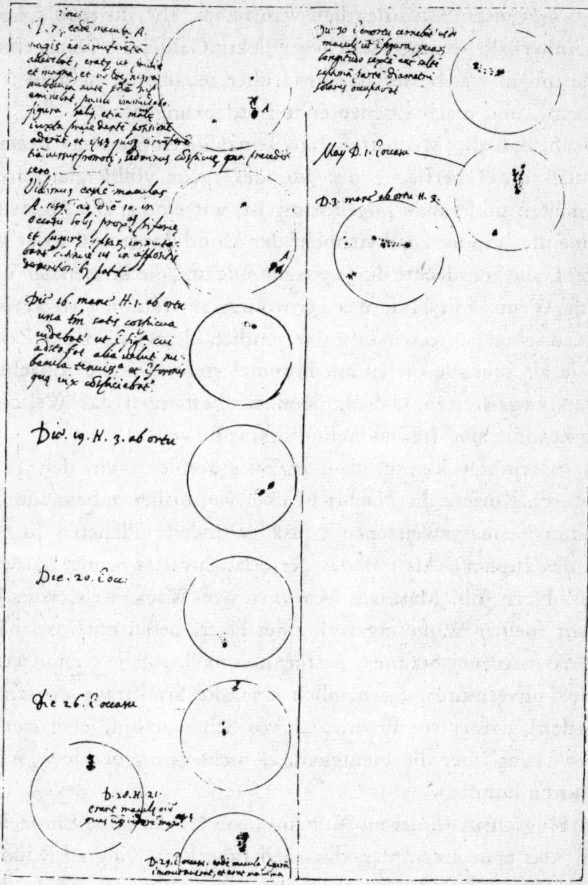

2 Aus den Tagebüchern Galileis: Seine Beobachtungen über Sonnenflecken widerlegten erneut die herrschende Lehrmeinung von der Unveränderlichkeit der himmlischen Sphären, wozu die Reinheit der Sonne gehörte. Mit dem Jesuitenpater Christoph Scheiner ergab sich ein Streit über die Deutung und die Priorität der Entdeckung.

sichtbare Gegenstände so deutlich wahrnahm, als sähe man sie aus der Nähe.« Innerhalb weniger Wochen glückte Galilei die Nacherfindung. Sein Instrument war besser als jedes früher gebaute; er richtete es gegen den Himmel und machte bedeutende Entdeckungen.

Galilei sah, daß die Milchstraße aus »unzähligen Sternen« besteht. Er fand, »daß die Oberfläche des Mondes nicht völlig glatt, frei von Unebenheiten und genau kugelförmig ist, wie eine große Philosophenschule meint«, sondern daß vielmehr der Mond Berge und Täler hat wie die Erde. Galilei entdeckte die Jupitermonde und die Phasen der Venus. Wenn die Venus mit Hilfe des Fernrohres am Himmel als kreisrunde Scheibe zu sehen ist, so scheint sie wesentlich kleiner als in den Zeiten, in denen sie als schmale Sichel am Himmel steht. Diese Beobachtungen besonders begeisterten Galilei, denn sie bestätigen das Weltbild des Kopernikus. Sie sind freilich kein direkter Beweis.

»Ganz unvermutet kommt da«, erzählte Kepler, »um den 15. März [1610] durch Kuriere die Nachricht über vier bisher unbekannte, durch Anwendung einer zweifachen Linse gefundene Planeten [d. h. die Monde des Jupiter]. Als mir das der erlauchte Rat Seiner Kaiserlichen Majestät, Herr Joh. Matthäus Wackher von Wackenfels, vom Wagen herab vor meiner Wohnung verkündet hatte, befiel mich bei näherem Nachdenken solches Staunen, bestürmten mich solche Gemütserregungen (ganz unvermutet war nämlich eine alte Streitfrage zwischen uns entschieden), daß er vor Freude, ich vor Schamgefühl, jeder lachend in der Verwirrung über die Neuigkeit, er nicht genug erzählen, ich nicht genug hören konnte.«

In einer Flugschrift »Sidereus Nuncius« gab Galilei seine Entdeckungen bekannt; das erste Exemplar, das nach Prag kam, ging an Rudolph II. Kepler konnte es »aus Gunst des Kaisers« einsehen und in Eile überfliegen: »Was soll ich aber von Wackher sagen? Als ich zu dem ohne das Buch kam und ihm doch gestehen mußte, daß ich darin gelesen hatte, da gab es Neid und Zank.«

Wenig später, am 8. April, erhielt Kepler ein Exemplar mit einer persönlichen Widmung. Das Geschenk Galileis begeisterte ihn so, daß er innerhalb von zehn Tagen als Antwort einen offenen Brief verfaßte: »Dem edlen und ganz vortrefflichen Herrn Galileo Galilei, Patrizier der Stadt Florenz, Professor der Mathematik an der hohen Schule von Padua – Besten Gruß zuvor!«

Ungeheuer stimulierend wirkten die Erfindungen des Fernrohres und die Entdeckungen, die Galilei damit geglückt. Kepler entwickelte die theoretischen Grundlagen des Fernrohres, die Gesetze der Abbildung durch Linsen, also die Anfänge dessen, was man heute in der Schule als »geometrische Optik« lernt. Die Fernrohrtheorie wandte Kepler auch sofort erfolgreich an: Er erfand einen neuen Typ von Fernrohr, das heute sogenannte »Keplersche Fernrohr« mit zwei Sammellinsen.

In der Korrespondenz zwischen Prag und Florenz, Rom und Paris, London und Amsterdam gab es Gelehrte, die mehr als andere Briefe empfingen und Briefe hinausschickten. Sogenannte Polyhistoren waren es, die mit lebhaftem Interesse alles Neue aufnahmen und in großen Kompendien zusammentrugen. Es ist für einen Gelehrten wie Otto von Guericke nachgewiesen, und Ähnliches dürfte allgemein gelten: Guericke verdankte seine astronomischen und physikalischen Kenntnisse vorwiegend den großen Kompendien, Sammelwerken oder Lehrbüchern, die gelehrte Jesuitenpatres verfaßt hatten. Die Pendelgesetze lernte er nicht durch aufmerksame Lektüre von Galileis »Discorsi« kennen, sondern schrieb sie aus dem »Neuen Almagest« von Riccioli wörtlich ab.

Nach dem Ersten Weltkrieg studierten die jungen Physiker Sommerfelds »Atombau und Spektrallinien«, ein Werk, das seit 1919 in vielen Auflagen erschien, mehr als die Originalabhandlungen. »Für meine Generation«, sagte der 1894 geborene Oskar Klein, wurde auch Paulis Referat über die Relativitätstheorie in der Mathematischen Enzyklopädie (das auch als eigenständiges Buch erschien), »zu einer unserer ganz wenigen theoretisch-physikalischen Bibeln. Jahre später traf etwas Ähnliches mit seiner Wellenmechanik für eine jüngere Generation ein.«

Die Polyhistoren bildeten Mittelpunkte im Netz des wissenschaftlichen Briefwechsels und der persönlichen Beziehungen. Im 17. Jahrhundert war für auswärtige Gelehrte, die nach Paris kamen, Marin Mersenne die bevorzugte Kontaktperson. Seine Korrespondenz ging bis nach Tunesien, Syrien und Konstantinopel. Man hat Mersenne den »Generalsekretär des gelehrten Europa« genannt. Wollte man eine Mitteilung zur Kenntnis der wissenschaftlichen Welt gelangen lassen, wählte man den Weg des Briefes an den Paulanerpater. Mersenne sorgte zuverlässig für die Weitergabe.

Um das Jahr 1665 entstanden die ersten wissenschaftlichen Gesellschaften: in Paris die Académie Royale des Sciences und in London die Royal Society. Damit wurde auch der Briefaustausch zu einer Institution. Die Gelehrten richteten ihre Briefe an den Sekretär der Gesellschaft, und dieser brachte sie zum Druck. Mit den Gesellschaften entstanden deshalb die ersten wissenschaftlichen Zeitschriften. In den »Philosophical Transactions« der Royal Society erschienen Überschriften wie »extract of a letter, written from Rome«, oder ein Aufsatz beginnt mit den Worten des Herausgebers: »I have received an Account from very good hands«. 1672 informierte Isaac Newton den Sekretär der Royal Society über seine optischen Entdeckungen, und in den Philosophical Transactions wurde sein Brief im vollen Wortlaut veröffentlicht.

Der sich daraus entwickelnde Zeitschriftenaufsatz spielte im Wissenschaftsbetrieb eine hervorragende Rolle: Mit einem Zeitschriftenaufsatz wies man sich aus als gelehrter Schriftsteller, und später konnte man Mitglied werden in der »Gesellschaft deutscher Naturforscher und Ärzte«, mit einem Zeitschriftenaufsatz sicherte man sich die Priorität einer Entdeckung.

Gegenüber dem bisherigen Gelehrtenbriefwechsel hatten die seit der zweiten Hälfte des 17. Jahrhunderts entstandenen Zeitschriften entscheidende Vorteile: Es konnte eine wesentlich größere Zahl von Gebildeten regelmäßig und sicher angesprochen werden. Nachträgliche Konjekturen waren ausgeschlossen.

Langsam streiften die wissenschaftlichen Abhandlungen den Briefcharakter ab. In den »Annalen der Physik« fielen seit 1825 Anrede und Schlußfloskel weg. Mit der äußeren änderte sich die innere Form des

Zeitschriftenaufsatzes. Wissenschaftliche und schöngeistige Literatur gingen in der Entwicklung des Stiles diametral auseinander.
Galileis Schriften haben Saft und Kraft wie das gesprochene Wort. Seine Anhänger sucht er nicht unter den Stubengelehrten, sondern unter den Praktikern, den »experimentierenden Meistern«; deshalb appellierte er an den gesunden Menschenverstand, und deshalb zog er es vor, in der „Lingua volgare", der Volkssprache, zu publizieren. Weil er sich vom gelehrten Schrifttum absetzen will in wissenschaftlicher Hinsicht, sucht er auch in der Sprache neue Formen.
Sein literarisches Meisterwerk ist der Saggiatore von 1623. Jedem der 53 Abschnitte stellt Galilei die Sätze des Jesuitenpaters Orazio Grassi voran und zerpflückt sie mit ätzender Polemik. Mit leidenschaftlichem Temperament faßt er den Gegner und zieht die Lacher auf seine Seite. Wie ein Mann des Volkes liebte er die drastische Zuspitzung, nie ist er verlegen um ein derbes Wort oder einen kräftigen, bildhaften Vergleich.
Es ging um das Wesen und die Eigenschaften der Kometen. Galilei hat dabei glänzende Formulierungen geprägt, die auch heute noch Bestand haben. So vergleicht Galilei die »Ilias« oder den »Rasenden Roland« als Produkte der menschlichen Phantasie mit dem Weltall als Schöpfung Gottes: »Das Buch der Natur ist in mathematischer Sprache geschrieben, und seine Buchstaben sind Dreiecke, Kreise und andere geometrische Figuren. Ohne diese Mittel ist es dem Menschen unmöglich, auch nur ein einziges Wort zu verstehen.«
Solche Sätze lösen sich gleichsam vom Urheber und werden zu »geflügelten Worten«. So ging es auch in späterer Zeit mit Formulierungen wie dieser: »Man kann die Welt mit dem p-Auge und man kann sie mit dem q-Auge ansehen, aber wenn man beide Augen zugleich aufmachen will, dann wird man irre«. Wolfgang Pauli hatte sich in einem Brief an Werner Heisenberg so ausgedrückt.

2. Kepler: Die neue Astronomie

Galilei tritt in seinen Schriften nur indirekt auf: In seinem physikalischen Hauptwerk, den Discorsi, wird im Gespräch der drei Männer ab und an Bezug genommen auf »unseren Akademiker«, der das betreffende Problem gelöst habe. Damit hat sich Galilei selbst gemeint.

Kepler dagegen ist in seinen Werken sozusagen als lebendige Person mit anwesend. »Obgleich ich bis fast zum Verrücktwerden nachdachte, konnte ich nicht ausfindig machen, warum der Planet nach Ausweis der Gleichungen lieber den elliptischen Weg geht«, schrieb er in seiner *Neuen Astronomie:* »Oh, ich närrischer Kauz!«

Kepler hat gleichsam den Leser vor sich und spricht ihn immer wieder persönlich an: »Du siehst, nachdenklicher und scharfsinniger Leser, daß die Vorstellung einer vollkommen kreisförmigen exzentrischen Planetenbahn zahlreiche Ungenauigkeiten im Gefolge hat.« Gemeinsam mit dem Leser betrachtet Kepler das Erreichte: »Wie klein ist das Getreidehäufchen, das wir diesmal beim Dreschen gewonnen haben! Aber sieh nun auch den großen Haufen Spreu an!«

In der »Astronomia Nova« tritt besonders deutlich hervor, wie sehr das Dialogische Keplers innerstem Wesen entsprach: „Denn selbst hier, wo es sich letzten Endes um die sachliche Erörterung rein wissenschaftlicher Fragen handelte, bricht durch den Fluß der erzählenden Darstellung immer wieder der Dialog durch, so daß man unwillkürlich den Eindruck gewinnt, Keplers volle Fähigkeit zu belebter Darstellung habe sich ihm erst an der Vorstellung einer Zwiesprache mit seinem imaginären Zuhörer entzündet.«*

1596 veröffentlichte Kepler sein wissenschaftliches Erstlingswerk, das »Mysterium cosmographicum«. Der Himmel ist, wie er meinte, in seiner Triplizität – unbewegliche Sonne, Fixsternsphäre und Weltenraum

* Das schreibt Hans Schimank in seinen »Epochen der Naturforschung« (2. Auflage München 1964, S. 95).

dazwischen – ein Abbild der Heiligen Dreieinigkeit. »Das Abbild des dreieinigen Gottes«, schrieb Kepler, »ist in der Kugel, nämlich des Vaters im Zentrum, des Sohnes in der Oberfläche und des Heiligen Geistes im Gleichmaß der Bezogenheit zwischen Punkt und Umkreis.«

Wolfgang Pauli, der große Physiker des 20. Jahrhunderts, hat sich viel mit Johannes Kepler und dem Geheimnis der geistigen Schöpfung befaßt. Kepler geht gar nicht vom kopernikanischen Weltbild aus, sagt Pauli mit Nachdruck. Vielmehr ist für ihn das Primäre die göttliche Dreifaltigkeit, Gottes Seinsform die dreidimensionale Kugel.

Die vom Mittelpunkt zur Oberfläche verlaufende Bewegung oder Emanation ist für Kepler das Sinnbild der Schöpfung, während die gekrümmte Oberfläche das ewige Sein Gottes darstellt. Pauli sagt dazu: »Weil Kepler Sonne und Planeten mit diesem archetypischen Bild im Hintergrund anschaut, glaubt er mit religiöser Leidenschaft an das heliozentrische System – nicht etwa umgekehrt.«

Primär sind also gewisse, in der Seele präexistente Urbilder, Archetypen, wie Kepler sagt. Diese Urbilder dürfen nicht in das Bewußtsein verlegt oder auf bestimmte rational formulierbare Ideen bezogen werden. Vielmehr handelt es sich um Formen des unbewußten Bereichs der menschlichen Seele, Bilder von stark emotionalem Gehalt, die nicht gedacht, sondern gleichsam malend geschaut werden.

Wenn Sonne, Fixsternsphäre und Weltenraum ein Abbild der in sich ruhenden Heiligen Trinität darstellen, dann müssen auch die sechs Planeten auf eine höhere Ordnung zurückgeführt werden können. »Da sich die ruhenden Dinge so verhielten«, sagte Kepler, »zweifelte ich nicht an einer entsprechenden Harmonie der bewegten Dinge«, das heißt also der Planeten. So suchte er zu begründen, warum es gerade sechs Planeten gebe.

Erste Voraussetzung für einen Erfolg in der Wissenschaft ist es, eine sinnvolle Frage zu formulieren. Sinnvoll ist eine Frage, wenn sie auf grundsätzlich wichtige Zusammenhänge zielt und wenn sie mit den Mitteln der Zeit beantwortet werden kann.

»Warum gibt es sechs Planeten?« ist keine sinnvolle Frage. Erstens gibt es mehr als sechs Planeten, und zweitens ist die Zahl der Planeten (jedenfalls nach dem, was wir heute wissen) nicht eine so fundamentale Naturgegebenheit wie etwa die Form der Bahn um die Sonne. Die Entstehung der Planeten ist vielmehr ein komplexes Phänomen, das sich bei der Rotation und Abkühlung der Sonne abspielte.

Lange suchte und kombinierte der junge Kepler. Endlich glaubte er die Erklärung für die Sechszahl der Planeten in der Fünfzahl der regulären oder platonischen Körper gefunden zu haben: Wenn man die fünf regulären Körper von verschiedener Größe nimmt und so ineinanderbaut, daß die in den einen Körper einbeschriebene Kugel übereinstimmt mit der umbeschriebenen des nächst kleineren Körpers, hat man vier Kugelschalen zwischen den Körpern. Mit der umbeschriebenen Kugel des größten und der einbeschriebenen Kugel des kleinsten Körpers sind dies gerade sechs Kugelschalen oder Sphären. Durch eine solche sinnreiche Schachtelung glaubte der 25jährige Kepler das Geheimnis des Weltenbaues im Prinzip gelöst, die Frage beantwortet, warum es gerade sechs und nicht »zwanzig oder hundert« Planeten gibt.

Galilei las offenbar nur die Vorrede. Aber er freute sich, nun einen Bundesgenossen zu haben im Kampf für das neue Weltbild. Dagegen befaßte sich eingehend mit dem Erstlingswerk Keplers der Professor für Mathematik an der Reichsstädtisch–Nürnbergischen Universität in Altdorf und wies auf die fundamentale Schwäche hin (genau so, wie wir es heute tun würden): »Mit großer Begeisterung bin ich an die Lektüre dieses Buches gegangen. Aber um die Wahrheit zu sagen: Je mehr ich versuchte, mich zu konzentrieren und wünschte im Lesen fortzufahren, um so mehr bin ich ermattet und enttäuscht worden. Es ist nötig, glaube ich, daß der Astronom seine Theorien der Praxis anpaßt. Wahrhaftig, jene Spekulation über die regulären Körper, was, frage ich, hat sie mit der Astronomie zu tun? Sie kann, sagt Kepler, zur Bestimmung der Ordnung und Größe der Himmelskreise dienen. Aber, auf ein anderes Fundament, auf die Beobachtungen, muß man die Bahnabstände begründen.«

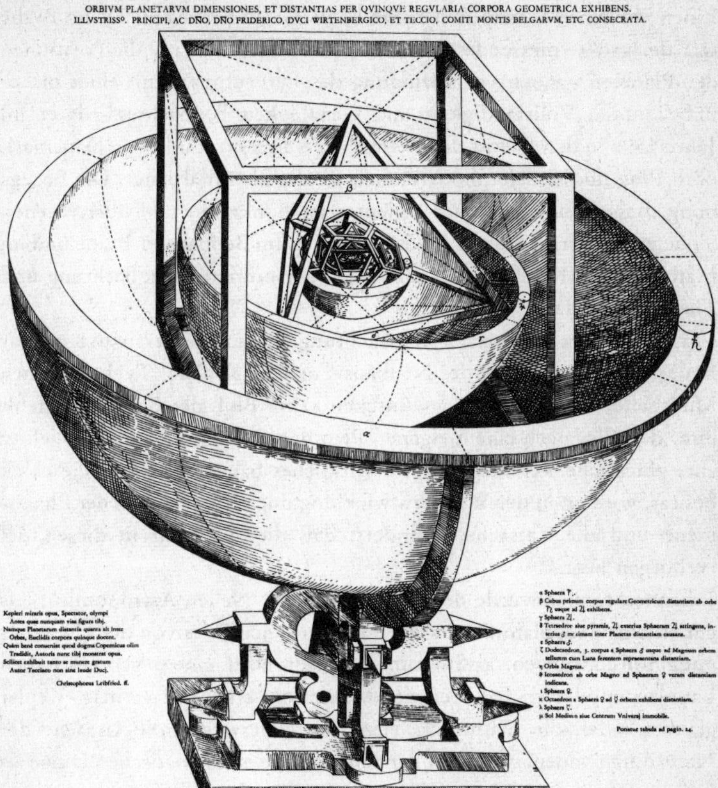

3 Keplers Modell des Planetensystems im Erstlingswerk »Mysterium cosmographicum« von 1596.

Einen ähnlichen Standpunkt nahm auch Tycho Brahe ein. Tycho Brahe war der größte messende Astronom seiner Zeit. Er hatte die Positionen der Planeten – noch vor Erfindung des Fernrohres – mit einer bisher unbekannten Vollständigkeit und Genauigkeit beobachtet. Als er im Jahre 1599 in den Dienst des Deutschen Kaisers trat und von Dänemark nach Prag übersiedelte, holte er sich Kepler als Mitarbeiter. Die Begegnung dieser beiden Männer bedeutet im konkreten und übertragenen Sinne eine »Stern«-Stunde der Menschheit. Im Beobachter Brahe und im Mathematiker Kepler traten sozusagen personifiziert Beobachtung und Theorie einander gegenüber.

»Tycho besitzt die besten Beobachtungen und damit sozusagen das Material zur Errichtung des Neubaus«, urteilte Kepler: »Tycho hat auch Mitarbeiter und was er nur wünschen kann. Bloß der Baumeister fehlt ihm, der alles nach einem eigenen Plan nutzen kann. Denn obgleich er eine glückliche Veranlagung und wirkliches baumeisterliches Geschick besitzt, wird er an der Weiterentwicklung durch die Vielzahl der Phänomene und die Tatsache gehindert, daß die Wahrheit in diesen tief verborgen liegt.«

Johannes Kepler wurde der Baumeister der »Neuen Astronomie«. Als christlicher Neuplatoniker war er auf der einen Seite von der Überzeugung durchdrungen, daß Gott die Welt nach einem geometrischen Bauplan entworfen hat, den der Mensch zu erkennen vermag. Kepler glaubte, »daß die mathematischen Dinge deswegen die Ursache der Naturdinge bilden, weil Gott der Schöpfer die mathematischen Dinge als Urbild von Ewigkeit her in sich trug«.

Auf der anderen Seite lernte nun Kepler in der täglichen Begegnung mit Tycho Brahe den Wert der sorgfältigen Naturbeobachtung kennen. Tycho wachte eifersüchtig über dem Schatz seiner astronomischen Messungen. »Tycho gibt mir keine Gelegenheit, an seinen Erfahrungen teilzuhaben«, klagte Kepler.

Bei der Verteilung der Aufgaben wurden Kepler die Daten des Planeten Mars zugewiesen. Innerhalb von acht Tagen wollte Kepler das Problem der Marsbahn lösen und schloß eine Wette ab. Bis zur Publikation der

Ergebnisse dauerte es statt acht Tagen mehr als acht Jahre. Was Kepler dann vorlegte, war aber tatsächlich die Astronomia Nova, die »Neue Astronomie«.

In einem ersten Anlauf setzte Kepler für die Marsbahn einen Kreis an. Die von Kepler gerechneten Werte stimmten schließlich nach langem Probieren mit den von Tycho beobachteten bis auf zwei Bogenminuten überein, was gerade an der Grenze der Meßgenauigkeit lag. Damals wäre jeder andere damit zufrieden gewesen, nicht so Johannes Kepler. Der phantasievolle Kepler, der in grandiosen Bildern und Gleichnissen den Bau des Weltalls zu erfassen strebte, erkannte, daß »die Spekulationen nicht gegen die offenkundige Erfahrung verstoßen dürfen, vielmehr mit ihr in Übereinstimmung gebracht werden müssen«.

Kepler überprüfte also sein Ergebnis an zusätzlichen Beobachtungen. Schließlich sah er, daß bei der zugrunde gelegten Kreisform eine maximale Abweichung von acht Bogenminuten zwischen Rechnung und Beobachtung auftrat. So schrieb er: »Ptolemäus erklärt, er gehe über eine Genauigkeitsgrenze von 10 Bogenminuten, d.h. $^1/_6$ Grad, beim Beobachten nicht hinaus. Die Ungenauigkeit oder (wie man sich ausdrückt) der Spielraum bei der Beobachtung übertrifft also den Fehler dieser ... Rechnung. Nachdem uns die göttliche Güte in Tycho Brahe einen so sorgsamen Beobachter geschenkt hat, daß sich aus seinen Beobachtungen der Fehler der Rechnung im Betrag von acht Minuten verrät, geziemt es sich, daß wir dankbaren Sinnes diese Wohltat Gottes anerkennen und ausnützen, d.h. wir sollen uns Mühe geben, endlich die wahre Form der Himmelsbewegungen aufzuspüren.«

Kepler verwarf also seine bisherige Vorstellung und suchte nach einem neuen Modell. Er suchte nach dem von Gott entworfenen geometrischen Bauplan der Welt, in den sich die Beobachtungen *vollkommen* einfügen. Gerade in dieser Forderung bestand ein wesentlicher Schritt. Kepler selbst sagte mit Recht bei der Publikation seines großen Buches im Jahre 1609: »Diese acht Minuten wiesen den Weg zur Erneuerung der ganzen Astronomie. Sie sind der Baustoff für einen großen Teil dieses Werkes geworden.«

Kepler war also bereit, seine Vorstellungen dem Richterspruch der Erfahrung zu unterwerfen. Das ist die entscheidende Wende zur modernen Naturwissenschaft, das ist die eigentliche »Keplersche Revolution«. Konfrontiert mit der Fülle von Beobachtungen über den Planetenlauf analysierte Kepler ruhe- und rastlos das von Tycho vorgelegte Zahlenmaterial. Jahre mühevoller Arbeit nahm er auf sich, im festen Glauben, daß Gott mathematische Harmonien am Himmel verwirklicht hat – und daß es dem Menschen möglich ist, die Sprache des Ewigen zu verstehen.

Der erste Anlauf, die Marsbahn auszurechnen, war also erfolglos geblieben. Gegen Ende 1601 kam Kepler auf den Gedanken, zunächst einmal die Erdbahn genauer zu bestimmen. Schließlich wird ja von der Erde aus beobachtet, und in alle Beobachtungen geht die Erdbewegung ein. Aus den vorliegenden Messungen griff Kepler eine Marsopposition heraus; Mars, Erde und Sonne liegen dabei auf einer Geraden. Sodann interessierte sich Kepler für die Position der Erde zu dem Zeitpunkt, zu dem der Mars auf seiner Bahn gerade wieder einen vollen Umlauf vollendet hat. Kepler erhielt ein Dreieck Erde-Mars-Sonne, aus dem er die Entfernung Erde-Sonne berechnen konnte. Das Verfahren wurde für zwei, für drei volle Marsumläufe usf. wiederholt, und das Ergebnis war, daß alle Punkte der Erdbahn auf einem Kreis lagen. Die Sonne stand aber nicht genau im Mittelpunkt dieses Kreises, sondern etwas außerhalb.
Kurz darauf gelang Kepler die nächste Entdeckung. Er bemerkte, daß die Geschwindigkeit der Erde auf ihrer Bahn nicht gleichförmig ist. Vielmehr bewegt sich die Erde in den sonnennahen Punkten schneller, in den sonnenfernen Punkten langsamer. Und zwar verhalten sich die Geschwindigkeiten umgekehrt wie die Abstände der Erde zur Sonne. Wir würden heute schreiben:

$$v_1 : v_2 = r_2 : r_1 \text{ bzw. } v \sim 1/r$$

Dieser sogenannte »Radiensatz« paßte gut zu den Vorstellungen, die sich Kepler über den Mechanismus der Planetenbewegung gebildet hatte. Kepler dachte durchaus noch in den Kategorien der Physik des Aristoteles, wie sie in der Antike und im Mittelalter gelehrt wurde. Für diese ist der Satz charakteristisch: Alles was bewegt wird, bedarf eines (wie man sagte) »Motors«. Jede Bewegung bedarf einer treibenden Kraft. Für Aristoteles und die Scholastik ist die Kraft die Ursache einer Geschwindigkeit.

Uns heute ist die Newtonsche Physik so in Fleisch und Blut übergegangen, daß wir zweierlei beanstanden: Die Kraft ist die Ursache einer Beschleunigung; der scholastische Ansatz $v \sim K$ ist also falsch. Zweitens aber gilt diese aristotelische Formel für Bewegungen auf einer Geraden, und es ist jedenfalls sehr sonderbar, daß sie ohne weiteres auf Kreisbewegungen übertragen wird.

Kepler zeigt sich also noch dem Mittelalter verhaftet. Modern ist er darin, daß er die für irdische Bewegungen gemeinte Formel ohne Hemmung auf »himmlische« Vorgänge anwendet.

Mit dem (nahezu) richtigen Radiensatz und dem falschen Aristotelischen Kraftgesetz kam Kepler zum Ergebnis: Die Kraft der Sonne nimmt ab mit wachsender Entfernung, und zwar (wie wir heute sagen würden) umgekehrt proportional.

Keplers Kraftgesetz ist falsch; die Kraft der Sonne ist in Wirklichkeit umgekehrt proportional dem Quadrat des Abstandes. Das ist aber nicht das Entscheidende. Wichtig war, daß Kepler nicht bloß Kinematik trieb, sondern Himmelsphysik. Er hatte die richtige Vorstellung, daß die Sonne, obwohl sie nicht im geometrischen Mittelpunkt steht, dennoch im physikalischen Sinne das Zentrum darstellt. Für Kepler hat die Kraft, die die Planeten dirigiert, ihren Sitz in der Sonne; diese Kraft geht von der Sonne aus, so wie das Licht von der Sonne ausgeht.

Wie gesagt: Keplers Radiensatz war nahezu richtig. Immer noch mit der als kreisförmig angesehenen Erdbahn beschäftigt, leitete er Anfang 1602 den berühmten Keplerschen Flächensatz her. In höchst genialer Weise ging er dabei von der Summe der Radien zum Integral über. Der Flächensatz ist, angewandt natürlich auf die richtige Bahnform, exakt richtig und heißt heute 2. Keplersches Gesetz: Der von der Sonne zum Planeten weisende Fahrstrahl überstreicht in gleichen Zeiten gleiche Flächen.

Kepler kehrte nun zum Problem der Marsbahn zurück. Tycho hatte von 1580 bis 1597 zehn verschiedene Marsoppositionen gemessen. Zu jeder dieser Beobachtungen fand Kepler eine zweite, bei der Mars wieder an der gleichen Raumstelle stand, aber die Erde hatte eine neue Position. Durch Triangulieren, das heißt durch einfache Anwendung der geometrischen Dreieckssätze, konnte die Entfernung Mars–Sonne bestimmt werden. Aus den berechneten zehn Punkten ließ sich aber kein Kreis herstellen.

Da lag es nahe, an eine Ellipse oder ein Oval zu denken. Die Abweichungen waren aber so klein, daß eine Entscheidung nicht getroffen werden konnte. Die Anwendung des Flächensatzes zeigte ihm eine maximale Abweichung von wieder fast acht Bogenminuten. Wieder nahm er diese Abweichung ernst, die jeder Astronom vor ihm unbeachtet gelassen hätte: Die Marsbahn konnte kein Kreis sein; sie mußte eingebuchtet, einem Oval ähnlich sein.

Nachdem Kepler nach langem Probieren endlich die richtige Formel für die Bewegung des Planeten Mars gefunden hatte, wußte er immer noch nicht, daß er damit als Bahn eine Ellipse bestimmt hatte. Er versuchte mühsam die zur Formel gehörende Bahn zu berechnen und kam irrtümlich auf eine falsche Kurve. In der Verzweiflung verwarf er mit der falschen Kurve zugleich die richtige Formel. Er nahm nun als Bahn hypothetisch eine Ellipse (!) an, worauf er endlich nach Ostern 1605 erkannte, daß seine ursprüngliche Formel doch richtig war: Die Bahn des Planeten Mars ist eine Ellipse. Die Sonne steht in einem der beiden Brennpunkte. »Wozu soll ich viel Worte machen? Die Wahrheit der Natur, die verstoßen und verjagt worden war, kam heimlich zur Hintertür wieder herein, in einer Tarnung, um sich Eintritt zu verschaffen. Das heißt, ich legte die ursprüngliche Gleichung zur Seite und griff wieder auf Ellipsen zurück, da ich glaubte, das wäre eine völlig andere Hypothese; aber beide sind ein- und dasselbe . . . Ich dachte und suchte, bis ich beinahe verrückt wurde, nach einem Grund, warum der Planet eine elliptische Bahn der meinen vorzog . . . Ach, was für ein lächerlicher Vogel bin ich doch gewesen.«

So schilderte Kepler seine Wege und Irrwege zum heute sogenannten ersten Keplerschen Gesetz: »Die Bahnen der Planeten sind Ellipsen, in deren Brennpunkt die Sonne steht.« Das Ergebnis für den Mars wird also auf alle Planeten übertragen.
Seine beiden ersten Planetengesetze hat Kepler im Jahre 1609 in seinem berühmten Werk »Astronomia Nova« veröffentlicht. Wie im Titel versprochen, wurde damit die »Neue Astronomie« als Teil der neuzeitlichen Naturwissenschaft begründet.
Zum ersten wurde die benutzte Methode bedeutsam: zu beharren auf einer exakten (nicht bloß grob ungefähren) Übereinstimmung zwischen Messung und Theorie. Zum zweiten gaben die Keplerschen Gesetze den Rohstoff, aus dem Newton die klassische Mechanik formte.
Der Zufall wollte es, daß Galileo Galilei im gleichen Jahr 1609 seine Fallgesetze auffand. Diese wurden für Newton ebenso wie die Keplerschen Gesetze Anwendungsbeispiele seiner Bewegungsgesetze. Die Parallele ist aber nicht ganz vollständig: Kepler hat seine beiden ersten Gesetze schon 1602 und 1605 gefunden und 1609 veröffentlicht; Galilei hat die richtigen Fallformeln 1609 aufgestellt, aber erst mit großer Verspätung 1638 in seinem physikalischen Hauptwerk bekanntgegeben.

Fast gleichzeitig mit der Begründung der neuen astronomischen Theorie machte auch die messende Astronomie einen großen Schritt nach vorne: Angeblich war einem Holländer die Erfindung eines »Augenglases« mit zwei Linsen gelungen. Nur gestützt auf einige spärliche Berichte baute Galilei 1609 sein Fernrohr.
Da sich Kepler schon seit Jahren mit optischen Problemen beschäftigt hatte, wäre Enttäuschung über die entgangene Erfindung, Neid und Mißgunst menschlich verständlich gewesen. Kepler aber war begeistert. Zur Lobpreisung Galileis verfaßte er eine kleine Broschüre »Dissertatio cum Nuncio Sidereo«, Unterredung mit dem Sternenboten.
»Mit vertauschten Rollen stehen also die zwei Großen, die sich in diesem Augenblick anschicken, das Angesicht der Astronomie zu erneuern, im Jahre 1610 auf der Bühne der Geschichte.« So schrieb der Kepler-

Forscher Franz Hammer: »Der Held des Tages ist Galilei, weil in seiner Hand das Fernrohr ist, das eigentlich in die Keplers gehörte, denn der Optiker ist nicht Galilei, sondern Kepler. Dieser hatte mit dem großen Lehrbuch der physikalischen und astronomischen Optik schon 1604 die Reihe seiner großen Arbeiten am Nachlaß Tycho Brahes eröffnet.«

Es gehört zum Lebensschicksal Keplers, daß der Erneuerer der Astronomie selbst nie deutlich den Sternenhimmel erblickt hat: Von einer Pockenerkrankung in der Jugend war eine Sehschwäche zurückgeblieben, und er, der die Bahnen der Planeten mit seinem inneren Auge klarer als jeder andere erschaute, hat in der Wirklichkeit die Wandelsterne nie deutlich sehen können. So war es nicht Kepler selbst, der mit dem Keplerschen Fernrohr wichtige Beobachtungen machte, sondern der Jesuitenpater Scheiner in Ingolstadt.

1601 starb Tycho Brahe, und Kepler trat seine Nachfolge an als Kaiserlicher Mathematiker. Es waren schöne Jahre des Lebens und des wissenschaftlichen Erfolges. 1611 begann wieder eine Zeit des Unglücks und der finanziellen Bedrängnisse. Infolge der Entmachtung des Kaisers Rudolf II. stockten die Gehaltszahlungen. Innerhalb weniger Monate starb seine Frau am ungarischen Fleckfieber und sein ältester Sohn an einer Pockeninfektion. Kepler siedelte 1613 nach Linz über, wo er ein zweites Mal heiratete.

Während die politischen und religiösen Auseinandersetzungen in den Dreißigjährigen Krieg mündeten, in dessen Folge die Bevölkerung Deutschlands von 25 auf 5 Millionen dezimiert wurde, sann Kepler über die ewigen Harmonien der Welt. 1618 fand er das heute sogenannte 3. Keplersche Gesetz.

»Am 8. März, wenn man die genaue Zeitangabe wünscht, ist die Proportion in meinem Kopfe aufgetaucht. Ich hatte aber keine glückliche Hand, als ich sie der Rechnung unterwarf, und verwarf sie wieder. Schließlich kam sie am 15. Mai wieder und besiegte in einem neuen Anlauf die Finsternis meines Geistes, wobei sich zwischen meiner siebzehnjährigen Arbeit an den Tychonischen Beobachtungen und meiner gegenwärtigen Überlegung eine so treffliche Übereinstimmung ergab, daß ich zuerst glaubte, ich hätte geträumt und das Gesuchte in den Beweisunterlagen vorausgesetzt. Allein es ist ganz sicher und stimmt vollkommen, daß die Proportion, die zwischen den Umlaufszeiten irgend zweier Planeten besteht, genau das Anderthalbfache der Proportion der mittleren Abstände, d.h. der Bahnen selber ist.«

Heute sprechen wir das 3. Keplersche Gesetz in der Form aus: »Die Quadrate der Umlaufzeiten verhalten sich wie die 3. Potenzen der großen Halbachsen.« 1619 hat es Kepler veröffentlicht in seiner »Weltharmonik«, im Originaltitel »Harmonice Mundi«.

Dies ist das Werk, in dem Keplers Denken, Fühlen und Ahnen wohl am deutlichsten zum Ausdruck kommt. Überall im Planetensystem sah er Harmonien, »nach höchstem Ratschluß einander so angepaßt, daß sie sich gegenseitig wie die Teile eines einzigen Bauwerkes gleichsam gegenseitig tragen«. Kepler hörte überirdische Sphärenklänge, »eine fortwährende mehrstimmige Musik, durch den Verstand, nicht das Ohr erfaßbar«.

Kepler pries sich glücklich, nun endlich den Bauplan des Kosmos verstanden zu haben: »Was ich vor 25 Jahren mit dem Mysterium Cosmographicum begann, was ich vor 16 Jahren als das letzte Ziel der Forschung erklärte, was mich veranlaßte, die besten Jahre meines Lebens mit astronomischen Beobachtungen zu verbringen und zu Tycho Brahe nach Prag zu gehen, das habe ich endlich mit Hilfe Gottes, des Allgütigen und Allmächtigen, ans Licht gebracht. Mehr Wahrheit, als ich je hoffen durfte, habe ich erkannt: die ganze Harmonie der Himmelsbewegungen, so groß sie ist, und in all ihren Teilen . . .

Nachdem mir schon vor 18 Monaten die erste Morgendämmerung, vor drei Monaten das helle Licht, vor ganz wenigen Tagen aber die volle Sonne wunderbarer Erkenntnis aufgegangen ist, kann ich nicht anders, man mag es meiner heiligen Begeisterung zugute halten, ich muß es vor allen Sterblichen laut und öffentlich bekennen: Ja, ich habe die goldenen Gefäße der Ägypter geraubt, um meinem Gott davon ein Heiligtum zu errichten . . . Verzeiht ihr mir, soll's mich freuen, zürnt ihr mir, so will ich's tragen. Da werfe ich den Würfel hin und schreibe mein Buch für die lebenden oder die künftigen Geschlechter, was liegt viel daran? Es mag hundert Jahre auf einen Leser warten, hat doch Gott selbst 6000 Jahre auf den gewartet, der sein Werk erkannte.«

Kepler besaß nun die Gesetze, nach denen sich der Planetenlauf regelt. So war es ihm möglich, die Nutzanwendung zu ziehen und neue Planetentafeln zu berechnen. Wieder war es ein Riesenwerk, was er schuf mit seinen »Tabulae Rudolphinae«, den Kaiser Rudolf gewidmeten Tabellen, aus denen für jeden Tag und jede Stunde in der Vergangenheit und Zukunft die Stellung der Planeten am Himmel abgelesen werden konnte.

Die Keplerschen Planetentafeln erwiesen sich als genauer als alle anderen und wurden deshalb in der auf Kepler folgenden Generation von den Astronomen sehr gepriesen. Die Übereinstimmung mit der Beobachtung schrieb man aber zunächst nicht der besseren Theorie zu, sondern nur der besseren Mathematik.

Erst 1687 gab Isaac Newton bekannt, daß aus seiner neuen Naturlehre die drei Keplerschen Gesetze ableitbar sind. Zusammen mit den Fallformeln Galileis bildeten die Planetengesetze Keplers nun die Grundbausteine für das von Newton errichtete Gebäude der klassischen Physik.

3. Newton: Die Prinzipien der Naturlehre

»Ich weiß nicht«, hat Newton gesagt, »als was ich der Welt dereinst erscheinen werde. Aber ich selbst komme mir wie ein am Meeresstrande spielender Knabe vor, der hier und da einen glatteren Kiesel oder eine schönere Muschel als gewöhnlich findet, während der große Ozean der Wahrheit in seiner Unermeßlichkeit unerforscht vor ihm liegt.«
Nachdem er die dritte Auflage seines epochemachenden Werkes, der »Mathematischen Prinzipien der Naturlehre«, abgeschlossen hatte, schien sich der greise Isaac Newton vollständig geistiger Arbeit enthalten zu wollen. Mit Kennerschaft und Freude aber las er die Bibel: „Gott ist in allem, wirkt durch alles und ist doch über allem.«
Am 2. März 1726 leitete er als Präsident der »Royal Society of London« nochmals eine Sitzung dieser berühmten wissenschaftlichen Gesellschaft; erschöpft kehrte der 85jährige in sein Haus zurück. Am Samstag, dem 18. März, verlor er das Bewußtsein; früh am Morgen des übernächsten Tages, nach damaligem englischen Kalender der 20. März 1726, starb Sir Isaac Newton. Das ist nach unserer heutigen Zeitrechnung der 31. März 1727.
In der Westminster Abbey in London wurde er beerdigt; der Lordkanzler, zwei Herzöge und zwei Grafen geleiteten den Sarg. Unter den Trauernden in der Kirche war der aus Paris verbannte dreiunddreißigjährige François-Marie Arouet, der sich unter dem angenommenen Namen Voltaire ersten Schriftstellerruhm erworben hatte.
»Seine Landsleute ehrten den berühmten Newton zu Lebzeiten und beerdigten ihn, als wäre er ein König, der sein Volk glücklich gemacht hat«, schrieb er in seinen »Briefen über die Engländer«. In witzigen Vergleichen glossierte Voltaire die Rückständigkeit seiner französischen Heimat in Politik, Religion und Wissenschaft: Während sich in England die Newtonsche Theorie durchgesetzt hatte, standen die Gelehrten Frankreichs noch auf dem Boden der Philosophie René Descartes': »In Paris sieht man das Universum mit lauter ätherischen Wirbeln besetzt,

während hier in demselben Raume unsichtbare Kräfte ihr Spiel treiben. In Paris ist es der Druck des Mondes, der die Ebbe und Flut des Meeres macht, und in England ist es umgekehrt das Meer, das gegen den Mond gravitiert, so daß, wenn die Pariser von dem Monde eben Hochwasser verlangen, die Herren in London zu derselben Zeit Ebbe haben wollen. In Paris malt man uns die Erde an ihren Polen länglich, wie ein Ei, und in London ist sie abgeplattet wie eine Melone.«

Worin bestand nun das wesentliche Neue bei Newton gegenüber Descartes? Was war es, was Voltaire und später alle Physiker des 18. Jahrhunderts zu überzeugten Anhängern Newtons werden ließ?

Descartes vermeinte für jede Naturerscheinung, ob am Himmel oder auf der Erde, ob Schwerewirkung, Magnetismus oder Licht, eine Erklärung in seinem System zu haben. In maßloser Überschätzung der Möglichkeiten des menschlichen Verstandes wollte er die ganze Natur, alles, was in der Welt überhaupt existiert, aus seinem Kopfe konstruieren. Das Beispiel der Euklidischen Geometrie vor Augen, glaubte Descartes, die ganze Physik aus einigen Grundannahmen ableiten zu können.

Für Descartes ist die Welt überall mit Materie angefüllt, einen leeren Raum gibt es nicht. Die Bewegungen der Planeten kommen für ihn durch Wirbel der himmlischen Materie zustande.

Ein grandioses Wortgemälde war es, was Descartes vorlegte, nicht das, was wir heute, an Newton geschult, eine physikalische »Erklärung« nennen. Denn wenn die Bewegungen der Planeten auf Wirbel einer fiktiven himmlischen Materie zurückgeführt werden, verlangen wir ihre Bewegungsgesetze und zusätzlich Beweise für ihre Existenz.

Je weiter Descartes auf seinem Wege fortschritt und je mehr Phänomene er behandelte, desto größere Schwierigkeiten türmten sich für ihn auf. Er konnte diese Schwierigkeiten nur meistern, indem er zu immer neuen, immer artifizielleren Mechanismen seine Zuflucht nahm.

Nach der Betrachtung des Kosmos wandte Descartes sich den irdischen Erscheinungen zu. War er schon vorher ganz unbedenklich, was neue Hypothesen über die Bewegung und Gestalt seiner fiktiven Materie betraf, so wird seine Phantasie nun noch fruchtbarer.

So sind für Descartes etwa die magnetischen Kräfte auf die Wirkung der sogenannten »gerieften Teilchen« zurückzuführen, wie es in der deutschen Übersetzung des ursprünglich 1644 lateinisch erschienenen Hauptwerkes von Descartes, den »Prinzipien der Philosophie«, heißt. »Gerieft« ist ein etwas altertümliches Deutsch; es bedeutet so viel wie »gefurcht«. Es sollen also nach Descartes besonders geformte Teilchen existieren, die für die magnetischen Effekte verantwortlich sind. »Es genügt«, schrieb er, »wenn man sie sich als dünne Säulen vorstellt, die an ihrer Oberfläche drei vertiefte, nach Art der Schneckenhäuser gewundene Rinnen haben, so daß sie drehend durch ... Gänge hindurchkommen können.«
Die Magnete und die magnetisierbaren Körper sollen nun überall solche feinen Gänge besitzen, daß sich die gerieften Teilchen mit Leichtigkeit hindurchwinden können. Dabei gibt es zweierlei geriefte Teilchen, Links- und Rechtsschrauben. Entsprechend vermögen die gerieften Teilchen nur in einer Richtung durch die Gänge zu kommen.
Wie erklärt Descartes nun beispielsweise die auf der Erdoberfläche auf den Magneten ausgeübte Richtkraft? Die gerieften Teilchen strömen durch die Erde, treten auf der Erdoberfläche aus und gehen entsprechend dem Kraftlinienverlauf durch die Luft. Treffen sie nun auf einen bereits in Richtung der Kraftlinien orientierten Magneten, gehen die Teilchen mit Leichtigkeit durch die Gänge.
»Wenn diese Pole des Magneten«, schreibt Descartes, »nicht dahin gerichtet sind, wo die gerieften Teilchen herkommen, und wo sie ihnen einen freien Durchgang gewähren können, so stoßen die gerieften Teilchen schief auf diese Gänge und treiben ihn mit ihrer Kraft zur Umwendung ... so lange, bis er in seine natürliche Lage zurückgekehrt ist.«

Damit ist (scheinbar) erklärt, warum sich ein Magnet in Richtung der Kraftlinien einstellt. – Die Zeichnung, die Descartes dazu lieferte, zeigt die gerieften Teilchen, wie sie aus dem Inneren der Erde herauskommen, vor allem an den Polen, und kettenförmig die Erde umschlingen. Diese Zeichnung erinnert an die bekannten, durch Eisenfeilspäne sichtbar gemachten Kraftlinienbilder, und tatsächlich hat Descartes schon gewußt, »daß Eisenfeilspäne um einen oder mehrere Magneten sich in bestimmter Weise zurechtstellen«.

Auf die gleiche Weise wie die magnetische Richtwirkung konnte nun Descartes auch die sonstigen Eigenschaften des Magneten erklären. Sorgfältig faßte er diese Eigenschaften in 34 Punkte zusammen.

Wie den Magnetismus behandelte Descartes auch alle anderen Phänomene. Stolz schloß er sein Werk mit den Worten: »So ergibt ein letzter Überblick, daß ich keine Naturerscheinung in dieser Abhandlung übersehen habe.«

Gegen diese Art von Physik grenzt sich Newton entschlossen ab mit seinem berühmten Satz »Hypotheses non fingo« – Hypothesen erfinde ich nicht. »Ich habe bisher die Erscheinungen der Himmelskörper und die Bewegungen des Meeres durch die Kraft der Schwere erklärt, aber ich habe nirgends die Ursache der letzteren angegeben . . . Ich habe noch nicht dahin gelangen können, aus den Erscheinungen den Grund dieser Eigenschaften der Schwere abzuleiten, und Hypothesen erfinde ich nicht. Alles nämlich, was nicht aus den Erscheinungen folgt, ist eine Hypothese, und Hypothesen, seien sie nun metaphysische oder physische, mechanische oder diejenigen der verborgenen Eigenschaften, dürfen nicht in die Experimentalphysik aufgenommen werden . . . Es genügt, daß die Schwere existiere, daß sie nach den von uns dargelegten Gesetzen wirke und daß sie alle Bewegungen der Himmelskörper und des Meeres zu erklären imstande sei.«

Die Cartesische Physik ist ein Essay, sagte Voltaire, die Newtonsche ein Meisterwerk. Descartes hatte alles und jedes erklären wollen, in der Beschränkung aber zeigt sich der Meister: Newton konzentrierte sich auf die Mechanik und die Wirkung der Schwerkraft. Er legte mathematische Gesetze vor, die eine genaue Berechnung und Vorhersage ermöglichen. Auf diese Weise kann die Theorie durch Beobachtung und Experiment geprüft werden. Newton begnügte sich damit, zu konstatieren, nach welchem Gesetz die Schwerewirkung mit der Entfernung abnimmt. Zwar interessierte auch ihn die Frage nach dem Warum; weil er aber für

eine Erklärung keinen Ansatz fand, so schwieg er. »Ich lege keinen Wert auf Mutmaßungen«, pflegte Isaac Newton zu sagen.
Voltaire, der große Schriftsteller des Aufklärungszeitalters, interessierte sich für den Gegenstand, die Physik, wie für Newtons Methode. Nach der Rückkehr aus England zog Voltaire zu seiner Geliebten, der Marquise du Châtelet, auf das Schloß Cirey in der Champagne. Physikalische Experimente wechselten ab mit intensiven Studien der Schriften Newtons. Die Marquise übersetzte Newtons »Prinzipien« ins Französische, und Voltaire schrieb das Vorwort: »Die Übersetzung, die eigentlich von den gelehrten Männern Frankreichs hätte gemacht werden müssen ... wurde von einer Frau unternommen und vollendet, zum Erstaunen und zum Ruhm ihres Landes ... Wir haben zwei Wunder erlebt: das eine, daß Newton dieses Werk schuf, und das andere, daß eine Frau es übersetzte und erläuterte.«
Tatsächlich sind Newtons »Prinzipien« schwer, sehr schwer zu verstehen. Sie gehören, will man die Feinheiten würdigen, zum schwierigsten, was je geschrieben wurde. Voltaire stellte sich deshalb die Aufgabe, die Grundzüge so darzustellen, daß sie ein durchschnittlich vorgebildeter Leser mit vernünftigem Zeitaufwand verstehen kann.
Das Buch, »Elemente der Philosophie Newtons, für jedermann verständlich dargestellt«, wurde ein »Bestseller«. In einer damaligen Rezension hieß es: »Kaum waren die ›Elemente der Philosophie Newtons‹ erschienen, und schon sah man sie in den Händen von ganz Paris, und in jeder Art von Händen. Der Preis schreckt niemanden ab. Man rafft sie an sich, man reißt sie sich aus den Händen. Jeder will wenigstens ein Kapitel daraus lesen, die Überschriften überfliegen, das Buch mit den Augen verschlingen. Auch die, die es unverständlich finden, wollen wenigstens einige Bruchstücke von Newtons Lehre daraus entnehmen.«
Bisher, so schrieb der Rezensent, war Newton nur den Gelehrten verständlich, die seine mathematische Sprache verstehen konnten: »Newton hatte gemessen, gerechnet und gewogen; Newton hatte nicht gesprochen. Oder ist die Geometrie etwa eine Sprache?« Doch jetzt, dank Voltaire, begreife jeder die Newtonsche Physik: »Endlich spricht

Voltaire, und sofort wird Newton verstanden oder ist auf dem besten Wege, verstanden zu werden. Ganz Paris hallt wider von Newton, ganz Paris stammelt Newton, ganz Paris studiert und lernt Newton.«

Das Genie Newtons hatte das Genie Voltaires gefunden. Die abstrakten Sachverhalte, die der große Physiker entdeckt hatte, malte der große Schriftsteller aus in Gleichnissen und Bildern. So war es eine wesentliche Erkenntnis Newtons, daß es ein und dieselbe Kraft ist, die an der Erdoberfläche den losgelassenen Stein nach unten zieht und den Mond um die Erde kreisen läßt. In der Antike hatte man streng zwischen der Bewegung der irdischen und der himmlischen Körper unterschieden.

Wie erläuterte Voltaire seinen Lesern diesen wichtigen Punkt? Er hatte sich in London lange mit der Nichte Newtons unterhalten, die ihrem Onkel, der zeitlebens Junggeselle geblieben war, den Haushalt führte. Von ihr hatte er viele Denkwürdigkeiten aus seinem Leben erfahren.

Als Dreiundzwanzigjähriger stand Newton, wie er später selbst urteilte, auf der Höhe der geistigen Schöpferkraft. In England tobte 1665 die Pest, und die Universität Cambridge schickte die Studenten nach Hause. Newton kehrte in seinen Geburtsort zurück, das Dorf Woolsthorpe, und lebte in völliger Zurückgezogenheit bei seiner Mutter in dem bescheidenen Gutshof: »Eines Tages, es war im Jahre 1666, beobachtete Newton, wie Äpfel von einem Baum fielen. Infolgedessen versank er in Nachdenken über die Ursache, welche alle Körper zwingt, sich gegen den Mittelpunkt der Erde zu bewegen. Welches ist, so fragte er sich, diese Kraft? Sie würde auf den Apfel, der eben vom Baum fiel, auch wirken, wenn dieser sich in einer Höhe von 3000, selbst 10 000 Toisen befände. Wenn dem so ist, so muß sie auch von dem Orte, wo der Mond sich befindet, bis zum Zentrum der Erde wirken. Und weiter muß die Kraft dieselbe sein, welche die Planeten gegen die Sonne treibt und die Monde des Jupiter um diesen sich bewegen läßt. Ein Körper, der sich an der Stelle des Mondes befindet, und ein Körper in der Nähe der Erde müssen also beide auf die Erde zustreben, und zwar nach einem bestimmten Gesetz, das eine gewisse, von den Entfernungen abhängige Größe zum Ausdruck bringt.«

Die Anekdote vom fallenden Apfel prägte sich ein. Wie der Sündenfall in der Bibel an einem Apfel veranschaulicht wird, so das Gravitationsgesetz Newtons bei Voltaire. Die Schwerkraft der Erde wirkt auf alle Gegenstände, ob sie sich nun an der Erdoberfläche befinden oder hoch im Gebirge. Es ist nicht einzusehen, daß die Schwerkraft irgendwo abrupt aufhören soll, vielmehr muß sie, wenn auch abgeschwächt, bis zum Mond reichen und darüber hinaus. So muß auch der Mond wie der Apfel gegen die Erde fallen. Wie ist das zu verstehen?

Die Bewegung eines geworfenen Steines setzt sich aus zwei Teilbewegungen zusammen: der horizontalen, gleichförmigen Trägheitsbewegung und der vertikalen, beschleunigten Fallbewegung. So entsteht, wie schon Galilei gezeigt hatte, die Wurfparabel. Auch beim Mond sind es zwei Bewegungen: die Trägheitsbewegung mit gleichförmiger Geschwindigkeit geradeaus und die Fallbewegung in Richtung der Erde. Die Zusammensetzung gibt hier (näherungsweise) einen Kreis um den Erdmittelpunkt.

Die Fallbewegung des Apfels und die Fallbewegung des Mondes werden beide von der Erdanziehungskraft verursacht. Newton verglich nun die Größe der Fallbeschleunigung des Apfels auf der Erde mit der Fallbeschleunigung des Mondes. Anders ausgedrückt: Newton verglich die Strecke, die der Mond in einer Sekunde fällt, mit der Strecke, die der Apfel an der Erdoberfläche fällt. Es ergab sich als Verhältnis 1 : 3600. Nun ist der Mond vom Erdmittelpunkt gerade 60 Erdradien entfernt, also 60 Mal weiter als der Apfel. 3600 ist aber 60 im Quadrat. Also nimmt die Erdanziehungskraft mit dem Quadrat des Abstandes ab.

Nach einer persönlichen Aufzeichnung hatte Newton 1665 und 1666 in Woolsthorpe auch schon eine zweite Überlegung zur Schwerkraft fertig. Dabei ging es um die Schwerkraft der Sonne, die die Planeten auf ihrer Bahn hält.

Schon Kepler hatte bemerkt, daß die äußeren Planeten Jupiter und Saturn viel langsamer um die Sonne laufen als die inneren Planeten Merkur und Venus. Die Kraft der Sonne muß also mit zunehmender Entfernung von der Sonne schwächer werden. Die Rechnung Newtons

ergab: Die Schwerkraft der Erde und die Schwerkraft der Sonne nehmen beide umgekehrt proportional mit dem Quadrat des Abstandes nach außen hin ab. Wie $1/r^2$ sagt der Physiker.
Diese bedeutenden Resultate hat Newton damals nicht veröffentlicht, sondern beiseite gelegt und erst nach fünfzehn Jahren wieder aufgegriffen. Warum?
Zwei Antworten hat man gegeben. Erste Antwort: Die Überlegung mit der Erdanziehungskraft an der Erdoberfläche und am Ort des Mondes und dem Verhältnis 60 im Quadrat zu 1 kam erst später so schön heraus. Damals, anno 1666, hatte Newton noch nicht den richtigen Wert für den Erdradius zur Verfügung, und so stimmte sein Ergebnis nur ungefähr, womit Newton nicht zufrieden war. Zu Recht verlangte er eine genaue zahlenmäßige Übereinstimmung.
Warum hat Newton seine so wichtigen Ergebnisse fünfzehn Jahre lang in der Schublade liegen lassen? Die zweite Antwort, die man auf diese Frage gegeben hat, lautet anders: Es ist zwar heute dem geschulten Physiker und Mathematiker selbstverständlich, daß die Erdanziehungskraft an der Erdoberfläche so groß ist, als wäre die ganze Masse der Erde im Erdmittelpunkt konzentriert. Der Fachmann muß zum Beweis heute ein dreifaches Integral auswerten. Damals, 1666, konnte Newton das Problem noch nicht gelöst haben.
Für diese Antwort spricht, daß Newton offenbar die Bewältigung des dreifachen Integrals als das Glanzstück seiner »Mathematischen Prinzipien der Naturlehre« von 1687 angesehen hat. Der englische Wissenschaftshistoriker Derek Thomas Whiteside in Cambridge/England hat ein Porträt genau angesehen, das ein Kupferstecher wenige Monate vor Newtons Tod angefertigt hat: »Auf diesem Bild liegt Newtons linke Hand auf Seite 204 der dritten Auflage der Prinzipien . . . Die Wahl, die doch sicher Newtons eigene sein muß und nicht des Künstlers willkürliche Vorliebe für hübsche mathematische Figuren, ist auf den ersten Blick völlig unerwartet, aber bei längerem Nachdenken fängt man an, zu verstehen, daß hier wirklich ein Lehrsatz steht, der nichts mathematisch Ebenbürtiges im ganzen übrigen Magnum Opus Newtons hat . . . Es ist

das dreifache Integral, mit dessen Hilfe er die allgemeine Attraktion einer Kugel auf einen äußeren Punkt auswertet.«
Lassen wir dahingestellt, ob der junge Newton 1666 mehr mit dem einen oder mehr mit dem anderen Problem Schwierigkeiten hatte. Wenn man das große Werk Newtons von 1687 zur Hand nimmt, die »Mathematischen Prinzipien der Naturlehre«, so sieht man den ungeheuren Abstand zu allen Vorläufern und allen Zeitgenossen. Man gewinnt einen wenigstens vagen Eindruck, wie viele Entdeckungen und geistige Leistungen im einzelnen notwendig waren, um ein solches Werk zu schaffen.
Der Niederländer Eduard Jan Dijksterhuis schreibt in seinem Standardwerk über die »Mechanisierung des Weltbildes«: »Mit Newton findet eine Epoche in der Beziehung des denkenden Menschen zur Natur ihr Ende und eine neue beginnt. Die klassische Naturwissenschaft gelangt zur selbständigen Existenz . . . Die verschiedenen Entwicklungslinien münden in ihm zusammen. Er bringt System in das Chaos des spontan Gewachsenen und lehrt, das zu verknüpfen, was zusammenhanglos nebeneinander zu stehen schien.«
Das Massenanziehungsgesetz Newtons ist nur ein Teil der von Newton geschaffenen Mechanik. Ohne die allgemeinen Grundlagen der Bewegungslehre wäre alles andere ein Torso geblieben.
Ein Vergleich mit Johannes Kepler und Galileo Galilei, die eine Generation vor Newton lebten, zeigt die Bedeutung der »Grundsätze oder Gesetze der Bewegung«, wie sie Newton auf den ersten Seiten seiner »Mathematischen Prinzipien der Naturlehre« von 1687 dargelegt hat.
In seiner Physik war Kepler bei dem alten Axiom des Aristoteles stehengeblieben. Alles, was sich bewegt, wird durch eine Kraft bewegt.Kepler suchte nach einer äußeren Ursache für die Geschwindigkeit der Planeten auf ihren Bahnen um die Sonne. Er kennt also noch nicht die Trägheitsbewegung mit gleichförmiger Geschwindigkeit und gleichbleibender Richtung ohne äußere Kraft.
Galilei ist moderner. Er stellt Gedankenversuche an mit Kugeln, die er eine schiefe Ebene hinunterrollen läßt und mit dem Schwung, den sie erlangt haben, eine zweite schiefe Ebene wieder hinauf. In seinem

berühmten physikalischen Hauptwerk, den »Unterredungen und mathematischen Demonstrationen« von 1638 schrieb Galilei: »Es ist zu beachten, daß der Geschwindigkeitswert, den der Körper aufweist, in ihm unzerstörbar enthalten ist. Das bemerkt man nur auf horizontalen Ebenen, denn bei absteigenden nimmt man Beschleunigung wahr, bei aufsteigenden Verzögerung. Hieraus folgt, daß die Bewegung in der Horizontalen unaufhörlich ist: Denn wenn sie sich stets gleich bleibt, wird sie nicht geschwächt oder aufgehoben, geschweige denn vermehrt.«
Das ist das berühmte Galileische Trägheitsgesetz. Galilei schränkt aber seine Aussage auf (unendlich) kurze Wegstrecken ein und erklärt, daß die Bewegung mit konstanter Geschwindigkeit, von der er spreche, die Bewegung auf einem Kreis um den Erdmittelpunkt sei.
Bei Newton steht das Trägheitsgesetz in voller Allgemeinheit als »Erstes Gesetz« an der Spitze seiner Mechanik: »Jeder Körper verharrt in seinem Zustand der Ruhe oder der gleichförmig geradlinigen Bewegung, wenn er nicht durch einwirkende Kräfte gezwungen wird, seinen Zustand zu ändern.«
Durch das »erste Gesetz« von Newton werden die Zustände der Ruhe und der gleichförmigen, geradlinigen Bewegung einander gleichgesetzt und als sozusagen »natürliche« Zustände deklariert, die keiner weiteren Erklärung bedürfen. Erst wenn der betrachtete Körper seine gleichförmig-geradlinige Bewegung ändert, etwa indem er schneller oder langsamer wird oder indem er seine bisherige Richtung ändert, sucht Newton nach einer Ursache, und das heißt physikalisch nach einer einwirkenden Kraft.
Gegenüber der antiken Physik hat sich also scheinbar nicht viel geändert: Für Aristoteles und Kepler war die Kraft die Ursache einer Geschwindigkeit, für Newton ist die Kraft die Ursache einer Beschleunigung. Aber eine Welt liegt zwischen den beiden Auffassungen. Das zweite Gesetz Newtons, das eigentliche Bewegungsgesetz, lautet: »Die Änderung der Bewegung ist der Einwirkung der bewegenden Kraft proportional und geschieht nach der Richtung derjenigen geraden Linie, nach welcher die Kraft wirkt.«

Unter »Bewegung« versteht hier Newton »Bewegungsgröße« oder »Impuls«. Die »Bewegungsgröße« ist der fundamentale Ausdruck für René Descartes, und man sieht hier, wie viel Newton auch Descartes verdankte.
Dieses »Newtonsche Grundgesetz« lernt man im Schulunterricht meist als »Kraft gleich Masse mal Beschleunigung«. In dieser Form hat sich das Gesetz erst bei den Nachfolgern Newtons eingebürgert. In seinen berühmten Vorlesungen über theoretische Physik Band I Mechanik sagt dazu Arnold Sommerfeld: »Gewiß sind, wenn wir die Masse als konstant behandeln, die beiden Fassungen identisch. Aber die Masse ist nicht immer konstant, z. B. in der Relativitätstheorie nicht, wo sich die Newtonsche Formulierung mit geradezu prophetischer Sicherheit bewährt hat.«
Das »Newtonsche Grundgesetz« gilt ganz allgemein für beliebige Kräfte. Seine Hauptanwendung fand es bei Newton auf die Schwerkraft, die, wie er seit seinen Betrachtungen über den fallenden Apfel wußte, die Bewegungen aller Planeten reguliert.
Wie es auch schon Kepler getan hatte, nahm Newton wohl ohne weiteres an, daß die von der Sonne auf die Planeten ausgeübte Kraft auf die Sonne gerichtet ist. Es war ihm aber auch schon sehr früh gelungen, diese Annahme aus dem 2. Keplerschen Gesetz zu beweisen.
Sicher ist auch die von der Sonne ausgehende Kraft um so schwächer, je größer der Abstand von der Sonne ist. Kepler hatte angenommen, daß die Kraft umgekehrt mit dem Abstand abnimmt. Für Kepler wirkt also in zehnfacher Entfernung eine zehnmal kleinere Kraft. Newton kannte seit 1666 das richtige Kraftgesetz, das $1/r^2$-Gesetz: In zehnfacher Entfernung wirkt eine hundertmal kleinere Kraft.
Auch von anderen zeitgenössischen Mathematikern und Astronomen wurde dieses Gesetz erörtert, aber keiner, außer Newton, war in der Lage, mathematische Folgerungen zu ziehen. Es gab eben noch keine Differential- und Integralrechnung, die es heute jedem Mathematik- und Physikstudenten ermöglicht, aus dem Newtonschen Massenanziehungsgesetz und dem Newtonschen Grundgesetz »Kraft gleich Masse mal

Beschleunigung« die drei Keplerschen Gesetze der Planetenbewegung abzuleiten.

Im August 1684 erhielt Isaac Newton in Cambridge Besuch von dem Astronomen Edmond Halley. Halley hatte zwei Jahre zuvor den nach ihm benannten Kometen beobachtet. Später sollte Newton die Bahnelemente berechnen und Halley daraus den Schluß ziehen, daß der Komet abermals 1759 am Himmel auftauchen müsse. Diese Vorhersage wurde dann zur Zeit Voltaires eine neue glänzende Bestätigung der Newtonschen Theorie.

Davon wußten Halley und Newton 1684 natürlich noch nichts. Bei dem Besuch Halleys in Cambridge ging es nicht um Kometen, sondern um das leichtere Problem, um die Planeten.

In seiner großen Newton-Biographie beschreibt David Brewster die Szene: »Halley kam sofort auf den Grund seines Besuches: Wie sieht die Bahnkurve eines Planeten aus, wenn man annimmt, daß die Schwerkraft mit dem Quadrat des Abstandes abnimmt. Newton antwortete sofort: ›Eine Ellipse‹. Überrascht über die spontane Antwort fragte Halley, wie Newton das wissen könne. ›Nun‹, sagte Newton, ›ich habe es berechnet.‹ Halley wollte die Rechnung sehen; Newton konnte die Blätter nicht finden, versprach aber, ihm eine neue Ausarbeitung zuzusenden.«

Im November 1684 hatte Halley das Manuskript in Händen; sofort berichtete er der Royal Society. Newton aber wollte seine Ergebnisse nicht wie üblich gleich als Zeitschriftenaufsatz veröffentlichen, sondern ein geschlossenes Ganzes schaffen. Im April 1686 lieferte er die noch fehlenden Teile. Die Royal Society faßte den Newton und sie selbst ehrenden Beschluß, das Werk zu finanzieren. Aber die Mittel fehlten. Halley übernahm persönlich die Kosten. So erschienen endlich Mitte 1687 Newtons »Mathematische Prinzipien der Naturlehre« in einer Auflage von 300 Exemplaren.

Man hat einmal den Versuch gemacht, eine Liste der wichtigsten Arbeiten aufzustellen, die je auf physikalischem Gebiet angefertigt wurden. Dabei sollte die Rangfolge nicht eigentlich auf der absoluten Größe der

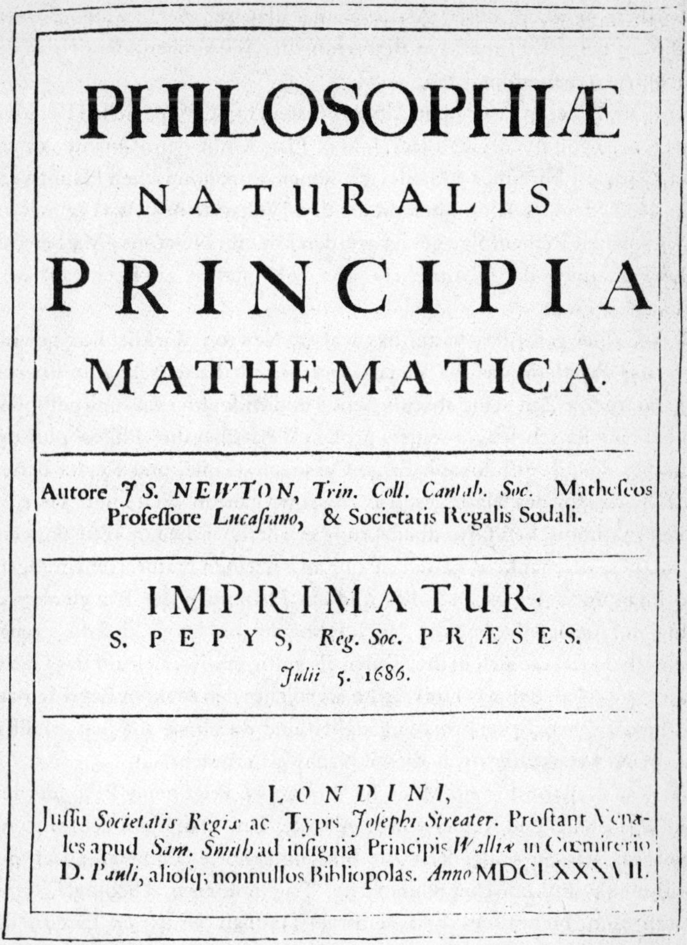

PHILOSOPHIÆ

NATURALIS

PRINCIPIA

MATHEMATICA.

Autore *J S. NEWTON*, *Trin. Coll. Cantab. Soc.* Matheseos Professore *Lucasiano*, & Societatis Regalis Sodali.

IMPRIMATUR.

S. PEPYS, *Reg. Soc.* PRÆSES.

Julii 5. 1686.

LONDINI,

Jussu *Societatis Regiæ* ac Typis *Josephi Streater*. Prostant Venales apud *Sam. Smith* ad insignia Principis *Walliæ* in Cœmiterio D. *Pauli*, aliosq; nonnullos Bibliopolas. *Anno* MDCLXXXVII.

4 Titelseite der berühmten »Mathematischen Prinzipien der Naturlehre«. Das Werk erschien am 5. Juli 1687 in einer Auflage von 300 Exemplaren. Wenige Wochen später wurden 50 weitere Exemplare abgezogen. Wir zeigen das Titelblatt dieser »zweiten« Erstauflage.

Genialität beruhen, deren Abschätzung allzu schwierig wäre, als vielmehr auf der gefühlsmäßigen Bewertung der Wirkungen, die sich an die einzelnen Arbeiten knüpfen.

Auf Platz 2 dieser Liste steht Albert Einstein mit der Speziellen Relativitätstheorie von 1905, auf Platz 3 Max Planck mit dem Quantenansatz von 1900, auf Nummer 4 Galilei mit seinem astronomischen Hauptwerk von 1632, dem »Dialog über die beiden Weltsysteme«. Was immer zu einer solchen Reihenfolge gesagt werden könnte: Newtons »Mathematische Prinzipien der Naturlehre« von 1687 stehen zu Recht auf dem allerersten Platz.

»Was Galilei gefordert hatte, das war in Newton Wirklichkeit geworden; das Problem, das die Renaissance gestellt hatte, schien in überraschend kurzer Zeit seine abschließende und endgültige Lösung gefunden zu haben.« So schrieb, in seinem großen Werk über die »Philosophie der Aufklärung«, der Philosoph Ernst Cassirer: »Galilei und Kepler hatten den Gedanken des Naturgesetzes in seiner ganzen Weite und Tiefe, in seiner methodischen Grundbedeutung erfaßt; aber die konkrete Anwendung dieses Gedankens hatten sie nur an einzelnen Naturerscheinungen, am Phänomen des freien Falles und am Phänomen der Planetenbewegung, aufzuzeigen vermocht. Noch fehlte der Nachweis, daß die strenge Gesetzlichkeit, die sich in den Teilen als gültig erwies, sich auf das Ganze übertragen ließ, daß das Universum als solches den exakten Begriffen der mathematischen Erkenntnis zugänglich und durch sie adäquat erfaßbar sei. In Newtons Werk war dieser Nachweis erbracht.«

Was war Newton für ein Mensch? Sein Leben zeigt keine Besonderheiten. Wie Galilei und Kepler wurde er an der Universität mit dem vertraut gemacht, was zu seiner Zeit zur Bildung gehörte. Er befaßte sich mit Arithmetik, Euklidischer Geometrie, Trigonometrie, Theologie, Griechisch und Hebräisch, und selbstverständlich lernte er Latein, die Hauptsprache der Gelehrten.

Wie bei Galilei und Kepler war auch bei ihm das Interesse für Handwerk und Handarbeit besonders stark. Der Zwanzigjährige entwickelte ein besonderes Interesse für die Optik: Hier konnte er gleichzeitig seine mathematische Abstraktionsfähigkeit und seine Kunst im Experimentieren entwickeln.

Newton stellte sich die Aufgabe, ein Fernrohr von größerer Schärfe als alle bisherigen zu bauen. Er bemühte sich deshalb, Linsen ohne Farbfehler zu schleifen. Als ihm dies mißlang, begann er 1664 mit systematischen Versuchen über die Farbzerlegung und verwendete dabei ein Prisma. Das heute noch bei optischen Versuchen übliche Prisma ist ein Glaskörper mit dreieckigem Querschnitt. »Nachdem ich mein Zimmer verdunkelt und in meinem Fensterladen ein kleines Loch gemacht hatte, um eine passende Menge Sonnenlicht hindurchzulassen, stellte ich mein Prisma an die Eintrittsöffnung. Es war zunächst ein sehr lustiger Zeitvertreib, die lebhaften und intensiven Farben zu betrachten. Ich war überrascht, sie in einer länglichen Gestalt zu sehen, während ich doch nach den anerkannten Brechungsgesetzen erwartet hatte, daß sie kreisförmig sein würden. Die Länge dieses farbigen Spektrums fand ich fünfmal größer als die Breite.«

Durch Newton hat sich das Wort »Spektrum« in der Physik eingebürgert. Wodurch entstehen aus dem weißen Licht der Sonne die Regenbogenfarben? In sorgfältigen Versuchen entwarf Newton mit einem Prisma ein Farbspektrum. Durch einen engen Spalt blendete er eine Farbe aus und untersuchte diese für sich weiter. Hier gab es durch ein zweites Prisma keine weitere Zerlegung: rotes Licht blieb rot, blaues Licht blieb blau. Jetzt konnte Newton die gestellte Frage beantworten: »Das Licht der Sonne besteht aus Strahlen verschiedener Brechbarkeit.«

Das weiße Licht ist also nichts Einheitliches, sondern ist aus den Regenbogenfarben zusammengesetzt.

Im wissenschaftlichen wie im populärwissenschaftlichen Schrifttum des 18. Jahrhunderts spielte diese Entdeckung Newtons eine zentrale Rolle. So verfaßte 1737 Graf Algarotti, angeregt von Madame du Châtelet und von Voltaire, ein Buch mit dem Titel »Il Newtonianismo per le dame«, das auch deutsch unter dem Titel erschien »Newtons Weltwissenschaft für das Frauenzimmer«. Eine Marquise und ein Philosoph unterhalten sich; fiktiver Schauplatz ist das bei Sirmione am Gardasee gelegene

Schloß der Marquise. Diese hat in einem italienischen Gedicht von dem »siebenfachen Licht« gelesen, was den Philosophen auf Newton und die Optik bringt.

Newton wird der Marquise als ein Mann vorgestellt, der den Damen »sogar bis über den Nachttisch Gesetze fürschreibt« und ihnen auf diese Weise Ratschläge auf wissenschaftlicher Grundlage erteilt. »Was für eine Ursache nötiget die Damen, ein stärkeres Rot aufzutragen, wenn sie in einer Loge der Opera erscheinen wollen, als wenn sie ihren Liebreiz im Tuileriengarten spazieren führen?« Newton gibt mit Hilfe seines Prismas die Antwort: In den Tuilerien scheint die Sonne, während die Oper von Kerzen erleuchtet wird, die mehr gelbes Licht enthalten.

Der Hamburger Physikhistoriker Andreas Kleinert hat die Sachbuchliteratur des 18. Jahrhunderts und Algarottis »Newtonianismo per le dame« analysiert: »Der Philosoph erklärt der Marquise, wie man einsehen kann, daß die Helligkeit mit dem Quadrat der Entfernung von der Lichtquelle abnimmt: Man entferne sich mit einem Brief weit von einer Kerze, daß man ihn gerade noch lesen kann. Verdoppelt man anschließend die Entfernung, so muß man statt einer Kerze vier aufstellen, um den Brief so gut lesen zu können wie zuvor. Diese Erklärung wird unterbrochen durch die Bemerkung, für Liebesbriefe gelte das Gesetz aber nicht, ›denn zu diesen hat man Luchsaugen, und liest sie auf was für eine Entfernung es auch sein möchte . . . ‹ Kaum hat die Marquise das $1/r^2$-Gesetz eingesehen, da fallen ihr außer der Abnahme der Schwerkraft mit dem Quadrat der Entfernung noch andere Fälle ein, wo dieses Gesetz gilt.«

In seiner »Geschichte der Farbenlehre« beschäftigte sich Johann Wolfgang von Goethe ganz ausführlich mit Isaac Newton, mit Voltaires Eintreten für Newton und seiner angeblichen »Anglomanie«. Über Algarotti spottete Goethe, er sei nicht einmal so gewandt gewesen, »die schöne Dame in eine dunkle Kammer zu führen«. »Bloß mit Worten führt er ihr die Phänomene vor, erklärt sie mit Worten, und die schöne Frau wird auf der Stelle so gläubig als hundert andre.«

Die Newton–Gläubigkeit der Epoche war Goethe ein Greuel, und mit

Newtons
Welt-Wissenschaft
für das Frauenzimmer,
oder
Unterredungen
von dem Licht, von den Farben, und von der Anziehenden Kraft.

Aus dem Italiänischen des Herrn Algarotti ins Französische durch Herrn Du Perron de Cartera

und

aus   n ins Teutsche übersetzet.

Zweyter Theil.

---

5 *Schon im 18. Jahrhundert gab es das, was wir heute ein »Sachbuch« nennen. Hier eine deutsche Übersetzung von »Il Newtonianismo per le dame« des Grafen Algarotti.*

dem Ergebnis des Newtonschen Grundversuches hat er sich nie abfinden können. Sich das herrliche weiße Sonnenlicht als Zusammensetzung aus sieben Regenbogenfarben zu denken, schien ihm absurd. Die Physik freilich ging über die Bedenken Goethes hinweg und knüpfte weiterhin, auch in der Optik, an Newton an.

Seine 1672 veröffentlichte Entdeckung über die Aufspaltung des weißen Lichtes suchte Newton sogleich anzuwenden auf die gestellte praktische Aufgabe, die Konstruktion eines verbesserten Fernrohres. Nach seinen Prismenversuchen meinte er, daß es Linsen ohne Farbfehler nicht geben könne, und er baute deshalb ein Spiegelfernrohr. Die Idee dazu war schon 50 Jahre alt, aber das erste wirklich gebrauchsfähige Spiegelfernrohr stammt von Newtons Hand. Er sandte 1672 sein Instrument an die Royal Society nach London zur Prüfung und wurde daraufhin zum Mitglied gewählt.

Die Spiegelteleskope blieben den Linsenfernrohren unterlegen. Später stellte sich heraus, daß Newton zwar nicht in den grundsätzlichen Einsichten, wohl aber in der Anwendung auf die technische Praxis geirrt hatte: Es können doch – durch Kombination verschiedener Gläser – Linsen ohne Farbfehler hergestellt werden.

Zur Zeit Newtons blieb die Physik im wesentlichen eine Wissenschaft l'art pour l'art, das heißt eine geistige Beschäftigung um der reinen Erkenntnis willen. Erst 200 Jahre später, Ende des 19. Jahrhunderts, begannen die Entdeckungen und Erfindungen der Physiker die Welt zu gestalten.

Aus seiner Mechanik und seiner Optik Nutzanwendungen für die Technik seiner Zeit zu gewinnen, gelang Newton noch nicht. Auf die Technik hat Newton aber doch gewirkt, nämlich – mit Zeitverzögerung – auf die Technik des 20. Jahrhunderts. Die nach seiner Methode – durch Synthese von Mathematik und Experiment – und in seinem Geiste weiterentwickelte Wissenschaft führte zu ungeahnten technischen Anwendungen, zur Starkstrom-Elektrotechnik etwa, zur Rundfunk- und Nachrichtentechnik, zur Kerntechnik.

Nach dem Erscheinen der »Mathematischen Prinzipien der Naturlehre«

1687 änderte sich das Leben Newtons. Die geistigen Höchstleistungen hatten zu einer Abspannung der intellektuellen Kräfte geführt, und er reagierte, wahrscheinlich ganz unbewußt, mit einer Verlagerung der Interessen. Er widmete sich verstärkt theologischen und chemischen Studien.

Als Vertreter der Universität Cambridge wurde er Parlamentsabgeordneter in London. Nach einer Anekdote hat das Unterhaus die Stimme Newtons nur ein einziges Mal gehört, als er einen Saaldiener bat, die Fenster des Sitzungssaales zu schließen.

Newton war wirklich kein Redner, aber ein kluger und in Prinzipienfragen unbeugsamer Unterhändler. 1696 erhielt er ein hohes Amt bei der staatlichen Münzverwaltung und wurde drei Jahre später ihr Direktor. Den Lehrstuhl in Cambridge gab er auf.

England wurde damals von schlechten Münzen überschwemmt. Newton leitete eine Münzumprägung, die drei Jahre in Anspruch nahm. Für das damalige Wirtschaftsleben bedeutete das eine tiefgreifende Währungsreform. Newton zeigte ein Organisationstalent, das viele erstaunte. 1705 erhob ihn Königin Anna in den Adelsstand: Aus Newton wurde Sir Isaac. Noch ehrenvoller war die Wahl des Sechzigjährigen zum Präsidenten der Royal Society.

Auch das private Leben Newtons gewann Glanz. Er zog nach London, und eine Nichte, Miss Catherine Barton, führte den Haushalt des Junggesellen. Der Ruhm Sir Isaacs und der Charme seiner Nichte zogen gleicherweise die Gäste an. Besonders häufig kam der Schatzkanzler Lord Halifax, und da der Lord verwitwet und Catherine jung und schön war, hatte die Phantasie der Zeitgenossen einen dankbaren Stoff.

Später, als Newton gestorben und die Nichte verheiratet war, erhielt Voltaire von ihr die Auskünfte über das Leben Newtons: »In meiner Jugend glaubte ich, Newton habe seine hohe Stellung als Master of the Mint seinem außerordentlichen Verdienst zu verdanken. Durchaus nicht. Isaac Newton hatte eine sehr angenehme Nichte, die dem Schatzkanzler Halifax gut gefiel. Die Infinitesimalrechnung und die Gravitation hätten ihm ohne die hübsche Nichte kaum genutzt.«

Prioritätsstreitigkeiten über die Erfindung der Infinitesimalrechnung mit seinem großen Zeitgenossen Gottfried Wilhelm Leibniz überschatteten die letzten Jahrzehnte. Wir wissen heute, daß Newton und Leibniz unabhängig voneinander die Differential- und Integralrechnung erfunden haben.

Die heutigen Bezeichnungen, etwa für den Differentialquotienten $\frac{dy}{dx}$, gehen auf Leibniz zurück. Newton hatte sich die Kurven, die er betrachtete, vorgestellt als durch Bewegung eines Punktes entstanden. Die Ableitungen nannte er Fluxionen und schrieb $\dot{x}$ und $\dot{y}$. Newton dachte dabei physikalisch an eine Geschwindigkeit.

Die Differential- und Integralrechnung war das mächtige Hilfsmittel, mit dem die Physiker nach Newton ihre Ergebnisse formulierten; ohne dieses Werkzeug hätte sich die Physik so nicht entwickeln können. Newton selbst aber hatte den Infinitesimalkalkül erst in den späteren Lebensabschnitten zur Verfügung. Die »Mathematischen Prinzipien der Naturlehre« von 1687 sind noch nicht mit dieser eleganten Methode behandelt, was ein entscheidender Grund für die schwere Lesbarkeit ist.

An die großen Physiker heften sich viele Legenden. Dem Historiker erschweren sie die Arbeit; er muß sie beiseite räumen, um die Wahrheit zu finden. Die Legenden haben aber auch ihr Gutes: Wenn sich die Phantasie der nachfolgenden Generation mit den Großen beschäftigt, so ist das ein Indiz, daß sie im Banne dieses Genies steht. Was Newton betrifft: Es ist eine fast unausrottbare Legende, Newton habe seine Beweise ursprünglich mittels Infinitesimalrechnung gefunden, und sie dann, vor der Veröffentlichung, in die »Universalsprache der griechischen Geometrie« umgeschrieben. Newton hat selbst diesem Irrtum Vorschub geleistet. Mit allen Mitteln suchte er seine Prioritätsansprüche gegen Leibniz durchzusetzen.

Derek Thomas Whiteside hat diesen Punkt genau geprüft: »Es gibt keine Manuskripte, die irgendwie die Vermutung stützen könnten, Newton habe die Beweise zuerst mit Hilfe seiner Fluxionen geführt, ehe er sie dann in eine traditionell geometrische Form ummodelliert habe. In all den vielen tausenden von Blättern, die mit der Niederschrift und der

Revision der ›Prinzipien‹ zu tun haben, findet sich dafür kein Anhaltspunkt. Man kann der Schlußfolgerung nicht entrinnen: Die veröffentlichte Form der ›Prinzipien‹, nämlich die, in der das geometrische Differential-Inkrement einer veränderlichen Strecke die fundamentale Rolle spielt, ist *genau* die Form, in der das Buch niedergeschrieben wurde.«

Für Newton war die Mathematik nicht Selbstzweck, sondern Hilfsmittel der Physik. Zwar sagte Newton immer: »Ich bin Mathematiker«, aber das dürfen wir nicht im heutigen Sinne verstehen. Das »Ich bin Mathematiker« heißt: Ich behandle die Naturerscheinungen mittels Mathematik, anders als Descartes, der nur eine Wortbeschreibung lieferte. »Ich bin Mathematiker« bedeutet also wiederum nichts anderes als das berühmte »Hypothesen erfinde ich nicht.«

Anders als René Descartes entwickelten Galilei und Newton die Methode der Induktion und machten sie zur Methode der Physik. Der Physiker stellt, von Einzelfällen ausgehend, eine allgemeine Behauptung auf. Diese Behauptungen sind von folgender Art: »Alle Körper fallen gleich schnell«, oder: »Jeder Körper verharrt in seinem Zustand der Ruhe oder der gleichförmig geradlinigen Bewegung, wenn er nicht durch einwirkende Kräfte gezwungen wird, seinen Zustand zu ändern.«

Der bloße Augenschein lehrt uns, daß diese Sätze eigentlich gar nicht stimmen. So fällt ein Blatt entschieden langsamer als ein Stein. Eine auf ebenem Pflaster rollende Kugel wird gebremst, ohne daß eine einwirkende Kraft bemerkbar wäre. Nie wird man auf der Erde tatsächlich beobachten, daß ein Körper seine Geschwindigkeit beibehält.

Die unleugbaren Abweichungen von der Aussage erklärt der Physiker als bewirkt durch »Sekundäreffekte«. Beim fallenden Blatt sagt er: Der Widerstand des Mediums macht sich bemerkbar. Und bei der rollenden Kugel: Die Reibung ist im Spiele.

Die Sätze Galileis und Newtons sind also Idealisierungen der Wirklichkeit. Und in diesem Sinne sind sie »richtig«. Man kann heute Fallversuche im Vakuum anstellen und sich überzeugen, daß ein Blatt genau so schnell fällt wie eine Bleikugel. Man kennt die Bewegungsgesetze von

Raumsonden und weiß, daß sie sich außerhalb von Schwerefeldern ohne Antrieb tatsächlich mit gleichförmiger Geschwindigkeit und geradlinig bewegen.

In seiner »Philosophie der Aufklärung« schrieb Ernst Cassirer: »Das gesamte 18. Jahrhundert hat die Leistung Newtons in diesem Sinne verstanden und gewürdigt. Es verehrt in Newton den großen empirischen Forscher; aber es bleibt hierbei nicht stehen, sondern es betont immer wieder und in wachsender Eindringlichkeit, daß Newton nicht nur der Natur, sondern auch der Philosophie feste und dauernde Regeln gegeben habe. Nicht minder wichtig als seine Forschungsresultate sind die Forschungsmaximen, die er aufgestellt hat, sind die ›regulae philosophandi‹, die ›Regeln zur Erforschung der Natur‹, die er in der Wissenschaft zur Geltung gebracht und die er ihr für immer eingeprägt hat.«

So lauten die berühmten Regeln Newtons: »Erste Regel: An Ursachen zur Erklärung natürlicher Dinge nicht mehr zuzulassen, als wahr sind und zur Erklärung jener Erscheinung ausreichen. Die Physiker sagen: Die Natur tut nichts vergebens, und vergeblich ist dasjenige, was durch vieles geschieht und durch weniger ausgeführt werden kann. Die Natur ist nämlich einfach und schwelgt nicht in überflüssigen Ursachen der Dinge.«

Zweite Regel: »Man muß daher, soweit es angeht, gleichartigen Wirkungen dieselben Ursachen zuschreiben. So dem Atem der Menschen und der Tiere, dem Falle der Steine in Europa und Amerika, dem Lichte des Küchenfeuers und der Sonne, der Zurückwerfung des Lichtes auf der Erde und den Planeten.«

Dritte Regel: »Diejenigen Eigenschaften der Körper, welche weder verstärkt noch vermindert werden können und welche allen Körpern zukommen, mit denen man Versuche anstellen kann, muß man für Eigenschaften aller Körper halten . . . Sind alle Körper in der Umgebung der Erde gegen diese schwer, und zwar im Verhältnis der Menge der Materie in jedem; ist der Mond gegen die Erde nach Verhältnis seiner Masse, und umgekehrt unser Meer gegen den Mond schwer; hat man ferner durch Versuche und astronomische Beobachtungen erkannt, daß alle Planeten wechselseitig gegeneinander und die Kometen gegen die Sonne schwer sind, so muß man nach dieser Regel behaupten, daß alle Körper gegeneinander schwer seien . . . «

Vierte Regel: »In der Experimentalphysik muß man die aus den Erscheinungen durch Induktion geschlossenen Sätze, wenn nicht entgegengesetzte Voraussetzungen vorhanden sind, entweder genau oder sehr nahe für wahr halten, bis andere Erscheinungen eintreten, durch welche sie entweder größere Genauigkeit erlangen oder Ausnahmen unterworfen werden. Dies muß geschehen, damit nicht das Argument der Induktion durch Hypothesen aufgehoben werde.«

Von Newton an besitzt die Physik die Sicherheit der Methode. In charakteristischer Weise greifen rationale Analyse und Experiment ineinander, und eine Seite kontrolliert, korrigiert und stützt die andere. Wir zitieren nochmals Ernst Cassirer: »Die grenzenlose Bewunderung und Verehrung, die das 18. Jahrhundert Newton entgegenbringt, gründet in dieser Auffassung seines Gesamtwerkes. Nicht ausschließlich seines Ertrages und um seines Zieles willen erscheint dieses Werk bedeutsam und unvergleichlich, sondern noch mehr um des Weges willen, der zu diesem Ziel geführt hatte. Newton hat der Naturerkenntnis zuerst den Weg von willkürlichen und phantastischen Annahmen zur Klarheit des Begriffs, vom Dunkel zum Licht gewiesen.«

Nature and nature's laws lay hid in night,
God said, let Newton be, and all was light.

So dichtete Alexander Pope über das Licht, das Newton und der Rationalismus den Menschen gebracht hatte, über das Licht der Aufklärung, englisch »enlightenment«, das bisher ungeahnte Einblicke in die Geheimnisse der Natur ermöglichte.

In diesen Versen Popes drückt sich am prägnantesten der Charakter der Verehrung aus, die Newton im Denken der Aufklärungszeit genießt. Mit ihm und durch ihn glaubte sie endlich auf festem Boden zu stehen, glaubte sie ein Fundament gefunden zu haben, das durch keine künftigen Umwälzungen der Naturerkenntnis mehr erschüttert werden könne.

Die Wechselbeziehung zwischen der Natur und der menschlichen Erkenntnis ist jetzt ein für allemal festgestellt; das Band, das beide umschließt, ist fortan unzerreißbar.*
Newtons »Hypothesen erfinde ich nicht« wiederholen die Naturforscher des 18. und des 19. Jahrhunderts in allen Variationen. Es ist das ihr erkenntnistheoretische Glaubensbekenntnis.
Das Versagen der Cartesischen Physik zerstörte nicht die Überzeugung von der Kraft der ratio, aber die Forscher wurden vorsichtiger. Von Isaac Newton lernten sie, daß an die Seite des rationalen Kalküls die Naturbeobachtung und das Experiment treten müsse: Mit dem Kompaß der Mathematik und der Fackel der Erfahrung hieß Voltaire die Wissenschaftler eintreten in das Reich der Natur. So wandelte sich der System-Rationalismus des 17. zum empirischen Rationalismus des 18. Jahrhunderts.
Die neue Methode besteht nicht mehr darin, auf irgendwelche Prämissen – und mögen sie noch so einleuchtend sein – die ganze Physik gründen zu wollen. Vielmehr wird nun gleich von Anfang an unterstellt, daß die angenommenen Prinzipien noch nicht die wirklichen sind. Doch man kann sie mit der Erfahrung konfrontieren, verbessern, verwerfen usw. und gelangt so früher oder später zu sich bewährenden Vorstellungen. Das Denken hat dafür zu sorgen, daß unsere Vorstellungen in sich stimmen; es vermag aber nicht zwischen wirklichkeitsfernen und wirklichkeitsnahen Vorstellungen zu unterscheiden. Oberster Richter über alle Aussagen ist nicht das Denken, sondern die Erfahrung.
Wir zitieren den Göttinger Physiker Georg Christoph Lichtenberg, den Zeitgenossen Kants, der, obwohl zu seiner Zeit in Deutschland der größte, heute als Physiker vergessen und nur noch als Satiriker und Aphoristiker bekannt ist: »Die Hypothesen mögen allerdings sinnreich seyn . . . Allein in Tausend und einer Nacht kommen auch sehr sinnreiche Erzählungen vor. Es sind Träume, Romane, die man eigentlich am besten widerlegt, daß man einen anderen Roman schreibt . . . Sie sind

* Ernst Cassirer

darin dem ›Vielleicht‹ mancher Philosophen gleich, welches durch ein einziges ›Vielleicht auch nicht‹ sogleich über den Haufen geworfen wird. Mir ist auch nicht ein einziges Beyspiel bekannt, daß die Physik, von Demokrit an bis Cartesius und Euler . . ., durch diese allgemeinen Natur-Hypothesen das mindeste gewonnen hätte: gegentheils sind die Zeiten, worin dergleichen bequeme Lehren geherrscht haben, jederzeit die unfruchtbarsten für die Physik gewesen, und die großen Erweiterer der Physik haben gewöhnlich damit angefangen, jene oft ehrwürdig gewordenen Romane zu verachten und sich wieder an die Natur zu halten.«

D'Alembert, Voltaire, Lichtenberg und praktisch alle Physiker des 18. und 19. Jahrhunderts beriefen sich auf Newton. So sehen wir aus dem schlichten »Hypothesen erfinde ich nicht« von Newton eine ganze Erkenntnistheorie sich entwickeln.

Wie fast immer Epigonen übersteigerten und dogmatisierten auch die Physiker die Lehre des Meisters. Jean le Rond d'Alembert und Auguste Comte und später Ernst Mach und Gustav Kirchhoff entwickelten aus dem empirischen Rationalismus Newtons den sogenannten Positivismus. Die Hypothesenfeindlichkeit Newtons ist hier auf die Spitze und – man darf wohl sagen – bis zur Absurdität getrieben.

Die Übersteigerung und Dogmatisierung Newtonscher Auffassungen durch seine Schüler und Nachfolger (und praktisch alle Physiker sind seine Schüler und Nachfolger) erstreckt sich auf fast jeden wichtigen Aspekt seiner Physik. So hatte Newton in der Diskussion über die Natur des Lichtes seine Vorliebe für die geschleuderten Lichtkorpuskeln und gegen die Schwingungsvorstellung mehrfach bekundet, aber sich letztlich nicht definitiv entschieden. Im 18. Jahrhundert aber galten die Lichtkorpuskeln mit Berufung auf Newton als unanfechtbar.

Das Massenanziehungsgesetz wurde, wie von Newton formuliert, zum Muster eines physikalischen Gesetzes. Eine abweichende Form konnte, durfte es nicht geben. Auch als im 19. Jahrhundert immer neue physikalische Erscheinungen entdeckt wurden, auf dem Gebiet der Elektrizität und des Magnetismus vor allem, glaubten die Physiker weiterhin, das

Ergebnis à la Newton ausdrücken zu müssen. Neben der Masse, der wägbaren Materie, nahm man sogenannte »unwägbare Materien« an, das elektrische und das magnetische Fluidum und den Wärmestoff, und suchte nach Kraftgesetzen, die der Newtonschen Massenanziehung entsprachen.

Ein wesentlicher Punkt dabei ist die Annahme einer instantan, ohne Vermittlung des dazwischenliegenden Raumes wirkenden »Fernkraft«. Newton selbst hatte diese Auffassung niemals gebilligt, sondern den Mechanismus bewußt offengelassen. Die Epigonen Newtons aber dogmatisierten das Konzept der Fernkraft und beriefen sich dabei, subjektiv, aber nicht objektiv berechtigt, auf den Meister. Erst Faraday und Maxwell führten, 150 Jahre nach Newton, die Physik auf neue Wege.

Die Dogmatisierung Newtons durch die Nachfolger erstreckte sich auch auf die Grundbegriffe der Physik. In seinen »Mathematischen Prinzipien der Naturlehre« von 1687 hatte Newton geschrieben: »Die absolute, wahre und mathematische Zeit verfließt an sich und vermöge ihrer Natur gleichförmig und ohne Beziehung auf irgend einen äußeren Gegenstand. Der absolute Raum bleibt vermöge seiner Natur und ohne Beziehung auf einen äußeren Gegenstand stets gleich und unbeweglich.«

Solche von Newton ausgesprochenen Grundvoraussetzungen und andere, unausgesprochen gebliebene, hat Ende des 18. Jahrhunderts Immanuel Kant in seinem Werk »Kritik der reinen Vernunft« als vor aller Erfahrung dem menschlichen Geiste eingeprägte Denkformen bezeichnet: »Man nennt solche Erkenntnisse a priori und unterscheidet sie von den empirischen, die ihre Quelle a posteriori, nämlich in der Erfahrung haben.«

Die Erscheinungen in der Natur sind für Kant dem Menschen nicht anders zugänglich als in der Ordnung, in die sie der menschliche Verstand bringt. Zu den Denkstrukturen a priori gehören die Anschauungsformen des Raumes und der Zeit und zwölf, in vier Klassen eingeteilte Kategorien, darunter Substanz und Kausalität.

Hier kann man wohl nicht von einer »Übersteigerung« Newtons sprechen, denn diese Begriffe bilden, wie von Kant formuliert, tatsächlich die

Grundlage der klassischen Newtonschen Mechanik. Freilich hätte wohl ein Newton zur Zeit Kants die Begriffe nicht in dieser Weise dogmatisch »festgeschrieben«, sondern wäre flexibler gewesen, getreu dem erkenntnistheoretischen Glaubensbekenntnis: »Hypothesen erfinde ich nicht«. Genau an diesem Punkte setzte Albert Einstein 1905 mit seiner Speziellen und 1915 mit seiner Allgemeinen Relativitätstheorie an. Einstein hat die Begriffe der absoluten Zeit und des absoluten Raumes abgeschafft, aus einem Grund, den Newton gebilligt hätte: weil sie physikalisch nur Fiktionen sind.

Von seiner Allgemeinen Relativitätstheorie war Einstein überzeugt, als es ihm 1915 gelang, aus dieser das Newtonsche Massenanziehungsgesetz als erste Näherung abzuleiten. Alle Argumente für Newton sprachen also auch für Einstein. Nun konnte Einstein darangehen, nach Naturerscheinungen zu suchen, wo seine Vorhersagen von denen Newtons abwichen. Er fand schließlich drei Effekte, wo sich minimale Diskrepanzen ergaben.

Einstein reformierte die von Newton geprägten und von Kant kanonisierten Begriffe des Raumes und der Zeit. Auch die 1900 von Planck begründete und 1927 von Bohr und Heisenberg vollendete Quantentheorie brachte eine weitere Reform. Weil die klassische Newtonsche Mechanik diese Eigenschaften besitzt, waren die Physiker zwei Jahrhunderte lang überzeugt gewesen, es sei prinzipiell alles Geschehen in der Natur im voraus festgelegt, »determiniert«, wie man sagt. Den prägnantesten Ausdruck hatte diese Überzeugung in der Fiktion des »Weltgeistes« von Laplace gefunden.

»Ein Geist, der für einen Augenblick alle Kräfte, die die Natur beleben und die Lage aller Dinge, aus denen sie besteht, kennen würde, könnte in derselben Formel die Bewegungen der größten Körper des Weltalls und die des kleinsten Atoms einschließen. Für ihn würde nichts unbestimmt sein und die Zukunft wie die Vergangenheit würde offen vor ihm liegen.«

Die moderne Physik ist nicht mehr deterministisch, weil die Voraussetzung von Newton und Laplace prinzipiell nicht erfüllt werden kann: Es

ist unmöglich, Ort *und* Geschwindigkeit eines Teilchens gleichzeitig genau anzugeben. In seiner berühmten Arbeit von 1927, in der er seine »Unschärferelation« aufstellte, schrieb Werner Heisenberg:
»An der scharfen Formulierung des Kausalgesetzes, ›Wenn wir die Gegenwart genau kennen, können wir die Zukunft berechnen‹, ist nicht der Nachsatz, sondern die Voraussetzung falsch. Wir können die Gegenwart in allen Bestimmungsstücken prinzipiell nicht kennenlernen. Deshalb ist alles Wahrnehmen eine Auswahl aus einer Fülle von Möglichkeiten und eine Beschränkung des zukünftig Möglichen.«
In den zwanziger und dreißiger Jahren unseres Jahrhunderts bereitete es den Physikern ungeheure Schwierigkeiten, von den von Newton geprägten Denkkategorien abzugehen. Viele, auch bedeutende Gelehrte blieben der Tradition verhaftet. Max Planck hat es einmal so ausgedrückt:
»Eine neue wissenschaftliche Wahrheit pflegt sich nicht in der Weise durchzusetzen, daß ihre Gegner überzeugt werden und sich als belehrt erklären, sondern vielmehr dadurch, daß die Gegner allmählich aussterben und daß die heranwachsende Generation von vornherein mit der Wahrheit vertraut gemacht ist.«
In der von Planck angesprochenen »heranwachsenden Generation« hieß es im ersten Überschwang, Newton sei durch die moderne Physik widerlegt. Inzwischen wissen wir, daß auch die neuen Theorien, also die Quantenmechanik und die Relativitätstheorie, wie die Newtonsche Mechanik nicht allgemeingültig sind. Damit aber erscheint die Newtonsche Mechanik in einem neuen Licht, nämlich als prinzipiell gleichberechtigt neben anderen Theorien.
Es läßt sich also sagen, daß wir erst heute die klassische Newtonsche Mechanik wirklich verstanden haben: Wir werden nun grundsätzlich von einer physikalischen Theorie keine Allgemeingültigkeit erwarten, wohl aber erstens die Erfassung eines Wirklichkeitsbereiches und zweitens gewisse logische Strukturen, die Heisenberg mit dem Begriff der »Abgeschlossenheit« einer Theorie umschrieben hat:
»Wir sagen heute nicht mehr: Die Newtonsche Mechanik ist falsch und muß durch die richtige Quantenmechanik ersetzt werden. Vielmehr

brauchen wir jetzt die Formulierung: ›Die klassische Mechanik ist eine in sich geschlossene wissenschaftliche Theorie. Sie ist überall eine streng 'richtige' Beschreibung der Natur, wo ihre Begriffe angewendet werden können.‹ Wir billigen der Newtonschen Mechanik also auch heute noch einen Wahrheitsgehalt, ja sogar strenge und allgemeine Gültigkeit zu, nur deuten wir durch den Zusatz ›wo ihre Begriffe angewendet werden können‹ an, daß wir den Anwendungsbereich der Newtonschen Theorie für beschränkt halten.«

II. Das Perpetuum mobile

1. Beßler: Ein wissenschaftlicher Betrug

In der griechisch-römischen Antike war die Idee eines »Perpetuum mobile« unbekannt. Es galt die Physik des Aristoteles. Danach wird alles, was sich hier auf der Erde bewegt, von einem Motor bewegt. Fliegt etwa ein von einem Bogenschützen abgeschossener Pfeil durch die Luft, sind es Verdünnungen der Luft an der Spitze und Verdichtungen am Ende des Pfeiles, die diesen vorwärtstreiben. Wenn also jeder bewegte Körper eines Antriebes bedarf, dann ist ein Perpetuum mobile eine Absurdität.

Es war aber auch in der Antike für eine solche »Innovation« gar kein Bedürfnis vorhanden: Ein Perpetuum mobile ist eine Maschine, die sich nicht nur immerwährend bewegen, sondern dabei auch immerwährend Arbeit leisten soll. Der Mensch der Neuzeit empfindet diesen Gedanken als faszinierend. Im alten Griechenland galt »Arbeit leisten« für sich genommen, also ohne Bezug auf eine konkrete Aufgabe, nicht als Wert. Es gab genügend Sklaven. Zudem lag es dem antiken Gelehrten nicht, sich mit mechanischen Problemen zu befassen. Die Beschäftigung wurde als unwert des Schweißes der Edlen betrachtet.

Die Idee des Perpetuum mobile hat ihren Ursprung in Indien. In der altindischen Philosophie spielt der ewige Kreislauf eine große Rolle. Das Rad ist Symbol der Gottheit. Im Lehrgedicht eines Hindu-Astronomen lesen wir von einem Rad, an dessen Umfang lange, zylindrische Gefäße angebracht sind. Füllt man diese Gefäße mit Quecksilber, wird sich das Rad, wie der Verfasser schrieb, von selbst drehen.

Um 1200 kam die Idee des Perpetuum mobile von Indien in die islamische Welt und von da weiter ins Abendland. Im europäischen Kulturkreis war der französische Architekt Villard de Honnecourt der erste, der einen Entwurf lieferte. Es war die Zeit, in der die großen gotischen Dome entstanden. 1235 verfaßte Villard ein Bauhüttenbuch, und hier findet sich die Zeichnung eines Perpetuum mobile. Es handelt sich um ein Rad mit einer ungeraden Zahl von Hämmern. Der Architekt meinte, daß ein immerwährender Antrieb erreicht werden könnte.

Um das Jahr 1200 war auch der Kompaß in Europa bekannt geworden. 1269 schrieb Villards Landsmann, Pierre de Maricourt, eine knappe, klar und systematisch aufgebaute Abhandlung über den Magnetismus.

Pierre experimentierte selbst. Heute sind unsere Magnete meistens stab- oder hufeisenförmig. Pierre schliff seine Magnete in Kugelform. Durch Versuche mit einer kleinen Eisennadel fand er auf der Magnetkugel zwei ausgezeichnete Punkte und nannte sie die »Pole«. In eine kleine Holzschale auf das Wasser gesetzt, stellte sich die Kugel nach den Himmelsrichtungen ein. Nach seiner Vorstellung empfangen die Pole des Magneten ihre Kraft von den Polen der Welt. Für ihn ist also die kleine Magnetkugel Abbild der großen Himmelskugel. Nun dreht sich die Himmelskugel in 24 Stunden einmal um ihre Achse. So meinte er, daß sich auch der Magnet in 24 Stunden einmal um seine Achse drehe.

Damit gibt es also für Pierre de Maricourt eine immerwährende Bewegung auch hier auf unserer Erde. »Ich werde Dir das Verfahren enthüllen, ein beständig sich bewegendes Rad von wunderbarer Beschaffenheit zu bauen.« Wissenschaftliche Zeitschriften gab es nicht damals, und die Gedanken, die man hatte, legte man nieder in Briefen an seine Freunde: »Viele zweifeln an einer solchen Erfindung, und manche sind auf der Suche danach verzweifelt. Sie bemerkten nämlich nicht, daß man vermöge der mächtigen Kraft des Magnetsteines zu diesem Meisterstück gelangen könne.«

Von der Zeit der Gotik an werden die Entwürfe häufiger. Im 16., 17. und noch im 18. Jahrhundert sammelten sich an den Fürstenhöfen Projektemacher aller Art, die mit phantastischen und krausen Erfindungen Geld schaffen wollten. Gebildete und Ungebildete glaubten an die Möglichkeit des Perpetuum mobile. Die Aufgabe zog wie eine Fata Morgana die Forscher an, führte sie jahrelang im Kreise, täuschte durch die scheinbar näherrückende Lösung, die sich aber immer wieder als Gaukelei erwies.

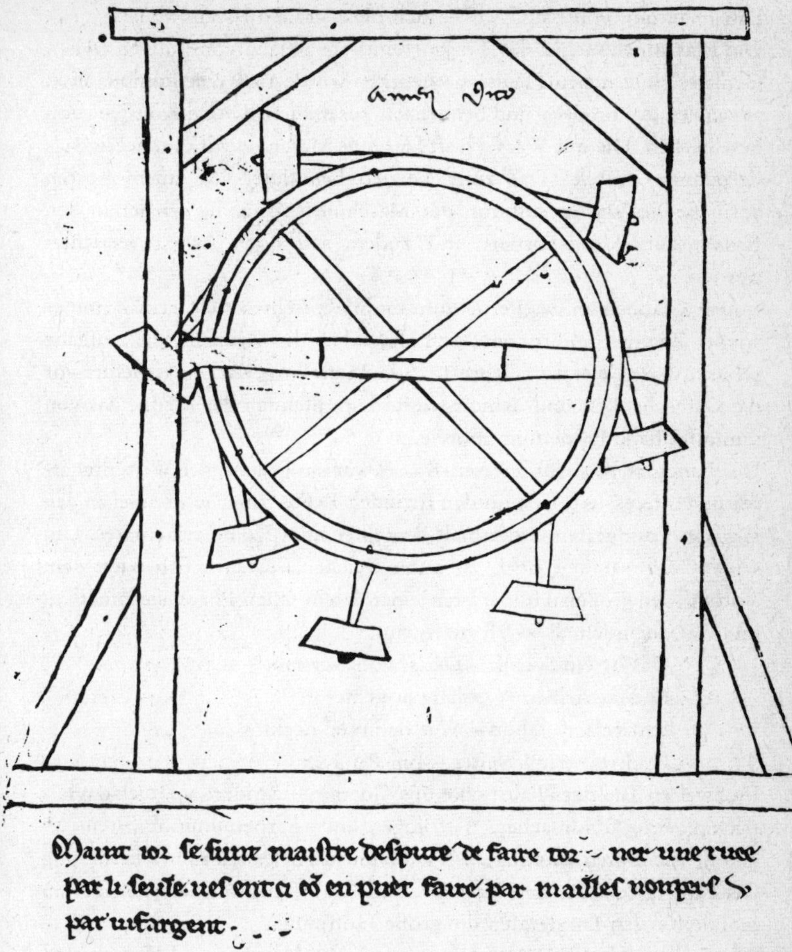

6 *Mechanisches Perpetuum mobile nach Villard de Honnecourt (um 1235).*

Das Phantom wollte und wollte sich nicht greifen lassen.

Die Maschinenbücher des 17. Jahrhunderts zeugen von kühnen Ideen; Geniales steht neben Phantastischem. So wurde 1629 eine komplizierte, aus vielen Zahnrädern und Schnecken zusammengesetzte Konstruktion beschrieben. Die mit Wasserkraft laufende Maschine wirkt angeblich als Perpetuum mobile. Das zum Antrieb benötigte, aus einem Kasten ausfließende Wasser soll von der Maschine vollständig wieder in den Kasten zurücktransportiert und zudem soll noch Arbeit verrichtet werden.

In den Glauben an das Perpetuum mobile mischten sich freilich immer wieder Zweifel. So erhärtete sich allmählich die Meinung, die Aufgabe sei unlösbar. Da trat im Jahre 1715 in Merseburg Karl Elias Beßler vor die Öffentlichkeit und demonstrierte zum Staunen der Menge das von ihm erfundene Perpetuum mobile.

Der Landgraf Karl von Hessen-Kassel war ein Freund der Wissenschaften und interessierte sich für den Erfinder. Beßler zog nach Kassel an den Hof des Landgrafen und erhielt den Titel eines Kommerzienrates. Um seine Gelehrsamkeit noch zu unterstreichen, legte er sich nach dem Vorbild der großen Humanisten einen lateinischen Phantasienamen zu und trat nur noch als »Orffyreus« auf.

> Das ist ein Schalk – Der's wohl versteht –
> Er lügt sich ein – Solang es geht –
> Ich weiß es schon – Was dahinter steckt –
> Und was denn weiter – Ein Projekt.

Im zweiten Teil des »Faust« hat uns Goethe geschildert, wie sich damals Alchimisten, Goldmacher, Astrologen und »Perpetuummobilisten« an den Fürstenhöfen sammelten. Wie Mephistopheles mit seiner Erfindung des Papiergeldes für den Kaiser, so war Orffyreus mit dem Perpetuum mobile für den Landgrafen die große Hoffnung.

Als große öffentliche Attraktion wurde die Maschine auf dem Schloß Weißenstein öffentlich ausgestellt. Es handelte sich um ein großes Rad, das sich um seine Achse beständig drehen sollte, wenn es nur einmal mit einer bestimmten Geschwindigkeit angestoßen war. In Gegenwart seiner

Minister besichtigte der Landgraf das »Rad von Kassel«. Darauf wurde der Raum versiegelt. Als man nach zwei Wochen die Tür öffnete, war die Maschine noch in Gang. Dasselbe Ergebnis in einem zweiten Test: Diesmal hatte man die Maschine sechs Wochen lang sich selbst überlassen.

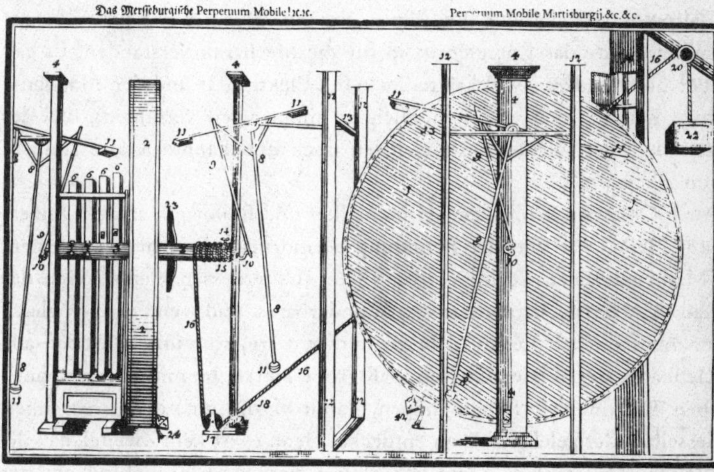

7 Perpetuum mobile von Karl Elias Beßler. Kupferstich aus dessen Werk »Perpetuum mobile triumphans« (Kassel 1719).

Nach diesem »Beweis« stellte der Landgraf dem Orffyreus ein feierliches Attest aus. Es bezeugte, wie es hieß, in »fürstlich wahren Worten«, die Echtheit der Erfindung. Das Rad werde »weder von einer äußeren Gewalt und Hilfe, noch viel weniger aber von etwa innerlich aufzuziehenden Uhrfedern« angetrieben. Es handle sich vielmehr tatsächlich um die »lange gesuchte und gewünschte Maschine oder das sogenannte Perpetuum mobile pure artificiale«.

In die Lobeshymnen stimmten auch Wissenschaftler ein. Der Leidener Physiker Willem Jacobus 'sGravesande berichtete 1721 an Newton über das »Rad von Kassel« und meinte, daß es »etwas Erstaunliches« an sich habe. Zeit seines Lebens glaubte 'sGravesande an die Möglichkeit eines Perpetuum mobile.

Wie kein anderer war Leibniz davon durchdrungen, daß »lebendige Kräfte« (wir sagen heute Energien) nicht beliebig hervorgebracht werden und beliebig verschwinden können. Aber auch Leibniz rühmte den Orffyreus und nannte ihn seinen Freund. Wie ist das zu erklären? Leibniz hatte das Energieprinzip für die Mechanik verstanden. Es gab aber noch andere »Weltkräfte«, wie die Elektrizität und den Magnetismus. Leibniz hielt es für möglich (so müssen wir vermuten), daß der Erfinder sich solche, den Gelehrten noch unbekannte Kräfte zunutze gemacht hatte.

Auch Christian Wolff, der Mathematiker und Philosoph an der Universität Halle, war von der Erfindung beeindruckt. Er schrieb in seinem »Mathematischen Lexikon« von 1716: »Unterdessen bleibet doch das Rad des Herrn Orffyreus etwas Wunderbares, und wenn es auch gleich im menschlichen Leben nicht zu nutzen wäre, so wünschen doch alle Liebhaber der Wissenschaften, daß große Herrn ihn mit einer ansehnlichen Belohnung erfreuen mögen, damit er die innere Beschaffenheit desselben der gelehrten Welt entdecke. Denn es ist kein Zweifel, daß die Weltweisen ein neues Licht bekommen werden zu Erkenntnis anderer verborgener Dinge, wenn die Erfindung ihre Richtigkeit hat. Und vielleicht stehet sie nach diesem auch zu verbessern, daß sie im menschlichen Leben zu gebrauchen.«

Andere Fürsten beneideten den Landgrafen um seinen Orffyreus. Der Zar Peter der Große gab den Auftrag, die Erfindung für sein Kunstkabinett anzukaufen. Da enthüllte die Dienstmagd des Orffyreus das Ganze als einen Schwindel. Die Maschine war von einem angrenzenden Zimmer durch Menschenhand bewegt worden.

Zuweilen geschieht es, daß ein Nichtswürdiger emporgetragen wird von der Geschichte. Was er gedacht oder getan hat, so armselig es auch gewesen ist, gewinnt Bedeutung und wird auf eine höhere Ebene transponiert. So ging es dem kleinen Betrüger Karl Elias Beßler.

Nichts war originell an dem, was er der Welt zu bieten hatte. Eine alte und falsche Idee hatte er aufgegriffen und war mit einer großen Portion Frechheit damit hausieren gegangen. Und mußte, so schnell es ging, vom Schauplatz wieder verschwinden.
Aber nun war ein Zeichen gesetzt: Ein Perpetuum mobile ist unmöglich. Warum? Das war die Frage, die sich stellte und die nicht beantwortet werden konnte. Das Perpetuum mobile und seine Unmöglichkeit wurden zu einem festen Begriff. Aus der Lebensgeschichte von Julius Robert Mayer und aus der von Hermann Helmholtz wissen wir, wie sie als Heranwachsende von der Idee hörten und der Unmöglichkeit, sie zu realisieren und wie ihre Phantasie dadurch angeregt wurde.
Aber auch in der Technik bedeutete die Entlarvung des Betrügers einen Einschnitt. Großsprecherische Projektemacher, unwissende oder betrügerische »Inventeure« verspottete man nun als Phantasten und nannte sie »Perpetuummobilisten«, also Menschen, die geistig so wirr sind, daß sie ein Phantom für etwas Reales halten. So schrieb im Jahre 1725 Jakob Leupold in seinem Werk, betitelt »Theatrum machinorum oder Schauplatz der Hebezeuge«:
»Etliche wollen mit wenig Kraft große Gewalt tun, und zwar in ebensolcher Zeit. Mit wenig Worten: Sie suchen dasjenige, was schon vor undenklichen Jahren ihrer verschiedene mit entsetzlichen Kosten, Sorgen und Mühe zuvor in Gedanken gefunden, aber ehe es zum Effekt gekommen, zu ihrem großen Leidwesen wieder verloren, nämlich das Perpetuum mobile; denn wer da suchet mit der Kraft mehr auszurichten, als unser bisheriger Calculus oder Theorie bei der Mechanic ausweiset, der suchet wie wohl vergeblich das Perpetuum mobile, und wird es auch nicht finden . . . Untersucht und betrachtet man die Leute, welche sich großsprecherisch und allzuviel-wissend hervortun, so sind es mehrenteils solche, die noch nicht einmal die theoretischen Anfangsgründe in der Mechanic recht innehaben und wollen doch große Practicos abgeben.«
Aufgabe der Akademien war die Pflege der Wissenschaft und die Sorge um die Gewerbe. Wenn irgendwo ein Bürger eine Erfindung gemacht

hatte, so war es Aufgabe der Akademie, sich gutachtlich zu äußern. Wie heute die physikalischen Institute massenweise Einsendungen erhalten, in denen die Relativitätstheorie (vermeintlich) widerlegt wird, so wurden damals die Akademien überschwemmt mit Entwürfen für Perpetua mobilia. Um mit solchen Phantastereien keine Zeit mehr zu verschwenden, faßte die Académie des Sciences in Paris 1775 den Beschluß, sich prinzipiell mit solchen Konstruktionen nicht mehr zu beschäftigen. »Es ist durchaus unmöglich, eine immerwährende Bewegung zu erreichen. Auch wenn auf die Dauer die Reibung und der Widerstand des Mediums die Wirkung der bewegenden Kraft nicht zerstören würde, so könnte diese Kraft nur eine Wirkung zeitigen, die der Ursache gleichkäme ... Könnte man von der Reibung und dem Widerstand des Mediums absehen, so würde ein Körper, dem man einmal eine Bewegung erteilt hat, diese ewig beibehalten, aber auf andere Körper nicht wirken, und so wäre die immerwährende Bewegung, die man in diesem hypothetischen Fall erhalten hätte ... in Hinsicht auf das, was sich die Erfinder der immerwährenden Bewegung vorstellen, durchaus nutzlos.« Was hier gesagt wird, ist völlig in Ordnung. Wenn wir heute die Unmöglichkeit eines Perpetuum mobile konstatieren, drücken wir es dennoch anders, prägnanter aus: Das Perpetuum mobile ist ein Widerspruch zum Energieprinzip und deshalb unmöglich.

Die Kenntnis der Naturgesetze ist die erste (und heute selbstverständliche) Voraussetzung für eine Erfindung. Das Naturgesetz ist gleichsam der Boden, auf dem die Idee wachsen kann. »Nie und nimmer aber kann eine Idee allein als Erfindung bezeichnet werden«, äußerte sich Rudolf Diesel, der gewiß wußte, wovon er sprach. »Man nehme aus der Liste der Erfindungen beliebige heraus: das Fernrohr oder die Magdeburger Halbkugeln, den Spinnstuhl, die Nähmaschine oder die Dampfmaschine, immer gilt als Erfindung nur die *ausgeführte* Idee. Eine Erfindung ist niemals ein rein geistiges Produkt, sondern nur das Ergebnis des Kampfes zwischen Idee und körperlicher Welt ... Immer liegt zwischen der Idee und der fertigen Erfindung die eigentliche Arbeits- und Leidenszeit des Erfinders. Immer wird nur ein geringer Teil der hochfliegenden Gedanken der körperlichen Welt aufgezwungen werden können, immer sieht die fertige Erfindung ganz anders aus als das vom Geist ursprünglich geschaute Ideal, das nie erreicht wird.«

Nichts aber illustriert besser diese Feststellung als die Ideen des berühmtesten Philosophen seiner Zeit. 31 Reisen hat Gottfried Wilhelm Leibniz in den Harz unternommen und insgesamt 165 Arbeitswochen dort verbracht. Das Projekt seiner Windmühle mit senkrecht stehender Achse, die Pumpen zur Entwässerung der Bergwerke antreiben sollte, verschlang viel Geld und scheiterte völlig.

In der Idee hatte Leibniz die Aufgabe gelöst. Freilich nur in der Idee. Den weiten Weg noch zurückzulegen bis zu einer wirklichen Erfindung (im Sinne Diesels), dafür fehlte ihm die Geduld. Er konnte sich den Praktikern nicht verständlich machen, mit denen er es im Harz zu tun hatte.

Heute gibt es viele technisch Gebildete, Ingenieure, Handwerker und Facharbeiter, die in der Lage wären, eine solche Erfindung zu verstehen und mit den geeigneten Materialien auch auszuführen. Dazu mußten die entsprechenden technischen Schulen und Hochschulen aber erst geschaffen werden. Das geschah im 19. Jahrhundert.

Die Unbildung war groß im Zeitalter des Barock, und die Not war groß. Leibniz hatte die feste Überzeugung, daß es die Gelehrten sein würden, die dem Lande Wohlstand bringen. »Theoria cum praxi« war Prinzip seiner Arbeit. Als im Jahre 1700 auf seine Initiative die »Brandenburgische Societät« gegründet wurde, die sich dann später zur »Königlich Preußischen Akademie der Wissenschaften« entwickelte, da übertrug Leibniz seinen persönlichen Wahlspruch auf die gelehrte Gesellschaft.

»Gelehrte werden Gewerbe erheben helfen«, war auch Meinung und Programm von Johann Beckmann, der an der Universität Göttingen die »Gewerbekunde« oder »Technologie« als Hochschulfach begründete. Aber das ganze 18. Jahrhundert hindurch gab es immer wieder groteske Fehlschläge, wenn die Gelehrten tatsächlich ihre Theorie auf die Praxis anwenden wollten.

Die »Windkunst« von Leibniz war nur ein Beispiel. Ähnlichen Mißerfolg hatte seine Rechenmaschine. Vor Leibniz hatten schon, unabhängig voneinander, Wilhelm Schickard in Tübingen, der Freund Keplers, und Blaise Pascal eine Rechenmaschine erfunden. Diese Maschinen leisteten aber nur Addition und Subtraktion; die Multiplikation und Division mechanisch auszuführen, war das wichtigere, aber zugleich schwierigere Problem. Im Laufe seines Lebens kam Leibniz immer wieder darauf zurück. Es gelang ihm schließlich eine Reihe genialer Erfindungen, die sich würdig an seine anderen großen Leistungen anschließen. Aber er verstand es nicht, seine gedanklich völlig einwandfreie Lösung in der Praxis zu verwirklichen.

»Die eindeutige Sprache der Technik, nämlich die genaue Zeichnung, die geometrische Konstruktion, mit der die mathematisch-physikalischen Erkenntnisse in die Praxis umgesetzt werden müssen, sie lag Leibniz nicht. Immer wieder zog er der zeichnerischen Darstellung seiner Ideen die wortreichen Beschreibungen vor, die so leicht in dem Raum der Gedanken schweben blieben. Hier Theorie und dort die Praxis, hier der projektschmiedende Naturwissenschaftler und dort der Uhrmacher, der Handwerker und Künstler, sie standen sich im 17. Jahrhundert noch schroff und unvermittelt gegenüber.« So hat der Technikhistoriker Ludolf von Mackensen die Gründe des Mißerfolges analysiert.

Das Motto, »Gelehrte werden Gewerbe erheben helfen«, blieb vielfach ein unerfüllbarer Wunschtraum. Leonhard Euler, der größte Mathematiker des 18. Jahrhunderts, besaß einen fast blinden Glauben an die Wunderkraft der Formel, einen Glauben, der ihn, das Genie, fast der Lächerlichkeit preisgab.

1726 bewarb er sich, 19 Jahre war er alt, bei einem Preisausschreiben der Pariser Akademie. Es war die Aufgabe gestellt, am Rumpf eines Segelschiffes die beste Stelle zur Aufstellung des Mastes zu finden. Für Euler selbstverständlich, daß er das Problem von den Prinzipien her in Angriff nahm. Säuberlich teilte er seine Preisschrift in einhundert Abschnitte. Nachdem er in 99 Abschnitten die Theorie systematisch entwickelt und auf das gestellte Problem angewandt hatte, zog er in Nummer 100 das Resümee: »Ich habe nicht für nötig gehalten, diese meine Theorie durch das Experiment zu bestätigen; denn sie ist ganz aus den sichersten und unangreifbarsten Prinzipien der Mechanik abgeleitet, weshalb der Zweifel, ob sie wahr sei und in der Praxis statthabe, in keiner Weise aufgeworfen werden kann.«

Wenn man weiß, daß auch heute noch gelegentlich Mathematiker und Physiker die Tragweite einer Theorie überschätzen, kann man verstehen, daß dies im 18. Jahrhundert möglich war. Immerhin war damals die Experimentalphysik erst am Anfang, und eine wissenschaftliche Technik gab es überhaupt noch nicht. Deshalb war auch noch viel zu wenig klar, daß jede Theorie eine Idealisierung darstellt und daß immer im konkreten Fall geprüft werden muß, wie weit die Wirklichkeit von der Rechnung abweicht.

Bei der Preisaufgabe der Akademie 1726 war eine rein rechnerische Behandlung durchaus ungenügend. Heute ist die Theorie viel weiter entwickelt als damals, und doch ist man im Schiffbau auf Modellversuche großen Stils angewiesen.

1727 beteiligte sich Euler abermals an einem wissenschaftlichen Wettbewerb. Es mußten neben einer Abhandlung auch einige Thesen formuliert werden. Unter den Eulerschen Thesen war eine uns heute höchst kurios anmutende: Euler stellt sich in Gedanken vor, von einem Punkt der Erdoberfläche aus ginge ein Schacht senkrecht nach unten, durch den Erdmittelpunkt bis zu den Antipoden. Nun falle ein Stein von der Erdoberfläche aus in diesen Schacht. Was geschieht mit diesem Stein? Euler vertritt die seltsame Ansicht, daß der Stein, der mit zunehmender Geschwindigkeit nach unten fällt, im Erdmittelpunkt angekommen, unvermittelt umkehrt.

Euler hat das Beispiel in seine Mechanik von 1736 aufgenommen. Zu seinem paradoxen Ergebnis schrieb er: »Dies scheint zwar weniger mit der Wahrheit übereinzustimmen . . . Wie dem aber auch sei, so muß man hier mehr der Rechnung, als dem Urteil vertrauen.«

Der Fehler rührt daher, daß in unerlaubter Weise von der Vertauschung von Grenzübergängen Gebrauch gemacht wurde. Das lernte man erst in der späteren, »kritischen« Epoche der Mathematik zu vermeiden.

Mathematisch ist also der Fehler Eulers verzeihlich. Bemerkenswert bleibt, daß ihm das offensichtlich absurde Ergebnis keine Kopfschmerzen bereitet hat.

Der Schnitzer des großen Mathematikers war ein gefundenes Fressen für den Spötter Voltaire. Als Gast Friedrichs des Großen am Berliner Hof verfaßte er eine Satire, mit der er vor allem seinen Intimfeind Pierre-Louis Moreau de Maupertuis, den Präsidenten der Preußischen Akademie, lächerlich machte. Euler, Mitglied der Akademie und allzu devot gegen seinen Präsidenten, jedenfalls nach Meinung Voltaires, erhielt einige kräftige Seitenhiebe.

Voltaire läßt Euler in dieser Schrift fiktiv feierliche Buße tun für die Verirrung seines Denkens: »Euler bekennt offen, daß er, obgleich der Phönix der Algebristen, errötet und stets erröten wird über den Verstoß gegen den gesunden Menschenverstand, den er begangen hat, indem er aus seinen Formeln den Schluß zog, daß ein Körper, der von einem Zentrum aus angezogen wird, in der Mitte wieder umkehrt. Er bekennt offen, daß er ... sein möglichstes tun wird, um künftig seine Vernunft nicht mehr an eine falsche Formel auszuliefern. Er bittet auf den Knien um Verzeihung dafür, daß er einmal angesichts eines paradoxen Resultats den Satz geschrieben hat: ›Wenn dies auch der Wahrheit zu widerstreiten scheint, so müssen wir doch der Rechnung mehr trauen als unserem Verstand.‹«

Descartes hatte alle Naturerscheinungen in ein System bringen wollen. In weiser Beschränkung begnügte sich Newton mit einem Teilbereich, den Bewegungen fester Körper unter dem Einfluß vorgegebener Kräfte. Die staunenswerten Erfolge der Newtonschen Mechanik führten und verführten erneut zu einer Überschätzung der Theorie und des Kalküls. Der geniale Mathematiker Euler war zweitklassig als Physiker. Er stand auf dem scheinbar festen Boden von mathematischen Prinzipien und hat nicht registriert, daß die Natur viel komplexer ist als jedes Gedankensystem. Mit seiner System-Gläubigkeit war Euler antiquiert, ein Mann des 17. Jahrhunderts, obwohl er, 1707 in Basel geboren, in Wirklichkeit ganz dem 18. Jahrhundert angehörte.

Voltaire stand auf der Höhe der Zeit. Was er Euler zu Recht vorwarf, ist der mangelnde Realitätssinn. Man muß die Gültigkeitsgrenzen der Theorie im Auge behalten, und man muß bei der Rechnung daran denken, was die einzelnen Ausdrücke in der Wirklichkeit bedeuten.

Voltaires Satire belustigte die Gebildeten Europas; in den literarischen Salons gab es ein neues Gesprächsthema. Auch Friedrich der Große stimmte ein in das Gelächter. Offiziell sah er sich gezwungen, seinen Akademiepräsidenten Maupertuis in Schutz zu nehmen. Das führte zu einem ernsten Zerwürfnis. Im Zorn reiste Voltaire aus Berlin ab.

Später versöhnten sich die beiden wieder, und Friedrich belustigte sich wie vordem Voltaire über Euler und die Mathematik. Neuen Anlaß boten die Berechnungen Eulers für die Springbrunnenanlage in Sanssouci.

Friedrich der Große hatte sich, wie alle Fürsten des Barock, Schloß und Garten nach dem Vorbild Versailles geschaffen. Nun wollte er noch Wasserspiele für sein Sanssouci. Das Wasser mußte über eine Höhe von etwa 50 Metern aus den Havelseen nach Potsdam gepumpt werden, wo zum Betrieb der Springbrunnen noch ausreichender Wasserdruck nötig war. Die Aufgabe war schwierig für die damalige Technik, und Friedrich holte den Rat Eulers ein.

Wie kaum ein anderer Zeitgenosse beherrschte Euler die Theorie der strömenden Flüssigkeiten. Dennoch hatte er ungeheure Mühe. Ihm stand ein einfaches physikalisches Prinzip noch nicht zur Verfügung, das alle Vorgänge wesentlich übersichtlicher macht: das Gesetz von der Erhaltung der Energie. Durch lange Rechnung kam Euler einmal zu dem Ergebnis, daß es im besten Falle möglich ist, das Wasser gerade wieder auf seine Ausgangshöhe zu heben, wenn man die Kraft des Wassers benutzt, Pumpen anzutreiben.

Euler staunte. Aufschluß gefunden hätte er in den Schriften des von ihm verehrten Leibniz.

2. Leibniz: Die lebendige Kraft

Descartes hatte 1644 in seinem Hauptwerk, den »Prinzipien der Philosophie«, die Erhaltung der Bewegung als das eigentliche Grundgesetz der Natur bezeichnet. Überall sehen wir Bewegung; hier kommt ein Materieteil zur Ruhe, dort beginnt eine neue Bewegung. Dies geschieht aber nicht willkürlich, sondern immer so, daß das Maß der Bewegung gleich bleibt. Wenn ein kleiner, sich schnell bewegender Körper einen großen, schweren stößt, so kann der kleine Körper zur Ruhe kommen, dafür wird sich der schwere Körper bewegen, allerdings mit einer viel kleineren Geschwindigkeit. Das Maß der Bewegung bleibt erhalten. Descartes konnte sein Gesetz nicht klar formulieren. Was er gemeint hat, war wohl die Erhaltung des »Impulses«, der sogenannten Bewegungsgröße Masse mal Geschwindigkeit. Descartes spricht aber auch oft von der »Kraft«, die bei Stoßvorgängen und überhaupt allgemein in der Natur erhalten bleibe.

Mit dieser Krafterhaltung befaßte sich Leibniz. Wodurch ist die dem Körper innewohnende Kraft bestimmt? Aus dieser Fragestellung ist klar, daß Leibniz nicht an eine Kraft im Sinne Newtons denkt. Nach Newton wirkt eine Kraft von außen auf den Körper ein und ändert seinen Bewegungszustand. Die »vis viva«, die »lebendige Kraft«, wie Leibniz sagte, ist dagegen eine Eigenschaft des Körpers. Sie hängt ab von seiner Masse und seiner Geschwindigkeit. Bei einem Stoß kann ein Körper um so mehr wirken, je größer Masse und Geschwindigkeit sind. Wenn Körper fallengelassen werden auf Unterlagen von weichem Ton, so sind die entstehenden Löcher um so tiefer, je größer die Masse und je größer die Geschwindigkeit ist.

Für das, was Leibniz meinte, sagt man heute kinetische Energie. Bis zur Mitte des 19. Jahrhunderts hat es immer wieder Verwirrung gestiftet, daß es zwei ganz verschiedene Begriffe von Kraft gab. Wir nennen heute nur noch den einen Begriff, den Newtonschen, Kraft, den anderen »Energie«.

Wodurch ist also die lebendige Kraft, die Wirkfähigkeit, die kinetische Energie, wie wir sagen, bestimmt? Wir haben es schon erwähnt: Die Bestimmungsgrößen sind die Masse und die Geschwindigkeit. Die Masse ist dem betreffenden Körper eigentümlich; man kann sie durch das Gewicht feststellen. Die Geschwindigkeit erhält der Körper, wenn er von einer bestimmten Höhe aus nach unten gefallen ist.
Leibniz stellt sich nun eine Waage vor, die sich im Gleichgewicht befindet. Gleichgewicht zwischen 4 Pfund und 1 Pfund herrscht, wenn sich die Längen der Waagebalken wie 1 : 4 verhalten. Wenn man nun die Waage ein wenig bewegt, dann legt das Gewicht 1 gerade die vierfache Strecke zurück. 4 Pfund eine Strecke 1 zu heben, muß äquivalent sein 1 Pfund, das vier Streckeneinheiten gehoben wird.
Die Wirkfähigkeit eines Körpers, qualitativ zu messen in der Tiefe der Löcher, die sie in eine Unterlage von weichem Ton schlagen, bestimmt sich also quantitativ durch das Produkt von Gewicht und Fallhöhe.
Nun will aber Leibniz die lebendige Kraft letztlich durch die Geschwindigkeit des Körpers bestimmen. Wie schon Galilei erkannt hatte: Die doppelte Fallstrecke verdoppelt nicht die Geschwindigkeit, sondern verdoppelt das Quadrat der Geschwindigkeit. Die dreifache Fallstrecke verdreifacht das Geschwindigkeitsquadrat. Wenn also (neben der Masse des Körpers) die Fallhöhe das Maß der Wirkfähigkeit ist, dann ist diese ebenso durch das Quadrat der Geschwindigkeit gegeben. Leibniz sagte also mit Recht, daß die lebendige Kraft eines Körpers von dem Produkt aus Masse und Geschwindigkeitsquadrat bestimmt wird.
Beim Herabfallen eines elastischen Körpers nimmt die Geschwindigkeit laufend zu. Die lebendige Kraft oder kinetische Energie geht dabei aus einer latenten Kraft, potentiellen Energie, wie wir sagen, hervor.
Ein elastischer Körper springt, wenn er auf eine harte Unterlage fällt, wieder in die Höhe, im Idealfall zum ursprünglichen Ort. Die kinetische Energie wandelt sich wieder in potentielle Energie um. Leibniz erkannte, daß die Summe von kinetischer und potentieller Energie konstant ist. Er besaß die klare Vorstellung: Es muß die potentielle Energie eines Körpers zur kinetischen Energie (der eigentlichen vis viva) hinzugerech-

net werden, und es ist die Summe, die eine Erhaltungsgröße darstellt. Wie ist es aber, wenn es sich nicht um elastische, sondern um unelastische Körper handelt? Ein vollkommen unelastischer Körper würde, auf eine harte Unterlage geworfen, sofort liegenbleiben. Eine Wachskugel verhält sich in dieser Weise. Dabei verschwindet offenbar die kinetische Energie vollständig. Genau genommen gibt es in der Natur den »idealen Stoß« überhaupt nicht. Bei jedem Stoß geht ein Teil der kinetischen Energie verloren.

Bei dem damaligen Stand der Erkenntnis war die Frage, was mit der verschwindenden »lebendigen Kraft« geschieht, nicht zu beantworten. Zwei voneinander verschiedene grundsätzliche Stellungnahmen sind möglich, und beide Positionen haben damals ihre Vertreter gefunden. Entweder argumentierte man so: Bei den unelastischen Stößen verschwindet mindestens ein Teil der lebendigen Kraft. Die Physik ist eine Erfahrungswissenschaft. Wenn uns die Erfahrung lehrt, daß die lebendige Kraft nur in einem Ausnahmefall, dem idealen Stoß, erhalten bleibt, dann müssen wir als Physiker den Mut haben und die Konsequenz ziehen. Die angebliche »Krafterhaltung« ist nur eine Fiktion. Für Fiktionen aber ist kein Platz in der Wissenschaft.

Man konnte aber die ganze Überlegung sozusagen auf den Kopf stellen. Das Gesetz von der Erhaltung der Kraft hätte, wenn es richtig wäre, eine ungeheure Bedeutung. Es ist also vernünftig, unter der Annahme seiner Gültigkeit, die sich ergebenden Konsequenzen zu verfolgen. Wenn im unelastischen Stoß die Körper scheinbar lebendige Kraft verlieren, dann muß diese lebendige Kraft irgendwo anders auftauchen. Leibniz sagte: Es findet eine Umwandlung statt in die lebendige Kraft der kleinsten Teilchen.

Als Aufgabe folgt daraus: Man muß zu verstehen suchen, was »lebendige Kraft der kleinsten Teilchen« und Zunahme dieser lebendigen Kraft physikalisch bedeuten.

Bei Problemen solchen Kalibers hing der Standpunkt des Forschers von seiner gesamten weltanschaulich-erkenntnistheoretischen Einstellung ab. Leibniz sah in der Natur überall die Zusammenhänge. Gott hat die

Welt nach einem großen Bauplan geschaffen. Man mußte groß denken, wenn man Ihn verstehen wollte.
Den Gelehrten des 18. Jahrhunderts war (von Ausnahmen abgesehen) solche Meinung verdächtig. Hatte nicht auch René Descartes alles in ein großes System bringen wollen, und war er nicht kläglich untergegangen im großen Ozean der Tatsachen? Die Physiker hielten es da lieber mit Isaac Newton: Hypothesen erdenke ich nicht.
Nirgendwo deutlicher faßt man den Geist dieses 18. Jahrhunderts besser als in der großen französischen Enzyklopädie. Der von Jean le Rond d'Alembert stammende »Discours préliminaire«, die Einleitung zu Band 1 der Enzyklopädie, erschienen im Jahre 1751, ist die erkenntnistheoretische Antwort auf Descartes. Statt »Ich denke, also bin ich«, heißt es, zwar nicht wörtlich, aber dem Sinne nach: »Ich empfinde, also bin ich«. Höher als das Denken veranschlagt wird die Erfahrung.
Noch weiter ging in der ersten Hälfte des 19. Jahrhunderts Auguste Comte. Er ist der eigentliche Begründer der Erkenntnistheorie, die man »Positivismus« nennt. Comte war kein Physiker, sondern Soziologe; man hat ihn den ersten Soziologen überhaupt genannt. Die von ihm aufgestellten Gesetze sind keine physikalischen Gesetze, sie betreffen nicht die Natur, sondern das Phänomen »Wissenschaft«.
Jede Wissenschaft (so behauptete Comte) entwickelt sich nach dem sogenannten Drei–Stufen–Gesetz (oder Drei–Stadien–Gesetz). Die erste Stufe ist die theologische. Hier sieht der Mensch in der Natur das Wirken von Göttern und Halbgöttern. Die zweite, höhere Stufe heißt die metaphysische. Der Mensch ist zu einer vernunftgemäßen Betrachtung der Naturerscheinungen gelangt. Aber statt an Götter und Halbgötter glaubt er nun an metaphysische Prinzipien, die ebenso nur ein Produkt der menschlichen Phantasie sind wie die Götter und Halbgötter. In der dritten und höchsten Stufe schließlich, der positiven Phase, sei der Mensch zur Einsicht gelangt, daß man sich nur auf die erfahrbaren Tatsachen stützen dürfe.
Dieses von Comte sogenannte »Gesetz« war aber eigentlich eine Kampfansage und ein Schlachtruf: Im alten Griechenland sei in der Epoche der

ionischen Aufklärung die erste, vorwissenschaftliche Phase überwunden worden. Die Überschwemmungen des Nils sind nicht mehr eine willkürliche Laune der Götter: Thales sagt, es ist der Wind, der, wenn er von Norden weht, das Wasser zurücktreibt und den Nil aufstaut. Für die Erdbeben ist nicht mehr Poseidon verantwortlich, der im Zorn seinen Dreizack auf die Erde stößt. Thales sagt: Die Erde ist eine Scheibe und schwimmt auf dem Urmeer. Wenn dieses Urmeer Wellen schlägt, übertragen sich die Kräfte auf die Erde.

Wie nun damals in der ionischen Aufklärung die theologische Phase überwunden worden sei, so müsse nun in der großen europäischen Aufklärung auch die zweite Phase überwunden werden. Die Wissenschaft müsse endlich eintreten in die höchste, positive Phase und die Metaphysik,ausmerzen mit Stumpf und Stil.

In dieser spezifischen Form ist der Positivismus von Auguste Comte begründet worden. Aber schon Mitte des 18. Jahrhunderts vertraten die Enzyklopädisten ganz ähnliche Auffassungen. So hat man denn schon Jean le Rond d'Alembert als Positivisten (und sogar als den Begründer dieser Lehre) bezeichnet. Der Kampf gegen »metaphysische Prinzipien« kennzeichnet den Positivisten. Damals haben Jean le Rond d'Alembert und seine Freunde als Muster eines solchen Prinzips das Gesetz von Leibniz angesehen über die Erhaltung der Energie.

So war dieses physikalische Problem in die Ebene der Philosophie und Weltanschauung gezogen worden. Es bildeten sich zwei Parteien. Die eine Position vertraten die philosophischen Idealisten und Leibnizianer, die vom Wirken großer Weltprinzipien überzeugt waren. Ihre heftigen Opponenten waren die Positivisten.

Zu den Idealisten, die von der Krafterhaltung als einem universell gültigen Naturgesetz überzeugt waren, gehörte die berühmte Naturforscherin Madame du Châtelet. Sie war die Geliebte Voltaires, und er hat sie als die »Minerva von Frankreich« besungen. Da Voltaire selber aber Positivist war, lehnte er die Krafterhaltung als Fiktion entschieden ab. Über die Meinungsdifferenz haben Spötter gesagt: Voltaire und Madame du Châtelet – ausnahmsweise einmal nicht im gemeinsamen Lager.

Mit größtem Nachdruck wies Christian Wolff, der Popularisator der Leibnizschen Gedanken, auf die Bedeutung des Energieprinzips hin. Wolff war davon überzeugt, daß das Gesetz auch über die Mechanik hinaus überall gültig sei. In allen Wissenschaften führe die Erhaltung der lebendigen Kräfte den Menschen wie ein Wegweiser zur Erkenntnis der höchsten Wahrheiten. Wolff schloß, daß es wahrlich kein nutzloses Unterfangen sei, wenn man sich um die klare Erfassung dieses Satzes bemühe.

Die Physik aber nahm eine andere Richtung. Seit 1740 etwa verloren die Gelehrten das Interesse an diesem Thema. »Eine neue wissenschaftliche Wahrheit«, so hat Planck gesagt, »pflegt sich nicht in der Weise durchzusetzen, daß ihre Gegner überzeugt werden und sich als belehrt erklären, sondern vielmehr dadurch, daß die Gegner allmählich aussterben und daß die heranwachsende Generation von vornherein mit der Wahrheit vertraut gemacht ist.«

Es kann aber auch einmal andersherum kommen. Eine Wahrheit, deren Zipfel schon einige Gelehrte erfaßt haben, geht wieder verloren, und die nächste Generation muß sich erneut mit dem Thema auseinandersetzen. So geschah es mit dem Prinzip von der Erhaltung der Energie. In der zweiten Hälfte des 18. Jahrhunderts stand die Wissenschaft im Zeichen des Positivismus. Aus der Physik wurde alles verbannt, was man als »metaphysisches Beiwerk« ansah. Der Amputation fiel auch das universelle Gesetz der Erhaltung der Kraft zum Opfer.

So warnte etwa d'Alembert in seinem Traité de Dynamique 1743 vor der Einführung metaphysischer Gesichtspunkte und sagte, daß dafür in einer wahren Wissenschaft kein Platz sei. Er lehnte es deshalb ab, eine Untersuchung in der berüchtigten Frage der lebendigen Kräfte anzustellen. Das Problem bezeichnete er als nutzlos für die Mechanik und als einen bloßen Wortstreit. Man dürfe Gesetze, die nur in speziellen Fällen gelten, nicht als allgemeine Prinzipe hinstellen: »Wenn man Descartes imitiert, [gemeint ist: wie Leibniz und seine Anhänger] läuft man Gefahr, entweder sich zu täuschen wie er oder als allgemeines Prinzip aufzufassen, was nur in gewissen Fällen statt hat, oder schließlich als ein grundlegendes Gesetz der Natur zu betrachten, was nur eine rein mathematische Folge einiger Formeln ist.«

Ob Leibniz und seine Anhänger recht hatten mit ihrem Universalgesetz oder die positivistischen Skeptiker, die allen umfassenden Prinzipien mißtrauten, konnte im 18. Jahrhundert nicht entschieden werden. Physikalisch gesehen kam es auf den unelastischen Stoß an. Wie wir heute wissen, sind die dabei auftretenden Wärmemengen sehr klein. Zudem ist die minimale Temperaturerhöhung nicht von Dauer, sondern geht sofort wieder verloren durch Wärmeabgabe an die Umgebung. So feine Effekte zu messen, lernte man erst sehr viel später, als das Problem wissenschaftlich längst erledigt war.

Einen Schlüssel zum Verständnis aber fand schon damals, am Ende des 18. Jahrhunderts, Graf Rumford. In den Artilleriewerkstätten in München führte er Kanonenbohrversuche aus. Durch Reibung wurden geradezu unerhörte Mengen von Wärme fortlaufend und ohne Ende erzeugt. Das Tor zur Erkenntnis des Energieprinzips blieb dennoch versperrt. Denn inzwischen waren die Physiker zur (scheinbar) gesicherten Erkenntnis gelangt: Die Wärme ist ein eigentümlicher Stoff.

3. Rumford: Wärme ist Bewegung

Bedrückt ging der junge Professor Planck nach Hause. Mit seinem ersten Vortrag vor der »Physikalischen Gesellschaft« hatte er sich »recht vorteilhaft« in Berlin einführen wollen. Die Opposition des berühmten Emil du Bois-Reymond war eine »kalte Dusche« auf seine glühende Begeisterung. Er tröstete sich mit dem Gedanken, »daß eine gute Theorie sich auch ohne geschickte Propaganda durchsetzen werde«.
Einhundert Jahre zuvor, als die Wissenschaft, von wenigen Ausnahmen abgesehen, noch kein Beruf war, sondern ein Hobby exzentrischer Persönlichkeiten, hat sich Antoine-Laurent Lavoisier nicht mit dieser Zuversicht begnügt. Bei einer Einladung in seinem Hause erschien auf der Bühne das »Phlogiston« und wurde vom »Sauerstoff« der schwersten Verbrechen beschuldigt. Da half nichts die schwächliche Verteidigung durch die Figur des Professors Stahl, der als Schöpfer der Phlogiston-Lehre der eigentliche Gegner war. Das Phlogiston wurde dem Feuertode überantwortet, und Madame Lavoisier trat persönlich auf die Bühne als Opferpriesterin.
Das von Lavoisier begründete »französische System der Chemie« war den alten Auffassungen turmhoch überlegen. Wenn Lavoisier sagte: Bei der Verbrennung findet eine Verbindung mit Sauerstoff statt, so klang dies zunächst ganz dem ähnlich, was die Chemiker bisher gemeint hatten: Die Verbrennung ist eine Entbindung von Phlogiston. Der wesentliche Unterschied zwischen diesen beiden Aussagen lag darin, daß das Phlogiston ein fiktives, eigens zur Erklärung der Verbrennung hypothetisch angenommenes Fluidum darstellte, über dessen Eigenschaften niemand etwas wußte, der Sauerstoff aber ein Gas ist mit allen Kennzeichen eines realen Körpers. Weil die Anhänger der Phlogiston-Lehre nicht angeben konnten, ob das Phlogiston zu den »Imponderabilien« gehört, zu den »unwägbaren Stoffen«, oder gar sonderlicherweise eine negative Schwere hat, wie manche meinten, konnten aus dieser Auffassung keine weiteren Erkenntnisse gezogen werden. Lavoisier aber

wußte, daß der Sauerstoff schwer ist; man kann ihn wiegen. So folgte in seinem System aus dem Satz: »Bei der Verbrennung erfolgt eine Verbindung mit Sauerstoff« sofort die Aussage: Alle Körper werden beim Verbrennen schwerer.

Damit wurde das Lavoisiersche System die erste neuzeitliche Theorie in der Chemie. Lavoisiers »Traité élémentaire de chimie«, das er 1789 vorlegte, im Jahr der französischen Revolution, war ebenso umwälzend wie die gleichzeitigen politischen Ereignisse.

Für Jahrhunderte hatte es als das höchste, aber unerreichbare Ziel der Chemiker gegolten, zwischen einem »Element« und einer »Verbindung« unterscheiden zu können. Nun ergab sich wie von selbst eine zuverlässige Methode: Ein Element ist ein Stoff, der sich chemisch unter keinen Umständen in andere Stoffe zerlegen läßt. So ist Schwefel ein Element, weil man den Schwefel *chemisch* nur in Stoffe überführen kann, die schwerer sind.

Zu den Elementen rechnete Lavoisier eine Substanz, die wir heute im »Periodensystem« nicht mehr finden, den Wärmestoff oder »Calorique«. »Man kann nicht sagen«, heißt es dazu in einem Physikalischen Wörterbuch von 1791, »daß dieser Stoff ganz hypothetisch sei, da er sich dem Sinne des Gefühls auf eine so deutliche Art zu erkennen gibt.«

Ein Pfund Schwefel nimmt bei der Verbrennung viel mehr Sauerstoff auf als ein Pfund Blei. Und so ist es auch bei der Erwärmung der Körper. Sie nehmen den Wärmestoff auf, treten in eine Verbindung mit ihm ein, aber in ganz unterschiedlichem Maße. Wasser beispielsweise nimmt (auf die Gewichtseinheit gerechnet) viel mehr Wärme auf als die Metalle.

Noch überzeugender war eine andere Erscheinung: Beim Schmelzen von einem Pfund Eis wird eine bestimmte Wärmemenge verbraucht, und genau diese Wärmemenge wird frei, wenn das Wasser wieder gefriert. Man konnte also wie in einer chemischen Gleichung schreiben

$$\text{Eis} + \text{Wärme} \rightleftarrows \text{Wasser}$$

Wenn die Wärme eine Substanz war, dann sollte sie auch, wie jede Substanz, ein Gewicht besitzen. Sehr viel Mühe haben die Gelehrten

vergeblich aufgewandt, um ein Gewicht nachzuweisen. Lichtenberg hat die Hoffnung nicht aufgegeben: »Denn gewiß ist es, daß unsere Waagen, wie sie bisher waren, höchst elende Instrumente sind, und daß noch einmal eine neue Welt durch Verbesserung der Waagen aufgeschlossen werden wird, wie durch die Mikroskope und Teleskope.«
Die Hoffnung blieb vergeblich, und die Gelehrten gewöhnten sich daran, von »unwägbaren Stoffen« zu sprechen, den »Imponderabilien«. »Es ist ja durchaus nicht notwendig, daß alle Materie schwer sein müsse«, beruhigte sich Lichtenberg.
Die Wissenschaft stand am Scheidewege. In die eine Richtung führte die Wärmestofftheorie, und auf diesem ausgetretenen Irrweg gingen die Gelehrten in Scharen, indem sie einander bestätigten: »Dies ist die richtige Straße!« Nur wenige schlugen die andere Richtung ein. Zu ihnen gehörte der Reichsgraf Rumford, der eigentlich Benjamin Thompson hieß und kleiner Leute Sohn war.
Rumford entdeckte an der Stelle, an der sich die beiden Richtungen trennten, ein Wegkreuz, das den richtigen Pfad wies. Es gab ein Experiment, das die Entscheidung bringen mußte. Für ein solches Experiment, das auf dem Wege der Wissenschaft an einer Gabelung zuverlässig die Richtung angibt, hatte Isaac Newton die Bezeichnung »experimentum crucis« geprägt.
Seine Versuche machte Rumford 1798 in den Artilleriewerkstätten in München. Er nahm stumpfe Stahlbohrer und ließ sie im Inneren von Kanonenrohren laufen. Nach kurzer Zeit wurden die Rohre glühend heiß, und das zur Kühlung verwendete Wasser kam zum Sieden. Der Versuch nahm auch nach tausendfacher Wiederholung immer den gleichen Verlauf. Wenn die Wärme ein Element wäre, ein eigentümlicher unwägbarer Stoff, der im Stahl der Kanonenrohre gebunden ist und durch die Erschütterung beim Bohren freigesetzt wird, wie damals die Physiker und Chemiker meinten, dann müßte doch – das war Rumfords Überlegung – nach tage- und wochenlanger Wiederholung die Wärmeproduktion nachlassen. Für eine Erschöpfung des Wärmevorrates gab es aber nicht das mindeste Anzeichen. Auch nach Wochen erhitzte sich,

wie am ersten Tag, beim Bohrvorgang innerhalb weniger Minuten das Kühlwasser zum Sieden.
Graf Rumford sagte: Wenn die Wärme ein Stoff wäre, gebunden im Stahl der Kanonenrohre wie etwa Wasser in einem Schwamm, dann müßte sie eines Tages erschöpft sein; aus einem knochentrockenen Schwamm bringt man auch durch noch so große Anstrengung keinen Tropfen Wasser mehr heraus. Das Kanonenrohr aber ist ein offenbar unerschöpfliches Reservoir für Wärme. Also kann die Wärme kein Stoff sein, sie muß vielmehr selbst eine Art von Bewegung sein, da sie unaufhörlich durch Bewegung hervorgebracht wird.
Der vom bayrischen Kurfürsten zum Reichsgrafen erhobene Benjamin Thompson stammte aus New Hampshire. Im amerikanischen Unabhängigkeitskrieg kämpfte er als loyaler Untertan des englischen Königs gegen die Aufständischen. Als Oberst nahm er mit 31 Jahren seinen Abschied und ging nach München, wo er als Staatsrat und Generalleutnant eine große Wirksamkeit entfaltete.
Im Geiste der Aufklärung förderte er die staatlichen Manufakturen, gründete Arbeitshäuser, um die Bettler von den Straßen wegzubringen und suchte den Armen eine ausreichende Ernährung zu schaffen. Er führte die Kartoffel ein und erfand die »Rumford-Suppe«, eine Brühe, die durch kräftiges Auskochen von Knochen entsteht und der Graupen, Hülsenfrüchte und Kartoffeln zugegeben werden.
In der Kulturgeschichte spielt das Essen ein ungeheure Rolle. Was man Kochkunst nennt, wurde in erfahrungsmäßigen Regeln von Generation zu Generation weitergegeben. Jetzt wandte sich Graf Rumford mit wissenschaftlichen Methoden der Zubereitung von Speisen zu, und es ist erstaunlich, wieviel er mit einfachen Überlegungen binnen kurzem auf einem Gebiet verbessern konnte, auf dem ein Physiker gar keine Kompetenz zu besitzen schien. Durch Versuche ermittelte er die Wege, die die vom Feuer ausgehende Wärme nimmt. Er erdachte den Rost zum Braten, erfand anstelle des offenen Feuers den Küchenherd und propagierte den Dampftopf.
Auf zwei Gebieten hatte der umtriebige Organisator keinen Erfolg: in

der reinen Wissenschaft und mit seinen Frauen. Es gelang ihm nicht, die Gelehrten von dem Lehrsatz zu überzeugen: »Wärme ist Bewegung der kleinsten Teilchen«. Physiker und Chemiker blieben dabei: Die Wärme ist ein eigentümlicher Stoff.

Nach einer ersten Ehe, die nur drei Jahre währte, heiratete er mit fünfzig Jahren die Witwe Lavoisiers. Aber für ihn trat sie nicht als Opferpriesterin auf, um wie einst das Phlogiston nun die Chimäre »Wärmestoff« symbolisch zu verbrennen.

Sie hatte mit 14 Jahren Lavoisier geheiratet und mit ihm kinderlos in glücklichster Verbindung 23 Jahre zusammengelebt, bis das Fallbeil den großen Chemiker hinmordete. Marie Anne Pierrette kam nicht los von der Erinnerung. Die zweite Ehe wurde nach kurzer Zeit getrennt, und Rumford stürzte sich erneut in die Arbeit.

In London hatte er die »Royal Institution« gegründet. Hier wurde ein breites Publikum von Handwerkern und Gewerbetreibenden mit den Fortschritten der Wissenschaft vertraut gemacht. Tatsächlich wurde die Royal Institution als Forschungseinrichtung ebenso zu einem Begriff wie als Bildungsstätte. Die Direktoren schufen sich einen Namen als Gelehrte und als Vortragende. An den Experimentalvorlesungen nahmen die Angehörigen aller Stände teil, bis hinauf zum Prinzgemahl.

Den ersten Leiter der Royal Institution hat Rumford noch selbst ausgewählt. Es war Humphry Davy. Auf diesen folgte später Michael Faraday. So kam hier, wie es nicht immer geschieht, die richtige Sache in die Hand des richtigen Mannes.

Davy hatte sich bei Rumford empfohlen durch seine Versuche, die er 1799 als Einundzwanzigjähriger veröffentlicht hatte und die eine Generation später als neuer Beweis gegen die Stofflichkeit der Wärme berühmt geworden sind. Damals konnte der junge Davy mit seinen Ideen noch viel weniger durchdringen als der bekannte Rumford.

Davy nahm zwei Eisblöcke mit einer Temperatur von etwa zwei Grad Celsius unter Null, preßte, wie er vage beschrieb, »mit Hilfe einer speziellen mechanischen Vorrichtung ihre Oberflächen gegeneinander« und versetzte sie »einige Minuten lang in fortwährende heftige Rei-

bung«. Nach ein paar Minuten war das Eis »fast vollständig in Wasser umgewandelt«, und die Temperatur des Wassers betrug etwa zwei Grad über Null.
Davy konstatierte, daß damit der Beweis geliefert sei: Durch Reibung wird beträchtliche Wärme hervorgebracht. Das Experiment ging später als Standarddemonstration in die Lehrbücher über.
1935 aber unterzog der Physiker Edward da Costa Andrade den Versuch einer Prüfung. Seit Davy hatte ihn niemand nachgemacht: Denn bis zur Mitte des 19. Jahrhunderts hielten die Physiker aus vorgefaßten Gründen an der Wärmestofftheorie fest, mochte da Davy sagen, was er wollte. Nach dem großen Umschwung aber war der Versuch so evident, daß eine Wiederholung ganz unnötig erschien.
Vertrauen ist gut, Kontrolle ist besser. Andrade kam zum Ergebnis: Das Experiment ist, wie beschrieben, gar nicht möglich. Davy war so davon überzeugt gewesen, daß Wärme durch Reibung hervorgebracht wird, daß er seine schönen Versuche mit viel Phantasie geplant, aber nicht sorgfältig ausgeführt hat.
Schon bei Galilei war uns aufgefallen: Er berief sich in einigen Fällen auf das Experiment, in denen das Experiment, tatsächlich ausgeführt, die Behauptung widerlegt hätte. Obwohl er den Versuch schilderte, hat er ihn gar nicht unternommen.
Ein solches Verfahren, so müssen wir zur Entschuldigung sagen, war gute alte scholastische Tradition. Erst nach Galilei entwickelte sich die Physik zur Experimentalwissenschaft. An der Wende zum 19. Jahrhundert gab es dann kaum etwas Schädlicheres für einen Gelehrten, als wenn seine Gegner behaupten konnten, die Versuche seien gefälscht.
Im eigenen Interesse des Physikers also lag es, solchen Schein peinlich zu vermeiden. Davy aber war damals noch kein Gelehrter, sondern ein unerfahrener junger Mann.
Und das Resümee des Ganzen: Weder die echten Demonstrationen von Rumford noch die Phantasien von Davy hatten die Meinung der Kollegen erschüttert. Es mußte noch viel geschehen in der Wissenschaft und in der Welt, ehe der Umschwung eintreten konnte.

III. Neues Land in Sicht

1. Volta: Der Galvanismus

»Unser 18. Jahrhundert wird sich sicherlich nicht zu schämen haben, wenn es dereinst sein Inventarium von neu erworbenen Kenntnissen und angeschafften Sachen an das neunzehnte übergeben wird.« Das schrieb Georg Christoph Lichtenberg 1783, und er nannte eine große Reihe von Entdeckungen und Erfindungen seiner Epoche, auf die er und seine Zeitgenossen stolz waren und auf die sie ihre Hoffnung gründeten, daß die Wissenschaft den Menschen bessere Zeiten bringen werde.
Von der wichtigsten physikalischen Entdeckung seiner Epoche konnte Lichtenberg, als er diese Zeilen schrieb, freilich noch nichts wissen: dem Galvanismus. Diesem Phänomen war seit ein paar Jahren Luigi Galvani auf der Spur, aber der Anatom hatte damals darüber noch nichts verlauten lassen.
Als Professor an der Scuola Anatomica in Bologna gehörte es zu seinen Pflichten, Studenten in die Kunst des Sezierens einzuführen. Demonstrationsobjekt waren Frösche, die man zerschnitt und präparierte. Nun stellen aber Froschschenkel, wenn sie frisch sind, ein hochempfindliches physikalisches Nachweisinstrument dar. Auch ein sehr schwacher elektrischer Strom, der durch die Nerven geht, bringt die Muskeln zur Kontraktion. Diese Tatsache war damals den Physikern bekannt; Galvani wußte es nicht. Gerade deswegen aber vermochte er sich über eine Beobachtung zu wundern, über die die Physiker wahrscheinlich achtlos hinweggegangen wären.
»Ich zerschnitt einen Frosch«, so schilderte Galvani selbst das Ereignis, »und bereitete ihn, wie in Figur . . . zu sehen, legte ihn, ohne etwas zu ahnen auf den Tisch, worauf die Elektrisiermaschine stand; als . . . einer meiner Zuhörer die Spitze des Messers von ungefähr ein wenig an den inneren Schenkelnerv des Frosches brachte, so wurden die Muskeln aller

Glieder sogleich so zusammengezogen, als ob sie von heftigen Convulsionen ergriffen würden. Ein anderer ... glaubte zu bemerken, es geschähe nur zu der Zeit, wenn die Elektrisiermaschine einen Funken gäbe ... Ich wurde sogleich von der Begierde, das Verborgene zu erforschen, hingerissen.«

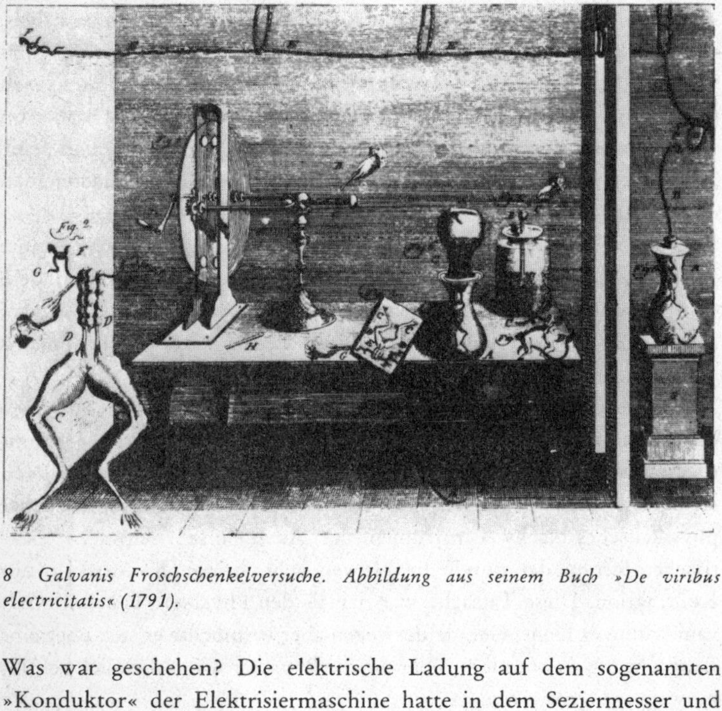

8 Galvanis Froschschenkelversuche. Abbildung aus seinem Buch »De viribus electricitatis« (1791).

Was war geschehen? Die elektrische Ladung auf dem sogenannten »Konduktor« der Elektrisiermaschine hatte in dem Seziermesser und dem Froschschenkel (der ebenfalls ein elektrischer Leiter ist) eine Influenzladung hervorgerufen. Wird nun der Konduktor durch einen Funken entladen, verschwindet auch die Influenzladung. Im Seziermesser und Froschschenkel fließt also ein elektrischer Strom, und der Froschschenkel reagiert darauf mit einer Zusammenziehung der Muskeln.

»An diesen Zuckungen war gar nichts Besonderes«, konstatierten später die Physiker. Der Anatom aber war fasziniert von dem Phänomen, und er wiederholte den Versuch in vielerlei Variationen.
Immer wurde an den Schenkelnerven ein Stück Metall befestigt, beim ersten Versuch ein Seziermesser, später dann irgendein Draht. Im Freien aufgestellt zuckte der Froschschenkel ohne Elektrisiermaschine, aber nur bei Gewittern, wenn es blitzte oder wenn zumindest schwere Wolken über das Land zogen.
Im Jahre 1786 kam es dann zu den Beobachtungen, die auch für den größten Skeptiker eine Sensation waren: Man legt an den einen Schenkelnerv einen Metalldraht (daß es zu einem möglichst guten Kontakt kommt), dann an den anderen Schenkelnerv einen zweiten Draht aus einem anderen Metall. Berührt man dann die beiden Metalle und zwar so, daß ein geschlossener Kreis entsteht (bestehend aus dem Metall 1, dem Froschschenkel und dem Metall 2), so zuckt der Froschschenkel im Augenblick der Berührung.
Erst nach fünf Jahren, 1791, hat Galvani seine Ergebnisse veröffentlicht. Vom heutigen hektischen Wissenschaftsbetrieb her beurteilt, muß damals eine idyllische Zeit gewesen sein. In Ruhe konnte man seine Erkenntnisse ausreifen lassen, ohne Angst, von den Kollegen auf der Stelle überrundet zu werden.
Die Publikation machte den Galvanismus zu einer gemeinsamen Sache der Gelehrten. Jeder einzelne war nun aufgefordert, die Mitteilung zu überprüfen und weitere Konsequenzen zu ziehen. Innerhalb weniger Monate wurde Alessandro Volta zum führenden Forscher. Diesem erfahrenen und genialen Physiker war der Begründer des Gebietes nicht gewachsen. Volta baute nun den Galvanismus in raschen Schritten nach allen Seiten hin aus und machte ihn zu einer neuen und fruchtbaren Provinz des Weltreiches Physik.
Schon in seinen ersten Publikationen legte Volta in einer Klarheit, die Galvani nie erreichte, die Bedingungen klar, unter denen eine galvanische Wirkung zustande kommt: Es müssen zwei verschiedene elektrische Leiter 1. Klasse (Metalle) und ein Leiter 2. Klasse (Elektrolyt)

vorhanden sein*; der Froschschenkel oder die menschliche Zunge sind solche Leiter 2. Klasse. Sie dienen zudem als Anzeigeinstrumente.
Anfang des Jahres 1800 gab Volta in einem an den Präsidenten der Royal Society in London gerichteten Brief die Erfindung der damals sogenannten »Voltaschen Säule« bekannt. Dabei handelt es sich um eine Vorrichtung, die im Prinzip unseren heutigen Akkumulatorenbatterien entspricht. Es entsteht eine elektrische Spannung von größenordnungsmäßig 50 bis 100 Volt.
Damals sprach man aber nicht von einer »Spannung« (die wir noch heute zu Ehren Voltas in »Volt« messen), sondern von einer »elektromotorischen Kraft«: Wie eine Kraft im Newtonschen Sinne auf »normale« Materie einwirkt und eine Beschleunigung bewirkt, so wird, wie man sagte, das elektrische Fluidum, eine eigentümliche Substanz ohne Gewicht, von einer spezifischen, in der Voltaschen Säule auftretenden Kraft in Bewegung gesetzt.
Mit Hilfe der von Volta angegebenen Bauvorschrift war es sehr leicht möglich, sich eine »Säule« selbst herzustellen. Man brauchte nur blankgeriebene Kupfermünzen, Zinkplättchen und (in Salzwasser getränktes) Löschpapier, und mußte diese regelmäßig und fortgesetzt aufeinanderschichten. Damit hatte man erstmals die Möglichkeit, einigermaßen konstante elektrische Ströme zu erzeugen und mit ihnen zu experimentieren. Die Voltasche Säule öffnete das Tor in eine neue physikalische Welt, in den Bereich der Phänomene, die man heute unter dem Begriff »strömende Elektrizität« zusammenfaßt.
Die Voltasche Säule war ein physikalischer Apparat, die Erfindung hatte also mit »Technik« im engeren Sinne (zunächst) nichts zu tun. Heute freilich gehören Batterien zu den selbstverständlichsten technischen Erzeugnissen. Die Ausführung wurde vielfach verbessert und der Apparat in Milliarden Stückzahlen von der Industrie produziert. Noch heute gehen solche entscheidenden Erfindungen meist aus der Grundlagenfor-

---

*Auch eine Anordnung von einem Metall und zwei Elektrolyten führt zu einer galvanischen Wirkung.

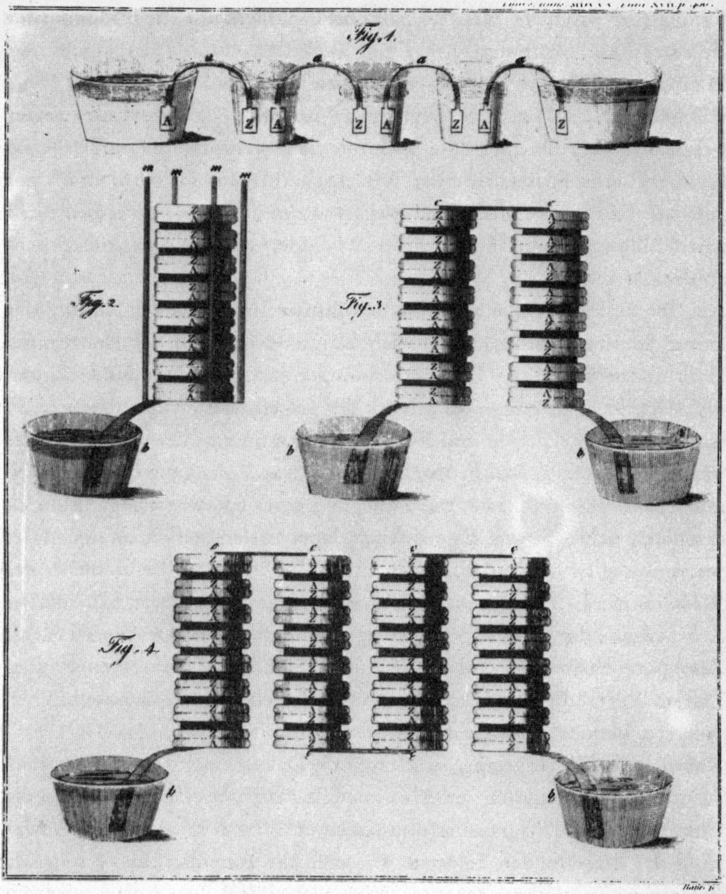

9 *Darstellung von »Voltaschen Säulen« in den »Philosophical Transactions« von 1800.*

schung (der »reinen« Wissenschaft) hervor, nicht aus der Technik (der angewandten Forschung).
Häufig werden die großen Fortschritte der Zivilisation durch neue Fähigkeiten des Menschen begründet: durch die Erfindung des Rades beispielsweise oder durch die Technologie des Kupfers. Das gilt ebenso für die großen Fortschritte der Wissenschaft. Auch sie beruhen oft auf neuen Erfindungen: Man kann jetzt etwas machen, was man früher nicht machen konnte, daher konnte man das entdecken, was man früher nicht entdecken konnte.
Am 26. Juni 1800 wurde Voltas berühmter Brief in einer Sitzung der Royal Society verlesen, was gleichbedeutend war mit der Anordnung zum Abdruck in den »Transactions«. Schon zuvor hatte der Präsident die Mitteilung an einige Mitglieder der Gesellschaft weitergegeben. So bauten Antony Carlisle und William Nicholson am 30. April ihre erste Säule. Schon am 2. Mai beobachteten sie, was Volta ganz offensichtlich noch nicht gesehen hatte: die Zerlegung einer Salzwasserlösung durch den elektrischen Strom. Es entstehen dabei an den Stellen, an denen der Strom in die Lösung eintritt (d. h. an den Elektroden), die Elemente des Wassers, nämlich an der einen Wasserstoff, an der anderen Sauerstoff.
Die Aufgabe der Chemie ist Analyse und Synthese. »Analyse«, das heißt Zerlegung chemischer Substanzen und »Synthese« Zusammensetzung. Das neue Verfahren war ein hervorragendes Hilfsmittel der chemischen Analyse, denn es zerlegte die chemischen Stoffe.
Auf diesem Wege gelang es Humphry Davy, eine Reihe von neuen Elementen aufzufinden: die Alkalimetalle Natrium und Kalium und die Erdalkalimetalle Magnesium und Calcium. Hier führt aber eine Auflösung der betreffenden Salze in Wasser nicht zum Ziel. Davy schmolz Pottasche (Kaliumkarbonat) in einem Platinlöffel. Der Löffel wird mit dem negativen Pol der Volta-Säule verbunden und von oben in die Schmelze ein (mit dem positiven Pol verbundener) Platindraht eingeführt. Dann bilden sich unten im Löffel kleine Bläschen von Kalium-Metall, die (weil sie spezifisch leichter sind) in der Schmelze aufsteigen und sich sofort an der Oberfläche entzünden.

Etwa zur gleichen Zeit, als Humphry Davy in London diese und ähnliche Versuche durchführte, unternahm sein Münchener Kollege Johann Wilhelm Ritter eine Reise nach Oberitalien. In Como besuchte er den großen Volta. »Er ist vollendet, einer Statue gleich«, so schilderte Ritter seinen Besuch: »Volta freut sich alles dessen, was man ihm, auf seinem Wege liegend, zeigt, mit kindlicher Lebendigkeit immer noch. Was aber diesem allzusehr zur Seite liegt, davon darf ihm nicht gesprochen werden.«

2. Ritter: Die Elektrochemie

»Ein vielgestaltiger Bau ist er, der Tempel der Wissenschaft. Gar verschieden sind die darin wandelnden Menschen und die seelischen Kräfte, welche sie dem Tempel zugeführt haben.« Das hatte Albert Einstein gesagt bei der Feier zum 60. Geburtstag von Max Planck. Einstein dachte an die Physiker seiner Generation und fürwahr – es war nicht leicht auszumachen, was allen gemeinsam war und was sie von anderen Berufsgruppen unterschied. Viel mehr stachen die Verschiedenheiten ins Auge – da gab es den dynamischen und eitlen Nernst, den stillen und bescheidenen Planck, den poltrigen und aufbrausenden Stark, den übervorsichtigen und scheuen Röntgen.

Faßt man im historischen Rückblick auch die Physiker früherer Epochen mit ins Auge, so wird das Bild noch farbiger. Einer der buntesten Vögel, die es je gegeben hat in der Welt der Physik, war der Romantiker Johann Wilhelm Ritter. Er lebte sein Leben ganz nach innerem Gesetz; die tausendfachen Rücksichten auf die Konventionen der Wissenschaft und der Gesellschaft kannte er nicht. Mit Leidenschaft betrieb er seine Experimente und stürzte sich dann nach der Orgie der Arbeit in eine Orgie des Weines und der Liebe. »Mit Frauenzimmern geht er gerne um«, berichtete sein Freund Oersted, »und hat ziemlich viele Liebesabenteuer, worüber er just nicht so verschwiegen ist, wie die Damen, die ihn begünstigt haben, wünschen möchten.«

Ritter war in seiner schlesischen Heimat, in Liegnitz, bei einem Apotheker in die Lehre gegangen. Mit 19 Jahren kam er nach Jena und schrieb sich ein in die Listen der Universität. Ein »Zeugnis der Reife« brauchte man damals nicht.

Ritter hat wohl nur in den ersten Wochen ein paar Vorlesungen gehört. Dann sah man ihn nicht mehr in den Räumen der Universität, aber auch nicht in den Kneipen. Er saß in seinem Zimmer und experimentierte auf eigene Faust.

Im Frühjahr 1797 wurde Ritter vom allgemeinen Interesse am Galvanis-

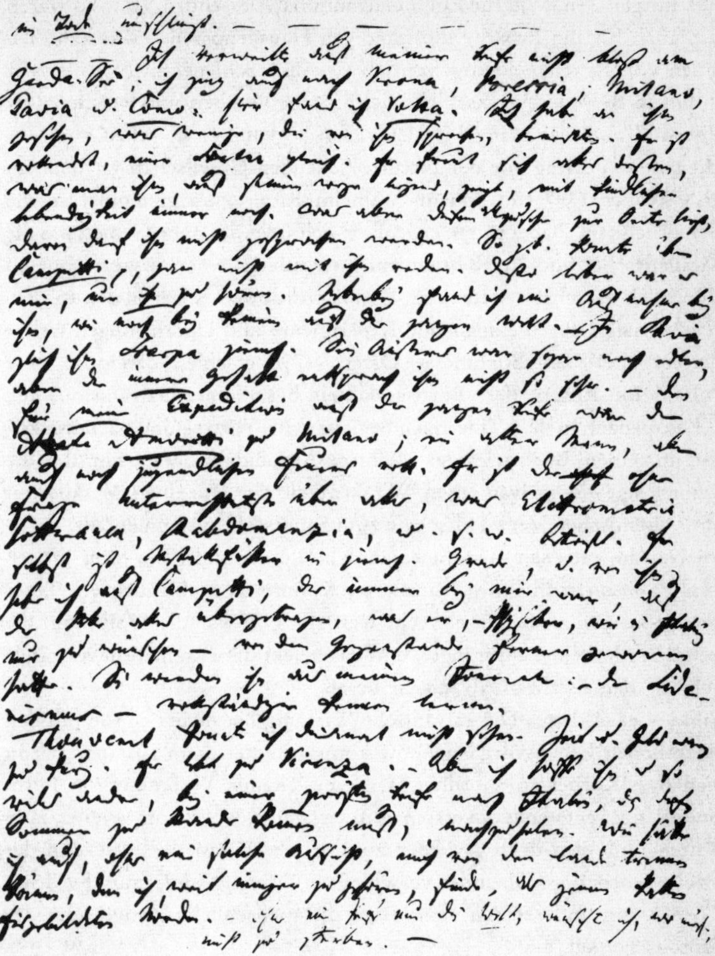

10 *Genialisch wie alles bei Ritter war auch seine Schrift. Hier ein Brief an Karl von Hardenberg, den Bruder des Novalis, vom 1. 2. 1807 mit einem Bericht über seinen Besuch bei Volta in Como.*

mus mitgerissen. Wie für Luigi Galvani und Alessandro Volta so waren nun auch für ihn Frösche die ständigen Hausgenossen. »Was kann ich Ihnen von Ritter melden?«, schrieb Caroline Schlegel an Novalis: »Er wohnt in Belvedere und schickt viel Frösche herüber, von welchen dort Überfluß und hier Mangel ist. Zuweilen begleitet er sie selbst.«
Mit einem Vortrag vor der Naturforschenden Gesellschaft zu Jena am 19. Oktober 1797 trat Johann Wilhelm Ritter zum erstenmal an die Öffentlichkeit. Dabei zeigte er, daß er sich über das neue Gebiet, das die Naturforscher und Ärzte brennend interessierte, einen ausgezeichneten Überblick verschafft hatte. Das Thema wurde von Ritter in den folgenden Monaten durch eingehende Experimente und Überlegungen weiter ausgearbeitet; zur Buchmesse Ostern 1798 erschien dann die erste Publikation Ritters, der »Beweis, daß ein beständiger Galvanismus den Lebensprozeß in dem Thierreich begleite«. Im Vortrag und nachdrücklicher in seinem Buch wies der 21jährige Autodidakt darauf hin, daß die Reihenfolge der galvanischen Wirksamkeit der einzelnen Metalle mit ihrer chemischen Verwandtschaft zum Sauerstoff zusammenfällt.
Im Galvanismus sah man die eigentliche Lebenskraft. Ein toter Frosch hüpfte, wenn man ihn galvanisierte. Konnte da nicht auch ein Toter wieder zu neuem Leben erweckt werden? Das war die Hoffnung, die sich den Menschen aufdrängte, und das macht die Faszination verständlich, die damals alles Galvanische besaß.
Volta aber erklärte: Die galvanische Wirkung hat nichts zu tun mit den eigentlichen Lebensvorgängen. Sie kommt immer dann zustande, wenn man drei Körper so anordnet, daß eine leitende Verbindung in Form eines Ringes entsteht vom ersten zum zweiten Körper, vom zweiten zum dritten und vom dritten wieder zum ersten. Wenn der erste und der zweite Körper (voneinander verschiedene) Metalle sind, muß der dritte Körper von anderer Art sein, etwa die menschliche Zunge oder der Froschschenkel.
Ist es notwendig, fragte sich Ritter, daß dieser dritte Körper tierischen Ursprungs ist? Sind vielleicht galvanische Ketten aus bloß anorganischen Körpern möglich? Nach Ritters Vorstellung ist die Kontraktion und

Expansion der Muskeln nur das sichtbare Ergebnis einer Veränderung innerer Qualitäten; diese innere »Mischungsveränderung« kann aber, so vermutete Ritter, nur ein chemischer Prozeß sein.

Es gab mehrere Anhaltspunkte, daß ein Zusammenhang mit chemischen Vorgängen besteht. Mit der Chemie aber war Ritter seit seiner Lehrzeit gut vertraut. So kannte er ein Phänomen, das Zeitgenossen heute vor allem im Winter beobachten, wenn sie ihren Wagen in die geheizte Garage stellen: daß nämlich das Streusalz (wenn der Wagen naß ist) vor allem dort Rost hervorruft, wo zwei verschiedene Metalle einander berühren.

Ritter nahm eine blankgeriebene Kupfermünze, ein kleines Zinkplättchen und einen Tropfen Wasser. Bringt man die drei Körper so in Kontakt, daß eine »Kette« entsteht, also das Kupfer das Wasser berührt, dieses das Zink und dieses wiederum das Kupfer, so färbt sich augenblicklich das Wasser milchig-weiß: Das Zink oxydiert zu Zinkhydroxyd; am Kupfer entbindet sich (unsichtbar) Wasserstoff.

Der erfolgreiche Versuch spielte eine entscheidende Rolle. An diesem Beispiel entwickelte Ritter die Überzeugung, daß alles, was in der Natur geschieht, auf Umwandlungen der Kraft von einer Form in die andere zurückgehe. »Alle Naturkräfte sind nur Eine Kraft«, sagte der beste Freund Ritters, der Dichter Friedrich von Hardenberg, der sich Novalis nannte: »Wie verhält sich die Elektrizität, der Magnetismus, die Wärmekraft, Cohaesionskraft, die Bewegungskraft, die Schwerkraft, die Elastizität, der Galvanismus, die chemische Verwandtschaftskraft?«

Novalis hatte hier fast alle »Naturkräfte« aufgezählt, die man damals kannte. Wir würden heute nicht von »Kräften«, sondern von »Formen der Energie« sprechen. Unter »Kraft« verstanden damals Novalis, Ritter, Schelling und viele andere tatsächlich nicht die von Newton definierte »Kraft«, die von außen auf einen Körper einwirkt und eine Beschleunigung bewirkt. »Kraft« ist für diese Männer vielmehr eine Wesenheit, die eine eigene Existenz besitzt.

Eine Eigenschaft hauptsächlich sollte für die »Kraft« kennzeichnend sein: die innere Verwandtschaft aller Formen, in denen sie auftritt. So erwartete Ritter weitgehende Entsprechungen zwischen Licht, Magnetismus und Elektrizität. »Sollte es magnetische, elektrische Teleskope geben können? – Spiegel für Magnetismus, Elektrizität? Linsen, Teleskope und Spiegel für alle Kräfte? – In welcher Ordnung mögen wohl die Körper die Elektrizität, den Magnetismus brechen? Denn gewiß gibt es hier ebenso Ordnungen, wie beim Licht.«

Als Hans Christian Oersted im Jahre 1801 eine Bildungsreise durch Deutschland absolvierte, besuchte er Ritter. Im folgenden Jahr kam Oersted noch einmal nach Jena und blieb für mehrere Wochen »mit Ritter tagaus, tagein« zusammen. In dieser Zeit begründeten die beiden jungen Menschen ihre Freundschaft. In den gemeinsam angestellten Versuchen mit einer Voltaschen Batterie wollte Ritter einen Zusammenhang zwischen dem Magnetismus und der Elektrizität nachweisen. Noch blieben die Bemühungen vergeblich. Oersted hat trotzdem die Überzeugung behalten, daß man Galvanismus, Elektrizität, Magnetismus, Licht und Wärme nur als »verschiedene Tätigkeitsformen« ein und derselben Naturkraft ansehen müsse. Dies sollte 1820 mit den Anlaß geben zur großen Entdeckung des Elektromagnetismus.

Eine nicht-materielle Wesenheit, die Kraft, ist das letzte und tiefste, was sich in der Natur finden läßt. Das war das Weltbild von Ritter und Oersted. Damals sprach man von dem »Dynamismus« oder dem »dynamischen System der Natur«. Neben Ritter und Oersted gab es noch eine Reihe von Philosophen und Naturforschern, die ebenfalls diesem »Dynamismus« anhingen: Novalis, Schelling und Faraday.

Üblich war damals ein solches Weltbild nicht. Die große Mehrheit der Naturforscher besaß die Überzeugung, daß die Substanz die fundamentale Wesenheit in der Welt darstellt. Man sah überall in der Natur Materien, und zwar zunächst die bekannten chemischen Substanzen, die wägbare Materie. Dazu kamen (nach dieser Auffassung) noch unwägbare Substanzen, wie das elektrische Fluidum. Dieses Weltbild nannte man den »Atomismus«.

Ein Physiker von heute weiß, daß Masse und Energie im Prinzip äquivalent sind und könnte sagen: Beide Weltbilder von damals sind gleichwertig. Ob man die letzte Wesenheit in der Natur als »Energie« oder als »Materie« bezeichnet, ist lediglich eine Frage des Geschmacks. Dieser Physiker hätte aber nicht recht: Aus ihrer Weltsicht zogen nämlich Dynamisten und Atomisten recht verschiedene Konsequenzen. Die Atomisten sagten: Es wirkt jede Substanz nur auf gleichartige Substanz. So gibt es eine Kraftwirkung zwischen den wägbaren Materien (nämlich die Newtonsche Anziehung), eine Kraftwirkung zwischen den elektrischen Materien (nämlich Anziehung oder Abstoßung), ebenso zwischen den magnetischen Fluida. Aber Substanzen verschiedenen Charakters (z. B. elektrische und magnetische) durchdringen einander ohne Wechselwirkung.

Ganz anders die Dynamisten: Wie schon gesagt, hängen für den Dynamisten Elektrizität, Magnetismus, Licht und Wärme als verschiedene Formen der Kraft miteinander zusammen und deshalb sind Wechselwirkungen nicht nur möglich, sondern geradezu das Urphänomen der Natur.

Bei seiner Ausbreitung um die Länder des Mittelmeeres war das Christentum heimgesucht worden von dem großen »Schisma«, der Trennung in die Orthodoxe Kirche und die Römische. An der Wende zum 19. Jahrhundert geschah es der Physik, daß die Gemeinschaft tief gespalten wurde in zwei einander heftig bekämpfende Gruppen.

In der Wissenschaft werden Meinungsverschiedenheiten rein sachlich ausgetragen mit Argumenten und Gegenargumenten. Das denken viele. In Wirklichkeit kommt es auch in der Wissenschaft zum Ausbruch heftiger Leidenschaften, wie überall wo Menschen am Werke sind. Je stärker das Engagement, desto größer die Gefahr der Intoleranz. Auch die Physiker waren eine Gemeinschaft von Gläubigen, in der Eiferer die schlummernden Emotionen weckten und die Besonnen daran hinerten, Brücken zu schlagen.

Der Haß, der damals aufgewühlt wurde, wird nur verständlich durch das Auftreten von Friedrich Schelling. Das große Ziel Schellings war es, eine grundsätzlich neue Physik zu begründen. Die traditionelle Wissenschaft, meinte Schelling, erforsche nur die Oberfläche der Natur, das, was an ihr

»gleichsam Außenseite« ist. Seine neue »Naturphilosophie« oder »spekulative Physik« dagegen gehe direkt auf das »innere Triebwerk«. Schelling betrachtete die Spekulation als den Königsweg zur Erkenntnis. Für die mühsame Analyse des Einzelphänomens, das sorgfältige Experimentieren und Beobachten hatte er nur Verachtung. Damit war die Naturphilosophie bewußt angelegt als Alternative zur Physik. Auf die Dauer konnten beide nicht nebeneinander existieren. Entweder Physik – oder Naturphilosophie. Das mußte ein Kampf werden auf Leben und Tod.

Der herzoglich-weimarische Staatsminister Johann Wolfgang von Goethe war kein Freund der Newtonschen Physik. Er berief Schelling 1798 nach Jena. Ritters Grundversuch, wonach die galvanische Wirkung durch chemische Reaktion hervorgerufen wird, wurde für Schelling zur Offenbarung. Das ihm gemäße Weltbild des Dynamismus griff er nun entschlossen auf, verteidigte es glühend gegen die Angriffe der feindlichen Physiker und machte sich dabei den Dynamismus ganz zu eigen.

Eine sachliche Auseinandersetzung über die beiden Systeme der Physik – Dynamismus und Atomismus – war jetzt nicht mehr möglich. Wie heute in der Politik: Wenn der Gegner ein Sozialdemokrat ist, wird er als Kommunist verdächtigt. Und umgekehrt: Dem Demokraten in der Mitte des politischen Spektrums widerfährt es, ganz nach rechts gerückt zu werden in die Nähe des Faschismus.

Das Schimpfwort damals war »Naturphilosoph«. Für den biederen Physiker und Chemiker galt jeder Dynamist als wirklicher oder verkappter Naturphilosoph. Dieser Vorwurf traf Ritter, und er traf Oersted.

Eine gerechte Würdigung war nicht mehr möglich. Haß macht blind. In ihrem Haß gegen die Naturphilosophie verwarfen die Physiker auch den Dynamismus. Dieser blieb also die Sache einiger weniger Außenseiter. So konnte Ritter trotz aller Genialität keine eigene Schule begründen. Nur Oersted wurde sein treuer Gefolgsmann.

Als Ritter von allen Physiker-Kollegen isoliert war, ließ seine Bereitschaft noch weiter nach, sich den wissenschaftlichen Normen zu unterwerfen. Die Spekulation galt damals mehr als in sonstigen Zeiten als Staatsverbrechen im Weltreich der Physik; Ritter aber wetteiferte in der Kühnheit der Gedanken mit Friedrich Schelling.

Als Rumford seine Versuche über die Erzeugung und Fortleitung der Wärme in den »Annalen der Physik« veröffentlichte, fühlte sich Ritter gleich zu neuen Kombinationen veranlaßt. Wenn es Wärme gibt, war sein Gedanke, müsse auch die entgegengesetzte Eigenschaft auftreten. Führt man also einem Wärmeleiter auf der einen Seite Wärme zu, so fragte Ritter, entsteht dann »nicht geradezu am anderen Ende daselbst Kälte, so wie ein Metall im Kreis der Voltaschen Säule am einen Ende sich mit +, am anderen mit - E lädt.«

Als erste wesentliche Eigenschaft der Kraft galt für Ritter die Verwandelbarkeit von einer Form in die andere. Die zweite Grundeigenschaft, so Ritter, sei die Polarität: »Die Natur ist ein Handeln, und nur insofern ist sie Natur. Handeln erfordert aber ein Mannigfaltiges, denn nur dadurch wird ein Handeln, und mit dem Mannigfaltigen fällt auch das Handeln weg. Jedes Handeln setzt also Differenz voraus. Diese aber ist Gegensatz, Polarität. Und da Natur ist, wo Handeln ist, so muß deshalb auch überall Polarität sein.«

Ritter sah also überall in den Kräften »Polarität«: Die Elektrizität ist polar in Plus und Minus, der Magnetismus in Nordpol und Südpol, und auch in der Voltaschen Batterie gibt es Pole, denn auf der einen Seite findet eine Oxydation statt, eine Verbindung mit Sauerstoff, auf der anderen Seite eine Reduktion, eine Trennung von Sauerstoff.

Im Jahre 1800 gab William Herschel eine neue Entdeckung bekannt: Man zerlege (wie dies schon Newton getan hatte) das Licht mit dem Prisma in seine Regenbogenfarben. Das Spektrum zeigt die bekannte Skala von Rot über Gelb bis Violett. Herschel hatte nun gefunden, daß ein Thermometer, in das Spektrum gebracht, eine um so höhere Temperatur anzeigt, je weiter man es zur roten Seite hin plaziert. Und jetzt kam das Merkwürdige: Wenn man das Thermometer über das Ende des Spektrums hinaus weiter verschiebt, dann steigt die Quecksilbersäule noch höher. Es gibt also jenseits des Rot noch unsichtbare Strahlen, das »Infrarot«.

Für Ritter trägt auch das Licht eine »Polarität« in sich wie alle anderen Kräfte. Wenn auf der einen Seite das Spektrum eine Fortsetzung hat, dann ist es plausibel, auch auf der anderen Seite nach unsichtbaren Strahlen zu suchen. Und nun fiel ihm eine Beobachtung des deutsch-schwedischen Chemikers Carl Wilhelm Scheele ein, von der er gelesen hatte: Weißes Hornsilber (Silberchlorid, AgCl) verfärbt sich auf der violetten Seite des Spektrums. Und siehe da: Eine Verfärbung gab es auch (und zwar sehr kräftig) jenseits des violetten Endes. Wie das Infrarot mußte also auch ultraviolette Strahlung vorhanden sein.

Dieses Ergebnis fügte sich wunderbar in Ritters Vorstellungswelt: Wie er schon den Zusammenhang von chemischer und galvanischer Tätigkeit im Experiment demonstriert hatte, zeigte jetzt auch das Licht eine chemische Tätigkeit.

Noch mehr: Das ultraviolette Licht wirkt reduzierend, denn weißes Hornsilber wird zu schwarzem (elementarem) Silber reduziert. Also muß, war sein Schluß, auf der anderen Seite des Spektrums infrarotes Licht wegen der allgemeinen »Polarität« eine oxydierende Wirkung haben. Und siehe da: Das im Ultravioletten verfärbte Hornsilber bleichte im Infraroten nach einer Weile tatsächlich wieder aus: Unter dem Einfluß des Luftsauerstoffs wird in der Wärme das elementare und feinverteilte Silber tatsächlich wieder oxydiert. Auch das Licht schließt in sich – nach Ritter – einen chemischen Gegensatz.

Die Entdeckung des ultravioletten Lichtes zeigt, daß auch Vorstellungen, die wir heute nicht mehr als richtig ansehen, in ihrer Zeit durchaus Berechtigung hatten. Deswegen darf man nicht von der Hand weisen, daß auch unsere heutigen Begriffe und Vorstellungen einmal durch andere abgelöst werden.

Novalis führte seinen Freund Ritter in den Kreis der Romantiker um die Gebrüder Schlegel ein, wo der phantasievolle und jugendlich-ungestüme Autodidakt als ebenbürtiger Geist aufgenommen und einbezogen wurde. »Über Ritter soll ich Ihnen schreiben?«, heißt es in einem Brief von Dorothea Schlegel an Schleiermacher: »Ich kann ihn Ihnen mit nichts vergleichen als mit einer elektrischen Feuermaschine, an der man nur die stille Künstlichkeit bewundert und eben nichts gleich wahrnimmt als das klare Wasser. Wer sie aber versteht, bringt auf den leisesten Druck eine schöne Flamme hervor. Übrigens ist er auch ... Schelmerei und Andacht und Essen und Gebet, alles durcheinander.«

Friedrich Schlegel feierte in einem Gedicht Ritter als den Bezwinger der Natur. Als »wohlumkränzter Dichter« hielt sich August Schlegel verpflichtet, gemeinsam mit seinem Bruder Friedrich »bei Ritter in die Schule zu gehen«.

Die jungen Dichter in Jena bewunderten Ritter. Clemens Brentano schrieb an seine Schwester Bettina, daß ihm Ritter als ein Mann erscheine, »der wie Moses mit seinem Stab an den harten Fels der Wissenschaft schlägt, aus dem die reine kristallhelle Quelle der Weisheit hervorsprudelt, und wer es wagt, seinen Becher daran zu füllen, der wird von der Größe dieses unsterblichen Menschen durchdrungen.« Die Romantiker konnten freilich nur die Analogien und Spekulationen würdigen, nicht aber, ob ein Versuch sauber durchgeführt war. Durch ihren Beifall ließ sich Ritter noch mehr von seiner Phantasie hinreißen, und mit Geschwindigkeit füllte sich dann Blatt um Blatt mit romantischen Hymnen. Seine geistige Rastlosigkeit entwickelte sich mit den Jahren zu einer hektischen Zerfahrenheit.

Dies galt nicht nur für die wissenschaftliche Arbeit. An seine Freunde richtete Ritter regelmäßig die Bitte um ein Darlehen; fast alle berühmten Zeitgenossen hat er um Geld gebeten: Goethe, Schelling, Novalis, Oersted, Schubert, Savigny, Brentano, Cotta ... In großzügiger Weise half vor allem der Verleger Frommann immer wieder aus den finanziellen Schwierigkeiten. Da hatte Ritter Bücher gekauft, ohne das Geld dafür zu besitzen; ein Wechsel war einzulösen, oder es kam ein Drohbrief ins Haus, eine längst fällige Schuld endlich zu bezahlen.

»Wie in der Wissenschaft, so wünschte ich auch« – war der Stoßseufzer Ritters – »im Leben endlich Ordnung zu stiften.« Am 17. Juni 1804 heiratete er ein einfaches Mädchen, das er zur Führung seines Junggesellenhaushaltes zu sich genommen und mit dem er schon länger in freier Ehe zusammengelebt hatte. Im gleichen Jahr erhielt er endlich die ersehnte feste Anstellung: Er wurde Mitglied der Bayerischen Akademie der Wissenschaften.

Die Ordnung in seiner Arbeit und in seinem Leben, die er sich so sehr wünschte, erreichte er auch in München nicht. Regelmäßig war nur, daß seine Frau »alle 1¼ bis 1½ Jahre« ins Wochenbett kam. Für nichts hatte Ritter, wie er selbst sagte, »so viel Talent, als recht viele Kinder recht lieb zu haben«. Was sich regelmäßig einstellte, waren freilich auch die Gläubiger. Ein beträchtlicher Teil des Gehaltes war gepfändet. »Ich möchte betteln, wenn ich nur könnte«, schrieb er an Karl von Hardenberg, den Bruder des Novalis: »Bei Ihnen dürfte ich; aber was Sie hatten, gaben Sie schon.«

»Er hatte schon in früherer Zeit, so wie ich ihn in Jena kannte, sich mit dem Gelde nicht zu benehmen gewußt«, schrieb in seinen Lebenserinnerungen sein Freund Gotthilf Heinrich von Schubert: »Das Silber und selbst das Gold schienen für ihn nur dieselbe Bedeutung zu haben als die Zink- und Kupferplatten, aus denen seine großen Voltaischen Säulen gebaut waren; er sah gleichgültig zu, wie die Metalle unter den Experimenten seiner wissenschaftlichen Forschungen, so wie seines ungeregelten Haushaltes sich abnutzten und zersetzten; waren sie doch alle nur zum Experimente da. Und mit derselben Ruhe, in welcher er jetzt einmal die Wirkungen des positiven Poles seiner Säule, dann wieder die des negativen an seinen Sinnesorganen und den anderen Gliedern des Leibes erforschte und ertrug, ließ er auch die Wechselzustände in dem Experimente seines Haushaltes an sich vorübergehen. Denn mit gleich leichtem Sinne sah er das eine Mal den Mangel, dann wieder den Überfluß an sich kommen; er konnte viele Tage lang, wenn es sein mußte, mit Wasser und Brod, sich begnügen und dabei ganze Nächte, schlaflos auf dem Sopha sitzend, bei seinen mühseligen Experimenten ausdauern, dann aber, wenn ihm wieder ein Honorar vom Buchhändler oder ein fürstliches Geschenk von seinem hohen Gönner, dem Herzog Ernst von Gotha, in

die Hände kam, ließ er allerdings auch wohl in maßloser Weise, wie es im Spruche heißt, ›seine Brunnen herausfließen und die Wasserbäche auf die Gassen‹, so daß er gar bald drinnen in seinem Weinbergshäuschen wieder ganz im Trockenen saß.«
Stärker als je strebte Ritter nach einem großen System der Natur, aber er verzehrte und verzettelte sich an den vielen Problemen, die er gleichzeitig in Angriff nahm: »Im Frühjahr habe ich viel über Davys Alkalimetalle gearbeitet«, berichtete er 1808: »Eine lange Abhandlung ›Versuch einer Geschichte der Schicksale der chemischen Theorie in den letzten Jahrhunderten‹ wird eben in No. 25 [von Gehlens Journal] gedruckt ... In No. 26 werden Sie eine lange Abhandlung über Licht und Farben finden ... Da finden Sie, was Goethe hat, besser; und noch vieles, was er noch nicht hat. Jetzt bin ich an einer Arbeit gegen Erman über unipolare [electrische] Leitung. Hierauf gehe ich zum Conflict der Electricität mit dem Magnetismus, und hierauf zur Redaction meiner Geschichte der Muskelcontraction und der Metamorphose der Erregbarkeit im Organischen. Letzteres wird vermutlich zum eigenen Werk. Zwischenein will ich noch vor Winter eine Reihe Lichtversuche vollenden ... Sonst habe ich auch viel mit Pflanzenerregbarkeit zu thun gehabt, die ich künftiges Jahr ganz wie die tierische ergreifen werde ... Also, wie's auch außen stehe, eines werde ich nie: von der Arbeit gehen.«
Die Arbeitslust Ritters blieb tatsächlich ungebrochen. Noch kurz vor seinem Tode vollendete er seine »Fragmente aus dem Nachlasse eines jungen Physikers. Ein Taschenbuch für Freunde der Natur«. Der »junge Physiker« war Ritter selber. Das Fragment ist die dem Romantiker gemäße literarische Form; aus seinen zahlreichen Papieren hatte Ritter, mit viel Freude an dieser Arbeit, 700 Aphorismen ausgewählt. Es wechseln Geistesblitze, des Genies vollkommen würdig, mit albernen Analogspielereien.
Der von Ritter gewählte merkwürdige Titel »Fragmente aus dem Nachlasse eines jungen Physikers« erhielt durch die Ereignisse eine ungeahnte Bedeutung: Im jugendlichen Alter von kaum 33 Jahren starb Ritter am 23. Januar 1810. Sollte er, als er seine Arbeit abschloß, seinen nahen Tod

geahnt haben? Wir wissen nur, daß für die Romantiker als höchste Kraft begabter Menschen die Ahnung gegolten hat.

Als man im »Physikalischen Kabinett« der Bayerischen Akademie das Inventar kontrollierte, gab es Fehlanzeige bei vielen Nummern – und gerade bei den wertvollen Stücken wie Golddrähten und Platintigeln. »An Ritter ausgeliehen – nach seinem Tode nicht wieder aufgefunden«, so wurde die Unterschlagung zu Protokoll genommen.

Wir wissen es nicht, aber der Verdacht liegt nahe: In seiner ständigen Geldverlegenheit hat Ritter die Wertstücke zum Pfandleiher getragen und nicht mehr auslösen können. Dafür hinterließ Ritter der Nachwelt, was den Verlust aufwog: eine Weltsicht, die Physiker der folgenden Generation zu großen Entdeckungen leiten sollte.

Am besten hat Oersted verstanden, was er Ritter verdankte. Er gedachte 1812 seines verstorbenen Freundes und nannte ihn den »Schöpfer der neuen Chemie«: Ritter habe den Zusammenhang von Chemie und Elektrizität aufgedeckt. Ein sonst so vortrefflicher Physiker wie Georg Christoph Lichtenberg habe diese Entdeckung nicht machen können, weil er die Elektrizität als eigentümliche Materie aufgefaßt habe, statt ihren Zusammenhang mit anderen Naturkräften in Betracht zu ziehen. In den Händen von Michael Faraday wurde der Dynamismus vollends zu einem Zauberstab. Der Dynamismus führte zur Entdeckung wichtiger Effekte wie zur Formulierung des Energieprinzips.

Überall hatte Ritter Zusammenhänge gesehen. Insbesondere waren ihm die irdischen Vorgänge nur als Spiegelbilder himmlischer Bewegungen erschienen. Die Erde läuft, wie wir seit Kepler wissen, auf einer Ellipse um die Sonne. Zu dieser jährlichen Bewegung kommt die tägliche Umdrehung um die Erdachse. Dabei steht diese nicht senkrecht auf der Bahnebene, sondern um einen Winkel von etwa 27 Grad geneigt. Das ist die Schiefe der Ekliptik.

Damals glaubte man, eine periodische Schwankung dieses Winkels konstatieren zu können, und dieser Rhythmus von 18²/₃ Jahren gab Ritter zu denken: Waren nicht auch bisher in der Physik die großen Entdeckungen im Abstand von 18²/₃ Jahren gekommen? Die Volta-Säule war die letzte große Erfindung gewesen. »Du wirst also«, schrieb Ritter 1803 an seinen Freund Hans Christian Oersted nach Kopenhagen, »nicht eher auf eine neue Epoche oder deren Anfang als im Jahre 1819 2/3 oder 1820 zu rechnen haben.«

3. Oersted: Der Elektromagnetismus

Am 21. Juli 1820 verfaßte Hans Christian Oersted in Kopenhagen in lateinischer Sprache eine Flugschrift von vier Seiten, gerichtet an seine Kollegen in ganz Europa. Der Titel lautete: »Experimenta circa effectum conflictus electrici in acum magneticam«, das heißt: »Experimente über den Einfluß eines elektrischen Stromes auf eine Magnetnadel«.

An manchen Stellen des Textes hatten die Physiker Schwierigkeiten, »den wahren Sinn« der Oerstedschen Stilisierung zu verstehen. In der Naturwissenschaft Latein zu verwenden, war schon damals unüblich geworden und galt als etwas antiquiert; aber dafür war das Mitgeteilte um so neuer und origineller. Oersted gab bekannt, daß ein elektrischer Strom auf eine in der Nähe befindliche Magnetnadel eine Kraftwirkung ausübt.

Die Flugschrift machte ungeheueres Aufsehen. Übersetzungen erschienen sogleich in vielen Ländern und vielen Sprachen. So in Englisch in den »Annals of Philosophy«, in Französisch im »Journal de Physique« und in den »Annales de Chimie et de Physique«, in Italienisch im »Giornale Arcadico di Scienze« und in Deutsch in Schweiggers »Journal für Chemie und Physik« und in Gilberts »Annalen der Physik«. Das Zeitalter des Elektromagnetismus hatte begonnen.

In Genf und Paris, in Heidelberg, Kiel, Göttingen, München und Leipzig, in London und St. Petersburg, in Akademien, Universitäten, an Fürstenhöfen und in Privathäusern wurden die Versuche des dänischen Physikers besprochen und wiederholt. In Paris zeigte François Arago, daß ein stromdurchflossener Draht wie ein Magnet imstande ist, Eisenfeilspäne anzuziehen; Jean Bapiste Biot und Felix Savart fanden das nach ihnen benannte Kraftgesetz zwischen elektrischem Strom und Magnet. Für Monate war auf fast jeder Sitzung der Französischen Akademie der Wissenschaften vom Elektromagnetismus die Rede.

Montag, 4. September 1820: »Herr Arago teilt einiges mit von den Versuchen, welche Herr Oersted über die gegenseitige Einwirkung des

EXPERIMENTA
CIRCA EFFECTUM
CONFLICTUS ELECTRICI IN ACUM MAGNETICAM.

Prima experimenta circa rem, quam illustrare aggredior, in scholis de Electricitate, Galvanismo et Magnetismo proxime-superiori hieme a me habitis instituta sunt. His experimentis monstrari videbatur, acum magneticam ope apparatus galvanici e situ moveri; idque circulo galvanico cluso, non aperto, ut frustra tentaverunt aliquot abhinc annis physici quidam celeberrimi. Cum autem hæc experimenta apparatu minus efficaci instituta essent, ideoque phænomena edita pro rei gravitate non satis luculenta viderentur, socium adscivi amicum Esmarch, regi a consiliis justitiæ, ut experimenta cum magno apparatu galvanico, a nobis conjunctim instructo, repeterentur et augerentur. Etiam vir egregius Wleugel, eques auratus ord. Dan. et apud nos præfectus rei gubernatoriæ, experimentis interfuit, nobis socius et testis. Præterea testes fuerunt horum experimentorum vir excellentissimus et a rege summis honoribus decoratus *Hauch*, cujus in rebus naturalibus scientia jam diu inclaruit, vir acutissimus Reinhardt, Historiæ naturalis Professor, vir in experimentis instituendis sagacissimus Jacobsen, Medicinæ Professor, et Chemicus experientissimus Zeise, Philosophiæ Doctor. Sæpius equidem solus experimenta circa materiam propositam institui, quæ autem ita mihi contigit detegere phænomena, in conventu horum virorum doctissimorum repetivi.

In experimentis recensendis omnia præteribo, quæ ad rationem rei inveniendam quidem conduxerunt, hac autem inventa rem amplius illustrare nequeunt; in eis igitur, quæ rei rationem perspicue demonstrant, acquiescamus.

Apparatus galvanicus, quo usi summus, constat viginti receptaculis cupreis rectangularibus, quorum et longitudo et altitudo duodecim æqualiter est pollicum, latitudo autem duos pollices et dimidium vix excedit. Qvodvis receptaculum duabus laminis cupreis instructum est ita inclinatis, ut baculum cupreum, qui laminam zinceam in aqua receptaculi proximi sustentat, portare possint. Aqua receptaculorum $\frac{1}{60}$ sui ponderis acidi sulphurici et pariter $\frac{1}{60}$ acidi nitrici continet. Pars cujusque laminæ Zinceæ in aqua submersa Qvadratum est, cujus latus circiter longitudinem 10 pollicum habet. Etiam apparatus minores adhiberi possunt, si modo filum metallicum candefacere valcant.

11 *Die berühmte lateinische Flugschrift vom Juli 1820, in der Oersted seine Entdeckung des Elektromagnetismus der wissenschaftlichen Welt anzeigte.*

Galvanismus und des Magnetismus aufeinander gemacht hat . . . und erhält von der Akademie den Auftrag, ihr diese Versuche in der nächsten Sitzung zu zeigen.«
Montag, 11. September: »Herr Arago wiederholt in Gegenwart der Akademie die Versuche Herrn Oersteds.«
Montag, 18. September: »Herr Ampère liest eine Abhandlung über die neuen galvanisch-magnetischen Erscheinungen.«
Am 25. September 1820 teilt Ampère in der Akademie mit, daß der elektrische Strom eine Kraftwirkung nicht nur auf eine Magnetnadel ausübt, sondern auch auf einen zweiten elektrischen Strom. Stromdurchflossene Drähte ziehen einander an, wenn die Ströme in der gleichen Richtung fließen und stoßen einander ab, wenn sie entgegengesetzte Richtung haben.
Im nächsten Schritt untersuchte Ampère sogenannte »Leiterschleifen«, das sind angenähert zu einem Rechteck oder Ring gebogene Drähte. Um die Wirkung zu verstärken, wickelte er den Draht in mehreren (untereinander isolierten) Windungen schraubenförmig zu einer »Spule«. Und siehe da: Diese stromdurchflossenen Leiterschleifen und Spulen verhalten sich genau so wie Magnete. Eine Sensation gab es, als Ampère demonstrierte, wie sich solche stromdurchflossenen Spulen nach den Erdpolen ausrichteten wie eine echte Kompaßnadel.
Am 1. Oktober 1820 erhielt auch Michael Faraday in London die Nachricht der Entdeckung Oersteds. Faraday wiederholte die Experimente und baute eine besondere Versuchsanordnung. Ein mit dem Südpol festgehaltener Stabmagnet rotiert dabei mit dem Nordpol um einen elektrischen Strom.
Die Mitteilung Oersteds vom 21. Juli 1820 hatte also überall die größte Aufmerksamkeit gefunden und führte zu einer Kette von weiteren Erfindungen und Entdeckungen. »Kaum war die Nachricht ins Publikum gekommen«, berichtete ein Zeitgenosse »als nicht bloß alle Physiker, sondern auch eine Menge Naturforscher, Ärzte, Dilettanten und sogar solche, welchen wissenschaftliche Forschungen übrigens fremd zu sein pflegen, sich mit einer unerhörten Leidenschaftlichkeit der neuen

Entdeckung bemächtigten. Man kann den damaligen allgemein erregten Enthusiasmus füglich demjenigen vergleichen, welcher sich äußerte, als die ersten aërostatischen Maschinen [d.h. die ›Montgolfieren‹ genannten Luftschiffe] ein bis dahin für unmöglich gehaltenes Problem lösten.«
Schon bei den Zeitgenossen galt die Entdeckung als Meilenstein, und die rasche Entwicklung des Elektromagnetismus als einer neuen Wissensdisziplin bestätigte diese Auffassung. »Oersted hat«, so urteilte Ampère, »auf immer seinen Namen mit einer neuen Epoche verbunden.«
Mit einer Fülle von Ehrungen aller Art wurde Oersted förmlich überschüttet. So erhielt er die Copley–Medaille der Royal Society und einen mit 3000 Goldfranken dotierten Preis des Institut de France; fast alle wissenschaftlichen Gesellschaften und Akademien Europas verliehen ihm die Ehrenmitgliedschaft.
Über die Bedeutung der Entdeckung gab es also nie einen Zweifel. Um so hitziger wurde vom ersten Tag an die Vorgeschichte diskutiert. Von Oersted hatten damals viele Kollegen eine ganz schlechte Meinung: Er war doch in früherer Zeit ein Freund von Johann Wilhelm Ritter gewesen, und nie hatte er sich losgesagt von dessen »fürchterlichen Spekulationen«.
In den »Annalen der Physik« sagte es Ludwig Wilhelm Gilbert ganz unverblümt: Er habe die Mitteilung aus Kopenhagen einfach nicht geglaubt. Erst als Zeugen benannt waren, sei er wankend geworden, und als er dann aus Genf erfuhr, daß auch dort die Versuche gelungen seien, habe er in seinem physikalischen Kabinett in Leipzig selbst die Angaben überprüft.
Wir sprechen heute vom »elektrischen Strom« und verknüpfen damit die Vorstellung, daß die Elektrizität wie eine Flüssigkeit durch den Draht fließt. Oersted aber dachte an einen »elektrischen Konflikt«, einen Kampf zwischen den beiden polaren elektrischen Kräften, die einander durchdringen wie zwei feindliche Reiterheere. Dabei verwandelt sich die »elektrische Kraft« hauptsächlich in Wärme, ein Teil aber auch in andere Formen der Kraft.
Mit einer Würdigung solcher Gedanken hielt sich Gilbert erst gar nicht

auf. Über den Weg zur Auffindung des Effektes konstatierte er kurz und bündig: »Was alles Forschen und Bemühen nicht hatte geben wollen, das brachte ein *Zufall* Herrn Professor Oersted in Kopenhagen.«
75 Jahre später schien dem Chemiker Wilhelm Ostwald bei einer historischen Analyse die Entdeckung durch Oersted geradezu widersinnig: »Denn dieser später durch seine Entdeckung der Ablenkung der Magnetnadel durch den Strom berühmt gewordene Physiker«, schrieb Ostwald, »war womöglich noch ein schlimmerer Naturphilosoph als Ritter, und die kapitale Entdeckung, die ihm später geglückt ist, zeigt, wie die Natur ihre Geheimnisse sich gelegentlich auf den absurdesten Wegen ablauschen läßt.«
Absurdeste Wege? Wilhelm Ostwald hatte, wie viele Naturforscher seiner Zeit, nur Verachtung übrig für die romantische Naturphilosophie und damit auch für das Weltbild des Dynamismus. Naturphilosophie und Dynamismus taugten, seiner Meinung nach, nur zur Verwirrung der Geister. Ein willkürliches Spiel des Zufalls ist es dann, wenn der Wirrkopf Oersted trotzdem auf etwas Richtiges und sogar etwas Bedeutendes stößt.
Der amerikanische Humorist Mark Twain hat die Lebensgeschichte eines vollkommen dummen Menschen erdacht. Dieser bringt es schließlich zum General. Beim Angriff verwechselt er rechts und links und stößt beim Vorgehen in uneinsehbarem Gelände auf eine feindliche Truppenansammlung. Der Gegner ist völlig überrascht, glaubt sich verraten und verläßt fluchtartig das Schlachtfeld. Ein großer Sieg kann verkündet werden. – In ähnlicher Weise mochten sich Gilbert und Ostwald den Erfolg Oersteds erklären.
Die Entdeckung des Elektromagnetismus durch Oersted ein Zufall? Das ist die These von Gilbert und Ostwald. Hätte also auch einem anderen Forscher dieser große Erfolg glücken können?
In der Tat: In der Natur vorgegeben liegen die physikalisch-chemischen Phänomene oder Effekte, die wohl entdeckt, nicht aber gestaltet werden können. Der Mensch ist einer »Wirklichkeitsordnung« unterworfen, die konstatiert, aber letztlich nicht manipuliert werden kann. Mit dieser

»Wirklichkeitsordnung« macht sich der Mensch durch eigene Erfahrung vertraut und dadurch, daß ihm die Erfahrungen anderer mitgeteilt werden. Diese sind unabhängig von dem Umstand, ob sie in Kopenhagen im Jahre 1820 oder in Berlin im Jahre 1980 gemacht werden. Sicher hätte also auch ein anderer Physiker den Effekt finden können. Denn wenn mit elektrischem Strom und mit dem Magneten experimentiert wird, müssen irgendwann einmal die Kraftwirkungen auffallen.

So war es doch bei der Entdeckung der Röntgenstrahlen Ende 1895. Nach allem, was wir wissen, handelt es sich hier tatsächlich um eine Zufallsentdeckung eines sehr genau beobachtenden Physikers. Nie hat Röntgen daran gedacht, daß so etwas wie Röntgenstrahlung existieren könnte.

In der Entwicklung der experimentellen Fähigkeiten des Menschen wird also einmal ein Punkt erreicht und überschritten, von dem an eine Entdeckung sozusagen »kommen muß«. Man pflegt dann zu sagen: Die Zeit ist dafür reif. Dieser »Sachzwang« kann so stark werden, daß es tatsächlich Zufall ist, ob diesem oder jenem Forscher die konkrete Entdeckung gelingt. Der eine beschäftigt sich vielleicht mehr mit den Problemen, während dem anderen mehr das Glück zu Hilfe kommt.

Immer wenn sich Physiker klarmachen, daß bereits im Jahre 1800 in der Voltaschen Batterie eine geeignete Stromquelle zur Verfügung stand und daß Magnetnadeln ebenfalls zum fast selbstverständlichen Inventar eines physikalischen Kabinetts gehören, wundern sie sich, daß noch ganze zwanzig Jahre bis zur tatsächlichen Entdeckung verflossen sind.

Es hätte also durchaus auch ein anderer als Oersted den Effekt finden können. Aber es hat eben kein anderer den Effekt gefunden. Und damit kommen wir zu Gesichtspunkten, die Gilbert und Ostwald nicht gewürdigt haben.

Sicher wurden in vielen Kabinetten Versuche gemacht mit Voltaschen Batterien und sicher haben sich dabei auch Kompaßnadeln bewegt: Aber kein Physiker hat dem so unscheinbaren und kurzzeitigen Zucken irgendeine Bedeutung beigemessen. Es ist jedoch eine alte Erfahrung: Man entdeckt nur in der Richtung, in der man sucht. Die meisten

Physiker haben damals nicht im Traum an einen Zusammenhang zwischen Strom und Magnetnadel gedacht.

Wohl aber war Oersted von einem Zusammenhang überzeugt. Und damit kommen wir wieder auf das Weltbild des »Dynamismus«. Es handelte sich gewiß nicht um eine strenge Theorie, aus der man die Kraftwirkung auf den Magneten hätte deduzieren können. Aber es war ein Weltbild, in dem der Zusammenhang zwischen Elektrizität und Magnetismus als fundamental angesehen wird. Ein Forscher, dessen Denken vom Dynamismus geprägt war, mußte bei den Versuchen mit der Voltaschen Batterie durch das Zucken der Magnetnadel im wahrsten Sinne »elektrisiert« werden.

Diesen Sachverhalt würdigten damals nur die Gelehrten, die selbst Dynamisten waren. Daher kommt es, daß die eigentlichen Kollegen Oersted nicht gerecht werden konnten. Verständnis für diese Zusammenhänge aber besaß der vielgeschmähte Friedrich Schelling. Er konnte die historische Entwicklung der Physik besser beurteilen als die Physiker vom Fach.

IV. Die Herrin der Welt

1. Schelling: Der Dynamismus

Offenbar zu allen Zeiten begrüßen Studenten mit Begeisterung, was sie als Vorboten einer neuen Zeit ansehen: Mit kühnem Geist muß die Natur betrachtet werden in ihrem Allzusammenhang, nicht in der Art von Pedanten, die ein Leben lang mit nebensächlichen Erscheinungen verbringen, nicht in der Art von Geizhälsen, die hundertfach kleine Münze zählen.

Das war, was Schelling lehrte, und die jungen Menschen liefen ihm in Scharen zu. Als alter Zopf fiel die verstandesmäßige Nüchternheit des 18. Jahrhunderts, und man schöpfte in den Tiefen der menschlichen Seele. Das gab starke Impulse, wertvoll für die deutsche Literatur, aber bedenklich für die Wissenschaft. Es erschien den Studenten nun gewiß, daß man die Natur nicht verstandesmäßig und nicht in Experimenten zergliedern dürfe, sondern in ihrer Gesamtheit mit Gemüt und Geist zugleich erfassen müsse.

Schelling war ein glänzender akademischer Lehrer. Er wirkte seit 1798 zunächst in Jena, dann seit 1803 in Würzburg. Nach einer vieljährigen Pause, die er als Akademiemitglied in München verbrachte, begann er mit Vorlesungen erst wieder 1821 in Erlangen. Über diese berichtete Justus von Liebig: »Ich selbst brachte einen Teil meiner Studienzeit auf einer Universität zu, wo der größte Philosoph und Metaphysiker des Jahrhunderts die studierende Jugend zur Bewunderung und Nachahmung hinriß. Wer konnte sich damals vor Ansteckung sichern? Auch ich habe diese an Worten und Ideen so reiche, an wahrem Wissen und gediegenen Studien so arme Periode durchlebt, sie hat mich um zwei kostbare Jahre meines Lebens gebracht; ich kann den Schreck und das Entsetzen nicht schildern, als ich aus diesem Taumel zum Bewußtsein erwachte. Wie viele der Begabtesten und Talentvollsten sah ich in diesem Schwindel untergehen, wie viele Klagen über ein völlig verfehltes Leben habe ich nicht später vernehmen müssen!«

Wie Liebig fanden auch viele andere Naturforscher harte Worte für die, wie sie sagten, unter den Studenten ausbrechende »Seuche« der Naturphilosophie. In seinen Reiseerinnerungen aus Deutschland berichtete der große schwedische Chemiker Jöns Jakob Berzelius: »Was während unseres Aufenthaltes in Tübingen unsere größte Aufmerksamkeit erregte, waren die Studenten, ihr Aussehen und ihre Bekleidung . . . Das Haar lang, in wirrem, struppigem Durcheinander um die Schultern hängend, buschig und wollig um die Ohren herum, die davon verdeckt werden . . . Der Grund für dieses gesucht barbarische und verlotterte Aussehen liegt in dem philosophischen Geist, der bei uns unter dem Namen Phosphorismus bekannt ist und der in Deutschland Naturphilosophie heißt. Seine Grundlage ist Unkenntnis von allem Realen, Liebe zu Poesie und schönen Künsten und eine vertrauensvolle, unüberlegte Hingabe an die Anschauung derjenigen Personen, die durch Unverständlichkeit den Ruf von Tiefe erlangt haben, besonders wenn ihre Narrheit so weit geht, daß die Verwaltung sich im Namen der gesunden Vernunft genötigt sieht, den Toren an einen Platz zu versetzen, wo er keinen Schaden mehr anrichten kann.« Man meint fast, die Reise sei erst gestern gewesen und nicht wie in Wahrheit schon 1819.

Friedrich Schelling war als der Philosoph der deutschen Romantik von mächtiger Wirkung auf seine Zeit und die Nachwelt. Wie der ein halbes Jahrhundert ältere Immanuel Kant hat sich Schelling eingehend mit den Grundfragen der Naturwissenschaften auseinandergesetzt. Während aber die Naturforscher vom Fach die Ergebnisse Kants als Bereicherung ihrer Wissenschaft bereitwillig aufnahmen, zeigten eine Generation später Physiker und Chemiker mit wenigen Ausnahmen nur Verachtung für alles, was von Schelling kam. So nannte Justus von Liebig die Schellingsche Naturphilosophie ein »mit Stroh ausgestopftes und mit Schminke angestrichenes totes Gerippe« und die »Pestilenz, den schwarzen Tod des Jahrhunderts«.

Seit Schelling haben die Naturwissenschaften der Philosophie jedes Mitsprache-Recht bestritten, und seit Schelling gibt es den tiefen Graben zwischen den Natur- und Geisteswissenschaften, die Spaltung in die »beiden Kulturen«. Während Germanisten, Philosophen, Historiker, Theologen, kurz diejenigen, die sich der humanistischen Tradition verpflichtet fühlen, Schelling als einen Geistesriesen verehren, betrachten bis heute die Naturwissenschaftler die Philosophie Schellings mit Verachtung. »Zwanzig verlorene Schlachten bringen uns nicht so viel Schande als dies Täuschungs- und Lügenwesen in der Wissenschaft«, sagte damals der Physiker Paul Erman, und der Chemiker Liebig polemisierte: »Kann man solche Schwindler Naturforscher oder Philosophen nennen, die den ersten Grundsatz der Naturforschung und Philosophie, nur das Beweisbare und Bewiesene für wahr gelten zu lassen, auf die gewissenloseste Weise verletzen?«

Schelling dagegen war der Auffassung, daß die traditionelle, auf Newton zurückgehende Physik sich nur mit Nebensächlichkeiten aufhalte, während seine Naturphilosophie das eigentliche Wesen der Dinge erfasse. Konnte Schelling seinen eigenen Ansprüchen gerecht werden?

Wir wollen an einem Beispiel die Leistungsfähigkeit der »spekulativen Physik« testen. Wie erklärte Schelling das Phänomen des Galvanismus? Er versuchte 1799 aus seinem System den Beweis für die Erfahrungstatsache herzuleiten, daß mindestens drei Körper vorhanden sein müssen, wenn eine galvanische Aktion zustandekommen soll. Wer vertraut ist mit physikalischen Texten, dem wird schon im Stil der große Unterschied auffallen. Schellings Erklärung lautet:

»Duplicität wird der organische Thätigkeitsquell seyn. Aber im Organismus ist die Duplicität aufgehoben; er steht mit sich selbst im Gleichgewicht; es ist in ihm Ruhe, aber es soll in ihm Thätigkeit seyn; diese kann nur durch beständige Wiederherstellung der Duplicität hervorgebracht werden. Aber diese beständige Wiederherstellung kann selbst nur durch ein Drittes geschehen, und darum wird jene Ursache im Organismus unter der Bedingung der Triplicität als thätig erscheinen. Dadurch also wäre die notwendige Triplicität im Galvanismus abgeleitet.«

Ersichtlich handelt es sich hier nur um eine Scheinerklärung. Schelling spricht immer nur von drei Körpern schlechthin, geht aber nicht auf die physikalische Natur dieser drei Körper ein. Wäre Schellings Argumentation richtig, müßten drei beliebige Körper, wenn sie nur voneinander verschieden sind, eine galvanische Wirkung zeigen, was physikalisch ganz unsinnig ist. Aber auch die von Schelling stillschweigend gemachte Voraussetzung, daß das galvanische Phänomen eine an den Organismus gebundene Erscheinung, ein Lebensprozeß ist, war irrig, was Ritter im Frühjahr 1799 gezeigt hatte.

Diese Kostprobe macht verständlich, daß die zeitgenössischen Physiker und Chemiker die Naturphilosophie als völlig wertlos angesehen haben. Wenn Schelling von den Naturphänomenen selbst spricht und sie in sein System einordnet, dann löst sich alles in einem Nebel von Worten auf. Seine »Erklärungen« sind Gedankendichtungen im Scheingewande strenger Wissenschaft.

Ein anderes Urteil aber verdient die Fähigkeit Schellings, in der Natur die großen Zusammenhänge zu erkennen. Die Physiker hatten sich allzu bedingungslos den einzelnen Phänomenen zugewandt, und sie sahen den Wald nicht mehr vor lauter Bäumen. Für jeden Teilaspekt gab es den Spezialisten, aber es fehlte der Geist, der alles zusammenfaßte. »Die Anforderung, aus Einem Grundsatz heraus den reichen, lebendigen Gehalt der Wirklichkeit zu entwickeln, ist eine in sich so absurde, daß niemand ihr konsequent treu bleiben kann.« So äußerte sich 1844 der Biologe Matthias Jakob Schleiden in seiner Kampfschrift gegen Schelling und Hegel.

Dieser »Eine Grundsatz«, den Schelling besaß, war aber so absurd nicht, wie Physiker, Chemiker und Biologen meinten. Für Schelling war, wie für die Romantiker, von zentraler Bedeutung die Kraft, diese immaterielle Wesenheit. Die Kraft lebt und webt in allen Reichen der Natur, und sie ist das Band, das alle Teile zusammenhält. »Seine Gedanken binden wieder, was des Blödsinns Schwert geteilt«, sagten über ihren Meister die Naturphilosophen.

Für Schelling war das Weltbild des Dynamismus wie zugeschnitten.

Schelling und die ihm geistesverwandten Romantiker haben den Dynamismus nicht geschaffen, dessen Wurzeln gehen vielmehr weiter bis auf Leibniz zurück. Aber die romantische Naturphilosophie hat den Dynamismus aufgegriffen, gleichsam nostrifiziert, und gegen die feindlichen Naturwissenschaftler glühend verteidigt.
Ritter war es, der von allen Zeitgenossen am klarsten die Stärke Schellings, nämlich die großen Ideen, und die Schwäche, nämlich die konkrete Ausgestaltung, erkannt hatte. An Goethe schrieb er einmal: »Ich verkenne Schellings große Tendenz nicht; ich bin ihm früh gefolgt und ehre ihn – was kann ich aber dafür, wenn die Natur mit dem Materiellen seines Verfahrens Ursach hat, unzufrieden zu sein!«
Als Hans Christian Oersted im Jahre 1820 seine Entdeckung des Elektromagnetismus bekanntmachte, da erblickte Schelling darin eine Bestätigung seiner Grundüberzeugungen, die er schon 1799 in seinem »Entwurf eines Systems der Naturphilosophie« ausgesprochen hatte. Als er seine Lehrtätigkeit an der Universität München aufnahm, sagte er in seiner ersten Vorlesung im Winter 1827: »Was man vor 28 Jahren kaum zu ahnen wagte, Ansichten, die damals ausschweifende Gedanken einer ihre Grenzen verkennenden Spekulation genannt wurden, liegen jetzt im Experiment vor Augen.«
Zur gleichen Zeit mühte sich Michael Faraday in London, auch er ein »Dynamist«, in immer neuen Versuchsanordnungen die »magnetische Kraft« in Elektrizität zu verwandeln. 1831 war er erfolgreich; er fand die »elektromagnetische Induktion«: Bewegt man einen Magneten schnell in der Nähe einer Spule, dann entsteht in der Spule eine »Elektromotorische Kraft«, das heißt eine elektrische Spannung.
In der Bayerischen Akademie der Wissenschaften ergriff – in der öffentlichen Sitzung im März 1832 – der Präsident Friedrich Schelling selbst das Wort, um in einer Festrede die große Entdeckung zu feiern: »Wirklich hatten, sogar schon vor Erfindung der Voltaschen Säule, einige Deutsche es auszusprechen gewagt, daß Magnetismus, Elektrizität und Chemismus nur die drei Formen eines und desselben Processes seien, der eben darum nicht mehr insbesondere magnetischer, elektrischer oder

chemischer heißen konnte, sondern mit dem allgemeinen Namen des dynamischen belegt wurde.«
Nach der Enthüllung des Zusammenhanges zwischen Elektrizität und Chemismus durch Ritter und der Demonstration einer magnetischen Wirkung des elektrischen Stromes durch Oersted war für Schelling die neue Faradaysche Entdeckung die krönende Bestätigung seiner Weltsicht, der experimentelle Beweis für das, was er über den inneren Zusammenhang der Naturkräfte schon in jungen Jahren gelehrt hatte, wofür er aber bei den Naturforschern – mit wenigen Ausnahmen – nur Unverständnis geerntet hatte.
Bei der Publikation der Rede verfaßte Schelling noch einige Anmerkungen, und da heißt es: »Es sei mir erlaubt hinzuzufügen, daß ich nachgerade zu den ältesten jetzt Lebenden gehöre, die an den Fortschritten der Galvanischen Entdeckung eifrig, früher auch durch eigenes Forschen theilgenommen haben. Es mochte mir insofern wohl vergönnt seyn, meine Freude über die neueste, nach meiner Überzeugung alles entscheidende Entdeckung . . . in der Mitte der Akademie auszusprechen, die von jeher zum Wahlspruch gehabt hat, nicht die Dinge bloß, sondern die Ursachen der Dinge zu erkennen. Die Absicht des Vortrages war, die angeführten Entdeckungen nicht bloß historisch aufzuzählen . . ., sondern im Gegentheil . . . auseinanderzusetzen, . . . wie die Entdeckungen mit einer gewissen Nothwendigkeit eine aus der anderen sich entwickelten und von denkenden Naturforschern mehr oder weniger vorausgesehen wurden.«
Schelling selbst hätte gewiß keine einzige physikalische Entdeckung machen können. Aber für einen guten Physiker wie Oersted oder gar für einen genialen wie Faraday war der Dynamismus tatsächlich ein ungeheuer fruchtbares heuristisches Prinzip. Ein »heuristisches Prinzip« ist nicht eine fertige Theorie, wohl aber eine Vorstellung, die zu wichtigen Entdeckungen hinleitet.
Am 21. Juni 1834 hielt Faraday einen Vortrag in der Londoner Royal Institution mit dem Titel »Relations of Chemical Affinity, Electricity, Heat, Magnetism and other powers of Matter«. Dazu schrieb er in sein

Notizbuch: »Betrachte nun etwas allgemeiner das Verhältnis von all diesen Kräften! Wir können nicht sagen, daß eine die Ursache der anderen ist, sondern nur, daß alle zusammenhängen und von einer gemeinsamen Ursache herrühren. Was den Zusammenhang betrifft, beobachte die Erzeugung von einer Kraft aus der anderen, oder die Umwandlung von einer in die andere.«

Mit diesen Worten hat Faraday tatsächlich seine physikalische Grundüberzeugung umrissen. Überall in der Natur sah Faraday Kräfte am Werk, die sich in dieser oder jener Form manifestieren. Überall auch sah er Umwandlungen von einer Kraft in die andere. In chemischen Versuchen, bei denen sich Wärme entwickelte, sah er eine Verwandlung von »chemical power into heat«, in der Voltaschen Batterie von »chemical power into electricity«, im elektrischen Widerstand von »electrical power into heat«, im thermoelektrischen Effekt von »heat into electrical power«, im elektrischen Funken von »electrical power into light«. Leitmotiv seiner Lebensarbeit war es, den Zusammenhang aller Naturkräfte zu finden.

Begonnen haben seine Überlegungen mit der aufsehenerregenden Entdeckung Oersteds von 1820. Wenn ein elektrischer Strom auf eine in der Nähe stehende Kompaßnadel eine Kraft ausübt, so sah es Faraday, dann verwandelt sich »Kraft« aus der elektrischen Form in magnetische Form. Warum soll es dann nicht auch möglich sein, aus Magnetismus irgendwie Elektrizität zu machen?

Im gleichen Jahr 1822 setzten auch schon seine Bemühungen ein, einen Einfluß der Elektrizität auf das Licht zu entdecken. Solche Versuche hat Faraday immer wieder vorgenommen, vierzig Jahre lang. Später suchte Faraday auch eine Beeinflussung der Spektrallinien durch das Magnetfeld aufzufinden. Seine Versuche scheiterten lediglich am zu geringen Auflösungsvermögen des benutzten Spektrometers. Die Entdeckung glückte erst 1896 Pieter Zeeman.

Seit etwa 1849 bemühte sich Faraday ebenso, eine »Metamorphose« der Gravitation hervorzubringen; er dachte dabei vor allem an eine Verwandlung in Elektrizität, aber auch in Wärme. Diese Bemühungen

Faradays blieben ebenso erfolglos wie fast 100 Jahre später die theoretischen Ansätze Albert Einsteins, Gravitation und Elektrodynamik in einem System zusammenzufassen. Resignierend schrieb Faraday: »Hier enden für jetzt meine Versuche, ihre Resultate sind negativ. Sie erschüttern aber das starke Gefühl in mir nicht, daß eine Beziehung zwischen Schwerkraft und Elektrizität vorhanden ist, obgleich die Experimente bis jetzt nicht bewiesen haben, daß es so ist.«

Bisher haben wir das Wort »Kraft« ganz im Faradayschen Sinne gebraucht. Wenn Faraday sagte: »The force is nowhere destroyed – die Kraft wird nirgendwo zerstört«, dann meinte er mit Kraft nicht unseren – seit Newton definierten – physikalischen Kraftbegriff, sondern eher das, was wir heute mit »Energie« bezeichnen. Tatsächlich hatte Faraday mindestens schon seit den dreißiger Jahren Vorstellungen, die dem Energiebegriff und der Energieerhaltung sehr nahekommen.

Als Ziel formulierte Faraday 1837 in seinem Labortagebuch: »Vergleiche die korpuskularen Kräfte in ihrem Betrage, d. h. die Kräfte der Elektrizität, der Gravitation, der chemischen Verwandtschaft, der Kohäsion usw. und gib, womöglich, Ausdrücke für ihre Äquivalente in der einen oder anderen Weise.« Faraday sprach also 1837, wohl hier zum erstenmal, von »Kraftäquivalenten«. Ebenso sprach er gleicherweise unbestimmt von einem Gesetz, nach dem die Naturkräfte miteinander zusammenhängen: »Ich habe mich in letzter Zeit so viel mit Elektrizität beschäftigt«, schrieb er, »daß ich ordentlich Hunger nach ein wenig Chemie habe. Aber dann drängt sich mir wieder die Überzeugung auf, daß alle diese Dinge unter einem Gesetze zusammenhängen und daß, je schneller wir ein jedes auf seinem Wege verfolgen, wir um so eher bei dem Punkte der Erkenntnis natürlicher Ursachen anlangen und zusammentreffen werden, von dem aus wir alle die verschiedenen Wirkungen verstehen und uns ihrer erfreuen können.«

Volta hatte angenommen, daß in seiner Säule durch den bloßen Kontakt zweier Metalle eine beständige Bewegung des elektrischen Fluidums hervorgerufen werde. Von Johann Wilhelm Ritter war schon 1799, also vor Erfindung der Säule, die richtige Erklärung gegeben worden: Es finden chemische Vorgänge statt, und als Begleiterscheinung treten elektrische Ströme auf. Chemische »Kraft« verwandelt sich in elektrische »Kraft«.

Diese (wie wir heute wissen) im Prinzip zutreffende chemische Theorie hatte sich nicht durchsetzen können. Zu sehr entsprach sie der dynamistischen Denkweise. Statt dessen hielten Physiker und Chemiker an der Erklärung fest, die Volta gegeben hatte und die man die Kontaktheorie nannte.

Die Vorstellung, daß ohne irgendeine Veränderung in der Voltaschen Säule das elektrische Fluidum ständig in Bewegung gehalten werde, schien Faraday absurd. 1839 nahm er ausführlich Stellung. Wir können, wenn wir seine Zeilen heute wieder lesen, nur bewundern, wie eminent physikalisch Faraday gedacht hatte. Das Prinzip von der Erhaltung der Energie gab es damals noch nicht – aber Faraday dachte bereits in den Kategorien dieses Gesetzes.

»Die Kontakttheorie nimmt an, daß eine Kraft, die mächtige Widerstände zu überwinden im Stande ist ... aus Nichts entspringen kann, daß ohne irgendeine Veränderung in der wirkenden Materie oder den Verbrauch einer erzeugenden Kraft, ein Strom hervorgerufen werden kann, welcher unausgesetzt ... fortgeht ... Dies würde in der Tat eine Schöpfung von Kraft sein und ist keiner anderen Kraft in der Natur gleich. Wir kennen viele Prozesse, durch welche die Form der Kraft so verändert werden kann, daß eine offenbare Umwandlung der einen in die andere stattfindet. So können wir chemische Kraft in den elektrischen Strom und den Strom in chemische Kraft verwandeln. Die schönen Versuche von Seebeck und Peltier zeigen Verwandelbarkeit von Wärme in Elektrizität und andere von Oersted und mir zeigen Verwandelbarkeit von Elektrizität in Magnetismus. Allein niemals findet eine Schöpfung von Kraft statt, eine Erzeugung von Kraft ohne eine entsprechende Erschöpfung von etwas, ihr Nahrung gebendes.«

In den folgenden Jahren breiteten sich derartige Ansichten in England aus. Der Brauereibesitzer James Prescott Joule begann Versuche, die die Verwandlung von mechanischer Kraft in Wärme direkt zeigen sollten: In einem mit Wasser gefüllten Zylinder liefen Schaufelräder mit starker Reibung. Der Antrieb erfolgt mit einem schweren Gewicht, das langsam zu Boden sinkt. Gewicht und Fallhöhe zusammen sind ein Maß für die Erwärmung des Wassers.

Am 11. März 1843 schrieb Faraday an die Zeitschrift »Philosophical Magazine« und bat, seine Argumentation von 1839 nochmals abzudrukken. Dabei sprach er ausdrücklich von einem »Fundamentalprinzip« und »Naturgesetz«: »Ich wünschte, Sie hielten es der Mühe wert, jene drei Seiten in Ihrem Magazine wiederabzudrucken. Nach meiner Auffassung drücken sie ein Fundamentalprinzip aus, das kein philosophischer Kopf, dessen Denken selbst nur einen mäßigen Grad von Strenge besitzt, bei Seite schieben oder umgehen kann ... das Prinzip (halte) ich für ein Naturgesetz ...«

Dieses »Naturgesetz« galt später als die wichtigste physikalische oder überhaupt naturwissenschaftliche Entdeckung des 19. Jahrhunderts. Schon Faraday hat das Energieprinzip formuliert, freilich nur mit Worten, und ohne Werte für die »Kraftäquivalente« anzugeben. So wurde der Entdecker James Prescott Joule und noch vor diesem der Heilbronner Arzt Julius Robert Mayer. Mayer gelang es, bis zum zahlenmäßigen Wert des »mechanischen Wärmeäquivalentes« vorzudringen. Mayer hat angegeben, wieviel mechanische Energie (also Bewegungsenergie oder potentielle Energie), gemessen im richtigen Maß (nämlich Meterkilogramm respektive Fußpfund), nötig ist, um die Einheit der Wärmeenergie (die Kilokalorie) hervorzubringen. Das hätte Faraday nicht leisten können. Ihm gelang nicht, den von ihm selbst verwendeten Begriff der »Kraft« (für den wir heute Energie sagen) zu unterscheiden von dem seit Newton üblichen Begriff der »Kraft«, wie er, meistens in der Form Kraft gleich Masse mal Beschleunigung, in der Physik eingebürgert war.

Auch der junge Julius Robert Mayer mußte sich mit den beiden verschiedenen Begriffen der Kraft herumschlagen. Er aber gelangte vom Irrtum zur Wahrheit.

Der Versuch von Prescott Joule

(Text mit Abbildungen aus der Originalarbeit)

Figur 1 zeigt einen vertikalen, Figur 2 einen horizontalen Durchschnitt des zur Erzeugung der Reibung des Wassers angewandten Apparates.

Dieser besteht aus einem messingenen Schaufelrade mit acht Reihen sich drehender Arme a, welche ihrerseits an einem Rahmenwerke gleichfalls von Messingblech befestigt sind.

Die messingene Achse des Schaufelrades arbeitet frei, doch ohne Erschütterung in ihren Lagern c, und ist bei d durch ein Stück Buchsbaumholz in zwei Teile getrennt, um die Leitung der Wärme nach dieser Richtung zu vermeiden.

Figur 3 zeigt den kupfernen Kessel, in dem der rotierende Apparat gut befestigt wurde; er hatte einen kupfernen Deckel, dessen Rand ... vollkommen wasserdicht auf den Kessel aufgeschraubt werden konnte. Der Deckel hatte zwei Hälse, den einen für die Achse, ... den andern zur Einführung des Thermometers.

Figur 4 gibt eine perspektivische Ansicht ... Nachdem genau die Höhe der kleineren Gewichte e über dem Boden mittels der graduierten Holzstreifchen k bestimmt war, wurde die Walze f losgelassen. Sie drehte sich, bis die Gewichte den gepflasterten Boden des Laboratoriums erreichten, wobei sie eine Fallhöhe von ungefähr 63 Zoll zurücklegten. Die Walze wurde dann wieder in das Gestell gebracht, die Gewichte wieder aufgewunden und die Reibung erneuert. Nachdem dies zwanzigmal wiederholt war, schloß der Versuch mit einer nochmaligen Beobachtung der Temperatur des Apparates.

... ist 773,64 Fußpfund die Kraft, welche nach obigen Versuchen mit der Reibung von Wasser der Erwärmung von 1 Pfund um 1° F. äquivalent ist. (Ausgedrückt in moderneren Einheiten hatte Joule also ein Wärmeäquivalent von

1 kcal = 575 mkp

aus seinen Versuchen ermittelt.)

Fig. 1.

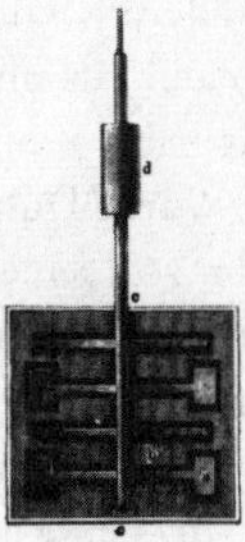

Fig. 2.

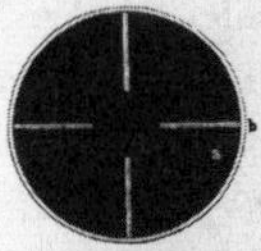

Fig. 3.

Fig. 4.

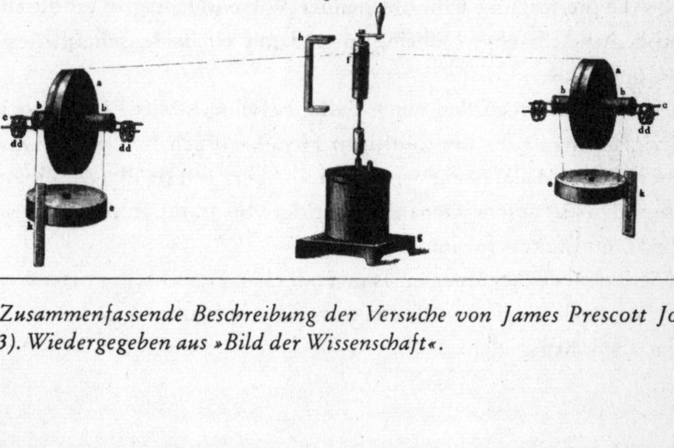

12 Zusammenfassende Beschreibung der Versuche von James Prescott Joule (1843). Wiedergegeben aus »Bild der Wissenschaft«.

2. Mayer: Das unzerstörliche Objekt

Das Schicksal des Erfinders und Entdeckers, von den Zeitgenossen nicht verstanden zu werden, und obendrein noch Spott zu ernten – Mayer hat es zur Genüge kennengelernt. In seiner Menschenfreundlichkeit wäre er nie darauf gekommen, eine bittere Satire auf das Treiben in der Gelehrtenrepublik zu schreiben. Das tat kurz vor Mayers Tod der Berliner Privatdozent Eugen Dühring.

Dühring nannte Mayer wegen seiner bahnbrechenden wissenschaftlichen Leistung und ebenso wegen der ungerechtfertigten Verfolgung den »Galilei des 19. Jahrhunderts«. Dühring unterstellte, daß der berühmte Berliner Physiker Hermann Helmholtz alle Hinweise auf Mayers Priorität bewußt unterdrückt habe, um seine Ansprüche als Entdecker nicht zu verlieren. Daraufhin wurde Dühring durch die Philosophische Fakultät der Universität Berlin von seinem Lehramt suspendiert. Der Fakultät gehörte als einflußreiches Mitglied Hermann Helmholtz selbst an.

So machte die Disziplinarmaßnahme ungeheures Aufsehen in der akademischen Welt. Dühring wurde zu neuen, noch schärferen Angriffen veranlaßt gegen, wie wir heute sagen würden, »Establishment« und »Ordinarienherrschaft«.

In den deutschen Universitätsstädten hielt Dühring öffentliche Vorträge »Über die Verfolgung bahnbrechender Wissenschaftsgrößen durch die Handwerksgelehrten«. Dühring löste damit ein leidenschaftliches Pro und Contra aus.

»Ich denke immer an den einen Fall«, berichtete Max Planck noch als Achtzigjähriger, »der der zünftigen Physik vorgehalten wird: Das hat unserer Wissenschaft sehr geschadet.« Aber, setzte Planck hinzu, es tröste ihn, »daß solche Gedanken wie der von Julius Robert Mayer nur alle paar Jahrhunderte einmal kommen.«

Was der schnelle Siegeszug eines jugendlichen Feuerkopfes hätte werden können, wurde ein Lebensdrama mit tragischen Szenen und komödienhaften Zwischenspielen.

Der entscheidende Schritt ist für den jungen Maler und Bildhauer die Vernissage, für den Komponisten die Uraufführung, für den Wissenschaftler der Abdruck der ersten Abhandlung in einer Fachzeitschrift.
Im Juni 1841 sandte der 27jährige Julius Robert Mayer, »Doctor medicus und chirurgus« in Heilbronn, sein Erstlingswerk an die »Annalen der Physik«. Der Titel der Arbeit lautete: »Über die quantitative und qualitative Bestimmung der Kräfte«.
Unter dem Wort »Kraft« verstand Mayer im Sprachgebrauch der Zeit eine den Körpern innewohnende Eigenschaft, wofür wir heute Energie sagen. Der Aufsatz befaßte sich mit den verschiedenen Formen der Energie: mit der kinetischen Energie oder Energie der Bewegung und der Wärmeenergie.
Damals waren Naturforscher und Ärzte in einer großen Fachgesellschaft vereinigt, und Jahr für Jahr versammelte man sich zu einem gemeinsamen Kongreß der deutschen »Naturforscher und Ärzte«. Daß ein Arzt zu einem physikalischen Problem das Wort ergriff, war also gar nicht so ungewöhnlich.
Für Hans Christian Poggendorff, den Herausgeber der in Deutschland führenden Fachzeitschrift »Annalen der Physik«, stand dennoch – schon nach flüchtiger Durchsicht – die Ablehnung fest: Der Verfasser leistete sich fundamentale physikalische Irrtümer und hatte offenbar – um das Maß des Unerträglichen voll zu machen – manche seiner Vorstellungen und stilistischen Wendungen aus der romantischen Naturphilosophie von Schelling übernommen.
Am 16. Juni 1841 hatte Julius Robert Mayer seine Abhandlung an den Herausgeber der »Annalen der Physik« gesandt; in einem Brief fünf Wochen später bat er seinen in Tübingen lebenden Freund, in der Universitätsbibliothek nachzusehen, ob der Aufsatz schon erschienen sei. Es war das die Naivität des von seiner Sache überzeugten Entdekkers.
Mayer wartete vergeblich; die Abhandlung kam – weder jetzt noch später – zum Druck. Nicht einmal einer Antwort wurde der Verfasser gewürdigt, nicht einmal zurückgesandt wurde der Aufsatz. Erst nach

Jahrzehnten – die Welt und die Wissenschaft hatten sich zutiefst verwandelt –, als Poggendorff gestorben war und Freunde seinen Schreibtisch räumten, tauchte das längst vergessene Manuskript wieder auf. Und mit Erstaunen fand man nun in dem unveröffentlicht gebliebenen Erstlingswerk Mayers – neben unleugbaren Irrtümern – die klare Erkenntnis, daß neben einem Erhaltungssatz für die Materie auch ein entsprechender Erhaltungssatz für die Energie existiert. Deutlicher noch als im Manuskript formulierte Julius Robert Mayer damals seine Gedanken am 24. Juli 1841 in dem Brief an den Freund: »Der Chemiker hält durchaus den Grundsatz fest, daß die Substanz unzerstörlich ist, und daß die zusammensetzenden Elemente und die gebildete Verbindung im notwendigsten Zusammenhange stehen: Wenn Wasserstoff und Sauerstoff verschwinden (qualitativ Null werden) und Wasser auftritt, so darf der Chemiker nicht annehmen, Wasserstoff und Sauerstoff werden wirklich zu Null, die Bildung von Wasser aber sei ein Zufälliges oder Außerwesentliches. Auf strenger Durchführung dieses Satzes beruht die neuere Chemie, welche offenbar allein zu abgerundeten Resultaten führen konnte. Ganz dieselben Grundsätze müssen wir auf die Kräfte anwenden. Auch sie sind wie die Substanz unzerstörbar, auch sie kombinieren sich miteinander, verschwinden somit in der alten Form (werden qualitativ Null) und treten dafür in einer neuen auf. Der Zusammenhang der ersten und zweiten Form ist ebenso wesentlich als der von Wasserstoff und Sauerstoff und Wasser. Die Kräfte sind: Bewegung, Elektrizität und Wärme ... Wir bekommen durch das Gesagte den Satz: Wenn Bewegung abnimmt und aufhört, so bildet sich immer ein dem verschwindenden Kraft- (Bewegungs) Quantum genau entsprechendes Quantum von Kraft mit anderer Qualität, namentlich also Wärme.«

Im Jahre 1841 war mit dieser Erkenntnis der Arzt Julius Robert Mayer den Physikern seiner Zeit weit voraus. Dabei drückte er nur das aus, was Leibniz und seine Anhänger mehr als einhundert Jahre zuvor schon gewußt hatten: Bei mechanischen Vorgängen bleibt – unabhängig davon, was im einzelnen geschieht – die Summe von »lebendiger Kraft« und »Fallkraft« immer die gleiche. Läßt man eine Kugel von einem Turm herabfallen, so verwandelt sich die potentielle Energie in Bewegungsenergie, aber die Summe von beiden bleibt die gleiche. In dem Maße, wie sich die potentielle Energie vermindert, gewinnt der Körper an Bewegungsenergie. Schließlich fällt der Körper auf den Boden; er prallt ab und steigt wieder in die Höhe. Dabei verwandelt sich nun die Bewegungsenergie wieder zurück in potentielle Energie. Nimmt man für den Versuch einen elastischen Körper, so springt er im Idealfall zu der Höhe wieder hinauf, in der er ursprünglich losgelassen wurde.

Freilich würde man Mühe haben, einen solchen ideal-elastischen Körper zu finden. Die Sprunghöhe vermindert sich tatsächlich immer. Ist also das Gesetz bestenfalls näherungsweise richtig? Für Leibniz, den Universalisten, mußte das Gesetz universelle Gültigkeit besitzen. Die Energie, sagte er, bleibt in jedem Fall ganz exakt die gleiche, nur wandelt sie sich in andere Formen um, namentlich in Wärme.

Um die Erhaltung der Energie als Universalgesetz zu begreifen, hätte sie von der Mechanik auf die Wärme erweitert werden müssen. Jede Bewegung, die hier auf der Erde stattfindet, erschöpft sich nach einer gewissen Zeit; die Reibung zehrt die Bewegungsenergie auf, und an ihrer Stelle entsteht, wie wir heute wissen, Wärme. Damals aber hielt man die Wärme für einen eigentümlichen Stoff, geradezu für ein Element wie Wasserstoff und Sauerstoff. Eine Erzeugung des »Wärmestoffes« aus Bewegung war folglich ganz unvorstellbar.

Es gab weitere Hindernisse. Im 18. und 19. Jahrhundert betonte man den Wert der Erfahrung; Spekulation, oder was man dafür hielt, war verpönt. Aus der Wissenschaft wurde alles sogenannte »metaphysische« Beiwerk entfernt. Der Amputation fiel das universelle Gesetz der Erhaltung der Kraft zum Opfer.

Von etwa 1740 an nahm das Interesse an der Krafterhaltung stark ab. Wie die verzauberte Prinzessin im Märchen schlummerte das Energieprinzip 100 Jahre, bis ein jugendlicher Prinz mit märchenhafter Naivität den Eingang zu dem verwunschenen Schlosse öffnete und ein Königreich begründete.

Wie kam nun gerade Julius Robert Mayer, der Arzt aus Heilbronn, dazu, den Anschluß an eine verschüttete geistige Tradition wiederzufinden? Die naheliegende Antwort, »durch das Studium der Leibnizschen Schriften«, ist natürlich falsch. Um 1840 wurden die Werke Leibnizens und der Leibnizianer von den jungen Naturwissenschaftlern und Ärzten nicht mehr gelesen.

Hat Mayer, müssen wir dann fragen, ohne von Leibniz zu wissen, das Prinzip selbständig wiedergefunden? Oder können wir sonst aus den Umständen auf einen besonderen geistigen Einfluß schließen? Mayer wurde später oft nach den speziellen Anregungen befragt.

»Ein verunglückter Versuch, ein Perpetuum mobile zu verfertigen, machte auf den kaum zehnjährigen Knaben, der sich lieber mit mechanischen und chemischen Versuchen als mit den griechischen Zeitwörtern beschäftigte, einen bleibenden Eindruck. Vom Frühjahr 1832 bis 1837 studierte er in Tübingen die Medizin, wobei es ihm sein liberaler und vermöglicher Vater an nichts fehlen ließ . . . Nach absolvierten Studien begab sich der junge Doktor zuerst zu seiner weiteren Ausbildung nach München und Paris und ging hierauf einem schon in den Knabenjahren gefaßten Plane gemäß, die Welt im großen zu sehen, im Februar 1840 von Rotterdam aus mit einem nach Ostindien bestimmten Kauffahrer als Schiffsarzt in See . . . In Ostiniden . . . fand er reichliche Gelegenheit, den kolossalen Einfluß kennen zu lernen, welchen das dortige Klima auf den Organismus der Europäer ausübt . . . Mayer sah, wie bei Aderlässen das Venenblut eine dem arteriellen Blute ähnliche hellrote Färbung hatte.«

Soweit Mayer selbst in seiner autobiographischen Aufzeichnung. Mayer nannte also zwei Anregungen: erstens die Erkenntnis, daß ein Perpetuum mobile unmöglich ist, zweitens eine Beobachtung über die Färbung des venösen Blutes. Beide Anregungen waren wichtig, aber den entscheidenden Schlüssel zum Denken Mayers liefern sie uns nicht. Es bleibt die Frage: Was gab Mayer den Anstoß? Auf welcher Grundlage erwuchs das Verständnis für das Energieerhaltungsprinzip?

Einen verblüffenden Hinweis finden wir in Mayers Spitznamen, oder vielmehr in Mayers Vorliebe für seinen Spitznamen: Im Jahre 1829 hatte

Mayer das Heilbronner Gymnasium verlassen und war in das Seminar Kloster Schöntal als Hospitant eingetreten.

Sein Interesse an den sprachlich-historischen Fächern blieb gering; statt dessen führte er seinen Mitschülern häufig physikalisch-chemische Experimente vor. Durch eine Laterna magica ließ er in den Abendstunden an der Wand des Kreuzganges geheimnisvolle Geister erscheinen. So erhielt er den Spitznamen »Geist«. Anfang der vierziger Jahre, als er sich um die klare Fassung seines Kraftprinzips bemühte, unterschrieb er in den Briefen an die Freunde mit diesem Namen. Ebenso malte er an die Schnittflächen seines ärztlichen Tagebuchs: »Geist«, »Geist«, »Geist«.

»Geist« nun war das Schlagwort der »Dynamisten«. Für den Dynamisten war es geradezu denkunmöglich, daß die primäre Naturgegebenheit materieller Natur sein sollte. Das allem Zugrundeliegende mußte vielmehr etwas Geistiges sein. Als Urgrund der Welt galt die immaterielle »Kraft«. Der Begriff »Kraft« wurde dabei in umfassender Weise gebraucht; man verstand darunter vor allem das, was wir heute begrifflich schärfer mit »Energie« bezeichnen.

Wie Mayer sich im einzelnen diese Auffassungen gebildet hat, ist nicht bekannt. Sie waren jedenfalls in den ersten Jahrzehnten des 19. Jahrhunderts, wenn auch von den zünftigen Naturforschern heftig abgelehnt, weit verbreitet. Vermutlich hat Mayer sie sich während seiner Tübinger Studienzeit angeeignet mit den Vorlesungen seiner Medizin-Professoren und der Lektüre der entsprechenden Lehrbücher.

Im Jahre 1841 stand Julius Robert Mayer mit seinen physikalischen Kenntnissen gewiß nicht auf der Höhe der Zeit, gerade das hatte ihn aber auch vor den in der Wissenschaft verbreiteten Vorurteilen und Irrtümern bewahrt.

Er war davon durchdrungen, daß das Gesetz der Erhaltung der Kraft für alle Phänomene der organischen und anorganischen Natur Gültigkeit hat und daß die Wärme eine Form der Kraft darstellt. Auf der anderen Seite waren seine physikalischen Kenntnisse unzweifelhaft noch sehr mangelhaft; insbesondere besaß er noch kein richtiges Maß für den in seinem Denken fundamentalen Begriff der »Kraft«.

Mayers Enthusiasmus wurde durch den Mißerfolg bei den »Annalen der Physik« nicht gedämpft. Im Mai 1841 wurde er zum Oberamtswundarzt in Heilbronn gewählt und hatte damit eine angesehene Stellung errungen. Der Beruf sicherte ihm die bürgerliche Existenz, ließ ihm aber zugleich Muße für seine Grübeleien. Der bei seinen Mitbürgern beliebte Arzt galt als Sonderling, dem man die als schrullenhaft empfundenen Ideen nicht übelnahm. Nur den Freunden wurde seine Besessenheit mitunter lästig. Einer von ihnen berichtete:

»Ich war im Herbst 1841 viel mit ihm zusammen, und es war damals schwer, mit ihm von etwas anderem zu reden als von dieser Sache: ›Aus nichts wird nichts; nichts wird zu nichts. Die Ursache ist gleich der Wirkung.‹ Das waren die drei Schlagwörter, die er damals immer im Munde führte, die er mir einigemale beim Kommen entgegen-, beim Gehen noch nachrief. Ich sollte ihm sagen, was sich gegen diese Sätze einwenden ließe.«

In diesen Monaten fand Mayer in dem sechs Jahre jüngeren Carl Baur einen wenigstens halbwegs interessierten Brief- und Diskussionspartner. Mayer und Baur hatten sich schon 1839 in Paris angefreundet. Um seine Kenntnisse zu vertiefen, war Mayer vor seiner Ostindienreise für einige Monate in das Weltzentrum der Wissenschaft gekommen. Damals in Paris galt sein Interesse ausschließlich der Medizin, nun, wieder in Heilbronn, hatte die Krafterhaltung alles andere verdrängt. An Baur nach Tübingen gingen zahlreiche Briefe hinaus, am 24. Juli, am 1., am 8. und am 16. August 1841. Für den heutigen Historiker sind die Mayerschen Briefe, besser würden wir Monologe sagen, eine hervorragende Quelle, die einen faszinierenden Einblick gewähren in die Werkstatt eines großen Geistes.

Baur hatte Mathematik und Physik studiert, empfand aber richtig, daß die Diskussion mit ihm nicht genüge, sondern daß sich der Freund mit seinen Ideen dem kritischen Urteil der Fachleute stellen müsse. Am 10. September fuhr Mayer auf den Rat Baurs nach Tübingen. Hier kam es zu einer denkwürdigen Begegnung mit dem Professor für Physik, Johann Gottlieb Nörremberg.

Nörremberg verhielt sich im Ganzen zurückhaltend, aber er hörte zu und gab im Verlaufe des Gesprächs eine wertvolle Anregung. Über die von Mayer vertretene Auffassung, daß die Wärme eine Form von Bewegung sei, meinte er: »Das sind im Grunde nichts als neue Ansichten von Dingen, die man ebensogut auch anders ansehen kann; ja wenn Sie ein neues *Experiment* auf Ihre Theorie gründen können, dann, dann ist Ihre Sache gemacht.«

Als mögliches Experiment nannte Nörremberg die Prüfung, ob sich etwa Wasser durch Schütteln erwärme. Dieser Rat war ganz im Geiste des in der Naturwissenschaft herrschenden Tatsachengeistes gegeben: Eine Theorie an sich ist uninteressant; für die Physik bedeutsam wird sie dann und nur dann, wenn aus ihr der Ausgang bestimmter Experimente gefolgert werden kann.

Zur Klärung der physikalischen Vorgänge bei der Umwandlung von Bewegung in Wärme trugen nun die seinerzeitigen Beobachtungen in Java über die Farbe des venösen Blutes wesentlich bei. Im Organismus dient, wie Mayer in seiner Autobiographie schrieb, die durch Verbrennung der Nahrungsstoffe erzeugte Wärme zur Erhöhung der Körpertemperatur:

»Der durchweg höher als seine Umgebung temperierte Organismus erzeugt . . . nicht nur fortwährend eine bestimmte Menge direkt wahrnehmbarer Wärme, er bringt auch mechanische Leistungen hervor und diese letzteren erzeugen, wie jedermann weiß, auch wieder Wärme. Ist diese mittelbar produzierte Wärme nun auch ein Produkt eines organischen Verbrennungsprozesses oder stammt dieselbe aus einer andern Quelle? Schon als Kind war Mayer durch einen mißlungenen Versuch, ein Perpetuum mobile zu konstruieren, zu der Einsicht gelangt, daß sich mechanische Arbeit nicht aus Nichts erzeugen lasse. Nimmt man dies aber einmal als eine Grundwahrheit an, so folgt notwendig, daß auch die vom Organismus mittelbar durch Reibung erzeugte Wärme auf Rechnung der vitalen Verbrennung zu setzen ist. Dabei kann man aber nicht stehen bleiben, denn man erhält hierdurch zugleich die Einsicht, daß überhaupt zwischen Arbeitsverbrauch und Wärmeerzeugung ein unveränderliches Größenverhältnis bestehen muß, welches numerisch zu bestimmen eine physikalische Aufgabe von prinzipieller Bedeutung ist.«

Mayer erkannte nun: Der Zusammenhang zwischen Wärme und Bewegung muß zahlenmäßig präzisiert werden: Wenn sich, wie behauptet, Bewegung in Wärme verwandelt, *wieviel* Bewegung ist dann erforderlich, um ein bestimmtes Wärmequantum hervorzubringen? In Mayers Brief an Carl Baur vom 12. September 1841 wird das Resümee aus dem Besuch in Tübingen gezogen, und hier findet sich auch die erste Andeutung des mechanischen Wärmeäquivalents:

»Seit unserer Zusammenkunft habe ich mit Eifer meine Theorien weiter kultiviert und namentlich gefunden, daß Nörrembergs Einwürfe gänzlich unhaltbar seien. Den Nachweis, den Nörremberg verlangte, daß Wasser durch Schütteln sich erwärmen lasse, habe ich durch viele stets gelungene vorsichtige Versuche geliefert. Eine Lebensfrage für meine Theorien, die sich mit mathematischer Gewißheit entwickeln lassen, bleibt nun die Lösung der Frage: Wie hoch muß ein Gewicht – etwa 100 Pfund – über die Erde erhoben sein, daß die dieser Erhebung entsprechende und durch das Herablassen des Gewichts zu gewinnende Menge von Bewegung gleich sei der Menge von Wärme, welche erforderlich, um 1 Pfund Eis von 0° in Wasser von 0° zu verwandeln.«

Die große Idee eines allumfassenden Prinzips ließ Mayer nicht aus den Augen; sie war es, die ihn inspirierte und gleichsam berauschte. Durch den Besuch bei Nörremberg hatte er aber gelernt, daß er, um die Physiker zu überzeugen, einen bestimmten Umwandlungsprozeß in allen Einzelheiten verstanden haben müsse. Nachdem es ihm endlich auch gelungen war, seinen Irrtum über das Kräftemaß zu korrigieren, hatte er sich den geeigneten Ansatz geschaffen.

Der geniale Physiker Faraday, dessen Denken so verblüffend dem Mayers glich, bemühte sich schon seit 1837 intensiv, ohne daß Mayer davon wußte, ein gemeinsames Maß für die verschiedenen Formen der Kraft zu finden. Während aber Faraday im qualitativen stecken blieb, glückte Mayer die Quantifizierung.

ANNALEN

DER

CHEMIE UND PHARMACIE.

XLII. Bandes zweites Heft.

Bemerkungen über die Kräfte der unbelebten Natur;

von *J. R. Mayer*.

Der Zweck folgender Zeilen ist, die Beantwortung der Frage zu versuchen, was wir unter „Kräften" zu verstehen haben, und wie sich solche untereinander verhalten. Während mit der Benennung Materie einem Objecte sehr bestimmte Eigenschaften, als die der Schwere, der Raumerfüllung, zugetheilt werden, knüpft sich an die Benennung Kraft vorzugsweise der Begriff des unbekannten, unerforschlichen, hypothetischen. Ein Versuch, den Begriff von Kraft ebenso präcis als den von Materie aufzufassen, und damit nur Objecte wirklicher Forschung zu bezeichnen, dürfte mit den daraus fliefsenden Consequenzen, Freunden klarer hypothesenfreier Naturanschauung nicht unwillkommen seyn.

Kräfte sind Ursachen, mithin findet auf dieselbe volle Anwendung der Grundsatz: *causa aequat effectum*. Hat die Ursache c die Wirkung e, so ist $c = e$; ist e wieder die Ursache einer andern Wirkung f, so ist $e = f$, u. s. f. $c = e = f \ldots = c$. In einer Kette von Ursachen und Wirkungen kann, wie aus der Natur einer Gleichung erhellt, nie ein Glied oder ein Theil eines Gliedes zu Null werden. Diese erste Eigenschaft aller Ursachen nennen wir ihre *Unzerstörlichkeit*.

Ausgegeben am 31ten Mai 1842.

13 Erste Seite der Veröffentlichung, die später Mayers Priorität als Entdecker des Energieprinzips sicherte. Beachtet aber wurden damals seine Gedanken nicht.

Die wesentliche Leistung bestand darin, von den zahlreichen, in der Natur ablaufenden Umwandlungen von Bewegung in Wärme den Vorgang zu finden, der sich nach den Kenntnissen der Zeit zahlenmäßig erfassen ließ: die Wärmeausdehnung der idealen Gase.
Führt man einem idealen Gas Wärme zu, so erhöht sich die Temperatur und damit die innere Energie; außerdem kann sich das Gas ausdehnen. Wenn man in einem ersten Versuch dafür sorgt, daß keine Ausdehnung stattfindet, geht die ganze Wärme auf das Konto der inneren Energie. Läßt man nun in einem zweiten Versuch eine Ausdehnung zu, braucht man mehr Wärme, weil jetzt auch noch Arbeit geleistet wird. Diese zusätzliche aufzuwendende Wärme ist ein Maß für die mechanische Arbeit.
Mayer gelang es, die in der Literatur verwickelt und häufig falsch dargestellten Versuche physikalisch zu verstehen und aus ihnen die gesuchte Zahlenrelation zwischen Bewegung und Wärme abzulesen. Im März 1842 arbeitete Mayer einen sehr knapp und klar gehaltenen Aufsatz aus und sandte das Manuskript am 31. März an Justus von Liebig mit der Bitte um Aufnahme in dessen »Annalen der Chemie und Pharmazie«. Es bereitete ihm eine unbeschreibliche Freude, als Liebig sogleich die Veröffentlichung zusagte, und erst recht, als die Abhandlung »Bemerkungen über die Kräfte der unbelebten Natur« im Maiheft wirklich erschien. Hier ist erstmalig das mechanische Wärmeäquivalent angegeben, welches wir heute mit 1 kcal = 427 mkp ausdrücken. Mayer sicherte sich damit die Priorität als »Entdecker des Energieprinzips«:
»Wir schließen unsere Thesen, welche sich mit Notwendigkeit aus dem Grundsatz ›Die Ursache ist gleich der Wirkung‹ ergeben und mit allen Naturerscheinungen im vollkommenen Einklang stehen, mit einer praktischen Folgerung. – Zur Auflösung der zwischen Fallkraft und Bewegung statthabenden Gleichungen mußte der Fallraum für eine bestimmte Zeit, z. B. für die erste Sekunde, durch das Experiment bestimmt werden; gleichermaßen ist zur Auflösung der zwischen Fallkraft und Bewegung einer- und der Wärme andererseits bestehenden Gleichungen die Frage zu beantworten, wie groß das einer bestimmten Menge von

Fallkraft oder Bewegung entsprechende Wärmequantum sei. Z. B. wir müssen ausfindig machen, wie hoch ein bestimmtes Gewicht über den Erdboden erhoben werden müsse, daß seine Fallkraft äquivalent sei der Erwärmung eines gleichen Gewichtes Wasser von 0° auf 1° C.? Daß eine solche Gleichung wirklich in der Natur begründet sei, kann als das Resumé des Bisherigen betrachtet werden. Unter Anwendung der aufgestellten Sätze auf die Wärme- und Volumenverhältnisse der Gasarten findet man . . ., daß dem Herabsinken eines Gewichtsteiles von einer Höhe von circa 365 m die Erwärmung eines gleichen Gewichtsteiles Wasser von 0° auf 1° entspreche.« Mit dieser Abhandlung war zum ersten Mal das Energieprinzip in quantitativer Fassung ausgesprochen; die Leistung war vollbracht, die später als die bedeutsamste physikalische Entdeckung des 19. Jahrhunderts gefeiert wurde.

Für Mayer waren diese Monate wohl die glücklichsten seines Lebens: Im Mai 1842 erschien sein Aufsatz, am 15. August heiratete er sein geliebtes Minele, Wilhelmine Closs aus Winnenden. Bei der Doppelhochzeit amtierte als Pfarrer der Freund Gustav Rümelin, der mit Robert und »Minele« zugleich als zweites Paar seinen Bruder Richard mit der Schwester Wilhelmines traute.

Mayer hätte jetzt ein ruhiges, bürgerliches Leben beginnen können. Aber das faszinierende Naturverständnis, das er sich erarbeitet hatte, verwehrte ihm den Weg zur biedermeierlichen Selbstzufriedenheit: »Ich betrachte es als die Aufgabe meines Lebens, die Wahrheit des Satzes *Bewegung gleich Wärme*, von der ich mit dem klarsten Bewußtsein durchdrungen bin, zu konstatieren.«

Im Winter 1842/43 nahm er Privatunterricht bei Carl Baur. Das Studienheft Mayers hat sich im Stadtarchiv Heilbronn erhalten. Man kann heute noch verfolgen, wie er sich mühte, seine Kenntnisse in der Physik und der höheren Mathematik zu erweitern.

Wie vordem mit Baur, korrespondierte er nun mit gleicher Intensität mit Wilhelm Griesinger. Mayer und Griesinger waren 1837 in Tübingen an der Gründung einer landsmannschaftlichen Verbindung »Guestphalia« beteiligt gewesen und deshalb für die Dauer eines Jahres von der

Universität verwiesen worden. Der Freund beschäftigte sich nach der Promotion vorwiegend mit psychiatrischer Medizin; dabei hatte sich der Lebensweg beider wieder 1839 in Paris gekreuzt. In den Briefen an Griesinger vermied Mayer die physikalischen Einzelheiten, entwickelte dafür um so nachdrücklicher die allgemeinen Ideen.

Im schriftlichen Dialog gelang ihm eine schöne Formulierung; die Jugenderfahrung mit dem Perpetuum mobile wurde am 6. Dezember 1842 sozusagen zum Prinzip erhoben: »Du wirst aber mit Recht jetzt sagen: ›Beweise die Wahrheit Deiner Behauptungen.‹ Ein Beweis, der, für mich subjektiv, die absolute Wahrheit meiner Sätze dartut, ist ein negativer: Es ist nämlich ein in der Wissenschaft allgemein angenommener Satz, daß die Konstruktion eines Perpetuum mobile eine theoretische Unmöglichkeit sei (d. h. wenn man von allen mechanischen Schwierigkeiten wie Reibung etc., abstrahiert, so bringt man es doch auch in Gedanken nicht hin); meine Behauptungen können aber alle als reine Konsequenzen aus diesem Unmöglichkeitsprinzip betrachtet werden; leugnet man mir *einen* Satz, so führe ich gleich ein Perpetuum mobile auf.«

Diese Mayersche Aussage wurde später von Hermann Helmholtz und anderen Physikern als Axiom an die Spitze der Betrachtungen gesetzt: Energieprinzip und Unmöglichkeit eines Perpetuum mobile sind logisch gleichwertig.

In seiner Gedankenwelt gewann Mayer bald völlige Klarheit und Sicherheit; bald trug er sich mit der Absicht, einen zweiten Aufsatz für die Liebigschen Annalen zu verfassen. Am 11. Juni 1844 sandte er einen Entwurf an Griesinger.

Mayers erste Veröffentlichung war ganz ohne Widerhall geblieben. So meinte der Freund: »Erstens solltest Du den Leuten auf das trockene Brot der Mechanik und Mathematik etwas kritische Butter streichen und polemisches Salz streuen. Haben die Leute, die gegenwärtig auf diesem Gebiete, d. h. dem der allgemeinen Physiologie, der physiologischen Mechanik etc., das Wort führen, nach Deiner Überzeugung unrecht, so muß man sie offen, direkt angreifen, ihnen ihre Widersprüche nachwei-

sen, ihnen scharf zu Leibe gehen und keine Ruhe lassen. Solche Angriffe und tüchtige Aufsätze erregen die Aufmerksamkeit weit mehr als das ruhige Hinstellen der eigenen Sätze. Zweitens solltest Du den physiologischen Teil ebendeswegen länger und ausführlicher machen.«
Mayer aber war kein Kämpfer; zu polemisieren lag ihm nicht. Und so meinte er: »Das Anorganische ist mir unbedingt zur Hauptsache geworden: wenn dieses Anerkennung bei den Physikern gefunden hat, so werden sich den Physiologen vielseitige Anwendungen von selbst darbieten; wäre die Sache aber von der physikalischen Seite *nicht* faßbar, so wären die plausibelsten physiologischen Ideen, die man darauf gründen wollte, nur Seifenblasen. Für einen bevorstehenden Kampf wollte ich mir eine durchaus bombenfeste Zitadelle schaffen, und dann erst, wenn die Gegner herangetreten wären zum vergeblichen Sturm, zu Ausfällen mich anschicken: meine Kräfte wollte ich aber vorderhand nicht in zahlreichen Außenwerken verteilen; in der Mitte der Burg weht das Panier ›Wärme läßt sich in Bewegung verwandeln.‹«
Da diesmal auch Liebig den Abdruck ablehnte, beschloß Mayer, die Abhandlung nach Umarbeitung und Erweiterung als selbständige Broschüre auf eigene Kosten drucken zu lassen. So erschien 1845 als zweite Veröffentlichung »Die organische Bewegung in ihrem Zusammenhange mit dem Stoffwechsel«. Während Mayer in Liebigs Annalen 1842 nur den Wert des mechanischen Wärmeäquivalents, aber nicht die Berechnung, angegeben hatte, erklärte er nun genau seine Gedankenversuche über die Expansion idealer Gase und rechnete das Ergebnis vor.
Ähnlich wie in der Chemie, wo sich in zahlreichen Lehrbüchern Listen der Elemente fanden, stellte Mayer in seiner Broschüre ein Schema der Kräfte mit fünf Hauptformen auf:

I. Fallkraft
II. Lebendige Kraft
III. Wärme
IV. Magnetismus, Elektrizität
V. Chemische Kraft

Durch Kombination der Elemente erhält der Chemiker einen Überblick über die Vielfalt der möglichen Stoffe. Entsprechend kommt die Vielfalt der physikalischen Vorgänge durch die wechselseitige Umwandlung von einer »Kraftform« in die andere zustande: »An diese Aufstellung von fünf Hauptformen der physikalischen Kraft reiht sich die Aufgabe, die Metamorphosen dieser Formen durch fünfundzwanzig Experimente zu beweisen.«

Als überzeugter Dynamist sah Mayer überall in der Natur Kräfte am Werk, die sich in dieser oder jener Form manifestieren. Überall auch sah er Umwandlungen von einer Kraft in die andere. Beispielsweise sah er in chemischen Vorgängen, speziell den Verbrennungen, eine Verwandlung von chemischer Kraft in Wärme, in der Voltaschen Säule eine Verwandlung chemischer in elektrische Kraft, im elektrischen Glühdraht eine Verwandlung elektrischer Kraft in Wärme u. s. f.

Heute erscheint uns die von Mayer angegebene Zahl fünf für die »Hauptformen« der Energie, wie die Zahl 25 für die Umwandlungen, seltsam und willkürlich. An die »energetische« Betrachtung der Naturvorgänge dagegen haben sich die Physiker so sehr gewöhnt, daß sie heute eine solche Denkweise geradezu »physikalisch« nennen.

Damals aber wurden Mayers Gedankengänge vielfach als »unphysikalisch« und »unwissenschaftlich« abgelehnt. Außer den Freunden, die mehr aus persönlicher Sympathie denn aus Überzeugung zustimmten, kamen nur negative Rezensionen. Die wesentlichen Gedanken freilich blieben unerwähnt. Mayer richtete sich darauf ein, daß bis zur Anerkennung des Energieprinzips durch die Wissenschaft noch eine lange, sehr lange Zeit vergehen würde.

An der Revolution 1848 nahm Mayer, der leicht erregbare, starken Anteil. Als angesehener und beliebter Arzt wurde er in ein Bürgerkomitee gewählt. Er hat zwar keine politische Rolle gespielt, da öffentliches Reden nicht seine Sache war, sprach aber seine Ansichten »ungescheut mit Witz und Spott und oft in drastischer Weise gegen jedermann aus«. Bei der zunehmenden Radikalisierung jedoch verlor er, der immer auf Ausgleich bedacht war, bald die Gunst des Volkes. Als sich Mayer im »Heilbronner Tagblatt« in zwei Aufsätzen für die Erhaltung der alten

Ordnung einsetzte, folgten heftige Angriffe, die, wie häufig in der Kleinstadt, rasch ins ganz Persönliche gingen. Mayers Bruder Fritz neigte mit dem gleichen Starrsinn der radikalen Richtung zu; obwohl die Brüder nach wie vor freundschaftlich miteinander standen, wurde Mayer bei der Übersteigerung der politischen Leidenschaften auf der Straße mit den Worten verfolgt: »Kain, Brudermörder«. Von einem »Mord« oder einem »Rufmord« konnte aber natürlich in Wahrheit keine Rede sein.
Die demokratisch-republikanische Bewegung brach im Juni 1849 durch den Einsatz württembergischer Truppen zusammen. Die Behörden stellten den ausgezogenen Freischärlern, bei denen sich auch der Bruder Fritz befand, Straflosigkeit in Aussicht unter der Bedingung der sofortigen Waffenablieferung. Die Schwägerin wollte nun ihrem Manne nachreisen und ihn zur Heimkehr bewegen; obwohl er dringend gewarnt wurde, ließ es sich Mayer nicht nehmen, sie zu begleiten. Im badischen Städtchen Sinsheim wurde denn auch Mayer prompt von den Freischärlern erkannt und als Spion verhaftet; um ein Haar wäre er erschossen worden. Nur durch das Eingreifen eines Heilbronners, den er ärztlich behandelt hatte, wurde Mayer gerettet. Bei dem ganzen Zwischenfall hat er Standhaftigkeit und persönlichen Mut bewiesen, aber die Aufregung hinterließ innere Spuren.

Als schwer empfundener psychischer Druck lastete auf Mayer das Ausbleiben der wissenschaftlichen Anerkennung. Aus England kamen Berichte über Versuche von James Prescott Joule, die ganz direkt die Umwandlung von mechanischer Arbeit in Wärme bewiesen. Fällt eine Masse von 42,7 Kilogramm um zehn Meter, und wird, wie bei Joule, diese Arbeit vollständig in Wärme verwandelt, so erwärmt sich ein Liter Wasser um einen Grad.

Am 23. Juli 1847 hielt Hermann Helmholtz vor der Physikalischen Gesellschaft in Berlin einen Vortrag »Über die Erhaltung der Kraft«, der alsbald auch im Druck erschien. In dieser Broschüre war ebensowenig ein Hinweis auf Julius Robert Mayer zu finden wie in den zahlreichen Publikationen von James Prescott Joule.

In Briefen an die Académie des Sciences in Paris reklamierte Mayer seine

Priorität. Am 14. Mai 1849 setzte er unter der auffälligen Überschrift »Wichtige physikalische Entdeckung« eine Mitteilung in die »Augsburger Allgemeine Zeitung«. Dagegen richtete sich, schon eine Woche später, an der gleichen Stelle eine heftige Polemik:

»Herr Mayer hat schon vor mehreren Jahren in den Annalen der Chemie und Pharmazie einen Aufsatz über die Kräfte der unbelebten Natur bekannt gemacht und daselbst eine Menge an unhaltbaren Ansichten über die Naturkräfte aufgestellt ... Die Verwirrung, welche darin zwischen den Begriffen Kraft, Ursache, Wirkung etc. herrscht, und die Deduktionen, welche er daraus zieht, sind schon hinlänglich in ihrer Unhaltbarkeit in wissenschaftlichen Organen beleuchtet worden ... Wie ... Herr Mayer denkt, daß eine wirkliche Metamorphisierung zwischen Wärme und Bewegung stattfindet, ist der von ihm aufgestellte Satz ein vollkommen unwissenschaftliches, allen klaren Ansichten über die Naturtätigkeit widersprechendes Paradoxon.«

Mayer, durch den Angriff erregt, erfuhr, daß es sich bei dem Verfasser Dr. Otto Seyffer um einen jungen Physiker handle, der in der »Augsburger Allgemeinen Zeitung« schon öfter wissenschaftliche Beiträge veröffentlicht hatte. Mayer bemühte sich um Aufnahme einer Gegendarstellung, aber vergeblich. Kaum ein Jahr später aber mußte Mayer zu seiner unliebsamen Überraschung registrieren, daß eben derselbe Dr. Otto Seyffer bei seiner Habilitation in Tübingen im April 1850 als erste von zehn Thesen formulierte: »Die Auffindung der sogenannten Äquivalentenzahl zwischen mechanischer Kraft und Wärme anerkenne ich als eine vollendete Tatsache.«

Mit Recht fühlte sich Mayer düpiert. Der Zorn des Sanftmütigen entbrannte: Zuerst hatte man behauptet, daß er mit seinem Satze unrecht habe, nun hieß es, daß es sich um eine längst bekannte Selbstverständlichkeit handle: »Diesem Umstande habe ich es beizumessen, daß ich in der Frühe des 18. Mai 1850, bei dem damals herrschenden heißen Frühlingswetter in steigende Aufregung geratend, nach schlaflos hingebrachter Nacht in einem Anfalle plötzlich ausgebrochenen Deliriums, noch unangekleidet, zwei Stockwerke (neun Meter) hoch vor den Augen meiner kurz vorher erwachten Frau, welche sich der Sache nicht versehen konnte, durch das Fenster auf die Straße sprang.«

Die Folge war ein wochenlanges Krankenlager. Er erholte sich nur langsam und behielt zeitlebens eine Gehbehinderung. Schlimmer war, daß die Gemütsdepressionen wiederkehrten und den Charakter psychischer Störungen annahmen.

In seiner Not suchte Mayer ärztliche Hilfe. Nach einer Untersuchung durch Hofrat Dr. Ernst Albert von Zeller kam Mayer in die Privatirrenanstalt von Dr. Heinrich Landerer in Göppingen. In dem ehemaligen Studienkollegen Landerer glaubte Mayer einen Gesprächspartner für die ihn bewegenden wissenschaftlichen Probleme zu finden. Die Ärzte aber waren überzeugt, daß die Entdeckung, von der Mayer ständig zu sprechen anfing, eine fixe Idee, ein Größenwahn sei. »Sie haben die Quadratur des Zirkels gesucht«, meinte Zeller, und die Behandlungsmethode umriß er mit den Worten: »Wir müssen Ihnen einen anderen Willen schaffen!«

Mayer erkannte, daß er in Göppingen am falschen Ort war und wollte, wie er später berichtete, »in einem desperat zu nennenden Seelenzustande« wieder nach Hause fahren: »Schon hatte ich auf dem Bahnhofe eine Karte gelöst, als sich meine innere Unruhe, meine Seelenangst bis zur Bewußtlosigkeit steigerte, und ich erinnere mich nur noch traumartig dunkel, daß ich von Herrn Dr. Landerer in einem Kabriolett wieder abgeholt und in seine nahe gelegene Anstalt zurückgeführt wurde. Als ich nun diesen schweren und auch letzten gefährlichen Anfall überstanden hatte und sich meine Kräfte rasch wieder herstellten, erging es mir etwa wie einem, der sich aus wüstem Rausche erholt hat: Ich war mir meiner wunderbar wieder erlangten Gesundheit mit Freuden bewußt. In kurzer Frist war auch eine völlige Veränderung mit mir vorgegangen; von schwärmerisch-pietistischer Sentimentalität keine Spur mehr; ich war wieder Mann geworden und fürchtete mich wie Doktor Faust weder vor Tod noch Teufel. Je mehr Herr Landerer und seine Helfershelfer mich folterten, und dies geschah auf eine Weise, welche der weiland spanischen Inquisition zur Ehre gereichen konnte, desto fester wurde mein krankhaft weiches Gemüt. Nach dreimonatigen Martern wurde ich in der Nacht vom 31. Juli auf 1. August 1852 fest in die Zwangsjacke geschnürt, nach Winnenthal geschleift, wo ich, morgens früh angekommen, auf Befehl des Herrn Hofrat an diesem Sonntage sogleich wieder in einen bereit stehenden Zwangsstuhl geschnallt wurde. 13 Monate wurde ich nun in dieser Anstalt mit allen erdenklichen somatischen und psychischen Mißhandlungen bedacht, bis ich es so weit brachte, meine Befreiung zu erzwingen.«

Nach Hause zurückgekehrt, blieb Mayer weitere Erniedrigung nicht erspart. In Heilbronn war das Geschehene bald Stadtgespräch. Die Patienten wandten sich von dem früher so gesuchten Arzte ab. Schulkinder liefen ihm nach mit dem Ruf »D'r narrisch' Mayer!«

Zur gleichen Zeit erlebte das Energieprinzip einen Siegeszug ohnegleichen. Weil es für alle Teile der Natur, die organische und anorganische, gleichermaßen gilt und die scheinbar entferntesten Phänomene miteinander verbindet, wurde es als das höchste und letzte Weltprinzip angesehen. Man betrachtete es als Vollendung und Schlußstein der Physik.

Mit der Erkenntnis der Naturzusammenhänge stellte sich den Physikern die Frage: Wem eigentlich verdanken wir das Energieprinzip?

Zunächst fiel der Ruhm auf Joule. Deshalb wurde die Energie-Einheit im physikalischen und damit auch im elektromagnetischen Maßsystem nach Joule benannt.

Seit 1978 werden nun auch die früher üblichen Energie-Einheiten »Meter-Kilopond« und »Kalorie« durch die Einheit »Joule« ersetzt; auch an die Stelle der alten Leistungs-Einheit »Pferdestärke« tritt »Joule pro Sekunde«.

Das ist eine späte Konsequenz der Tatsache, daß ursprünglich Joule als Entdecker des Energieprinzips gegolten hat. Als um das Jahr 1860 im Zusammenhang mit der Entdeckungsgeschichte der Name Julius Robert Mayer auftauchte, da wurden endlich auch seine Ansprüche gründlich geprüft. Und siehe: Mayer besaß die Priorität. Schließlich verkündete im Jahre 1862 John Tyndall bei einem großen Vortrag in der Royal Institution in London, daß unter den Entdeckern des Energieprinzips Julius

Robert Mayer an erster Stelle steht: »Kein größerer Genius als Julius Robert Mayer ist in unserem Jahrhundert erschienen. Einige Männer, die ihn jetzt noch überstrahlen, werden von der zukünftigen Geschichtsschreibung der Wissenschaft unzweifelhaft unter ihn gestellt werden.«
Die Anerkennung, die Mayer zuerst so schmerzlich vermißt hatte, wurde ihm nun überreichlich zuteil. Hatte sich ursprünglich niemand um ihn gekümmert, tat man nun mit Auszeichnungen und Ehrenmitgliedschaften fast des Guten zuviel.
Sein Lebensschicksal aber veranlaßte die Physiker zur kritischen Selbstprüfung. Damit nicht nochmals eine Arbeit vom Rang des Energieprinzips von den »Annalen der Physik« zurückgewiesen würde, wie im Juni 1841 geschehen, erhielt die Zeitschrift einen »theoretischen Beirat«. In das neugeschaffene Amt wurde der anerkannt gewissenhafteste unter den deutschen Physikern berufen: Max Planck. Auch Außenseiter sollten für ihre Gedanken eine reale Chance erhalten.

3. Helmholtz: Die Erhaltung der Kraft

Beim Abitur im Potsdamer Gymnasium im Jahre 1838 lautete eine Prüfungsaufgabe: »Die Gesetze des freien Falls der Körper sollen erörtert werden.«

Genau zweihundert Jahre zuvor hatte Galilei in seinem physikalischen Hauptwerk, den »Unterredungen« (Discorsi), die Fallgesetze veröffentlicht. Durch hundertfache Behandlung waren sie für die Physiker zu einer Selbstverständlichkeit geworden, und nun gehörten sie auch zum regulären Schul- und Prüfungsstoff.

In allen Fächern erhielt der Siebzehnjährige die besten Noten und den »vorzüglichen Beifall« der Prüfungskommission. Das mit dem hervorragenden Zeugnis erworbene Recht nützte nichts: Der Vater, ein Gymnasiallehrer, konnte das Studium nicht bezahlen.

Statt Mathematik und Physik zu studieren, was seiner Begabung und Neigung entsprach, mußte sich Hermann Helmholtz verpflichten, acht Jahre dem preußischen Staate als Militärarzt zu dienen. Er wurde in das »Friedrich-Wilhelms-Institut« aufgenommen, ein militärisch geführtes Internat, dessen Zöglinge an der Universität Berlin ein reguläres Medizinstudium absolvierten.

Helmholtz promovierte 1842, also mit 21 Jahren, bei dem berühmten Physiologen Johannes Müller zum Doktor der Medizin. Durch mikroskopische Untersuchungen hatte er entdeckt, daß die Nervenfasern aus den Ganglienzellen entspringen.

Man war in der Physiologie schnell bei der Hand mit der Vorstellung einer »Lebenskraft«. Sie lieferte eine bequeme »Erklärung« für Vorgänge, die sonst unverständlich geblieben wären.

Im Schülerkreis von Johannes Müller wurde Helmholtz mit Begeisterung als Gleichgesinnter aufgenommen. »Ein Kerl«, so beschrieb ihn Emil du Bois-Reymond, »der Chemie, Physik, Mathematik mit Löffeln gefressen hat, ganz auf unserem Standpunkt der Weltanschauung steht und reich an Gedanken und neuen Vorstellungsweisen.« Das gemeinsame Ziel der Freunde war es, konsequent nach den Prinzipien der Physik und Chemie die Physiologie aufzubauen und aus dieser Wissenschaft »die Lebenskraft zu verscheuchen«.

Am 14. Januar 1845 gründeten sechs junge Gelehrte die »Physikalische Gesellschaft zu Berlin«. Emil du Bois-Reymond gehörte zu diesem Kreis, und so trat noch im gleichen Jahr Hermann Helmholtz bei. An den Sitzungen im Kadettenhaus nahm er teil, wenn es die Zeit irgend erlaubte.

Die jungen Gelehrten standen unter dem Eindruck der »reißenden Fortschritte« in der Wissenschaft und der »ungemeinen Ausbreitung« des physikalischen Schrifttums, die es »schon fast unmöglich« mache, auch nur die wichtigsten Zeitschriften regelmäßig zu verfolgen. So faßten die Mitglieder der Gesellschaft den Beschluß, jedes Jahr gemeinsam einen Überblick über die in diesem Jahr erschienenen wissenschaftlichen Publikationen zu erarbeiten.

Für dieses Jahrbuch »Fortschritte der Physik« übernahm es Helmholtz, einen Literaturbericht über die physiologischen Wärmeerscheinungen zu geben. Was dem Physiker der älteren Generation so große Schwierigkeiten bereitet hatte, erschien nun Helmholtz fast selbstverständlich: Die Wärme ist nicht ein eigentümlicher Stoff, sondern eine besondere Form der Bewegung. Um Wärme hervorzubringen, müssen zur Kompensation andere Kräfte aufgewendet werden.

Helmholtz hatte sein Thema gefunden. Er studierte, alles neben der militärärztlichen Tätigkeit, die Arbeiten von Rumford und Davy, von Carnot und Clapeyron, von Faraday und Joule. Auf Julius Robert Mayer stieß er nicht. Der Aufsatz in den »Annalen der Chemie und Pharmazie« von 1842 und die Broschüre von 1845 blieben ihm unbekannt.

Am 23. Juli 1847 hielt Helmholtz vor der »Physikalischen Gesellschaft« den berühmt gewordenen Vortrag »Über die Erhaltung der Kraft«. Dieses Gesetz widerspreche, so Helmholtz, keiner der bisher bekannten Tatsachen, sondern werde vielmehr durch die Naturerscheinungen in geradezu auffallender Weise bestätigt. Seine Absicht sei es, »die theoretische, praktische und heuristische Wichtigkeit dieses Gesetzes darzulegen«.

Sogleich nach der Sitzung übersandte Helmholtz das Manuskript dem Professor Gustav Magnus mit der Bitte, es an den Herausgeber der »Annalen der Physik« weiterzugeben. So geschah es. Aber wie sechs Jahre zuvor im Falle Julius Robert Mayer: Der Herausgeber Poggendorff lehnte einen Abdruck ab.

Poggendorff fühlte sich mit seiner Zeitschrift als Apostel einer »gesunden, hypothesenfreien Physik«. Die Naturphilosophie von Schelling und Hegel betrachtete er als Todfeind, und ein für allemal waren die Annalen versperrt für jede Art der »Spekulation«. Die Regel war: In den »Annalen der Physik« kommen nur solide experimentelle Arbeiten zum Abdruck.

Wenn in einer Wissenschaft keine neuen Ideen gewagt werden dürfen, ist diese zur Sterilität verurteilt. Einhundert Jahre später sagte es Einstein einmal so: In der Physik sei die »Hegelei«, das heißt die Spekulation, »das Don Quijotische Element« oder »der Verführer«: »Wo dies Übel oder Laster aber gründlich fehlt, ist der hoffnungslose Philister auf dem Plan.«

So ähnlich mochten es damals auch die jungen Physiker empfinden. Seinem Unwillen über Magnus und Poggendorff kräftigen Ausdruck gab Emil du Bois-Reymond, als er dem Freunde Helmholtz von der Ablehnung berichtete. Daraufhin ließ Helmholtz die Abhandlung als eigene Broschüre im renommierten Verlag Georg Reimer erscheinen.

Die reservierte Haltung der Koryphäen veranlaßte die jungen Physiker, ihre Zustimmung demonstrativ zum Ausdruck zu bringen. Durch die »Physikalische Gesellschaft« verbreiteten sich die Gedanken. Sie stimmten aufs vorzüglichste überein mit dem, was sich Michael Faraday zurechtgelegt und was James Prescott Joule 1843 im Versuch demonstriert hatte. Bald sprach man vom »höchsten und wichtigsten Prinzip der Natur«.

Es war für Helmholtz eine Überraschung, als er erfuhr, daß Julius Robert Mayer schon einige Jahre früher ähnliche Überlegungen publiziert hatte. Die Priorität gebührte Mayer, daran konnte kein Zweifel sein. Aber Mayer hatte seinerzeit keine Resonanz gefunden: Auch eine geniale Idee nützt nichts, wenn sie nicht Verbreitung findet und – nach kritischer Prüfung – aufgenommen wird von der Wissenschaft.

Erstaunlich, wie schnell nun das neue Prinzip Allgemeingut wurde in der Physik. Kurz nach der Jahrhundertmitte führten William Thomson (der spätere Lord Kelvin) und William Rankine den Begriff »Energie« ein. Statt »Spannkräfte« hieß es nun »potentielle Energie« und statt »lebendige Kräfte« »kinetische Energie«. Damit waren auch die ewigen Verwechslungen mit der »Kraft« im Newtonschen Sinne ausgeschlossen.

Seit Galilei hatten die Physiker immer neue Gesetze gefunden. Keines aber besaß eine derart umfassende Bedeutung. So haben damals die Gelehrten gesagt: Wie in jedem Reich gibt es auch im Reich der Physik Gesetze, und es gibt nun endlich die Verfassung oder das Staats-Grundgesetz.

»Wenn es wahr ist, daß ein Staatswesen erst in dem Augenblicke in einer dieses stolzen Namens würdigen Weise zu existieren beginnt, in dem es eine Verfassung erhält, die als oberstes Staatsgrundgesetz über allem thront, so muß man, in Anwendung auf das Weltganze, vom Standpunkte des Naturforschers aus betrachtet, sagen: Die naturwissenschaftliche Welt ist noch erstaunlich jungen Ursprungs. Denn erst seit wenigen Jahren sind wir im Besitze des Grundgesetzes, dem sich alles Naturgeschehen unterzuordnen hat, des Gesetzes von der Erhaltung der Kraft, wie man früher sagte, von der Erhaltung der Energie, wie man, mit zweckmäßiger gewählter Nomenklatur, gegenwärtig sagt. Über allem, was sich im unendlichen Raume, im Strome der dahinfließenden Zeit abspielt, thront die Energie als Göttin, als Königin, hier gebend und dort nehmend, im ganzen aber weder gebend noch nehmend. Wahllos, in lauterster Gerechtigkeit, übt sie allenthalben ihre Macht aus.«

Das schrieb der Jenaer Physiker Felix Auerbach und nannte die Energie die »Herrin der Welt«. Das Gesetz von der Erhaltung der Energie wurde so populär, daß auch Wilhelm Busch das Thema aufgriff. Er reimte in der Bildergeschichte »Balduin Bählamm, der verhinderte Dichter«:

Hier strotzt die Backe voller Saft;
Dort hängt die Hand, gefüllt mit Kraft.
Die Kraft, infolge der Erregung,
Verwandelt sich in Schwungbewegung.
Bewegung, die in schnellem Blitze
Zur Backe eilt, wird hier zur Hitze.
Die Hitze aber durch Entzündung
der Nerven, brennt als Schmerzempfindung
Bis in den tiefsten Seelenkern,
Und dies Gefühl hat keiner gern.
Ohrfeige nennt man diese Handlung.
Der Forscher nennt es: Kraftverwandlung.

»Als erstes Gesetz, welches unabhängig vom Menschen eine absolute Geltung besitzt, nahm ich das Prinzip der Erhaltung der Energie wie eine Heilsbotschaft in mich auf.« So erinnerte sich Max Planck an seine Schulzeit während des deutsch-französischen Krieges 1870/71.

Die Wissenschaftler konnten nun gar nicht mehr begreifen, daß früher einmal die Betrachtung mechanischer Vorgänge, bei denen Wärme entsteht, Schwierigkeiten gemacht hatte. So erklärte Felix Auerbach, was für einen großen Schritt das Energieprinzip tatsächlich für das menschliche Denken bedeutet:

»Man muß sich in den Vorstellungskreis versetzen, der früher herrschte, und man muß berücksichtigen, daß in einem in steter Entwicklung begriffenen Gebiete ein Zurückgehen in die Vergangenheit um wenige Jahrzehnte genügt, um den Vorstellungskreis großer Geister zu dem Vorstellungskreis unmündiger Knaben zu machen. Stellen wir uns also solch einen Knaben vor, der heutzutage zum ersten Male eine Schmetterlingspuppe im Glase hegt und eines schönen Tages aufgeregt zu seinem Vater eilt und ihm sagt: heute sind zwei Wunder geschehen, erstens ist die Puppe verschwunden und zweitens ist ein reizender Schmetterling da! Der Vater wird lächeln und erwidern: das sind nicht zwei, das ist auch nicht ein Wunder, es hat sich einfach die Puppe in den Schmetterling verwandelt. Nun hielt man vor hundert Jahren die Wärme für einen

Stoff, und man stand bei dem Versuche mit der aufschlagenden und den Boden erwärmenden Kugel einem zweifachen Wunder gegenüber: Es war mechanische Energie oder, wie wir kurz sagen wollen, es war Arbeit verloren gegangen, und es war ein Stoff, Wärme, aus dem Nichts entstanden – eine Tatsache, mit der man sich durch allerhand erkünstelte Vorstellungen abzufinden suchte. Wir von heute sagen wie der Vater zu dem Knaben: höchst einfach, die Wärme ist gar kein Stoff, die Wärme ist auch eine Art von Energie, und es hat sich einfach mechanische Energie in Wärme-Energie, es hat sich einfach Arbeit in Wärme verwandelt.«

Mayer hatte von der Energie als einem »unzerstörlichen, wandelbaren, imponderablen Objekt« gesprochen und Helmholtz sinngemäß von einer Quantität, die (in einem abgeschlossenen System) weder zu- noch abnehmen könne. Genau diese Vorstellung bürgerte sich in der Physik ein. »Man tut gut daran«, sagte Felix Auerbach, »den Ausdruck ›Es steckt Energie in einem Körper‹ nicht allzu bildlich, sondern im Gegenteil recht konkret zu nehmen«:

»In der dahinsausenden Kanonenkugel sind nicht bloß einige Kilo Metall, sondern es ist auch eine gute Portion Energie in ihr enthalten; das eine ist so wahr und wirklich wie das andere. Ebenso verhält es sich mit einer aufgezogenen Uhrfeder oder mit einem Dynamitlager. Der Stoff ist nicht realer als die Energie – beide geben sich lediglich durch ihre Wirkungen zu erkennen; der Stoff durch die Wirkung auf den Tastsinn, also z. B. dadurch, daß er sich meinem nach ihm tastenden Finger entgegenstellt (daher der bezeichnende Name »Gegenstand«) und durch seine Wirkung auf das Auge, in dem er einen bestimmten Form- und Farbeneindruck hervorruft; die Energie durch ihrerseits spezifische Wirkungen, und man kann gerade in dem Falle der einschlagenden Kanonenkugel oder des explodierenden Dynamitlagers nicht gerade behaupten, daß dies weniger reale Wirkungen wären. Die Energie ist etwas Reales, mit dem wir umspringen können wie mit der Materie, das wir kaufen und verkaufen, benutzen und vergeuden können.«

Tatsächlich sind wir bisher wenig sparsam mit der Energie umgegangen. Energie ist die Fähigkeit, Arbeit zu leisten. Die Erschließung der Energiequellen der Erde hat den Menschen befreit von schwerer körperlicher Anstrengung. Wo in antiker Zeit einzelne Sklaven gedient haben, setzen wir heute tausendfach stärkere Maschinen ein. Diese Maschinen benötigen zum Betrieb Energie; ohne Energie würde der Mensch zurückgeworfen in die Zeit vor Erfindung der Dampfmaschine.

Wenn aber die Energie nach Mayer und Helmholtz immer erhalten bleibt, so mag man jetzt fragen, warum muß man dann sparsam damit umgehen? Ist es denn nicht so, daß der Mensch, selbst wenn er es wollte, niemals Energie verlieren kann? Ja, muß man darauf erwidern, das ist richtig. Die Energie verschwindet nicht. Aber sie wandelt sich aus einer für den Menschen wertvollen Form um in eine wertlose.

Mit der Energie ist es etwa so wie mit dem Gold. Wertvoll ist es in Barren und Münzen, praktisch wertlos aber das Gold, das sich in feinster Verteilung im Meerwasser findet, über alle Ozeane zerstreut. Um dieses Gold zu gewinnen, müßte man den hundertfachen Goldwert aufwenden.

Energie »verbrauchen« heißt also, Energie von wertvoller Form, etwa die im Erdöl chemisch gebundene Energie, umzuwandeln in Wärmeenergie. Die Zimmerwärme von 20 Grad Celsius dringt schließlich durch Fenster und Türen und verteilt sich in der Atmosphäre. Von dort könnte sie nur sehr aufwendig durch eine Wärmepumpe wiedergewonnen werden.

Überlegungen solcher Art führten dann schließlich zum sogenannten »Zweiten Hauptsatz der Wärmelehre«. Dieser ergänzt das Gesetz von der Erhaltung der Energie. Neben die Energie tritt als zweiter Begriff die »Entropie«.

Mit der »Entropie« hat später, an der Wende zum 20. Jahrhundert, Max Planck souverän hantiert. Dabei bereitete es seinen Kollegen die größten Schwierigkeiten zu verstehen, was diese »Entropie« überhaupt bedeutet. So wollen wir hier nicht den Versuch machen, den Begriff zu erklären. Sagen wir nur: Die Entropie ist ein Maß für den Wert der Energie.

Ein bekannter Physiker, der später mit Erfolg die beiden Hauptsätze der Wärmelehre in der Astrophysik angewendet hat, berichtete von dem

Vergnügen und der Belehrung, die ihm, als er Student war, das schmale Bändchen von Felix Auerbach bereitet hatte. Es handelte sich um »Die Weltherrin und ihr Schatten«.
Mit der »Weltherrin« war die Energie und mit dem Schatten die Entropie gemeint. Je mehr er die Dinge verstanden habe, so sagte dieser Astrophysiker, schienen ihm die beiden ihre Plätze zu wechseln: »In der riesigen Fabrik der Naturprozesse nimmt das Entropieprinzip die Stelle des Direktors ein, denn es schreibt die Art und den Ablauf des ganzen Geschäftsganges vor. Das Energieprinzip spielt nur die Rolle des Buchhalters, indem es Soll und Haben ins Gleichgewicht bringt.«

V. Die Werkstätte des Physikers

1. Lichtenberg: Der Apparat

Georg Christoph Lichtenberg ist heute fast nur noch als Satiriker und Aphoristiker bekannt. Zu seiner Zeit galt er als Physiker; er wirkte für dieses Fach als ordentlicher Professor seit 1775 an der Universität Göttingen.

Er verehrte Isaac Newton und kämpfte für eine gesunde, hypothesenfreie und auf Erfahrung gegründete Physik. »Der Mathematiker ist beruhigt, wenn er bloß die [logische] Möglichkeit zeigt«, sagte er, »des Physikers Geschäft ist: auszumachen, welches unter unzähligen Suppositionen [Annahmen], die möglich sind, die einzige, einzig wirkliche, die einzige vom Schöpfer wirklich gewählte sei.«

Wie (fast) alle Naturforscher des 18. Jahrhunderts war er ein Apostel des Experiments. Nach Lichtenberg darf der Physiker keinen Schritt tun ohne Erfahrung und ohne Versuche: »Fehlen ihm die, und er weiß nicht weiter, gut, so ist er für jetzt am Ende und muß die Hand auf den Mund legen.«

Experimente, von denen Lichtenberg hörte, machte er, wenn es irgend ging, sofort nach. Lebhaft interessierte er sich für astronomische und physikalische Instrumente, und unter großen Geldopfern baute er sich eine eigene Sammlung auf. Bis 1783 hatte er dafür 1500 Taler ausgegeben. Die Apparate standen ursprünglich in der Wohnung und wurden zur Experimentalphysik-Vorlesung in die Universität gebracht.

Diese Angaben entnimmt man einem Schreiben Lichtenbergs, in dem sie als beiläufige Nebensache vermerkt sind. Es handelt sich um den berühmten, vier Generationen lang verschollenen Brief, in dem er einem Freund gegenüber den Tod seiner Geliebten, der »Jungfer Stechardin«, beklagte:

»Ich lernte im Jahre 1777 ... ein Mädchen kennen, eine Bürgers-Tochter aus hiesiger Stadt, sie war damals etwas über 13 Jahr alt; ein solches Muster von Schönheit und Sanftmut habe ich in meinem Leben noch nicht gesehen, ob ich gleich viel gesehen habe. Das erste Mal, da ich sie sah, befand sie sich in einer Gesellschaft von 5 bis 6 andern, die, wie die Kinder hier tun, auf dem Wall den Vorbeigehenden Blumen verkaufen ... Ich sprach sie endlich allein und bat sie, mich im Hause zu besuchen; sie ginge keinem Purschen auf die Stube, sagte sie. Wie sie aber hörte, daß ich ein Professor wäre, kam sie an einem Nachmittage mit ihrer Mutter zu mir. Mit einem Wort, sie gab den Blumenhandel auf und war den ganzen Tag bei mir. Hier fand ich, daß in dem vortrefflichen Leib eine Seele wohnte, gerade so, wie ich sie längst gesucht, aber nie gefunden hatte. Ich unterrichtete sie im Schreiben und Rechnen und in andern Kenntnissen, die, ohne eine empfindsame Geckin aus ihr zu machen, ihren Verstand immer mehr entwickelten. Mein physikalischer Apparat, der mich über 1500 Taler kostet, reizte sie anfangs durch seinen Glanz und endlich wurde der Gebrauch davon ihre einzige Unterhaltung. Nun war unsere Bekanntschaft aufs höchste gestiegen. Sie ging spät weg und kam mit dem Tage wieder, und den ganzen Tag über war ihre Sorge meine Sachen, von der Halsbinde an bis zur Luftpumpe, in Ordnung zu halten ... Die Folge war, was Sie schon mutmaßen werden, sie blieb von Ostern 1780 an ganz bei mir ...«

Bis auf den heutigen Tag ist eine Zusammenstellung der physikalischen Instrumente Lichtenbergs erhalten geblieben, eine Liste, geschrieben mit ungelenker Kinderhand. Wahrscheinlich hat Lichtenberg die Angaben diktiert, und das Mädchen hat geschrieben. So werden die zahlreichen Verschreibungen begreiflich.

Die Vorlesungen Lichtenbergs waren gewürzt mit geistreichen Anspielungen. So sagte er zur Anziehung gleichnamiger und Abstoßung ungleichnamiger Magnetpole, daß dies Naturgesetz allgemeiner sei als man glaube: »Denn Personen, die vorher als ungleichnamig sehr stark einander angezogen haben, stoßen einander heftig ab, sobald sie gleichnamig geworden sind.«

Auf seine Studenten wirkte Lichtenberg sehr stark durch den Witz seines Vortrages, aber ebenso durch die Demonstration von Versuchen. Ein Hörer zählte im ganzen 600 Experimente. Die Vorführung wurde regelmäßig an den Sonntagen zwischen 11 und 12 Uhr vom Assistenten in der Wohnung Lichtenbergs wiederholt.

Johann Beckmann, der Begründer der Technologie als Hochschulfach, schon damals ein berühmter Mann, konnte nicht mehr mithalten. »Ich habe ohne Vorsatz«, berichtete Lichtenberg, »dem Hofrat Beckmann die Bank förmlich gesprengt. Vorigen Sommer kam schon seine Physik nicht mehr zu Stande, und diesen Sommer hat er aufgehört, sie anzuschlagen.«

Lichtenberg hatte einen ganz ungewöhnlichen Zulauf; an die 100 Hörer saßen in seiner Vorlesung. Dem buckligen Manne wurde warm ums Herz, wenn er die gespannte Aufmerksamkeit seiner Studenten sah. »Man muß Experimentalphysik wie ich 21 Mal gelesen haben, um das Vergnügen zu fühlen, an einem frischen Morgen, ohne den Assistenten, ohne Bangigkeit, ob die Versuche auch gelingen werden, bloß mit dem Compendio in der Hand in den Hörsaal zu gehen; es ist ein wahres Kurtrinken.«

Das »Compendio«: Das war das Lehrbuch, das sein Amtsvorgänger Erxleben verfaßt hatte, und an das sich nun auch Lichtenberg hielt. Lichtenberg wußte wohl, warum seine Kollegen an den anderen Universitäten so langweilig waren für die Studenten. Ohne rechte Anteilnahme lasen sie ihren Text herunter. Er aber legte sich jedesmal den Stoff aufs neue zurecht und sprach lebendig in freier Rede.

1786 schickte Lichtenberg der Regierung in Hannover eine Eingabe: Die Universität möge doch die von ihm privat angeschafften Instrumente »gegen eine geringe Leibrente« übernehmen und so den Grundstock schaffen für eine physikalische Apparatesammlung. Sonst würden nach seinem Tode die Instrumente mit dem Nachlaß in alle Winde zerstreut, und der Nachfolger müsse wieder von vorne anfangen. Die Argumente leuchteten ein. Die Universität übernahm nach und nach die Instrumente und mietete neben Lichtenbergs Wohnung einen Raum für die Aufstel-

lung. So entstand das »physikalische Kabinett«, die Vorform des »physikalischen Institutes« von heute.
Das »physikalische Kabinett« ist also eine Sammlung von Apparaten im Besitz des Staates, für deren Aufbewahrung – mehr schlecht als recht – ein Raum in der Universität zur Verfügung stand. Der Professor selbst aber hatte kein offizielles »Dienstzimmer«. Ebensowenig gab es Seminar- und Übungsräume für die Studenten.
Erst mit der Berufung von Wilhelm Weber im Jahre 1831 kehrte »ein neuer Geist« ein in das physikalische Kabinett der Universität Göttingen. Es hörte auf, ein »bloßer Demonstrationsapparat für Vorlesungen« zu sein. Weber führte praktische Übungen für die Studierenden ein, die auf diese Weise den Gebrauch physikalischer Instrumente erlernten.

2. Magnus: Das Kabinett

Mit der Entdeckung Oersteds 1820 begann in der Physik die Epoche des Elektromagnetismus. Die wichtigsten Arbeiten kamen aus Paris. Deutschland, das »Land der Dichter und Denker« war Provinz, was die Physik betraf. Das empfand besonders stark Ludwig Wilhelm Gilbert in Leipzig, der Herausgeber der »Annalen der Physik«: Die besten Arbeiten in seiner Zeitschrift waren Übersetzungen aus dem Französischen und Englischen.

Warum sind die Franzosen den Deutschen überlegen? Gilbert antwortete: Weil eine ganze Reihe der besten Köpfe an einem Orte zusammenarbeiten und sich deshalb dort ein wissenschaftliches Leben entfalten kann.

In Deutschland gab es auch gute Physiker, aber sie saßen, voneinander isoliert, an ihren jeweiligen Universitäten, Gymnasien und Akademien. »Hier bewährt sich wieder recht auffallend«, schrieb Gilbert ein paar Monate nach der Entdeckung Oersteds, »welchen außerordentlichen Vorsprung vor vereinzelten Gelehrten Physiker haben, die in einer solchen Gemeinschaft wie in dem Institute in Paris leben, wenn ihr Eifer aufgeregt wird. Die Herren Arago und Ampère sind in kurzer Zeit zu noch größeren Wundern als die Kopenhagener Physiker gelangt.«

Wissenschaft ist ein soziales Phänomen. Auch das Genie kann nur nach gehöriger Auseinandersetzung mit den Auffassungen der Vorgänger und Zeitgenossen Erkenntnis gewinnen. Und erst dann erreicht individuelle Einsicht den Rang von »Wissenschaft«, wenn sie anderen Menschen zur Kenntnis gelangt, nach gewissen Kriterien geprüft und dann entweder akzeptiert oder verworfen wird.

Für den Wissensfortschritt ist also der große Gelehrte erforderlich, aber auch die Existenz einer »scientific community« mit einem funktionierenden Übermittlungssystem, das die neugewonnenen Aussagen schnell verbreitet und zur Diskussion stellt. Nur so kann aus subjektiver Meinung intersubjektive Erkenntnis entstehen.

In der ersten Hälfte des 19. Jahrhunderts existierte in Deutschland, was die Physik betraf, kein ganz überragender Kopf. Noch gravierender war, daß es nirgendwo einen »wissenschaftlichen Betrieb« gab. Die jungen Talente fuhren nach Paris, um zu lernen, wie Wissenschaft gemacht wurde.

Dazu gehörte auch der Berliner Gustav Magnus. Nach einem längeren Studienaufenthalt in Stockholm und in Paris habilitierte er sich 1831 an der Universität Berlin. Die »Habilitation« war eine Spezialität der deutschen Universität. Es handelte sich dabei um eine Art zweiter und höherer Doktorprüfung, mit der man zum »Privatdozenten« aufrückte und damit zum erlauchten Kreis der Universitätsdozenten gehörte. 1834 wurde Magnus zum außerordentlichen Professor, endlich 1845 zum Ordinarius ernannt.

Die Dreiteilung der Dozentenschaft in Privatdozenten, außerordentliche und ordentliche Professoren nannte der französische Philosoph Victor Cousin das »Haupttreibrad des Mechanismus einer deutschen Universität«. Tatsächlich hielten – wie einst die Sklaven im Tretrad – die Dozenten in ihrem Drange, Schritt um Schritt nach vorne zu tun, das ganze System in Schwung. Die Einrichtung der Privatdozentur, eine unbesoldete, aber sozial angesehene Stellung, ermöglichte es dem Staat ohne große Kosten und Verpflichtung, ein Reservoir zu schaffen, aus dem bei Bedarf Professoren entnommen werden konnten.

Es war ein gnadenloses Ausleseverfahren, das da stattfand, gleichsam von der Wiege bis zur Bahre. Aber es herrschte – im großen und ganzen – Gerechtigkeit. Wirklich setzten sich diejenigen durch, die im Geschäft »Wissenschaft« die besten waren: Nur die Hochbegabten kamen auf die Lehrstühle, die ihr Leben in den Dienst der Wissenschaft stellten.

Als Magnus seine Lehrtätigkeit aufnahm, stand die Universität Berlin unter dem starken Einfluß der Naturphilosophie. Bis zu seinem Tode 1831 hatte hier Georg Wilhelm Friedrich Hegel gewirkt.

Magnus war es immer ein Lebensbedürfnis, Gegensätze auszugleichen. In diesem Punkte aber ergriff er entschlossen und schroff Partei. »Er predigte fortdauernd«, berichtete sein Schüler Helmholtz, »daß der

Wirklichkeit gegenüber kein Raisonnement, und sähe es noch so plausibel aus, daß vielmehr nur die Beobachtung und der Versuch entscheidet; und er verlangte stets, daß jeder ausführbare Versuch, der eine tatsächliche Bestätigung oder Widerlegung eines hingestellten Gesetzes oder einer Erklärung geben könne, gemacht werde.«

Mit noch mehr Leidenschaft als Magnus kämpfte (wie erwähnt) Justus von Liebig gegen diese »Pestilenz«, diesen »schwarzen Tod des Jahrhunderts«. Er machte sie verantwortlich für die Vernachlässigung der experimentellen Forschung. Wenn es in Preußen, in Österreich und den anderen deutschen Ländern noch immer keine Universitätslaboratorien für Physik und Chemie gebe, sagte er, sei allein Schuld die romantische Naturphilosophie: Überall trete der »überwuchernde Humanismus« den »Fortschritten der Naturwissenschaften und der Medizin« entgegen. Damit schoß Liebig über das Ziel hinaus.

Für die 1810 gegründete Universität in Berlin hatte Wilhelm von Humboldt die »Einheit von Forschung und Lehre« proklamiert. Um ein hohes geistiges Niveau zu gewährleisten, wurde 1812 das Abiturientenexamen eingeführt als notwendige Zulassungsvoraussetzung für die Studierenden. Entsprechend für die Lehrenden: Nur wer nach dem Doktorexamen sich einer weiteren schweren Prüfung unterzog, der Habilitation, durfte an der Universität unterrichten.

Unter dem Einfluß des deutschen Idealismus standen die philologisch-historischen Fächer ganz im Vordergrund. Die experimentell orientierten Naturwissenschaften wurden an den Universitäten zwar nicht geradezu unterdrückt, aber auch nicht besonders gefördert. Den Wert von Laboratorien an den Bildungsanstalten vermochten die Neuhumanisten nicht einzusehen. Sie wollten den Geist der Studierenden bilden, nicht die Handfertigkeit, wie sie in falscher Interpretation des physikalischen Praktikums meinten.

Der deutsche Idealismus hatte also zwei Auswirkungen auf die Physik: Einerseits wurde durch die allgemeine Hebung des wissenschaftlichen Niveaus auch die Physik mit aufgewertet. Andererseits war überhaupt kein Verständnis für die Bedeutung des Experiments vorhanden.

So beschaffte sich Magnus, um überhaupt arbeiten zu können, aus eigenen Mitteln die Instrumente für seine Forschungen und zur Demonstration in den Vorlesungen. Er stammte aus einem begüterten Haus, und da ihn nichts so sehr faszinierte wie die Physik, leistete er sich diesen Luxus. 1842 kaufte er ein neues Wohnhaus, hauptsächlich zur Unterbringung der Apparate. Hier in seinem Privatlaboratorium arbeitete er selbst und hierher lud er die Studenten ein, bei denen er »Eifer und Fähigkeit« für die Wissenschaft zu entdecken glaubte.

Bald war im Hause Kupfergraben 7 ein kleiner Kreis von jungen Männern regelmäßig tätig. Magnus unterstützte jeden einzelnen mit Ratschlägen. »Ich habe damals etwa drei Monate bei ihm fast täglich gearbeitet«, erinnerte sich Hermann von Helmholtz, »und habe dadurch einen tiefen und bleibenden Eindruck von seiner Güte, seiner Uneigennützigkeit, seiner vollkommenen Freiheit von wissenschaftlicher Eifersucht gewonnen.«

Bald stellte es sich als sinnvoll heraus, die Schüler von Zeit zu Zeit zu versammeln; es gab so viele Fragen, die alle gemeinsam interessierten. Dazu gehörte die Besprechung der Arbeiten, die in Paris, in London, aber auch in Greifswald und Tübingen gemacht worden waren, und über die sie aus den Zeitschriften erfuhren. Reihum wurden Referate vergeben, und an den Bericht schloß sich eine Diskussion an, die um so lebhafter wurde, je mehr die Studenten eindrangen in ihre Wissenschaft.

Magnus war ungezwungen und kommunikationsfähig. Er nahm seinen Schülern die Befangenheit und veranlaßte sie, selbst Fragen an den jeweiligen Referenten zu stellen. So entwickelte sich das, was wir heute ein »Physikalisches Kolloquium« nennen.

Die jungen Physiker waren bald mit solchem Enthusiasmus bei der Sache, daß sie zu Hause die Gespräche ohne den Professor fortsetzten. Bei diesen Tee-Abenden entstand der Plan, die Diskussionen zu einer ständigen Einrichtung zu machen. So kam es am 14. Januar 1845 zur Gründung der »Physikalischen Gesellschaft zu Berlin«. Gustav Karsten, der erste Vorsitzende, hat an diesem Tag seinen kleinen Verein von sechs jungen Physikern im Garten seines Hauses in der Kronenstraße 39 selbst photographiert. Die lange Expositionsdauer der Daguerrotypie machte es Karsten möglich, nach Öffnung des Kameraverschlusses seinen Platz in der Gruppe einzunehmen und ihn kurz vor dem Ende der Belichtung wieder zu verlassen. Auf dem Bild sieht man denn auch Karsten, wie er mit der Taschenuhr in der Hand die Belichtungszeit kontrolliert.

Aus dem kleinen Verein ist die heutige »Deutsche Physikalische Gesellschaft« mit zur Zeit etwa 7000 Mitgliedern hervorgegangen. Die Gesellschaft hat bis zum Ersten Weltkrieg Jahr für Jahr im Januar ihr Stiftungsfest gefeiert und später wenigstens alle zehn Jahre eine Gedenksitzung veranstaltet. Dabei fehlte fast nie die Demonstration der historischen Aufnahme.

Schaut hin nach Berlin in die Straße der Kronen,
Dort soll ein Herr Doktor Karsten wohnen –
Eine Weinlaubenwand liegt im Sonnenschein,
Davor ist versammelt ein kleiner Verein,
Der treibt Physik und experimentiert.
Ins Jahr der Stiftung blicket Ihr heute:
Wer kennt sie – diese jungen Leute?

Im Lesezimmer des Kadettenhauses begannen am 21. Februar 1845 die »Sitzungen« der Gesellschaft. Alle zwei Wochen am Freitag versammelten sich die jungen Physiker, um Vorträge zu halten und zu diskutieren. Rasch erweiterte sich der kleine Kreis: Der 24jährige Hermann Helmholtz trat bei, der 29jährige Werner Siemens, der 19jährige Gustav Heinrich Wiedemann. Am Ende des Gründungsjahres zählte der Verein 53 Mitglieder.

Nun gab es auch in Deutschland das, was 25 Jahre zuvor Ludwig Wilhelm Gilbert so schmerzlich vermißt hatte: eine »scientific community«, eine Gruppe von gleichgesinnten Forschern an einem Ort, die einen engen wissenschaftlichen Gedankenaustausch miteinander pflegen. Wissenschaft aber entsteht im Gespräch.

3. Karsten: Das Institut

Der Königsberger Physiker Franz Neumann betonte in immer drängenderen Eingaben die Notwendigkeit eines physikalischen Instituts. 1845 und 1846 entwarf er eine Denkschrift, der er die Worte voranstellte: »Das physikalische Institut ist nichts anderes als die Werkstätte des Physikers«.

Im Revolutionsjahr 1848 hofften auch die Physiker, »es sei nun endlich die Zeit gekommen, wo sie der Erfüllung ihrer langgehegten Wünsche nahe ständen«. Gustav Karsten, der 1847 als Ordinarius für Physik an die Universität Kiel berufen wurde, war es, der diese Feststellung getroffen hat. Er veröffentlichte 1849 eine Broschüre, in der er die Forderungen der Physiker zum Ausdruck brachte. Als Mitbegründer und erster Vorsitzender der »Physikalischen Gesellschaft zu Berlin« durfte er sich für legitimiert halten, für die Kollegen zu sprechen.

Es waren im wesentlichen drei Forderungen, die Karsten stellte: »Erstlich muß an allen Universitäten eine besondere mathematisch-naturwissenschaftliche Fakultät hergestellt werden ... Mathematik, Astronomie, Physik, Chemie, chemische und mechanische Technologie, die beschreibenden Naturwissenschaften, Physiologie und Naturphilosophie würden die Hauptdisziplinen sein.«

Die zweite Forderung war, daß in Deutschland eine »große polytechnische Schule« gegründet werden müsse, wobei er offenbar (ohne es auszusprechen) an das große Vorbild der École Polytechnique in Paris dachte.

Drittens verlangte Karsten, daß in Kiel, an der Landesuniversität von Schleswig-Holstein, und weiter an jeder preußischen und deutschen Universität ein eigenes physikalisches Institut errichtet werde: »Räumlichkeiten müssen vorhanden sein für 1) die physikalische Sammlung, 2) Modellsammlung, 3) Auditorium, 4) drei Säle zu physikalischen Untersuchungen, 5) eine meteorologische Station, 6) Laboratorien für Praktikanten, 7) Bibliothek, 8) Werkstätte und Wohnung eines Mecha-

Von der Stellung

der

Naturwissenschaften,

besonders

der physikalischen,

an

unseren Universitäten.

> Das Erschaffen neuer Organe (Werkzeuge der Beobachtung) vermehrt die geistige, oft auch die physische Macht des Menschen. Schneller als das Licht trägt in die weiteste Ferne Gedanken und Willen der geschlossene elektrische Strom.
>
> Kosmos II. 400.

Kiel.

Akademische Buchhandlung.

1849.

14 Die 1849 anonym erschienene Denkschrift von Gustav Karsten über die Lage der Physik in Deutschland.

nikers, 9) Wohnung des Direktors, 10) Wohnung des Assistenten, 11) (im Garten) ein magnetisches Observatorium.«

Karsten veranschlagte einen Jahresetat von 1.200 Talern preußisch, an Baukosten 15.000 Taler. Da nach seinen Vorstellungen auch ein chemisches Institut gleicher Größe gebaut werden sollte, ergab sich für jede Universität ein einmaliger Aufwand von 30.000 Talern: »Diese Ausgabe darf aber nicht gescheut werden, wenn man es ernstlich mit einer würdigen Stellung der exakten Wissenschaften meint.«

Karstens Forderungen sollten alle erfüllt und übererfüllt werden, allerdings erst sehr viel später, als er es gewünscht hatte: Tübingen war 1863 die erste deutsche Universität, die sich eine eigene naturwissenschaftliche Fakultät geschaffen hat, und die anderen Universitäten sind nach und nach diesem Beispiel gefolgt. Es entstand nicht lediglich eine einzige »große polytechnische Schule« in Deutschland, sondern (gerechnet bis zum Ende des 19. Jahrhunderts) elf Technische Hochschulen, die den Universitäten mit Rektoratsverfassung und Promotionsrecht gleichgestellt wurden. Und schließlich erhielt jede deutsche Universität und Technische Hochschule ein physikalisches Institut – und die Neubauten wurden überall weitaus größer als von Karsten im Biedermeierstil veranschlagt.

Zunächst aber, in den fünfziger und sechziger Jahren des 19. Jahrhunderts, ging die Entwicklung außerordentlich langsam. Von den Professoren wurden die Bestände des physikalischen Kabinetts nach und nach erweitert. An manchen Universitäten stand dafür schon frühzeitig ein Gehilfe zur Verfügung, wie 1807 in Kiel und 1812 in Leipzig. Aus dem »Kabinett« entwickelte sich langsam das »Institut«. Wo ein »Gehilfe« tätig war, gab es später den Institutsdiener, den Mechaniker und den Assistenten.

Den Begriff »Physikalisches Institut« definiert man als eine Einrichtung, die nicht nur (wie das Kabinett) aus einer Sammlung von Apparaten besteht, sondern zu der auch Arbeitsräume gehören. Hier geht der Professor seinen Forschungen nach, und hier absolvieren die Studenten die »praktischen Übungen«.

Im Jahre 1930 ließ die Deutsche Physikalische Gesellschaft am alten Haus von Gustav Magnus in Berlin, Kupfergraben 7, eine Tafel anbringen:

> In diesem Hause / gründete und leitete / 1842 bis 1870 / Gustav Magnus / Das erste Physikalische Institut Deutschlands / Ihm / den Mitarbeitern und Schülern / Adolf von Baeyer, Emil du Bois-Reymond, Rudolf Clausius, Paul von Groth, Hermann von Helmholtz, Gustav Kirchhoff, August Kundt, John Tyndall, Emil Warburg / zum Gedächtnis / Die Deutsche Physikalische Gesellschaft.

Man kann im Zweifel sein, ob die Bezeichnung »erstes Physikalisches Institut« zutreffend ist: Das Haus war Privateigentum von Magnus, und nur die Instrumente gehörten (teilweise) dem Preußischen Staat. Von 1833 an hatte Magnus jährlich staatliche Zuwendungen zum Kauf erhalten; bis 1844 zählte die Inventarliste 234 Nummern. Auf Drängen einiger Kollegen wurde diese Sammlung aus dem Privathaus Kupfergraben 7 in die Universität verbracht. Dort war jedoch nur Raum für die Aufstellung des Apparats, nicht aber für Experimente vorhanden. Weder die akademischen Lehrer noch die Studenten konnten also in der Universität physikalisch arbeiten.

Von 1863 an zahlte der Preußische Staat eine Mietentschädigung an Gustav Magnus, wofür in einigen Räumen seines Hauses »Physikalische Übungen« für die Studenten eingerichtet wurden. Beschämend blieb die Situation für die übrigen Professoren: Sie waren auf die Gnade des Ordinarius angewiesen. Als Ferdinand Braun (der 1909 den Nobelpreis erhalten sollte) mit einem interessanten Thema bei einem außerordentlichen Professor promovieren wollte, dessen »ganz brillantes Colleg« ihn begeistert hatte, da konnte der Professor nur mit einer bedauernden Geste antworten: »Ich kann Ihnen leider nicht helfen. Mir steht kein Laboratorium zur Verfügung.«

Am 4. April 1870 starb Gustav Magnus. Als Nachfolger kam Hermann Helmholtz, der es inzwischen längst zum ordentlichen Professor für Physiologie gebracht hatte, aber dabei immer im Herzen Physiker

geblieben war. »So geschah das Unerhörte«, sagte der Freund Emil du Bois-Reymond, »daß ein Mediziner den vornehmsten physikalischen Lehrstuhl in Deutschland erhielt, und so gelangte Helmholtz, der sich selber einen geborenen Physiker nannte, endlich in eine, seinem spezifischen Talente und seinen Neigungen zusagende Stellung.«
Als seine Bedingungen hatte Helmholtz formuliert:

1. Persönliches Gehalt von 4000 Talern jährlich.
2. Zusage ... der Erbauung eines physikalischen Institutes mit den nötigen Hilfsmitteln für den Unterricht, für die Arbeiten des Direktors und für praktische Arbeiten der Studierenden.
3. Zusage, daß ich allein die Direktion über dieses Institut und die Instrumentensammlung behalte, und daß es meinem Urteil überlassen bleibt, wie weit und unter welchen Bedingungen ich anderen Dozenten die Mitbenutzung einräumen kann.

Diese letzte Forderung erscheint uns heute unbillig, war aber damals üblich. Wenn es Schwierigkeiten gab zwischen dem Institutsdirektor und den außerordentlichen Professoren und Privatdozenten, mußten diese auf experimentelle Arbeiten verzichten und auf theoretische ausweichen. Das war, menschlich gesehen, ein Übelstand; für die Physik aber hat sich das positiv ausgewirkt: Es wurde dadurch die Entwicklung der theoretischen Physik stimuliert. Und diese Sonderdisziplin sollte sich im 20. Jahrhundert als entscheidend wichtig erweisen.*
Nach der schnellen und siegreichen Beendigung des deutsch-französischen Krieges begannen die sogenannten »Gründerjahre«. An den deutschen Universitäten setzte geradezu eine Welle von Institutsneubauten ein. Was sich eine Generation zuvor die Forscher in ihren kühnsten Träumen erhofft hatten, wurde durch die Wirklichkeit in den Schatten gestellt.
Berlin, die Hauptstadt des neuen Reiches, erhob auch den Anspruch, noch mehr als bisher ein Zentrum der Wissenschaften zu sein. Über eine Million Mark wurde Helmholtz bewilligt für den Neubau des Physikalischen Instituts.

---

* Man vergleiche dazu Kapitel IX. 1 (Planck)

1873 waren die Pläne ausgearbeitet. »Es ist eine wahre Hetzjagd, aber kein Leben zu nennen«, klagte Frau Anna Helmholtz: »Wenn nur das unselige Institut einmal angefangen würde.« Fast fünf Jahre dauerte die Fertigstellung des Baues auf dem Gelände der ehemaligen Artillerie-Werkstätten zwischen Spree, Dorotheenstraße und Neuer Wilhelmstraße.

Das Institut besaß einen großen Hörsaal mit 300 Plätzen; hier wurden später auch die vierzehntäglichen Sitzungen der »Physikalischen Gesellschaft« abgehalten. Der Hausherr selbst fungierte für Jahrzehnte als Vorsitzender.

Helmholtz erhielt im ersten Stock, der sogenannten Beletage, eine repräsentative Dienstwohnung. Am 6. Dezember 1876 zog hier die Familie ein. Der »Reichskanzler der deutschen Physik«, wie er genannt wurde, konnte nun standesgemäß am gesellschaftlichen Leben Berlins teilnehmen.

Eine Zeichnung des Malers Adolph von Menzel hat eine Szene im Salon der Frau von Schleinitz festgehalten. Inmitten der Hofgesellschaft erkennt man den Kronprinzen Friedrich, die Kronprinzessin und Hermann Helmholtz mit seiner Frau. Durch solche Verbindungen erwarb sich Helmholtz großen Einfluß. Er nutzte ihn zum Vorteil der Wissenschaft.

Helmholtz war, was den Kathedervortrag betraf, ein schlechter Lehrer. Er hatte sich, wie Planck meinte, nie richtig vorbereitet: »Er sprach immer nur stockend, wobei er in einem kleinen Notizbuch sich die nötigen Daten heraussuchte, außerdem verrechnete er sich beständig an der Tafel.«

Ganz anders im Labor. Er erschien um zehn Uhr und blieb, abgesehen von seinen Vorlesungsstunden, bis vier. Mindestens einmal täglich besuchte er jeden Praktikanten, um die Fortschritte und Probleme zu besprechen. »Aber es war nicht nur seine Zeit, die er den Schülern so freigiebig schenkte«, berichtete ein Mitarbeiter: »Wertvollstes für ihr ganzes wissenschaftliches Leben hat er ihnen gegeben durch die Erziehung zur wissenschaftlichen Vorsicht und zur Selbstkritik . . . Man war (als Anfänger) überzeugt, zu einem sicheren Ergebnis gelangt zu sein, aber meistens nur bis zu dem Augenblicke, in dem man es Helmholtz vorgetragen hatte. Sein Scharfblick fand sofort eine Lücke der Beweisführung oder einen Mangel der Methode ... So vergingen Wochen und Monate, in denen der Schüler allmählich lernte, was ... zu einem einwandfreien Beweis gehört.«

Max Planck kam 1889 als Professor nach Berlin und hat als der wesentlich Jüngere Helmholtz herzlich verehrt und bewundert. »In seiner ganzen Persönlichkeit, seinem unbestechlichen Urteil, seinem schlichten Wesen verkörperte sich die Würde und Wahrhaftigkeit seiner Wissenschaft. Dazu gesellte sich eine menschliche Güte, die mir tief zu Herzen ging.«

Wir sind heute jeder Autorität gegenüber sehr kritisch geworden. So klingen uns Plancks Worte fast als Unterwerfung: »Wenn er mich im Gespräch mit seinem ruhig und eindringlich forschenden und doch im Grunde wohlwollenden Auge anschaute, dann überkam mich ein Gefühl grenzenloser kindlicher Hingabe, ich hätte ihm ohne Rückhalt alles, was mir am Herzen lag, anvertrauen können, in der gewissen Zuversicht, daß ich in ihm einen gerechten und milden Richter finden würde, und ein anerkennendes oder gar lobendes Wort aus seinem Munde konnte mich mehr beglücken als jeder äußere Erfolg. Ein paarmal ist mir so etwas passiert, und ich bewahre jedes dieser kleinen Erlebnisse in treuem Gedächtnis wie einen unverlierbaren Schatz für mein ganzes Leben.«

In der deutschen Physik war Helmholtz die überragende Figur. Wo er auch auftrat, wurden ihm Respekt und Verehrung entgegengebracht. Mit ihm verschaffte sich die Physik Ansehen in der Welt.

Um 1880 studierte man diese Wissenschaft, um Lehrer an einem Gymnasium zu werden. Nach der Promotion konnten nur die Glücklichen bei der Wissenschaft bleiben, die von zu Hause aus vermögend waren oder dies wurden, indem sie eine Tochter aus reichem Hause heirateten. Die Schaffung von besoldeten Assistentenstellen an den Instituten ermöglichte es nun, die besten im Fache zu halten. Damit hat sich die Wissenschaft den Zustrom von Begabungen aus der unteren Mittel-

schicht gesichert. Viele Physiker, die sich später einen Namen machten, kamen in das Fach über eine Assistentenstelle.
Fast an jedem physikalischen Institut gab es damals eine solche Stelle. Helmholtz hatte drei Assistentenstellen. Zwanzig hätte er besetzen können. So groß war der Andrang.
Grundlegend hatte sich die Einstellung der Menschen geändert. In der rasch um sich greifenden Fortschrittsbegeisterung glaubte man nun mehr an die Wissenschaften, als ehedem an die Bibel. Die Vorbehalte gegen die Physik und Chemie schwanden und wurden nur noch in schöngeistigen Zirkeln kultiviert. Trotz solcher Ressentiments genossen die Naturwissenschaften in breiten Kreisen hohe Achtung.
Viele begabte junge Männer setzten alles daran, um zur Universität zu gehen und ihr Leben der Wissenschaft zu weihen. Ungeheure Faszination übte die Physik aus.
Eine entscheidende Rolle spielte die Elektrotechnik, die, wie man wußte, unmittelbar aus der Physik hervorgegangen war. Die elektrotechnische Industrie hatte Bedarf an Wissenschaftlern, und so entstand langsam der Beruf des Industriephysikers.
Wer ein Studium der Physik anfing, hatte mehr Chancen als je zuvor. Man konnte in den höheren Schuldienst treten, in die Industrie gehen oder, als höchstes Ziel, an der Universität bleiben.

VI. Die Elektrotechnik

1. Faraday: Die physikalischen Effekte

Die Bücher waren seine Welt. Liebevoll nahm der Lehrling die Erzählungen »Tausendundeine Nacht« und die »Encyclopedia Britannica« zur Hand und fertigte mit Sorgfalt den Einband. Während er auf das Trocknen wartete, las er in den Büchern, die da vor ihm lagen. Während er wieder an die Arbeit ging, beschäftigte sich seine Phantasie weiter. Sein besonderes Interesse richtete sich auf Chemie und die Elektrizität. Auf eigene Faust bastelte er sich Elektrisiermaschine und Voltasche Säule und begann damit Versuche. Ein Kunde fand Gefallen an dem Wissensdurst des Knaben. Er nahm ihn mit zu den Abendvorlesungen von Humphry Davy in der Royal Institution.

Nach sieben Lehrjahren wurde er Geselle. Er wechselte den Arbeitsplatz, aber seine Tätigkeit gefiel ihm immer weniger: »Mein Wunsch war, dem Erwerbsleben zu entfliehen, das ich für übel und selbstsüchtig hielt, und in den Dienst der Wissenschaft zu treten, welche, wie ich mir vorstellte, ihre Vertreter liebenswürdig und edelsinnig macht.«

Ohne Erfolg wandte er sich mehrfach an den Präsidenten der Royal Society, um seine Dienste anzubieten. Im Oktober 1812 aber verletzte sich Humphry Davy bei chemischen Experimenten am Auge und konnte tagelang weder lesen noch schreiben. In dieser Zeit diente er als Famulus. Ende Dezember sandte er Davy die mit viel Liebe nachgeschriebenen und schön gebundenen Vorlesungen zum Beleg, daß er sich bereits mit der Wissenschaft beschäftigt habe und bat um Anstellung. Jahrzehnte später sagte Davy: Dieser Buchbindergeselle war von allen meinen Entdeckungen die größte.

Tatsächlich hat Davy das Talent nach Kräften gefördert, bis aus ihm der weltberühmte Michael Faraday wurde. Davy fühlte sich als Gönner, und mit großem Wohlwollen verfolgte er den Aufstieg. Jedenfalls in den ersten Jahren.

Im Februar 1813 wurde Faraday Laborgehilfe in der Royal Institution. Wenige Monate später ging Davy mit seiner Frau auf eine große Reise nach Frankreich und Italien, und Faraday begleitete das Ehepaar.

Im Gepäck hatte man Analysengeräte, und bei Versuchen in Paris entdeckte Davy abermals ein neues Element, das Jod. Faraday half als wissenschaftlicher Famulus und fungierte als Kammerdiener. Vor allem Lady Davy faßte seine Rolle in dieser Weise auf.

In Como, zu Besuch bei Alessandro Volta, verhinderte sie es, daß Faraday mit zu Tische geladen wurde. Während dieser eineinhalbjährigen Reise durch Europa lernte der junge Mann viele Gelehrte kennen, aber am besten und intimsten seinen Vorgesetzten. Die Meinung, daß es die bloße Beschäftigung mit der Wissenschaft sei, die »liebenswürdig und edelsinnig« mache, mußte er dabei revidieren.

Welchen Eindruck der junge Faraday selbst hinterließ, hat ein französischer Kollege geschildert: »Davys chemischer Assistent hatte, lange bevor er durch seine eigenen Arbeiten zur Berühmtheit gelangte, sich durch Bescheidenheit, Liebenswürdigkeit und Klugheit viele ergebene Freunde in Paris, Genf und Montpellier erworben . . . Davy haben wir bewundert, aber Faraday haben wir geliebt.«

Nach der Heimkehr rückte Faraday in der Royal Institution in eine bessere Position auf; seine Stellung war nun die eines wissenschaftlichen Assistenten. Davy war häufig abwesend, und so kümmerte Faraday sich um die Vorträge der Gastredner und bereitete die Demonstrationsversuche vor.

1816 schrieb Faraday seine erste wissenschaftliche Arbeit. 1823 stellte er Chlor in flüssiger Form dar; 1824 entdeckte er das Benzol und das Butylen.

Am 1. Oktober 1820 kam Sir Humphry Davy in das Laboratorium, um Faraday von der Neuigkeit zu berichten: dem Experiment Oersteds. Beide wiederholten die Versuche. Dabei nahmen sie als selbstverständlich an, daß die Kraft, die vom Strom auf die Pole der Magnetnadel ausgeübt wird, anziehend oder abstoßend wirke.

Im August 1821 korrigierte sich Faraday und baute am 4. September eine Vorrichtung, aus der hervorging: Die Kräfte stehen senkrecht auf der Verbindungsgeraden. Ein elektrischer Leiter rotiert dabei um einen festgehaltenen Magneten. Bei einer zweiten, abgewandelten Versuchsanordnung wird der elektrische Leiter und ein Pol des Stabmagneten festgehalten. Dann rotiert der andere Pol um den elektrischen Leiter.

Damit hatte Faraday zum ersten Mal konstruiert, was wir heute einen Elektromotor nennen. Freilich nur dem Prinzip nach: Hier verwandelte sich elektrische Energie (die aus der Voltaschen Säule entstammte) in eine Drehbewegung. Arbeit leisten konnte diese Vorrichtung noch nicht. Erst später wurde Faraday bewußt, daß fast alles, was ein Physiker an Neuem in der Natur findet, auch technisch genutzt werden kann. Aber auch dann überließ er die Auswertung anderen. Mit seinen Entdeckungen Geld verdienen wollte er nicht.

Als einmal eine Parlamentskommission die Royal Institution besuchte und Faraday einen neuen Effekt vorführte, wurde er gefragt: »Für was läßt sich das gebrauchen?« Faraday, so wird erzählt, antwortete: »Ich weiß nicht, für was das einmal gut sein wird. Aber ich weiß, daß Sie Steuern darauf nehmen werden.«

Die sich häufenden Erfolge Faradays weckten in Humphry Davy Gefühle der Eifersucht. Als Faraday zur Wahl in das erlauchte Gremium der Royal Society vorgeschlagen wurde, als deren Präsident Davy fungierte, kam das deutlich zum Ausdruck: »Sir H. Davy forderte mich auf, die Kandidatur zurückzuziehen«, berichtete Faraday: »Ich erwiderte, daß ich sie nicht beantragt hätte, deshalb könne ich sie nicht zurückziehen. Dann sagte er, ich müsse die Antragsteller zur Rücknahme veranlassen. Ich antwortete, ich wüßte, daß sie das nicht tun würden. Darauf Davy: ›Ich als Präsident werde den Antrag niederschlagen.‹ Ich erwiderte, daß ich sicher sei, daß Sir Humphry Davy das tun würde, was er als das Beste für die Royal Society betrachte.«

Am 8. Januar 1824 ging die Wahl satzungsgemäß vonstatten. Bei der

Auszählung fand man unter lauter weißen Kugeln, die Zustimmung bedeuteten, eine einzige schwarze Kugel.
Durch seine Entdeckung von 1820 hatte Oersted die Beeinflussung des Magneten durch (strömende) Elektrizität demonstriert; Faraday strebte nun danach, auch den gewissermaßen umgekehrten Effekt aufzufinden: eine elektrische Wirkung des Magneten.
Neben dem Labortagebuch, dem berühmten »Diary«, in dem er seine Experimente protokollierte, führte Faraday zur Aufzeichnung seiner Ideen ein Notizbuch. In diesem findet sich schon unter dem Jahr 1822 die Eintragung: »Convert magnetism into electricity«. Verwandle Magnetismus in Elektrizität.
In den darauffolgenden Jahren war es für Faraday ein wichtiges Ziel, diese »Verwandlung« wirklich zu erreichen. Das Labortagebuch zeigt seine intensiven Bemühungen, eine geeignete Versuchsanordnung zu finden. Wenn nach Oersted eine bewegte elektrische Ladung auf einen Magneten wirkt, also »Magnetismus erzeugt«, sollte eigentlich auch ein bewegter Magnet Elektrizität hervorbringen. So etwa waren die Gedanken Faradays, die Versuchen vom 22. April 1828 zugrunde lagen. Wäre die Meßempfindlichkeit der benutzten Drehwaage größer gewesen, hätte sich ein »Induktionseffekt« zeigen müssen.
Eine andere Idee Faradays resultierte ebenfalls aus einer Analogiebetrachtung: Eine elektrische Ladung bewirkt in benachbarten Körpern elektrische Aufladungen. Die in Deutschland »Influenz« genannte Erscheinung heißt im Englischen »Induction«. Wenn es also eine »Induktion« durch eine ruhende elektrische Ladung gibt, die wieder ruhende Ladungen erzeugt, existiert dann nicht auch eine »voltaelektrische Induktion«? Mit anderen Worten: Kann nicht auch ein elektrischer Strom in seiner Umgebung wieder einen elektrischen Strom erzeugen? Diese Vorstellung entsprach den Experimenten, die Faraday am 28. November 1825 aufgebaut hatte. Im Prinzip hätte sich ein Effekt zeigen müssen. Nur war die Meßempfindlichkeit nicht groß genug. Physikalisch gesprochen: Die Gegeninduktivität war zu klein.
André Marie Ampère hatte gezeigt, daß ein elektrischer Strom, der

from the other. Will call this side of the Ring A. On the other side but separated by an interval was wound wire in two pieces together amounting to about 60 feet in length, the direction being as with the former coils; this side call B.

3 Charged a battery of 10 pr. plates 4 inches square. Made the coil on B side one coil and connected its extremities by a copper wire passing to a distance and just over a magnetic needle (3 feet from iron ring). Then connected the ends of one of the pieces on A side with battery. Immediately a sensible effect on needle. It oscillated & settled at last in original position. On breaking connection of A side with Battery again a disturbance of the needle.

15 Die entscheidende Eintragung über die Entdeckung der elektromagnetischen Induktion im Labor-Tagebuch Faradays unter dem 29. August 1831.

durch eine Spule hindurchgeht, einem Magneten äquivalent ist. Die Versuche Faradays lagen also ganz konsequent auf der Linie: Verwandle Magnetismus in Elektrizität.

Endlich, am 29. August 1831, oder schon ein paar Tage früher, entdeckte Faraday den langgesuchten Effekt. Seine Versuchsanordnung bestand, wie wir heute sagen, einfach aus einem Transformator. Auf der einen Seite (von Faraday A genannt) war eine Voltasche Säule angeschlossen und ein Schalter zum Unterbrechen des Stromes, auf der anderen Seite (B genannt) ein Stromanzeigegerät (d. h. einfach eine Magnetnadel, die einen Ausschlag anzeigte, wenn ein Strom vorhanden war).

Beim Einschalten des Stromes in A (durch Schließen des Schalters) zeigte das Meßgerät im Kreis B kurzzeitig einen Ausschlag. Sofort aber ging der Zeiger wieder auf Null. Ebenfalls einen Ausschlag (aber nach der anderen Seite) gab es, wenn der Strom im Kreis A wieder unterbrochen wurde. Faraday hätte eher erwartet, daß während des ganzen Stromflusses in A auch ein Strom in B erzeugt wird, aber die Nadel zeigte unbestechlich: Eine Wirkung ist nur im Zeitpunkt des Ein- und Ausschaltens vorhanden.

Heute beschreiben wir die Verhältnisse einfach so: Der Strom erzeugt in A ein Magnetfeld, das die Spule durchsetzt. Wenn sich die Stromstärke in A ändert, ändert sich auch das Magnetfeld, und gerade das sich ändernde Magnetfeld ist es, das eine elektrische Induktionsspannung in B hervorruft.

In den Wochen nach der Entdeckung fand Faraday sehr rasch, daß auch ein Dauermagnet zur Induktion dienen kann. Bewegt man einen Magneten (möglichst schnell) in der Nähe einer Spule, wird in dieser eine Spannung induziert. Das zeigt sich, wenn die Spule über ein Galvanometer (Stromanzeigegerät) kurzgeschlossen ist.

Sein Labortagebuch hat Faraday in mustergültiger Ordnung geführt. Alle Eintragungen sind mit dem betreffenden Datum versehen und einzeln durchnumeriert. Auch seine Veröffentlichungen folgten systematisch eine auf die andere. Am 24. November 1831 trug Faraday über die Entdeckung der Induktion in der Royal Society vor. Mit der

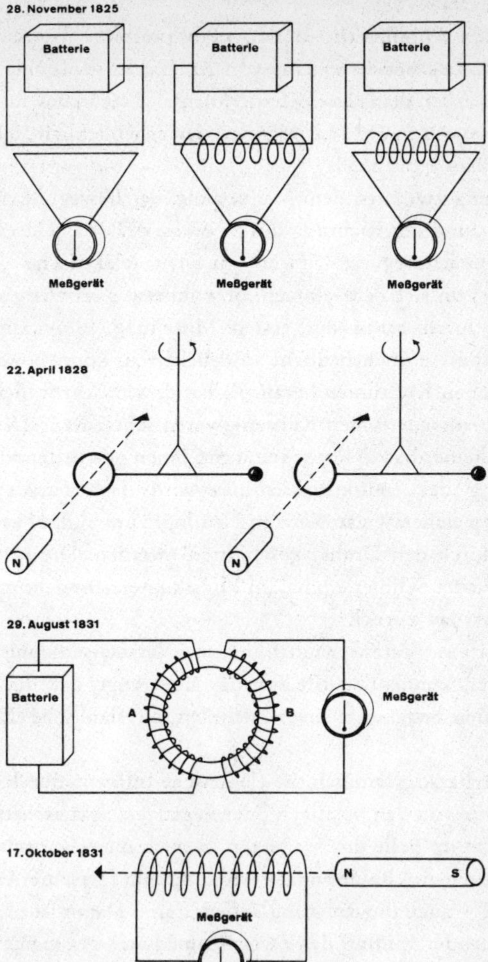

16 Die Versuchsanordnungen Faradays, mit denen er die elektromagnetische Induktion zu finden hoffte. Die Empfindlichkeit 1825 und 1828 war zu klein; erst mit der Anordnung vom 29. August 1831, die wir heute einfach einen »Transformator« nennen, war er erfolgreich.

entsprechenden Publikation in den »Philosophical Transactions« im Frühjahr 1832 begründete er eine von Anfang an geordnete Folge von Mitteilungen unter dem Titel »Experimental Researches in Electricity and Magnetism«. Von 1832 bis 1856 wurden es schließlich 30 Reihen mit den Paragraphen 1 bis 3430.

»Die Beziehung zwischen dem Magnetpole, der Bewegung des Drahtes oder Metalles und der Richtung des Stromes, d. h. das Gesetz, welches die Elektrizitätserregung durch magneto-elektrische Induktion beherrscht, ist an sich sehr einfach, obwohl etwas schwer zu formulieren.« Das schrieb er in der ersten Mitteilung 1832. Um nun die Versuchsergebnisse doch bequem ausdrücken zu können, zog Faraday die magnetischen Kraftlinien heran. Er hat diesen Begriff nicht geschaffen, denn die »magnetischen Kurven« waren schon René Descartes bekannt. Aber keiner hat so konsequent mit ihnen gearbeitet wie Faraday. Die Richtung des Induktionsstromes wird nach Faraday dadurch bestimmt, in welcher Weise die vom Nordpol zum Südpol verlaufenden Kraftlinien durch den Draht »geschnitten« werden. Die »Drei-Finger-Regeln«, die jeder Schüler einmal im Physikunterricht gehört hat, gehen direkt auf Faraday zurück.

Zunächst nur eine Veranschaulichung, um Versuchsergebnisse bequem ausdrücken zu können, wurde Faraday überzeugt, daß die den Raum durchziehenden magnetischen Kraftlinien physikalische Realität besitzen.

1838 erklärte Faraday ähnlich die elektrische Influenz durch elektrische Kraftlinien, die von den positiven oder negativen elektrischen Ladungen ausgehen. Wie im Falle des Magneten ist auch die elektrische Wirkung eine »Kraft«, die von Raumpunkt zu Raumpunkt fortschreitet und dabei – je nach Fall – auch die Richtung ändern kann. Damit ist nach Faraday ein entscheidender Einfluß des Zwischenmediums gegeben.

So prägte Faraday – langsam und tastend, aber doch konsequent Schritt für Schritt – den Begriff des magnetischen und elektrischen Kraftfeldes. Die Reaktion der Fachkollegen war feindselig. Der Astronom und Mathematiker Sir George B. Airy nannte 1855 Faradays Kraftlinien eine

»vage Angelegenheit«, und John Tyndall meinte im gleichen Jahr: »Es ist amüsant zu beobachten, wie viele Menschen an Faraday schreiben, um ihn zu fragen, was die Kraftlinien eigentlich bedeuten. Er macht sogar bedeutende Leute irre . . . Einmal hörte ich, wie Biot sagte, daß er Faraday nicht verstehen könne, und wenn man nach exaktem Wissen in seinen Theorien sucht, wird man enttäuscht.«

Faraday beklagte sich einmal, wie seine Nichte notierte, über dieses Unverständnis: »Wie wenige verstehen die physikalischen Kraftlinien! Sie wollen sie nicht sehen, obwohl alle Untersuchungen die Ansichten darüber bestätigen, die ich seit so vielen Jahren entwickelt habe . . . Ich kann warten, da ich von der Richtigkeit meiner Ansichten überzeugt bin.«

In den letzten Lebensjahren Faradays bahnte sich der Umschwung an. Er konnte ihn nicht mehr bewußt aufnehmen. Was man ihm auch mitteilte, er vergaß es sofort wieder. »Vor wenigen Tagen erhielt ich drei kaum leserliche Zeilen von meinem alten und treuen Freund Faraday, in welchen er sagt, daß es die letzten seien, die er schreiben würde. Ich kann Ihnen nicht sagen, welchen betrübenden Eindruck schon der bloße Anblick dieser Zeilen auf mein Gemüt hervorgebracht hat, da sie ein greifbarer Beweis sind, wie alles Irdische – selbst das Herrlichste: ein großer Menschengeist – vergänglich ist und dahingeht.« So berichtete ein Kollege dem anderen.

Am 26. August 1867 starb Michael Faraday. Das Reich der Wissenschaft hatte seinen weisen und milden König verloren. Einig wie selten waren die Gelehrten im Gefühl der Trauer.

Le roi est mort, vive le roi. Der König ist tot. Es lebe der König. Diese beim Tod des Herrschers und der sofortigen Amtseinsetzung des Nachfolgers gebrauchte Formel sollte die Stabilität und den Fortbestand des monarchischen Staates zum Ausdruck bringen.

Unausgesprochen galten diese Sätze auch im Weltreich der Physik. Die Wissenschaft kann nicht verharren; sie muß weitergehen nach innerem Gesetz. Nach Michael Faraday kam James Clerk Maxwell, »ein zweiter Mann von derselben Tiefe und Selbständigkeit der Einsicht, um das

große Gebäude auszuführen, dessen Plan Faraday in seinem Geiste entworfen hatte.« Das hat Hermann von Helmholtz gesagt bei der großen Faraday-Gedächtnisfeier in London.
Der vierzig Jahre jüngere James Clerk Maxwell hat die Vorstellungen Faradays in mathematische Form gebracht. Was Faraday nur in Worten hatte ausdrücken können, erwies sich nun als ein logisch in sich richtiges System, erwies sich als ein neues Konzept der Natur, das zum ersten Mal nach 150 Jahren im Prinzipiellen über die Theorie von Isaac Newton hinausging.
Sichtbarer als diese geistigen Konsequenzen war zunächst die Entwicklung der neuen Elektrotechnik. Während das »Weltreich der Physik« sich in den geistigen Dimensionen immer weiter ausdehnte, griff es ein in das Leben der Menschen. Der biblische Auftrag, sich die Welt untertan zu machen, jetzt endlich schien er erfüllt werden zu können. Mit Begeisterung ergriffen die Zeitgenossen die neuen Möglichkeiten, und wo die erste Generation über die Wunder der Technik staunte, da hatte sich die nachfolgende daran gewöhnt wie an eine Alltäglichkeit. Aber trotz dieser merkwürdigen Eigenschaft des homo sapiens, was gestern als Wunder galt, heute als eine Selbstverständlichkeit anzusehen: Die Menschen kamen nicht heraus aus dem Staunen: Fast täglich lieferten Wissenschaft und Technik eine neue Sensation.
Die »stillen Gelehrten« galten als die Erzengel des Fortschrittes, und sie selbst waren überzeugt, durch ihre Arbeit ein neues glänzendes Zeitalter der Wissenschaft herbeizuführen. »Wer nicht vor 1914 gelebt hat, der hat nicht wirklich gelebt«, sagten später viele Menschen, die noch eine persönliche Erinnerung hatten an die sogenannte »belle époque« vor dem Ersten Weltkrieg. »Der Glaube an den ununterbrochenen, unaufhaltsamen ›Fortschritt‹ hatte wahrhaftig die Kraft einer Religion«, so schilderte Stefan Zweig die Zeit vor 1914, »man glaubte an diesen ›Fortschritt‹ schon mehr als an die Bibel, und sein Evangelium schien unumstößlich bewiesen durch die täglich neuen Wunder der Wissenschaft und der Technik. In der Tat wurde ein allgemeiner Aufstieg zu Ende dieses friedlichen Jahrhunderts immer sichtbarer, immer

geschwinder, immer vielfältiger. Auf den Straßen flammten des Nachts statt der trüben Lichter elektrische Lampen, die Geschäfte trugen von den Hauptstraßen ihren verführerischen neuen Glanz bis in die Vorstädte, schon konnte dank des Telephons der Mensch zum Menschen in die Ferne sprechen, schon flog er dahin im pferdelosen Wagen mit neuen Geschwindigkeiten, schon schwang er sich empor in die Lüfte im erfüllten Ikarustraum.«

Vor allem die junge Elektrotechnik war es, die die Menschen mit Enthusiasmus erfüllte. Mit ihr beschäftigte sich jeder auf seine Weise. Am 6. Mai 1885 gründeten die Brüder Jacob und Hermann Einstein in München die »electrotechnische Fabrik J. Einstein und Co.«

Seinem damals sechsjährigen Sohn brachte Hermann Einstein einen kleinen Taschenkompaß mit – vielleicht den ersten, den die Fabrik hergestellt hatte. Dem aufgeweckten Knaben machte es einen tiefen Eindruck, daß eine unsichtbar durch den Raum gehende Kraft auf die Magnetnadel wirkt. Wie auch das Gehäuse gedreht wird: Immer stellt sich die Nadel in die Nord-Süd-Richtung ein. »Ich erinnere mich noch jetzt«, schrieb Albert Einstein mit 67 Jahren, daß dieses Erlebnis »tiefen und bleibenden Eindruck« auf mich gemacht hat: »Da mußte etwas hinter den Dingen sein, das tief verborgen war.«

2. Siemens: Die elektrische Telegraphie

Informationen über weite Strecken schnell und sicher zu übermitteln, war ein Bedürfnis schon in den frühen Menschheitskulturen. Ein Feuer, auf einem Hügel entzündet, konnte einen feindlichen Überfall signalisieren. Die Nachricht vom Sieg über Troja wurde auf diese Weise von Gipfel zu Gipfel weitergegeben. Über solche Kurzinformationen wie »Krieg« oder »Sieg« hinaus kam man erst am Ende des 18. Jahrhunderts. Auf Vorschlag von Claude Chappe 1793 wurden von der französischen Revolutionsregierung optische Telegraphenlinien eingerichtet, so zwischen Paris und Straßburg – dem Zentrum und der Grenze des Reiches. An bestimmten erhöhten Punkten standen Telegraphenhäuschen. Auf dem Dach war ein Mast befestigt, der an der Spitze einen Flügel mit zwei Seitenflügeln trug. Diese Flügel waren leicht drehbar.

Wenn man sich bei den Stellungen der Seitenflügel auf acht Winkel beschränkte, kam man mit den beiden Seitenflügeln zusammen auf 64 Figuren. Da vier Stellungen des Hauptflügels möglich waren, ergaben sich 256 Figuren. Aus diesen konnte man leicht einen verschlüsselten Code bilden: Obwohl offen telegraphiert wurde und praktisch jeder die Aufeinanderfolge der Figuren mitlesen konnte, blieb die Nachricht selbst dem Nichteingeweihten unverständlich.

Von Station zu Station wurden die Zeichen mit Fernrohren abgelesen und weitergegeben. Die Übermittlungsgeschwindigkeit soll etwa 75 km pro Minute betragen haben: Damit brauchte man für die 423 Kilometer von Paris nach Straßburg knapp sechs Minuten.

Die optische Telegraphie war stark abhängig von den Licht- und Wetterverhältnissen und von der Zuverlässigkeit des Bedienungspersonals. Versagte nur eine Zwischenstation, war die Nachricht verloren.

Die Erfindung der Voltaschen Säule und die Entdeckung der Elektrolyse im Jahr 1800, die so stimulierend auf die Wissenschaft wirkten, beflügelten sofort auch in dieser Hinsicht die Phantasie der Gelehrten. Aussichtsreich wurden die Bemühungen aber erst seit 1820: Die Ablenkung der Magnetnadel durch den elektrischen Strom war ein Effekt, der sich im Prinzip vorzüglich zur Übermittlung von Signalen eignete. So überzeugte sich der in kaiserlich-russischen Diensten stehende Paul Schilling von Canstatt, daß der elektrische Strom ohne wesentliche Schwächung weite Strecken durchlaufen kann. Wie Oersted eine direkt neben der Stromquelle (der Voltaschen Säule) stehende Magnetnadel abgelenkt hatte, so läßt sich die Magnetnadel auch ablenken, wie Schilling von Canstatt durch Versuche feststellte, wenn sie einige Kilometer entfernt steht, vorausgesetzt natürlich, daß der von der Stromquelle zur Magnetnadel führende Doppeldraht auf der gesamten Strecke richtig isoliert ist.

Die Grundidee mußte aber nun noch weiter konkretisiert werden, wenn man tatsächlich Signale sicher durchgeben wollte: Eine bloße Magnetnadel auf der Empfängerseite genügte nicht. Man brauchte eine Vorrichtung, die leichter auf schwache elektrische Ströme reagierte: Im Prinzip brauchte man ein sicheres Stromanzeigegerät.

Mit der Entwicklung solcher Meßgeräte hatten sich – für ihren »Magnetischen Verein« – in Göttingen der Mathematiker Carl Friedrich Gauß und der Physiker Wilhelm Weber beschäftigt. Sie verwendeten schließlich für ihre Versuche einen waagrecht freischwingend aufgehängten Stabmagneten. Das Magnetfeld wurde durch Spulen erzeugt, die immer nur kleine Ablenkung mit dem Fernrohr registriert.

Neben einem guten »Empfänger« benötigt man einen »Zeichengeber«, also eine Stromquelle. Gauß und Weber machten sich die von Faraday entdeckte elektromagnetische Induktion zunutze: Eine um einen Stabmagneten gewickelte Spule, die sich in der Mitte zwischen dem Nord- und Südpol befindet, wird kräftig zum Nord- oder Südpol bewegt und anschließend wieder zurück in die Ausgangslage. Man erhält einen doppelten Stromstoß. »Die Wirkung dieser beiden Ströme auf eine Magnetnadel besteht darin«, so Gauß, »daß dieser für einen Augenblick eine sehr lebhafte Geschwindigkeit erteilt wird, die aber dann sogleich vollkommen wieder aufgehoben wird. Die Nadel macht also eine sehr lebhafte, aber nur kleine Bewegung, nach Gefallen rechts oder links, und steht dann sogleich wieder ganz still. Daß sich nun die Abwechslungen solcher zuckenden Bewegungen auf mancherlei Art kombinieren und zur Signalisierung von Buchstaben benutzen lassen, ist von selbst klar.«

Gauß und Weber entwickelten das, was man einen Code nennt. Die häufig vorkommenden Buchstaben a und e waren durch nur eine Ablenkung gekennzeichnet; zwei Ablenkungen brauchte man für i, o, u und b. Wenn r einen Ausschlag des Magnetstabes nach rechts und l einen Ausschlag nach links bedeutet, ergab sich folgendes Alphabet:

a = r; i = rr u = lr; c = rrr f = rlr
e = l; o = rl b = ll; d = rrl g = lrr usw.

Gauß war stolz, als seine Tochter »mehrere Buchstaben sogleich ohne allen Unterricht sicher gelesen hat«. Über die Dächer der Göttinger Häuser hinweg spannte Weber einen Doppeldraht. Dieser stellte eine Verbindung her zwischen dem physikalischen Kabinett – wo Weber arbeitete – und der unter der Leitung von Gauß stehenden Sternwarte. Die Doppelleitung zwischen dem physikalischen Kabinett und der Sternwarte in Göttingen wurde zur ersten Telegraphenlinie der Welt. Der Text des ersten Telegramms, kurz vor Ostern 1833 durchgegeben, lautete: »Michelmann kommt.« Und während noch die Nadel hin und her oszillierte und Gauß Buchstabe nach Buchstabe entzifferte, war auch schon der von Wilhelm Weber geschickte Institutsdiener Michelmann zur Stelle.

Gauß hatte die zukünftige Bedeutung der Telegraphie klar erkannt: »Bei einem Budget von 150 Talern jährlich für Sternwarte und magnetisches Observatorium zusammen lassen sich wahrhaft große Versuche nicht anstellen. Könnte man aber darauf Tausende von Talern wenden, so glaube ich, daß z. B. die elektromagnetische Telegraphie zu einer Vollkommenheit und zu einem Maßstabe gebracht werden könnte, vor der die Phantasie fast erschrickt. Der Kaiser von Rußland könnte seine Befehle ohne Zwischenstation in derselben Minute von Petersburg nach Odessa, ja vielleicht nach Kiachta an der mongolischen Grenze geben.«

Zur Zeit des Biedermeier, als man, wie es später spöttisch hieß, in »Teutschland noch im Schatten kühler Sauerkrautköpfe gemütlich saß . . . und das übrige Gott und dem Bundestage anheimstellte«, erhielten die wichtigsten Erfindungen das »ad acta« der Bürokraten.
Die Auffassung, daß in erster Linie der Staat zuständig sei für die Hebung der Gewerbe, paßte nicht mehr in die Zeit. In England und noch mehr in den jungen Vereinigten Staaten setzte man auf die Initiative des einzelnen Menschen. Jedermann fühlte sich aufgerufen, die großen Möglichkeiten, die die Technik bot, auch zu nutzen.
So waren es Charles Wheatstone in London und Samuel Morse in New York, die den Telegraphen zur Patentreife entwickelten. Am 27. Juli 1837 wurde die erste, 30 Meilen lange Eisenbahntelegraphenlinie in Betrieb genommen.
»Dieses weltbedeutsame Jahr, da zum erstenmal der Telegraph das bisher isolierte menschliche Erleben gleichzeitig macht, wird selten in unseren Schulbüchern auch nur vermerkt, die es leider noch immer für wichtiger halten, von Kriegen und Siegen einzelner Feldherren und Nationen zu erzählen statt von den wahrhaften, weil gemeinsamen, Triumphen der Menschheit. Und doch ist kein Datum der neueren Geschichte an psychologischer Weitwirkung dieser Umstellung des Zeitwertes zu vergleichen.« Das schrieb Stefan Zweig in seinen »Sternstunden der Menschheit«: »Die Welt ist verändert, seit es möglich ist, in Paris gleichzeitig zu wissen, was in Amsterdam, Moskau, Neapel und Lissabon in derselben Minute geschieht.«
Die modernen Industriestaaten von heute sind nur durch die elektrischen Nachrichtenmittel regierbar. Bei der Bedrohung, die in unserer Zeit von der hochgerüsteten Militärmaschinerie der Großmächte für den Weltfrieden ausgeht, wünschten wir uns – wenn dies möglich wäre – wieder zurück in die Zeit des Biedermeier. Statt des totalen Staates, der in Sekundenschnelle alle seine Bürger zu mobilisieren vermag, bestand fast eine Idylle, ausgedrückt in dem Wort: Rußland ist groß, und der Zar ist weit.
Aber wie Gauß damals sagte: Die Theorie zieht die Praxis nach sich wie

der Magnet das Eisen. So haben die stillen, in sich gekehrten Gelehrten in ihrem Elfenbeinturm letztlich mehr zur Veränderung der Welt beigetragen als viele Tatmenschen ihrer Epoche.
Im Aufbau der neuen »elektrischen Technik« waren die ersten die Physiker. Nach ihnen kam eine Generation, unter denen es Praktiker gab, die mit Wissenschaft nicht viel im Sinne hatten wie Thomas Alva Edison, aber auch Ingenieure, denen die Wissenschaft selbstverständliche Grundlage der Arbeit war. Dazu gehörte Werner von Siemens: Immer wieder betonte er, daß seine ganze Neigung der Wissenschaft gelte.
Am liebsten hätte Werner Siemens an einer Universität Mathematik und Physik studiert; die beschränkten Mittel des Vaters und sein Verantwortungsgefühl für die zahlreichen Geschwister veranlaßten ihn, in den preußischen Militärdienst zu treten, wo er ohne finanzielle Belastung für die Familie zum Ingenieuroffizier ausgebildet wurde. »Die drei Jahre, welche ich 1835 bis 1838 auf der Berliner Artillerie- und Ingenieurschule zubrachte, zähle ich zu den glücklichsten meines Lebens.«
Vierzehn Jahre blieb Siemens im preußischen Militärdienst. 1849 reichte er sein Abschiedsgesuch ein, um sich ganz der Technik zu widmen. Schon zwei Jahre zuvor hatte er mit dem Mechaniker Johann Georg Halske die Telegraphenbauanstalt Siemens & Halske gegründet. Seine hohe Begabung und Tatkraft kamen von nun an dem jungen Unternehmen zugute.
England war in der industriellen Revolution weit voraus. Das liberale Wirtschaftssystem begünstigte das Aufblühen der Industrie. Noch dynamischer ergriffen die Vereinigten Staaten das Neue. Die Menschen dort fieberten geradezu nach Technik. Nur mit ihrer Hilfe konnten das Land bewirtschaftet und die riesigen Entfernungen überwunden werden.
Die Prognosen, die man Mitte des 19. Jahrhunderts für die weitere wirtschaftliche Entwicklung stellen mußte, waren überaus günstig für England und die Vereinigten Staaten. Und doch war es das Deutsche Reich, das die Führung in der Elektrotechnik, der Chemie und überhaupt in allen neuen Industrien erlangte.

Die Ursache dafür lag in der Auffassung der Technik. Engländer und Amerikaner beurteilten die Wissenschaft geringschätzig. »Scientific humbug« sagten sie, als Werner Siemens mit seiner Theorie der langen Telegraphenkabel herauskam. Gewiß zählten auch in der Elektrotechnik praktische Erfahrung und Organisationstalent. Allein aber nutzten sie nichts. Es mußte ein Verständnis der Naturgesetze hinzukommen. Nirgendwo sonst waren Wissenschaft und Technik enger miteinander verbunden als in Deutschland.

»Theoria cum praxi«, die Synthese von Theorie und Praxis, war das methodische Ideal von Gottfried Wilhelm Leibniz gewesen. Was Leibniz gewollt hatte, verwirklichte Werner Siemens. Dafür ein Beispiel: Beim Bau der unterirdisch geführten Telegraphenleitung von Berlin nach Frankfurt stellten sich unerklärliche Schwierigkeiten heraus.

Die Signale kamen ganz undeutlich und unbrauchbar zur Empfängerseite. Siemens erkannte, daß das eigentümliche Verhalten der unterirdischen Leitungen der elektrostatischen Aufladung zugeschrieben werden mußte, wobei der Draht die innere, der feuchte Erdboden die äußere Belegung einer Leidener Flasche bildet. Mit anderen Worten: Die Telegraphenleitung besitzt eine elektrische Kapazität, die berücksichtigt werden muß. Die Erkenntnis der physikalischen Vorgänge ermöglichte es, Abhilfe zu schaffen.

So häuften sich die Aufträge. Vor allem die kaiserlich-russische Regierung erkannte die Bedeutung des neuen Nachrichtenmittels für die Verwaltung des riesigen Reiches. Siemens & Halske bauten ein ganzes Netz von Linien: Warschau – Petersburg, Moskau – Kiew, Kiew – Odessa, Petersburg – Reval, Petersburg – Helsingfors. Nach Ausbruch des Krimkrieges befahl der Zar, eine Linie zur Festung Sebastopol zu errichten. »Meine Bedenken hinsichtlich der Beschaffung und des Transports der Materialien auf dem allein offenen Landweg von Berlin bis Perekop und Sebastopol, sowie der Unmöglichkeit eines Linienbaues nach dem Kriegsschauplatze, wo alle Wege und Transportmittel vom Militär in Anspruch genommen waren, wurden durch das in Rußland alles überwindende Wort ›Der Kaiser will es‹ überwunden. Die Linie

wurde gebaut.« Das berichtet Werner von Siemens in seinen Lebenserinnerungen.
Eine neue Herausforderung war die Überbrückung der großen Meere. 1857 wurde ein mit Guttapercha umpreßtes Seekabel zwischen der Insel Sardinien und Bona in Algerien verlegt. Mit der Kabellegung wurde eine englische Firma beauftragt, die Werner Siemens als Experten zuzog. Nachdenklich betrachtete Siemens die riesigen Kabelrollen. Im flachen Wasser würde die Auslegung zweifellos möglich sein. In den großen Wassertiefen jedoch, mit denen man es hier zu tun hatte, mußten unweigerlich Probleme auftreten. Während der Kabellegung hängt das Kabel vom Heck des Schiffes nicht senkrecht zum Meeresboden herab, sondern in Form einer Kettenlinie. Die vielen Kilometer Kabel bewirken ungeheure Zugkräfte. Man muß die Bremsvorrichtungen an den Kabelrollen, die Halterungen und schließlich die Dampfkraft des Schiffes entsprechend auslegen. Es ist also auch hier ein wissenschaftliches Verständnis notwendig, ehe man hoffen kann, die gestellte Aufgabe praktisch zu lösen.
Die Mitte des 19. Jahrhunderts war die Epoche, in der die Weite ihren Schrecken verlor. Menschen, die ein paar hundert Kilometer voneinander entfernt wohnten, hatte bisher eine Kluft getrennt. Jetzt entstanden überall in Europa und Nordamerika Eisenbahnlinien, und in einer Zeit, in der man die »Tagereise« als Maß für die Entfernung benutzte, registrierten die Menschen mit einer wilden Freude, daß sich ihr Lebenskreis ungeheuer erweiterte.
Starr vor Staunen über die »irrwitzige Geschwindigkeit« des Dampfrosses war damals wie viele andere der Waldbauernbub Peter Rosegger, als er zum ersten Mal die Eisenbahnlinie über den Semmering sah. Aber was war das gegen die Geschwindigkeiten, mit denen nun die Nachrichten über die Telegraphenleitungen liefen?
Neun Tage hatte 1814 die Nachricht von der Einnahme der französischen Hauptstadt bis nach Berlin gebraucht. Nun erfuhren die Menschen zu ihrem höchsten Erstaunen noch am gleichen Tage, was sich in Ägypten und Rußland ereignete. Die Bewunderung aller galt den »stillen

Gelehrten« in ihren Laboratorien und den wagemutigen Ingenieuren, die den Elementen trotzten, um das Unerhörte zustande zu bringen.
Schon ein Jahr nach der ersten von Werner Siemens geleiteten und geglückten Tiefsee-Kabellegung wollte Cyrus W. Field mit einem Kabel Amerika anschließen an die alte Heimat Europa. Als am 15. August 1858 der Erfolg gemeldet wurde, brach ein Begeisterungssturm ohnegleichen los in den Vereinigten Staaten. Aber schon nach wenigen Wochen war das Kabel defekt, und es konnte nicht repariert werden. Erst 1866 gelang es Cyrus W. Field, zwei dauerhafte Transatlantikkabel zu legen.
1874 wurde das erste Kabel-Spezialschiff gebaut. Auftraggeber und Konstrukteure zugleich waren William und Carl Siemens, die die englische Niederlassung von Siemens & Halske in London zur Firma »Siemens Brothers & Co.« verselbständigten. Der Dampfer hat bis 1922 in Dienst gestanden und insgesamt 60.000 km Seekabel gelegt und repariert. In Dankbarkeit für den Gelehrten, der durch seine Entdeckungen den Weg zu solchen Leistungen eröffnet hatte, war von den Brüdern Siemens der 5000 BRT große Kabelleger auf den Namen »Faraday« getauft worden.
Die Nachrichtenübermittlung war nur der eine Teil der neuen Elektrotechnik. Gleichzeitig suchten Physiker und Ingenieure nach einem Konstruktionsprinzip für einen leistungsfähigen Motor und bemühten sich um das »elektrische Licht«. Während man in der Telegraphie mit sehr schwachen Strömen auskommt, soll ein Motor Arbeit leisten, und entsprechend hoch ist der Bedarf an elektrischem Strom. Also mußte zum Motor ein Stromerzeuger (Generator genannt) entwickelt werden.
Die Voltasche Säule ist nicht leistungsfähig genug. Noch heute, nach eineinhalb Jahrhunderten, ist immer noch kein Akkumulator zum Antrieb großer Elektromotoren auf dem Markt, weshalb ja noch immer kein Elektro-Auto zu haben ist.
Die Faradaysche Entdeckung von 1831, die »elektromagnetische Induktion«, ermöglichte die Stromerzeugung auf einem neuen Wege. Noch im Jahre der Entdeckung baute Hippolyte Pixii, der Laboratoriumsmechaniker des französischen Physikers André Marie Ampère, den ersten

Stromerzeuger nach dem neuen Prinzip. Der Mensch selbst mußte durch Drehen einer Kurbel die Energie aufbringen, wie heute noch beim Fahrraddynamo. Später ging man zum Antrieb mit Dampfmaschinen über.
Erst das von Werner Siemens gefundene »dynamoelektrische Prinzip« ermöglichte den Bau leistungsfähiger Generatoren. In seiner Veröffentlichung von 1867 stellte er fest: »Der Technik sind gegenwärtig die Mittel gegeben, elektrische Ströme unbegrenzter Stärke auf billige und bequeme Weise überall zu erzeugen, wo Arbeitskraft disponibel ist. Diese Tatsache wird auf mehreren Gebieten derselben von wesentlicher Bedeutung werden.«
Nach dem gleichen Prinzip konnten nun auch starke Elektromotoren gebaut werden. Damit kam die Starkstromtechnik in Gang. 1878 konstruierte Siemens seine erste elektrische Lokomotive. Auf der Berliner Gewerbeausstellung im folgenden Jahr war sie die große Attraktion. Die kleine Lokomotive zog drei Wägelchen mit insgesamt 18 Plätzen. 1881 lief im Berliner Vorort Lichterfelde die erste elektrische Straßenbahn auf einer zweieinhalb Kilometer langen Strecke.
Der Fortschritt war sozusagen mit Händen zu greifen. Auf dem großen Kongreß der deutschen Naturforscher und Ärzte in Berlin 1886 drückte Werner Siemens aus, was alle gleich dachten und empfanden: »Und so, meine Herren, wollen wir uns nicht irre machen lassen in unserem Glauben, daß unsere Forschungs- und Erfindungstätigkeit die Menschheit höheren Kulturstufen zuführt, sie veredelt und idealen Bestrebungen zugänglicher macht, daß das hereinbrechende naturwissenschaftliche Zeitalter ihre Lebensnot, ihr Siechtum mindern, ihren Lebensgenuß erhöhen, sie besser, glücklicher und mit ihrem Geschick zufriedener machen wird. Und wenn wir auch nicht immer den Weg klar erkennen können, der zu diesen besseren Zuständen führt, so wollen wir doch an unserer Überzeugung festhalten, daß das Licht der Wahrheit, die wir erforschen, nicht auf Irrwege führen und daß die Machtfülle, die es der Menschheit zuführt, sie nicht erniedrigen kann, sondern sie auf eine höhere Stufe des Daseins erheben muß!«

In den Festreden der Zeit tritt uns eine Fortschrittsgläubigkeit entgegen, über die wir heute nur noch resignierend lächeln können. Bei aller Maßlosigkeit aber waren die Erwartungen der Menschen nicht einmal übertrieben, was die Entdeckungen und Erfindungen selbst betraf. Wir haben Einsichten gewonnen in Mikrokosmos und Makrokosmos, von denen sich die kühnste Phantasie nichts träumen ließ, und aus diesen Einsichten sind technische Nutzanwendungen gezogen worden, die die Macht des Menschen schier ins Unermeßliche haben wachsen lassen.
Dazu bekannte Wolfgang Pauli: »Ich glaube, daß dieser stolze Wille, die Natur zu beherrschen, tatsächlich hinter der neuzeitlichen Naturwissenschaft steht und daß auch der Anhänger reiner Erkenntnis dieses Motiv nicht ganz leugnen kann. Uns heutigen wird wieder vor unserer Gottähnlichkeit bange.«
In der Tat: Mit der Bewältigung alter Probleme haben wir uns neue geschaffen. Die natürlichen Flußläufe machen uns keine Sorgen, aber die chemischen Abwässer der Fabriken. Gegen Regen sind wir gewappnet, aber nicht gegen radioaktive Niederschläge, gegen Sonnenstrahlung können wir uns leicht schützen, aber wer schützt uns gegen die künstliche Atomkern-Strahlung? Wenn der Mensch die Welt betrachtet, sieht er, daß er es gleichsam nur mit sich selbst zu tun hat.
Die Technik hat alle Lebensbereiche erfaßt; was wir auch tun, wohin wir auch unsere Schritte lenken, überall begegnet uns die Technik. Verständlich darum, daß viele Menschen Wissenschaft und Technik als einen Moloch empfinden, der uns alle verschlingen wird.
Der übertriebene Kulturpessimismus von heute jedoch ist genau so falsch wie die blinde Fortschrittsbegeisterung von damals. Der Mensch hat die Technik geschaffen, so können wir vielleicht sagen, nun muß er sie auch bewältigen. Dies kann nur gelingen, wenn wir die Technik in allen Zusammenhängen begreifen. Dazu gehört die Verflechtung mit der Wissenschaft ebenso wie die sozialen Auswirkungen.
Was wir brauchen ist weder eine Verherrlichung der Technik noch eine Verteufelung, sondern das Verständnis, daß die Technik ein Stück von uns selbst ist.

3. Brown: Die junge Riesin

»An die Aufstellung von fünf Hauptformen der physikalischen Kraft«, hatte Julius Robert Mayer 1845 geschrieben, »reiht sich die Aufgabe, die Metamorphose dieser Formen durch Experimente zu beweisen.« Tatsächlich waren die meisten dieser Effekte damals den Physikern schon bekannt. Praktische Anwendung in größerem Umfange hatte aber bisher nur die Transformation von Wärme in Arbeit in der Dampfmaschine gefunden.

An der »Metamorphose« von elektrischer in mechanische »Kraft«, also der Realisierung des Elektromotors, und der Umkehrung, der Verwandlung von mechanischer »Kraft« in elektrischen Strom, dem Generator, arbeiteten die Elektrotechniker bis zu den ersten, praktisch brauchbaren Lösungen viele Jahrzehnte.

Der elektrische Strom mußte zunächst in unmittelbarer Nachbarschaft des Verbrauchers erzeugt werden. Aber dann ergab es sich, daß die Energie, dieses »unzerstörliche, wandelbare, imponderable Objekt«, wie Mayer gesagt hatte, in der Form von Elektrizität schnell und mit sehr geringen Verlusten transportiert werden konnte. Zu einer überzeugenden Demonstration dieser – geradezu unerhörten – Eigenschaft der elektrischen Energie kam es bei der elektrotechnischen Ausstellung in Frankfurt im Jahre 1891. Über eine 178 km lange Telegraphenleitung wurde die Wasserkraft des Neckars von Lauffen nach Frankfurt übertragen und damit ein künstlicher Wasserfall betrieben. Die »Times« sprach, wie oft zitiert, von dem »bedeutendsten und wichtigsten Experiment in der technischen Elektrizität, seitdem diese geheimnisvolle Naturkraft dem Menschen dienstbar gemacht worden ist.«

»Die Übertragung elektrischer Energie mittels Stromspannungen von z. B. 30.000 V wird es uns ermöglichen, die Energieverteilung auf ganz große Entfernungen auf elektrischem Wege zur Tatsache werden zu lassen, und somit zur Ausnutzung so mancher, jetzt noch schlummernden Kraftquelle führen und die Wohltaten des elektrischen Stromes der gesamten Industrie in ausgedehntestem Maßstabe dienstbar zu machen.« So äußerte sich voll Optimismus der damals 28jährige Charles Eugen Lancelot Brown am 9. Februar 1891 vor der Elektrotechnischen Gesellschaft, als er sich, durchdrungen von der »großartigen Bedeutung und Leistungsfähigkeit der Elektrotechnik«, in Frankfurt zur Vorbereitung der Ausstellung aufhielt.

Der Erfolg hat viele Väter, und der Erfolg braucht auch viele Väter. Oskar von Miller leitete die Vorbereitungen. Auf sein Drängen schlossen sich zur Durchführung des kostspieligen Versuches die Maschinenfabrik Oerlikon und die Allgemeine Elektrizitätsgesellschaft (AEG) zusammen. Persönliche Anerkennung beanspruchen konnten deshalb vor allem die mit der tatsächlichen Durchführung betrauten Chefelektriker der beiden Firmen, Charles E. L. Brown (Oerlikon) und Michail von Dolivo-Dobrowolski (AEG).

An die Redaktion der »Frankfurter Zeitung« schrieb am 7. Mai 1891 Walter Boveri, »daß von allen Namen . . . der Name C. E. L. Brown an der Spitze stehen sollte, indem in der Tat er und niemand anderes es ist, der die Übertragung Lauffen-Frankfurt ausführt.« Es war nicht lediglich ein Freundschaftsdienst, den Boveri hier leistete. Beide Männer hatten die Gründung einer eigenen Firma beschlossen, und »Brown« mußte zum Synonym für technische Spitzenleistung werden, wenn das Unternehmen gegen die etablierte Konkurrenz bestehen wollte. Aber auch für unabhängige Sachverständige, wie den kritischen Frankfurter Stadtbaurat William H. Lindley galt Charles E. L. Brown als »einer der geistreichsten, tüchtigsten Ingenieure auf dem Gebiete der Elektrizität.«

Während andere noch schwankten, setzte Brown in dem alten Systemstreit Wechselstrom oder Gleichstrom entschlossen auf Wechselstrom. Nur bei Wechselstrom ließ sich mit Hilfe des Transformators die Spannung leicht umwandeln. So ist es möglich, dem Verbraucher die benötigte Niederspannung zuzuführen, den Transport des Stromes über weite Strecken aber mit Hochspannung vorzunehmen, denn es ist ein Gemeinplatz, so Brown in seinem Vortrag 1891, daß »eine bestimmte elektrische Energie in einem um so dünneren Leiter und mit einem um so geringeren Verluste fortgeleitet wird, je höher ihre Stromspannung gewählt werden kann.« Browns Verdienste bei der Kraftübertragung trugen dazu bei, daß die junge Firma Brown, Boveri & Cie. den hartumkämpften Großauftrag auf Errichtung des Frankfurter Elektrizitätswerkes erhielt.

Vier Kolbendampfmaschinendynamos mit zusammen 2000 kW Leistung erzeugten Einphasen-Wechselstrom mit einer Spannung von zirka 3000 V und einer Frequenz von 45,3 Hz. Die Energie wurde über Hochspannungskabel mit konzentrisch angeordneten Leitern von der Zentrale zu sechs in der Stadt gelegenen Hauptknotenpunkten geleitet. Die Spannung für die einzelnen Abnehmer betrug 123 V. Ende 1895 waren 484 Lichtabnehmer mit rund 33.000 Lampen und 53 Kraftabnehmer mit 71 Motoren von zusammen 643 PS an das Stromnetz angeschlossen. Zur Belieferung der Verbraucher wurde eine Fabrik eingerichtet. Am 16. Juli 1898 feierten die 194 Mann der Belegschaft die Fertigstellung ihrer 1000. Maschine, eines Wechselstrommotors.

Die elektrische Energie konnte in »Blitzesschnelle« und mit außerordentlich kleinen Verlusten in alle, auch in die abgelegensten Orte des Landes geleitet werden. Das hatte eine ungeheure soziale Bedeutung. Die Dampfmaschine, Symbol und Motor der industriellen Revolution, war groß und entsprechend teuer. Eine Dampfmaschine konnte sich nur der große Kapitalbesitzer leisten; die Dampfmaschine zwang die Menschen in die großen Fabriken.

Jetzt lieferte die Elektrotechnik dem kleinen Handwerksmeister Energie zum Antrieb des kleinen Elektromotors zu günstigem Preis, und es erfüllte sich die soziale Vision und Forderung des Berliner Ingenieurs Franz Reuleaux: »Der Schreiner, dem man für eine Bandsäge, eine Holzhobelmaschine, eine Zinkenfräse die Betriebskraft billig lieferte, würde mit diesen Maschinen in seinem Heim arbeiten können . . . Konkurrenzfähig würde der Kleinmeister werden . . . Er würde mit seiner Umgebung von Gehilfen und Lehrlingen einen geschlossenen Arbeitsorganismus mit Haupt und Gliedern bilden . . . Geben wir dem Kleinmeister Elementarkraft zu billigem Preise . . . und wir erhalten diese wichtige Gesellschaftsklasse, wir stärken sie, wo sie glücklicherweise noch besteht, wir bringen sie wieder auf, wo sie bereits im Verschwinden ist.«

Die Lauffener Kraftübertragung galt überall und mit Recht als ein Meilenstein in der Entwicklung der Elektrotechnik. Ende des Jahres 1891 sprach der Tübinger Physiker Ferdinand Braun in seinem großen Hörsaal vor der »Dienstagsgesellschaft« über die Pionierleistung Browns. Schon am folgenden Tag wurde der Vortrag für die Öffentlichkeit wiederholt; trotz des hohen Eintrittspreises war der Hörsaal überfüllt, »was Zeugnis ablegt für das Interesse, welches der gewaltigen Entwicklung des Elektrizitätswesens in unserer Zeit entgegengebracht wird«, wie die »Tübinger Chronik« berichtete.

Die entstehende Elektrotechnik war ohne Vorbild. Hier gab es nicht, wie in den anderen Zweigen der Technik, ein tradiertes Wissen. Der Gebrauch der neuen Kraft mußte aus dem Nichts, nur auf der Grundlage der Naturgesetze, geschaffen werden. Zunächst spielten deshalb die Physiker eine große Rolle. Sie beherrschten die wissenschaftliche Seite, waren aber als Konstrukteure unerfahren. So gab es in der Anfangszeit oft konstruktiv zu schwach ausgebildete und deshalb störanfällige Maschinen. Neben den Physikern betätigten sich reine Praktiker, die sich das nötige Rüstzeug autodidaktisch angeeignet hatten. Die Zukunft der Elektrotechnik aber gehörte den an technischen Schulen vorgebildeten Ingenieuren.*

Ganz anders als in den Vereinigten Staaten und Großbritannien begegneten im »Lande der Dichter und Denker« die Gebildeten anfänglich den Technikern vielfach mit Vorurteilen. Gegen Ende des Jahrhunderts war aber auch hier die wissenschaftliche Emanzipation mit Promotionsrecht und Rektoratsverfassung der Technischen Hochschulen erreicht. Hand in Hand damit ging die gesellschaftliche Emanzipation.

Der Schriftsteller Max Maria von Weber, der Sohn des Komponisten, beschrieb 1882 einen jungen Ingenieur als »durchaus comme il faut

* Diese Gesichtspunkte hat der Technikhistoriker Adolf Wißner bei den Gesprächen der »Georg-Agricola-Gesellschaft« vorgetragen.

erzogen« und im Besitze von »guten Kenntnissen in Literatur, Kunst und Wissenschaft«, die er »prätentionslos mit feinem Takt in der Konversation« erkennen lasse.

In Theodor Fontanes Novelle »Cécilie« ist der jugendliche Held ein »Zivilingenieur«, ein »Mann von guter Erscheinung und Familie«, und es heißt von ihm, daß er hohe Intelligenz und eine »untadelige Gesinnung« besitze, aber auch: »Wenn er sich etwas in den Kopf gesetzt hat, so will er mit dem Kopf durch die Wand.«

Ein Zivilingenieur dieses Zuschnittes war Charles Eugen Lancelot Brown. Er besaß unglaubliches Selbstbewußtsein. So meinte er auf jedem Gebiet Hervorragendes leisten zu können und hielt mit dieser Ansicht nicht hinter dem Berge. »Man durfte ihm das nicht übelnehmen«, sagte Theodor Boveri: »Eine ängstliche Natur hätte es nicht gewagt, die bisher angewendete größte Übertragungsspannung gleich auf den zehnfachen Wert zu erhöhen oder Gleichstrommaschinen für volle 12.000 Ampere zu bauen. Bei der Lösung solcher Probleme stand ihm eine fast unheimliche Intuition zur Verfügung.«

Theodor Boveri, der Sohn des Firmengründers und damals Kantonsschüler, traf den Kompagnon und Freund seines Vaters gelegentlich im Schwimmbad. »Dann forderte er mich in ernsthaft sportsmännischer Weise jeweilen heraus, zu zeigen, wer sich schneller wieder vollständig ankleiden könne. Zu diesem Wettkampfe erschien er wohlgerüstet mit Elastik-Bottinen, die man nicht zuzuschnüren brauchte, und einer fertig genähten, quergestellten Krawattenschleife, die mit einem Griff in den Kragen zu klemmen war. Solch zweckmäßige Objekte hatte ich nicht zu meiner Verfügung, und so mußte ich ihm jeweilen den Sieg lassen, ohne mir damals darüber klar zu sein, daß ein großer Mann mir unwillkürlich einen Blick in einen Teil seines innern Wesens eröffnet hatte.«

In seiner Begeisterung für die Technik war Charles Brown ein Kind seiner Zeit. Über eine neue Erfindung informierte er sich sofort, und wenn es ging, vor allen anderen. Anfang 1894 bestellte er bei Otto Lilienthal einen Flugapparat, den er später dem Deutschen Museum stiftete. Als Blériot 1909 mit seinem Aeroplan den Kanal überquerte,

erwarb er sogleich ein Exemplar. Aus dem Tieftemperaturinstitut in Leiden beschaffte er sich eine Luftverflüssigungsanlage und vom Ehepaar Curie zwei Proben Radiumchlorid mit $^1/_{10}$ und $^1/_{100}$ Gramm.
So erkannte Charles Brown früh die Bedeutung der Dampfturbine, erwarb die Patentrechte und entwickelte den dazu passenden Generator. Die Starkstrom–Elektrotechnik trat damit abermals in eine neue Phase der Entwicklung.
»Es ist noch nicht lange her, da nannte man unsere Zeit das ›Jahrhundert des Dampfes‹«, so hatte ein Beobachter schon 1893 geschrieben: »Kaum ist aber Sklave ›Dampf‹ zu voller Kraft herangewachsen, da tritt eine junge Riesin in den Dienst der Menschheit. Das ist die Elektrizität. Jahrzehntelang im Wachstum zurückgeblieben, begann sie sich plötzlich vor etwa 25 Jahren zu entwickeln, und in dieser kurzen Zeit ist sie schon so weit herangewachsen, daß sie die Technik umzugestalten beginnt. Man sieht es ihr nicht mehr an, daß sie ihre langen Kinderjahre in den Laboratorien zugebracht hat und stille Gelehrte ihre ersten Schritte geleitet haben. Aber gerade diese einstige Verborgenheit und die jetzigen Erfolge fesseln das Interesse aller Gebildeten, weil der beispiellos rasche Siegeslauf auch den Unkundigen von ihr noch größere Taten in der Zukunft erwarten läßt. Das ›Zeitalter der Elektrizität‹ will die Jetztzeit genannt werden.«
Aus den großen Entdeckungen der Elektrophysik folgten die großen Erfindungen der Elektrotechnik. Damit besaß die Physik endlich, was sie seit Jahrhunderten so sehr erhofft hatte: den wirklich durchschlagenden Beweis für ihre »gesellschaftliche Relevanz«.

1 Die legendäre Szene vor der Heiligen Inquisition in der Dominikanerkirche Santa Maria sopra Minerva in Rom am 22. Juni 1633: Nach der erzwungenen Abschwörung des kopernikanischen Weltbildes stampft Galilei trotzig mit dem Fuße auf und murmelt: »Und die Erde bewegt sich doch.« Wie der Maler 1847 hat das ganze 19. Jahrhundert Galilei, den Begründer der neuzeitlichen Physik, mißverstanden als Kämpfer gegen die Kirche. In Wirklichkeit war Galilei ein überzeugter Katholik, und es ging ihm vor allem darum, nicht ausgestoßen zu werden aus der Gemeinschaft der Gläubigen.

2/3 Das große Genie und der kleine Betrüger. *Oben:* Isaac Newton, wenige Jahre vor seinem Tode. Aufgeschlagen vor ihm liegen seine »Mathematischen Prinzipien der Naturlehre«, nach dem Urteil vieler das wichtigste physikalische Werk, das je geschrieben wurde.
Unten: Selbstdarstellung des Karl Elias Beßler, der sich Orffyreus nannte und vorgab, das Perpetuum mobile erfunden zu haben.

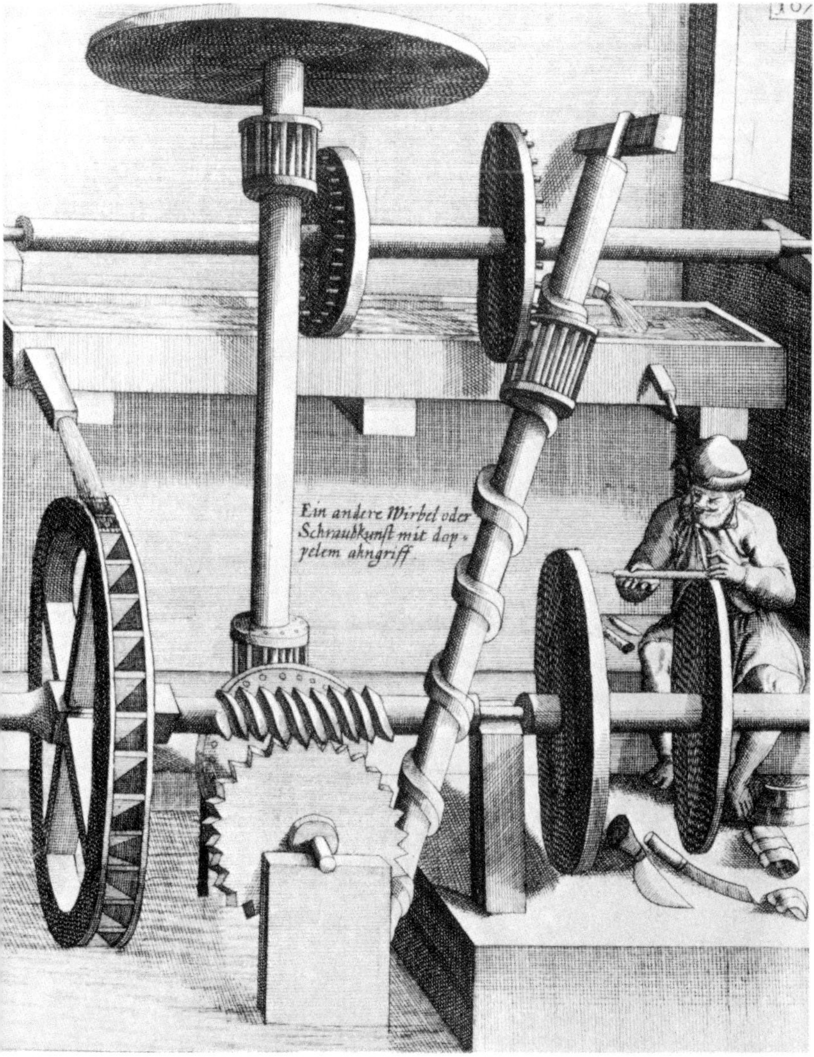

4 Phantom des Barockzeitalters: Das Perpetuum mobile. Hier ein Entwurf von Jacobo Strada 1629. Das ausfließende Wasser treibt ein Mühlrad und wird durch eine archimedische Schraube wieder in das Reservoir zurückgepumpt. Es soll immerwährend das gleiche Wasser in Umlauf sein und außerdem Arbeit geleistet werden.

5/6 Die Entdecker des Energieprinzips: Julius Robert Mayer und Hermann Helmholtz erhoben die Unmöglichkeit des Perpetuum mobile zum Prinzip und begründeten das Gesetz von der Erhaltung der Energie, das man »die Verfassung oder das Grundgesetz« im Reiche der Physik genannt hat.

7 7. November 1800: Alessandro Volta demonstriert seine neuerfundene Säule den Pariser Akademikern, in ihrer Mitte der erste Konsul Napoleon Bonaparte.

8, 9, 10 »Man sieht es der Elektrizität nicht mehr an, daß sie ihre langen Kinderjahre in den Laboratorien zugebracht hat und stille Gelehrte ihre ersten Schritte geleitet haben«, schrieb ein Zeitgenosse 1893. Hier die wichtigsten dieser »stillen Gelehrten«, die die Elektrizitätslehre begründeten: Michael Faraday, James Clerk Maxwell und Heinrich Hertz.

11 Wissenschaft ist ein soziales Phänomen: Die historische Aufnahme vom 14. Januar 1845 zeigt die Gründer der Physikalischen Gesellschaft zu Berlin, aus der die heutige Deutsche Physikalische Gesellschaft hervorging. *Von links nach rechts, oben:* Karsten, Heitz, Knoblauch. *Unten:* Brücke, Du Bois-Reymond, Beetz.

12 Eine der glänzenden Experimentalvorlesungen von Michael Faraday in der Royal Institution in London (um 1850). In der ersten Reihe sitzen der Prinzgemahl Albert und der Thronfolger.

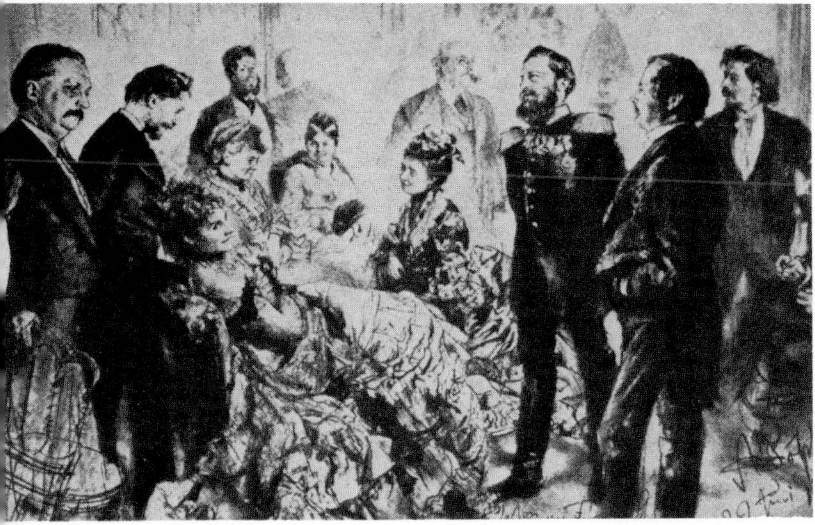

13 Die Berliner Hofgesellschaft im Jahre 1874. Hermann Helmholtz, der »Reichskanzler der deutschen Physik«, mit seiner Frau im Salon der Frau von Schleinitz. Gemälde von Adolph von Menzel.

14 Elektrotechnische Ausstellung in Frankfurt 1891. Die »Kraftübertragung« über 178 km von Lauffen am Neckar nach Frankfurt wurde »das bedeutendste und wichtigste Experiment in der technischen Elektrizität, seitdem diese geheimnisvolle Naturkraft dem Menschen dienstbar geworden ist.«

15 Die Wissenschaft und die Industrie zusammenzubringen, war das große Ziel von Felix Klein, der als Sonne die Szene beleuchtet: Mit viel Geld und Selbstbewußtsein nähern sich die Industriellen; sie geben Geld und erhalten Gelehrsamkeit. Sie verlieren nicht ihr ganzes Geld, aber offenbar ihr Selbstbewußtsein. Über allem thront billigend der allmächtige Althoff. Die Karikatur entstand 1908 zum zehnjährigen Jubiläum der »Göttinger Vereinigung«.

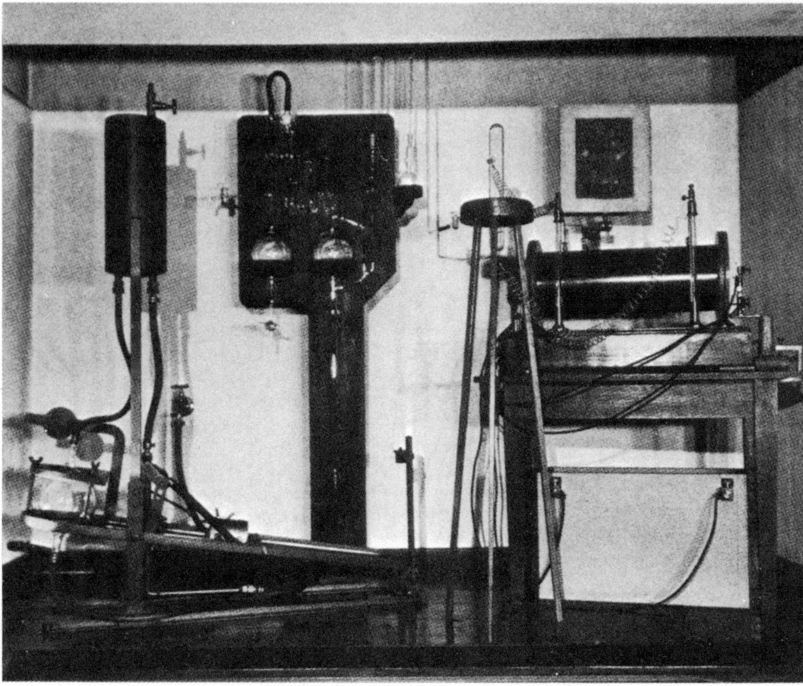

16 Versuchsanordnung, mit der am 8. November 1895 in Würzburg Röntgen seine Strahlen entdeckte (Rekonstruktion durch das Deutsche Röntgen-Museum in Remscheid-Lennep).

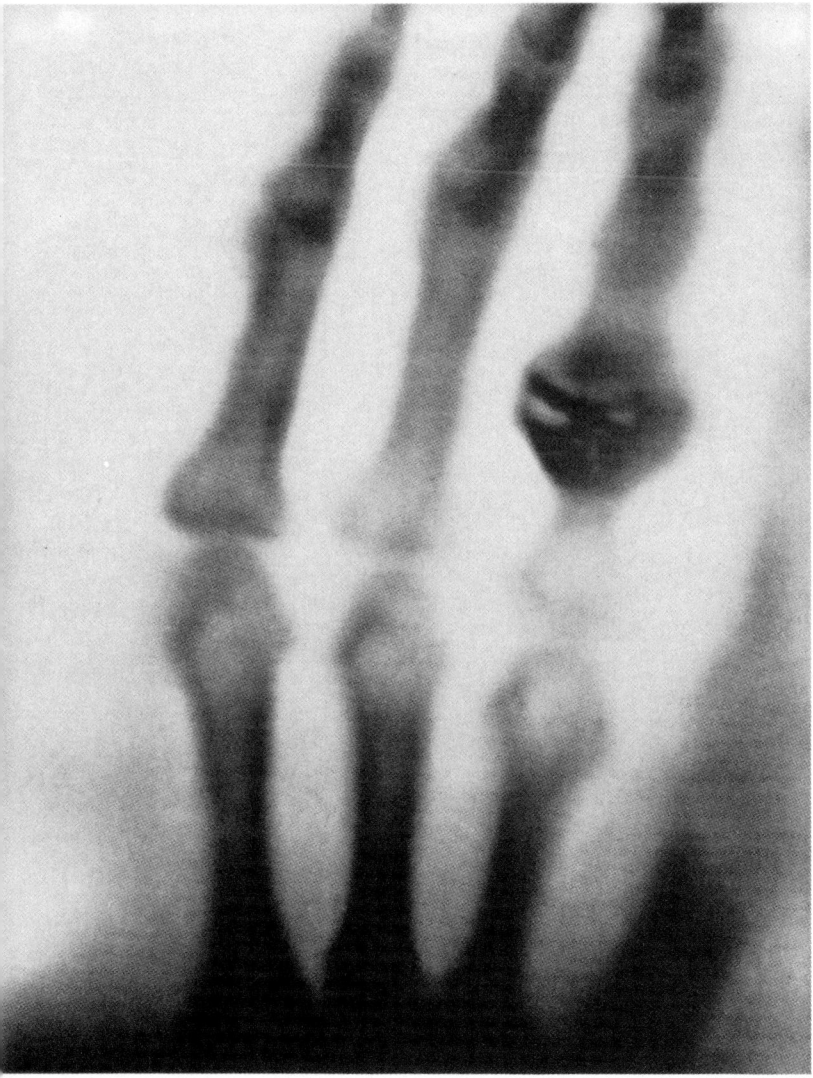

17 Aufnahme, die Röntgen am 22. Dezember 1895 von der Hand seiner Frau angefertigt hat.

18 Um die Jahrhundertwende sprach man vielfach von der Strahlung als dem »vierten Aggregatszustand der Materie«. Wie später die vierte Dimension, so faszinierte damals dieser rätselhafte »vierte Zustand«. Das Photo zeigt das Physikerehepaar Marie und Pierre Curie, die die Erscheinung der Radioaktivität erforschten.

19 Ernest Rutherford *(vorne rechts)* im Jahre 1905 mit seinem Team vor dem McDonald Physics Building der McGill University in Montreal. *Links hinter* Rutherford Otto Hahn.

20 Erste Solvay-Tagung in Brüssel 1911, die »Gipfel- und Krisenkonferenz« der Physiker. Die führenden Gelehrten aus aller Welt nahmen teil, und wie beabsichtigt wurde ein Meilenstein gesetzt.

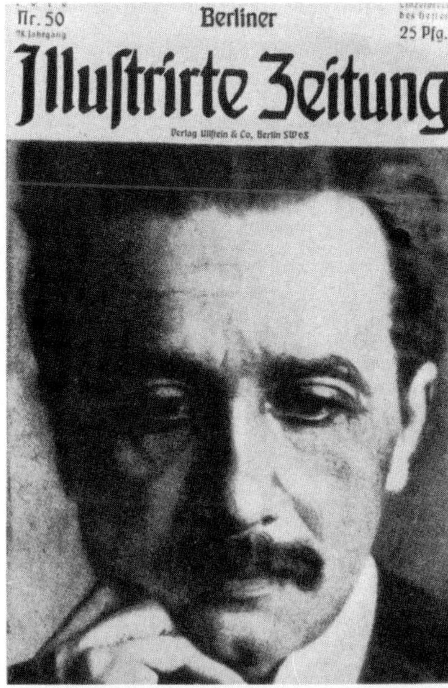

21 Nach dem Ende des Ersten Weltkrieges erregte Einstein mit seiner Allgemeinen Relativitätstheorie ungeheures Interesse. Völkische Kreise schmähten die moderne Physik schon damals als »entartete Wissenschaft«.

22 28. Juni 1929: Goldenes Doktorjubiläum von Max Planck. Stiftung der goldenen »Max-Planck-Medaille« durch die Deutsche Physikalische Gesellschaft und erste Verleihung an Planck und Einstein.

23 Geheimrat Arnold Sommerfeld, der große Forscher und Lehrer der theoretischen Physik.

24 Werner Heisenberg (1926 in Kopenhagen)

25 Wolfgang Pauli (1929 in Kopenhagen)

26 Seit 1920 bildete sich um Niels Bohr in Kopenhagen, Arnold Sommerfeld in München und Max Born in Göttingen ein Kreis junger theoretischer Physiker, die überzeugt waren, daß etwas Neues an die Stelle der klassischen Physik gesetzt werden mußte. Hier ein Treffen dieser »scientific community« bei Bohr in Kopenhagen im April 1933. Viele der Abgebildeten waren schon damals berühmt, andere wurden es später.

27 Werner Heisenberg (ca. 1965) in seinem Max-Planck-Institut für Physik und Astrophysik in München-Freimann. An der Wand hängt, als äußeres Zeichen der Verbundenheit, ein Porträt des verehrten Lehrers Arnold Sommerfeld.

VII. Die elektrischen Wellen

1. Maxwell: Die Theorie

Der Satz von Gauß, daß die Theorie die Praxis nach sich ziehe, wie der Magnet das Eisen, hatte sich überzeugend bestätigt. Um die Mitte des 19. Jahrhunderts war die elektrische Nachrichtentechnik entstanden; in den folgenden Jahrzehnten nahm die Starkstromelektrotechnik einen unerhörten Aufschwung, zuerst durch die Erfindung eines leistungsfähigen Elektromotors und Generators und dann durch die praktisch verlustlose Übertragung der elektrischen Energie auf weite Strecken.
Die technische Entwicklung knüpfte direkt an die Grundphänomene des Elektromagnetismus an. Für die Technik spielte es zunächst keine Rolle, daß auf dem neuen Gebiet widersprechende physikalische Vorstellungen existierten. Manche Praktiker zogen den Schluß, daß es auf die Theorie letztlich gar nicht ankomme; es zähle nur der physikalische Effekt. Das sollte sich als Irrtum erweisen.
In seinem Massenanziehungsgesetz hatte Isaac Newton das Nahe und das Ferne gleichermaßen erfaßt, den Fall und Wurf irdischer Körper wie die Bewegung der Planeten am Himmel. Das Newtonsche Gravitationsgesetz hielt man seither als die sozusagen von der Natur selbst vorgegebene Form eines physikalischen Gesetzes: Hier ist die eine Masse, etwa die Erde, und dort die andere Masse, etwa der vom Baum fallende Apfel. Die Kraft, mit der die Erde den Apfel anzieht, ist dann durch die Größe der beiden Massen und die Entfernung gegeben.
Im 18. Jahrhundert wurden in den physikalischen Kabinetten der Fürsten und den Salons vornehmer Damen Versuche mit Reibungselektrizität große Mode. Für die Kräfte, die dabei zwischen den elektrischen Ladungen auftreten, stellte Coulomb das heute nach ihm benannte Gesetz auf. Es war ganz nach dem Muster des Newtonschen Massenan-

ziehungsgesetzes geformt. Neu war nur, daß auch abstoßende Kräfte auftreten.

Nach der Entdeckung des Elektromagnetismus durch Oersted 1820 nahmen Davy und Faraday zunächst als selbstverständlich an, daß man es auch hier mit solchen anziehenden und abstoßenden Kräften zu tun hat. Wo die Versuche von Oersted auch angestellt wurden: Für die Physiker war es eine Überraschung, daß die Kräfte zwischen dem elektrischen Strom und dem Magnetpol nicht in Richtung der Verbindungsgeraden liegen, sondern senkrecht dazu.

Jean Baptiste Biot und Félix Savart stellten schließlich ein Kraftgesetz auf, das in der Form dem großen Vorbild, dem Newtonschen Gravitationsgesetz, entsprach. Das Gesetz brachte zum Ausdruck: Die Kraft wirkt vom Ort des elektrischen Stroms auf den Ort, wo sich der Magnetpol befindet. Der dazwischenliegende Raum wird in unendlich kurzer Zeit übersprungen; ob der Raum leer ist oder nicht, spielt keine Rolle.

Eine solche Wirkung in die Ferne schien Michael Faraday eine Absurdität. Für ihn verbanden sich mit dem Wort »Kraft« andere Vorstellungen. Die Kraft war etwas, was ein eigenes Wesen besaß, ein geistiges Substrat, wie für uns heute die Energie.

Faraday ging aus von dem Bild, das Eisenfeilspäne darbieten, die man auf eine Glasplatte streut. Hält man einen Magneten unter die Glasplatte, so ordnen sich die Eisenkörnchen in Fäden, und man sieht gleichsam, wie magnetische Kraftlinien von einem Magnetpol zum anderen verlaufen. Auf diese Weise läßt sich auch zeigen, wie die magnetischen Kraftlinien Ringe um einen elektrischen Gleichstrom bilden.

Zunächst nur eine Veranschaulichung, gewannen die »magnetischen Linien« für Faraday physikalische Realität; sie waren ihm eine Wesenheit wie das Licht, eine »Kraft«, eine Kraft aber nicht im Newtonschen, sondern im Goetheschen Sinne, eine »Kraft«, die den Raum durchdringt und sein Wesen verändert.

So sprach Faraday auch vom »elektro-tonischen Zustand«, also von einer Art Spannungszustand, in den der Raum versetzt wird durch die magnetischen Kraftlinien. Er schrieb an Maxwell: »Ich hoffe einige Experimente machen zu können über die Zeit der magnetischen Wirkung, oder besser über die Zeit, die nötig ist für die Annahme des elektrotonischen Zustandes um einen stromdurchflossenen Draht . . . Die Zeit muß wahrscheinlich so kurz sein wie die Zeit, die das Licht braucht.«

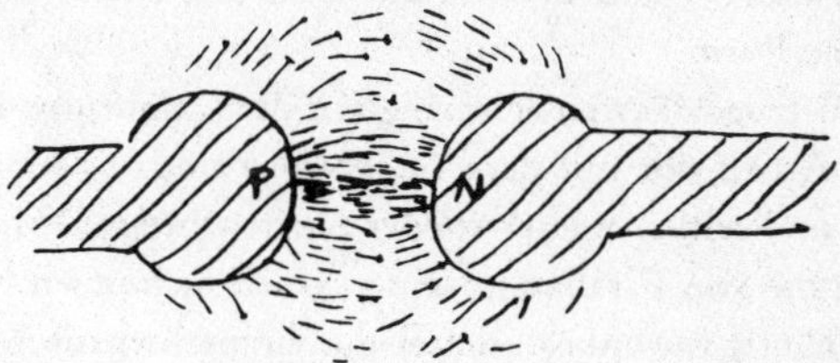

17 Kraftlinien zwischen einer positiven und negativen Ladung. Skizze von Michael Faraday in seinem Labortagebuch (»Diary«) 1836.

Faraday besaß ein tiefdringendes physikalisches Verständnis; er vermochte aber nicht seine Ideen in der Sprache der Mathematik auszudrücken. In seiner Elementarschule war er nicht weiter als bis zur Dreisatzrechnung gekommen. »Die einzige mathematische Operation, die ich in meinem Leben ausgeführt habe«, scherzte er, »war, als ich einmal an der Kurbel einer Rechenmaschine drehen durfte.«

Genial war seine Intuition und Imagination. Aber Faraday konnte sich nicht verständlich machen. Die Fachkollegen hielten darum – ganz irrtümlich – seine Ideen für vage oder gar konfus. Hier erkannte James Clerk Maxwell seine Aufgabe. Er hatte in Edinburgh und Cambridge Mathematik studiert und setzte sich mit 24 Jahren zum Lebensziel, die Vorstellungen Faradays mathematisch exakt zu fassen.

Ein großes Wortgemälde war es, was Faraday geliefert hatte, nicht

Produkt der Phantasie wie seinerzeit die »Prinzipien der Philosophie« von Descartes, sondern Ergebnis sorgfältiger Naturbeobachtung. Aber es war eben nur ein Wortgemälde – und seit Newton hatten die Wissenschaftler ein tiefes Mißtrauen gegen die »Physik der Worte« und verlangten eine »Physik der Formeln«.

Das leistete Maxwell. Den riesigen Goldklumpen, den Faraday wie ein »Hans im Glück« gefunden hatte, prägte Maxwell aus in Münzen, deren Wert die Gelehrten begriffen. Kongenial erfaßte Maxwell den Gedankenkosmos Faradays und brachte ihn zum Ausdruck, umgegossen in mathematische Form.

Im Jahre 1855 trug Maxwell erstmalig vor der Cambridge Philosophical Society eine Arbeit vor mit dem Titel »On Faraday's Lines of Force«. Seine Worte sind seither immer wieder zitiert worden: »Meine Methode ist durchweg die von Faraday in seinen Untersuchungen befolgte, welche man . . . häufig für unbestimmter und unmathematischer hält als die der Mathematiker vom Fach. Es wird, wie ich hoffe, aus meiner Darstellung ersichtlich sein, daß ich nicht eine physikalische Theorie einer Wissenschaft aufzustellen suche, in welcher ich kaum ein einziges Experiment gemacht habe, sondern daß sich mein Vorhaben darauf beschränkt zu zeigen, wie gerade durch Verwendung der Begriffe und Methoden Faradays die Wechselbeziehung der verschiedenen Klassen der von ihm entdeckten Erscheinungen am besten klargemacht werden kann.«

Maxwell stellte sich den Raum, in dem sich die elektrischen und magnetischen Phänomene abspielen, von einem Fluidum erfüllt vor, das man, an antike Begriffe anknüpfend, den »Äther« nannte. Wie nun der Schall einer Glocke in unser Ohr dringt durch die Vermittlung der Luft, so soll nach Maxwell der Äther der Träger der elektrischen und magnetischen Phänomene sein. Das von Maxwell ursprünglich aufgestellte Gleichungssystem beschrieb alle auf dem Gebiet der Elektrizität und des Magnetismus bekannten Effekte, wie sie von Faraday und anderen entdeckt worden waren.

Um 1860 bemerkte Maxwell, daß noch etwas Wichtiges fehlte. Die sogenannte erste Maxwellsche Gleichung drückte den von Oersted entdeckten Sachverhalt aus: Der elektrische Strom ist von magnetischen Kraftlinien umgeben. Unterwirft man diese Gleichung einer mathematischen Umformung, so ergibt sich eine Relation, die im Widerspruch steht zu anderen Formeln des Maxwellschen Gleichungssystems. Der Widerspruch läßt sich beseitigen, wenn die Gleichung durch ein Zusatzglied ergänzt wird, den sogenannten »Verschiebungsstrom«.

Man hat lange gemeint, daß Maxwell auf diesem mathematischen Wege vorgegangen sei. In Wirklichkeit hat Maxwell wie sein großes Vorbild Faraday eminent physikalisch gedacht. Aus einem Interpreten Faradays wurde Maxwell zu einem eigenschöpferischen Gelehrten. Er erkannte, daß sich die zeitliche Änderung der heute sogenannten »elektrischen Erregung« wie ein elektrischer Strom verhält. Diese Größe nannte er deshalb »Verschiebungsstrom« und addierte sie zum elektrischen Strom. Damit ging Maxwell über Faraday hinaus.

Aus dem erweiterten Gleichungssystem ergab sich nun als Lösung ein mathematischer Ausdruck, der nichts anderes bedeutete als eine mit einer bestimmten Geschwindigkeit sich ausbreitende Welle: »Die Geschwindigkeit der Transversalschwingungen ... stimmt so genau mit der Geschwindigkeit des Lichtes, daß wir kaum den Gedanken zurückweisen können, daß das Licht aus Transversalwellen desselben Mediums besteht, welches auch die Ursache der elektrischen und magnetischen Erscheinungen ist.«

Damit waren Elektromagnetismus und Licht in Verbindung gebracht. Brücken zwischen bisher getrennten Gebieten: Das sind die eigentlichen und großen Entdeckungen in der Wissenschaft. Die Optik, die Lehre vom Licht, hatte sich bisher als eigenständiges Gebiet der Physik entwickelt. Georg Christoph Lichtenberg war Ende des 18. Jahrhunderts noch überzeugt: Das Licht besteht aus kleinen, sehr schnellen Korpuskeln. Bald darauf gelangte man zur Überzeugung, daß das Licht eine Erscheinung ist wie der Schall.

Betrachtet man einen Punkt in dem Raum, durch den sich der Schall ausbreitet, so treten dort periodische Änderungen ein in der Dichte und

im Druck der Luft. Wie Wellen an der Wasseroberfläche pflanzen sich diese periodischen Schwankungen durch die Luft fort.
Entsprechend stellte man sich das Licht als Wellen im Äther vor. Was ist der Äther? Ein sehr feiner Stoff, sagte man, der den Weltraum vollständig ausfüllt, aber ebenso auch in jedem Körper mitenthalten ist.
Der »Äther« bedeutete für das 19. Jahrhundert, was das »Perpetuum mobile« in der Epoche zuvor gewesen war. Urteilsfähige Gelehrte sprachen von einer »Hypothese«, also einer Vermutung, plumpe Köpfe von einer »feststehenden Tatsache«. Zu den Plumpen gehörte Ernst Haeckel. Der Biologe erklärte kurzerhand alle »Welträtsel« mit Einschluß des Ätherproblems für gelöst und beschrieb in acht Lehrsätzen die Eigenschaften des Äthers.

Die Weisheit prüft und mißt es,
Beschränktheit ruft: So ist es!

Maxwell drückte sich vorsichtig aus, wie es echtem wissenschaftlichen Geist entspricht. Maxwells großer Landsmann Newton hätte in einem solchen Falle gesagt: »Hypotheses non fingo«, Hypothesen erdenke ich nicht. Auch das gehört zum großen Forscher: zu erkennen, welche Probleme mit den Mitteln der Zeit nicht gelöst werden können.
Als er seine später so berühmten Gleichungen fand, wirkte Maxwell als Professor am King's College. Die Stelle war 1860 ausgeschrieben worden. Als die Berufungskommission zusammentreten sollte, um die fünf Bewerber in Augenschein zu nehmen, waren zwar die Kandidaten zur Stelle, aber nur ein einziges Mitglied der Kommission. Dieser holte zur Verstärkung zwei Professoren – und zu dritt und einstimmig empfahlen sie James Clerk Maxwell.
Maxwell bot einen hervorragenden Physikunterricht. Man weiß dies aus seinen Lehrprogrammen und den Prüfungsfragen. Die durchschnittlich begabten Studenten sollen aber, wie ein Gerücht besagt, die Vorlesungen als »langweilig« empfunden haben. Es sei Maxwell nahegelegt worden, seinen Abschied einzureichen. Eine Legende? Wie dem auch sei: Nach fünfjähriger Tätigkeit in London legte er sein Amt nieder.
Der ererbte Grundbesitz in Schottland sicherte ihm finanzielle Unab-

hängigkeit, und frei von den Unterrichtsverpflichtungen setzte er als Privatgelehrter seine wissenschaftliche Arbeit fort. Eine Berufung nach St. Andrews, an die älteste schottische Universität, lehnte er ab. Als aber die Universität Cambridge einen Lehrstuhl für Experimentalphysik gründete und erstmals für England mit einem großen Unterrichtslaboratorium ausstattete, versagte sich Maxwell dieser für die Wissenschaft so wichtigen Aufgabe nicht. Der Bau und die Einrichtung des nach dem hauptsächlichsten Geldgeber sogenannten »Cavendish Laboratory« nahm viel Zeit in Anspruch; mit ihm begründete Maxwell die moderne Ausbildung und die berühmte Tradition der Experimentalphysik in Cambridge.

Noch in der Muße des Landlebens hatte Maxwell das Lehrbuch »Treatise on Electricity and Magnetism« verfaßt. Es ist die große Zusammenfassung seiner Gedanken. Als er 1871 sein neues Lehramt antrat, brachte er das umfangreiche Manuskript mit nach Cambridge. Monatelang beschäftigte ihn nun das Lesen der Korrekturbogen, die in regelmäßigen Abständen von der Druckerei kamen. Endlich erschien 1873 das Werk in zwei Bänden mit zusammen etwa 1000 Seiten.

Das Treatise war keine leichte Lektüre. Anders als heute, wo man die Gleichungen in der kurzen und übersichtlichen Vektorsprache ausdrückt, mußte Maxwell alles in Komponenten ausschreiben oder die ungewohnten Quaternionen verwenden. Als Komplikation kam hinzu, für den damaligen wie für den heutigen Leser, daß sich Maxwell um eine Erklärung mittels mechanischer Modelle bemühte.

Seit Descartes war es das Ziel der Physik, alles auf Mechanik zurückzuführen. Eine große Ausnahme bildeten in der ersten Hälfte des 19. Jahrhunderts die Dynamisten. Auch in dieser Zeit aber hatte die große Mehrheit der Physiker darauf bestanden, daß die Welt aus Materie gemacht sei. Aufgabe der Physik sei, die Bewegungsgesetze all der verschiedenen Substanzen (der wägbaren und der unwägbaren) zu finden.

»Wünscht nun jemand Maxwells Anschauungen kennenzulernen und gibt man ihm dazu das zweibändige Maxwellsche Lehrbuch in die Hand, so wird er es bald entmutigt beiseite legen«. So heißt es in einer deutschen Übersetzung, die sich bewußt auf einen knappen Auszug beschränkte. Über die Schwierigkeiten, die das Maxwellsche Treatise dem Verständnis bereitete, erzählte Arnold Sommerfeld: »Der große Erforscher der Elektrolyse Wilhelm Hittorf, der viel von der neuen Elektrizitätslehre gehört hatte, versuchte, schon in vorgerückten Jahren, den Treatise zu studieren, konnte sich aber durch das ihm fremdartige Gewirr von Formeln und Begriffen nicht hindurchfinden. Er geriet darüber in einen Zustand tiefer Depression. Seine Münsterer Kollegen überredeten ihn, eine Erholungsreise in den Harz zu machen. Als sie aber vor der Abreise seinen Koffer kontrollierten, fanden sie darin – die beiden Bände des Treatise on Electricity and Magnetism.«

Jeder weiß es: Wenn die Industrie ein neues Produkt auf den Markt bringt, so ist Werbung notwendig. Den Menschen muß gesagt werden, wie sie es und zu was sie es mit Vorteil gebrauchen. Nicht viel anders ist es in der Wissenschaft. Das Neue ist da, aber was es bedeutet, wird nicht gleich verstanden; es gibt Aspekte, die Ablehnung hervorrufen, vielleicht gerade wegen ihrer Neuheit.

Auch in der Wissenschaft muß eine neue Theorie zur Anerkennung gebracht werden. Was die Maxwellschen Gleichungen betrifft: Das war das Verdienst von Hermann von Helmholtz. Er öffnete, bildlich gesprochen, den Kollegen die Augen. Und nun sahen sie, zu ihrem Erstaunen, direkt neben dem alten, nun schon ehrwürdigen Gebäude der Newtonschen Mechanik ein neues Bauwerk, ebenso groß und geräumig, ebenso solide und festgefügt, aber in einem ganz anderen Stil.

Hermann von Helmholtz besaß so große Autorität in der Wissenschaft, daß man ihn den »Reichskanzler der deutschen Physik« nannte. Wie Bismarck alle Kräfte des Landes zusammenfaßte und auf ein Ziel lenkte, so prägte und motivierte Helmholtz eine Generation von Schülern.

Seiner Begeisterung Ausdruck verleihen konnte insbesondere Ludwig Boltzmann. Fasziniert von der Erfaßbarkeit der Naturgesetze durch das menschliche Denken, zitierte er in seinen Vorlesungen über Maxwells Theorie aus Goethes »Faust«:

War es ein Gott, der diese Zeichen schrieb,
Die mit geheimnisvoll verborg'nem Trieb
Die Kräfte der Natur um mich enthüllen
Und mir das Herz mit stiller Freude füllen

Auch in der Wissenschaft gibt es, wie in der Kunst, Stilepochen. Kein Zweifel: Faraday und Maxwell waren geniale Architekten und Begründer eines neuen Stiles.

In der Maxwellschen Theorie hat man es mit »Kraftfeldern« zu tun, weshalb man von einer »Feldtheorie« spricht: Den Bereich, in dem eine elektrische oder magnetische Kraft wirkt, nennt man ein elektrisches oder magnetisches Feld; dabei ist, anders als in der Newtonschen Physik, die Energie kontinuierlich über alle Punkte des Feldes verteilt. Das wesentlich Neue in der Maxwellschen Theorie ist nun, daß sich ein Feld, etwa ein magnetisches beim Einschalten eines Stroms, nicht instantan aufbaut, sondern mit einer bestimmten Geschwindigkeit, kleiner oder höchstens gleich der Lichtgeschwindigkeit.

Die Newtonsche Theorie der Mechanik war auf die Vorstellung einer Fernwirkung, die Maxwellsche Theorie der Elektrodynamik auf die Vorstellung der Feld- oder Nahewirkung gegründet. Das ist der Unterschied in den »Baustilen«, von denen wir gesprochen haben.

Wenn wir im Bild bleiben wollen: Für derartige »Stilfragen« besaßen die Physiker damals noch kein rechtes Verständnis. Dabei hatte der große Mathematiker Felix Klein alle erforderlichen Gesichtspunkte zur Beurteilung schon entwickelt.

In der Mathematik gab es nebeneinander verschiedene Arten von Geometrie: Euklidische Elementargeometrie, projektive Geometrie, Liniengeometrie, Kugelgeometrie usw. Felix Klein gelang es, die auch den Fachmann verwirrende Fülle der verschiedenen Geometrien von einem einheitlichen Standpunkt aus zu klassifizieren und überschaubar zu ordnen. Das Ordnungsprinzip, dies sei für den Kenner nebenbei erwähnt, war der Begriff der »Transformationsgruppe«.

In seinem berühmten »Erlanger Programm« von 1872 formulierte Felix Klein seine Gedanken. Dieses »Erlanger Programm« sollte die Arbeit einer ganzen Generation von Mathematikern bestimmen. 1905 veröffentlichte Albert Einstein seine Spezielle Relativitätstheorie. Als wenige Monate später Felix Klein die einschlägigen Arbeiten studierte, konnte er mit tiefer Befriedigung feststellen, daß sich das für den Physiker so ungeheure Neue für einen am »Erlanger Programm« geschulten Mathematiker sozusagen von selbst ergibt. Der Mathematiker sieht sofort: Die Maxwellschen Gleichungen bleiben unverändert, wenn man sie gewissen (im mathematischen Sinn besonders einfachen) Transformationen unterwirft. Es sind dies die Drehungen und Verschiebungen der (vierdimensionalen) Raum-Zeit-Welt. Dem Laien bereitet der Begriff einer Welt mit vier Dimensionen Kopfzerbrechen; der Mathematiker kann sich einen solchen Raum auch nicht vorstellen, aber er rechnet damit, und das genügt.

Diese – im mathematischen Sinne – tatsächlich besonders einfachen Transformationen der Raum-Zeit-Welt hatte Einstein aus anderen Überlegungen schon abgeleitet. Sie lassen, wie gesagt, die Maxwellschen Gleichungen unverändert. Und jetzt kommt das Wesentliche: Die Grundgleichungen der Mechanik besitzen diese hervorragende Eigenschaft nicht. Beide Hauptgebäude und Hauptsäulen der klassischen Physik – Mechanik und Elektrodynamik – stehen also im Widerspruch zueinander. Das, was wir einen Unterschied im »Baustil« ganannt hatten, ist also eine Sache der inneren mathematischen Struktur.

Als nach Einsteins Relativitätstheorie die mathematische Stilkunde des »Erlanger Programmes« sich in der Physik so glänzend bewährte, da begeisterte sich der Göttinger Mathematiker Hermann Minkowski über den »größten Triumph«, den je die Anwendung der Mathematik hervorgebracht habe. Wenn sich die Relativitätstheorie bestätige, sagte er in der gewohnt vorsichtigen Sprache des Gelehrten, »würde zum Ruhme der Mathematiker, zum grenzenlosen Erstaunen der übrigen Menschheit offenbar werden, daß die Mathematiker rein in ihrer Phantasie ein großes Gebiet geschaffen haben, dem, ohne daß dieses je in der Absicht dieser so idealen Gesellen gelegen hätte, eines Tages die vollendete reale Existenz zukommen sollte.«

2. Hertz: Das Experiment

Aus der Hand seines Professors erhielt Ludwig Boltzmann das neue Evangelium, die beiden Bände des »Treatise on Electricity and Magnetism«. Da er kein Wort Englisch verstand, legte der Professor noch eine englische Grammatik dazu. Ein Wörterbuch besaß er schon.

Die Physiker waren eine kleine Familie. So erfuhr der große Hermann von Helmholtz in Berlin bald, daß da in Wien ein hochbegabter Student sich mit der Maxwellschen Theorie beschäftigte. Er lud den jungen Boltzmann ein, in seinem großen und modernen Institut die Theorie experimentell zu prüfen. Maxwell hatte da eine Beziehung abgeleitet zwischen einer rein elektrischen und einer rein optischen Größe. Diese Beziehung (zwischen der Dielektrizitätskonstanten und dem Brechungsindex) war fundamental: Keine andere Theorie gab es, die einen Zusammenhang zwischen dem Elektromagnetismus und dem Licht zum Ausdruck brachte.

»Als ich die Werte aller Dielektrizitätskonstanten in einer Tabelle zusammenstellte, betrübte ich mich recht sehr, daß sie sogar weit von den Brechungsquotienten abwichen, bemerkte aber zugleich, daß sie immer ungefähr gleich den Quadraten der Brechungsquotienten waren.«

So schilderte Boltzmann selbst das Ergebnis seiner Arbeit: »Wie ein Blitz durchfuhr mich der Gedanke, ob nicht etwa die Maxwellsche Theorie das letztere fordert, da ja Fortpflanzungsgeschwindigkeiten immer den Quadratwurzeln aus den Kräften proportional sind. Ich sah in Maxwells Abhandlung nach, und richtig war da deutlich zu lesen, daß die Dielektrizitätskonstante dem Quadrate des Brechungsexponenten proportional sein muß . . . so daß ich also in meinen Versuchen eine Bestätigung der Maxwellschen Theorie erblicken muß.«

Bestätigt wurde durch das Experiment freilich nicht die Theorie als Ganzes, sondern nur ein Aspekt, freilich ein besonders wichtiger. Also mußten die Bemühungen fortgesetzt werden. Immer wieder betonte es Hermann von Helmholtz: Hier liegt das wichtigste Problem der Physik.

Die Universität Berlin stellte damals alljährlich Preisaufgaben. 1878 wählte die Philosophische Fakultät eine Frage aus der elektromagnetischen Theorie: die träge Masse der elektrischen Ladung.
Ende des 18. Jahrhunderts hatte man vergeblich versucht, ein Gewicht des »elektrischen Fluidums« festzustellen und deshalb von einer »unwägbaren Substanz« gesprochen. Jetzt ging es um eine eng mit dem Gewicht verbundene Eigenschaft, um die »Trägheit«. Bei den gewöhnlichen Körpern ist die »Masse« sowohl für das Gewicht verantwortlich wie für die Trägheit. Wie ist es bei der elektrischen Materie?
Die Preisaufgabe hatte Hermann von Helmholtz gestellt. Wenn eine »träge Masse« der elektrischen Ladung vorhanden sein sollte, mußte das auf das elektrische Verhalten einen Einfluß haben. Zur Bearbeitung am besten befähigt hielt Helmholtz seinen neuesten Schüler, den einundzwanzigjährigen Heinrich Hertz, der eben erst in sein Praktikum eingetreten war, und ermunterte ihn, das Thema anzufassen.
»Ich habe den Preis erhalten«, schrieb Hertz ein paar Monate später an seine Eltern: »Das Urteil war so lobend abgefaßt, daß mir das den Wert auf das Doppelte erhöht. Die meisten anderen Arbeiten, auch die gekrönten, wurden als Schülerarbeiten behandelt.«
Für die Eltern bestätigten sich die hohen Erwartungen. Während der Schulzeit hatte er Lehrer und Kameraden immer wieder in Staunen gebracht. Der Direktor der Gewerbeschule wollte ihn unbedingt Mathematik studieren lassen, denn seine Begabung sei unerhört. Der Lateinlehrer rühmte seine Fähigkeiten in den alten Sprachen. Homer zu übersetzen ist für den Durchschnittsschüler harte Arbeit; er las und verstand mit großem Vergnügen. Auch später liebte er es, für sich Homer zu deklamieren, wie übrigens auch Dante. Das Italienische hatte er sich nebenbei angeeignet.
Zufällig fand er einmal – er war 17 Jahre alt – auf der Karre eines Straßenhändlers eine arabische Grammatik. Als der Vater seinen Eifer sah, schickte er ihn zu einem Arabisten. Nach den ersten Stunden kam der Gelehrte und bestürmte die Eltern, der Junge müsse Orientalist werden: »Ein solches Talent ist mir noch nicht vorgekommen.«

Die hohe sprachliche Begabung gab Hertz mündlich und schriftlich eine Ausdrucksfähigkeit, wie sie Physikern im allgemeinen nicht eigen ist. In seiner kurzen Biographie bewunderte denn auch Max von Laue diese Gabe, die ihm selbst so schmerzlich fehlte.

Physiker zählen heute Heinrich Hertz zu den »Klassikern« ihrer Wissenschaft. Das hat damit zu tun, daß seine Werke die Krönung der klassischen Physik des 19. Jahrhunderts bilden, aber ebenso mit dem »klassischen Stil« seiner Abhandlungen. Charakteristisch in diesem doppelten Sinne war die große Rede, die Hertz im Jahre 1889 bei der Versammlung der Deutschen Naturforscher und Ärzte gehalten hat:

»Was ist denn das Licht? Seit den Zeiten Youngs und Fresnels wissen wir, daß es eine Wellenbewegung ist. Wir kennen die Geschwindigkeit der Wellen, wir kennen ihre Länge, wir wissen, daß es Transversalwellen sind; wir kennen mit einem Worte die geometrischen Verhältnisse der Bewegung vollkommen. An diesen Dingen ist ein Zweifel nicht mehr möglich, eine Widerlegung dieser Anschauungen ist für den Physiker undenkbar. Die Wellentheorie des Lichtes ist, menschlich gesprochen, Gewißheit.«

Zum 12. Geburtstag schenkten die Eltern eine Hobelbank und Schreinerwerkzeuge. Nach wenigen Besuchen bei einem Tischlermeister beherrschte er das Handwerk so weit, daß er ohne Hilfe Schemel, kleine Tische und einen Schrank anfertigen konnte. Solche Freude machte ihm die Arbeit, daß die Eltern bald noch eine Drechselbank schenkten und dazu Unterricht bei einem Meister. Nach Jahren erzählte die stolze Mutter dem Drechsler, daß ihr Heinrich Professor der Physik geworden sei: »Ach wie schade!« war die Antwort, »was wäre das für ein Drechsler geworden.«

Die handwerklichen Fähigkeiten nützten ihm später bei seiner wissenschaftlichen Arbeit. Experimente, die er sich ausgedacht hatte, tatsächlich auszuführen, machte ihm keine Probleme. Im Gegenteil: Es bereitete ihm Vergnügen, fehlende Teile an der Drehbank selbst herzustellen.

Nach der Reifeprüfung konnte er sich nicht entschließen, die von ihm besonders geliebten Fächer Mathematik und Physik zu studieren. Er entschied sich für die Technik. Er sagte sich, daß er zwar »lieber ein bedeutender Naturforscher als ein bedeutender Ingenieur, aber lieber ein unbedeutender Ingenieur als ein unbedeutender Naturforscher sein« wollte. Hatte sich denn nicht während der Schulzeit seine geistige Überlegenheit hundertfach gezeigt und bestätigt? Erstaunlich: Selbstvertrauen war etwas, um das er mühsam ringen mußte. Immer wieder überfielen ihn quälende Selbstzweifel.

Natürlich ließen sich auf die Dauer die wahren Neigungen nicht unterdrücken. In einem langen und rührenden Brief bat er die Eltern, in München statt auf das Polytechnikum auf die Universität gehen zu dürfen. Und als postwendend die Zustimmung eintraf, schrieb er: »Jetzt wird es mir immer klarer, daß das jetzt Ergriffene das einzig richtige ist. Ich möchte zwar ganz gerne Ingenieur werden, aber auch ganz gerne Buchbinder oder Drechsler oder alles Ordentliche, es ist aber doch ein Unterschied zwischen gern und gern.«

Damals studierte auch der um ein Jahr jüngere Max Planck an der Universität München, und genau die gleichen Fächer; die beiden haben sich damals in den Vorlesungen gesehen, aber erst später kennengelernt. Die Physik war damals ein kleines Fach, und so begegneten und kreuzten sich mehrfach die Lebenswege. Auch Planck ging als Student von München nach Berlin; als Hertz seine Professur in Kiel aufgab, um nach Karlsruhe überzusiedeln, trat Planck dort seine Nachfolge an. In der Welt berühmt wurde Planck als Professor der theoretischen Physik in Berlin; diese Stelle hatte er aber nur erhalten, weil Hertz den Ruf dorthin ablehnte und lieber nach Bonn ging.

Als Student in München machten ihm die Vorlesungen großes Vergnügen. Noch lieber aber las er die Werke der großen Mathematiker und Physiker. Für 10 Mark kaufte er sich eine Werkausgabe von Newton in drei Bänden, und selbstverständlich machte ihm weder der Text noch das Latein Schwierigkeiten. Aus der Bibliothek lieh er sich die Werke von Lagrange und Laplace, und im Lesezimmer studierte er die ehrwürdigen Bände der ersten in Deutschland erschienenen wissenschaftlichen Zeitschrift, der »Acta eruditorum«, mit den vielen Aufsätzen von Leibniz über das Energieprinzip und die Differential- und Integralrechnung. »Es macht einem einen besonderen Eindruck«, schrieb er an die Eltern, »wenn man die sehr unscheinbaren Knospen sieht, aus denen sich die ganze Wissenschaft entfaltete . . . Auch wenn man bedenkt, daß das, was einem jetzt wie das Stammeln eines Kindes vorkommt, seinerzeit nur den ersten Gelehrten verständlich war.«

Unversehens schlug seine Begeisterung um. Es beschlich ihn das Gefühl, daß zwar damals große Entdeckungen möglich gewesen waren, aber heute nicht mehr. »Ich glaube nicht, daß noch jetzt leicht etwas gefunden werden kann, was so umgestaltend auf die ganze Anschauungsweise einwirken kann wie zu jener Zeit, wo Teleskop und Mikroskop noch neu waren.«

Tatsächlich waren Ende des 19. Jahrhunderts die Physiker der Meinung: Nach einer stürmischen Phase des Aufbaues sei nun das Gebäude der Wissenschaft im wesentlichen abgeschlossen; Schlußstein der Entwicklung und zugleich Höhepunkt sei das Energieprinzip. Der Münchener Fachvertreter Philipp von Jolly sagte es ausdrücklich: In der Physik sei im wesentlichen alles erforscht, und es gebe nur noch unbedeutende Lücken auszufüllen.

»Lag die beste, die schönste Zeit, ein Physiker gewesen zu sein, in der Vergangenheit?« Diese Frage hat der berühmte Victor F. Weisskopf gestellt bei der Physikertagung 1976 in Bonn, als die deutschen Physiker das Lebenswerk Heisenbergs rückblickend würdigten. »1890 muß eine wunderbare Zeit gewesen sein«, sagte Weisskopf: »Denn damals hat sich alles Große vorbereitet, und man hat doch wirklich überhaupt keine Ahnung vom Wesentlichen gehabt. Wahrscheinlich haben die jungen Leute auch damals gesagt: ›Ja, was bleibt denn für uns übrig? Der Maxwell hat doch, schon alles gemacht. Uns bleibt nur übrig, den Maxwell auf irgendwelche Spezialfälle anzuwenden‹.«

Mit der Maxwellschen Theorie wurde Hertz erst in Berlin vertraut. Zum Wintersemester 1878/79 ging er an die Friedrich-Wilhelms-Universität, um hier Hermann von Helmholtz und Gustav Kirchhoff zu hören. Beide Professoren prägten sein Weltbild.

In einem Vortragszyklus von vier Semestern behandelte Kirchhoff alle Kapitel der damaligen theoretischen Physik: die Mechanik fester und flüssiger Körper, Optik, Wärme, Elektrizität und Magnetismus. »Kirchhoff trug ein sorgfältig ausgearbeitetes Kollegheft vor, in dem jeder Satz wohl erwogen an seiner richtigen Stelle stand. Kein Wort zu wenig, kein Wort zu viel. Aber das ganze wirkte wie auswendig gelernt, trocken und eintönig.« Das war das Urteil Plancks, der die Vorlesung ein Jahr vor Hertz hörte.

Kirchhoff ging es darum, jede Unklarheit aus der Physik zu entfernen. Er erreichte dies, indem er grundlegende Gesetze wie das Zweite Newtonsche Axiom (»Kraft gleich Masse mal Beschleunigung«) als bloße Definitionen auffaßte. Heinrich Hertz hat später versucht, diesen Weg konsequent zu Ende zu gehen durch die völlige Ausmerzung des Kraftbegriffes. Durchgeführt ist das in dem nach seinem Tode erschienenen Werk »Prinzipien der Mechanik«. Der andere Meisterschüler aber, Max Planck, hat sich gegen die Auffassung Kirchhoffs entschieden zur Wehr gesetzt und an der Realdefinition der Kraft festgehalten, die letztlich auf der menschlichen Muskelempfindung beruht.

Die Friedrich-Wilhelms-Universität war die führende deutsche Hochschule. Hier herrschte ein fast beängstigend reger wissenschaftlicher Betrieb. »Die Professoren lesen in viel zu kleinen Hörsälen«, berichtete Hertz, »vermutlich weil sie keine größeren haben, so daß alles bis auf den letzten Platz besetzt ist und noch viele stehen; um zehn muß man sich in der Vorhalle der Universität durchdrängen wie vor einem Bahnhofsschalter um Pfingsten.«

Bei Helmholtz belegte Hertz das Physikalische Praktikum, und während dieser noch die einfachen Übungen ausführte, sah der erfahrene Lehrer schon, daß er es hier mit einem Studenten von ganz ungewöhnlicher Begabung zu tun hatte. Der Erfolg bei der Preisaufgabe bestätigte sein Urteil: »Hier schienen Natur und Schicksal in ganz ungewöhnlicher Weise die Entwicklung eines Menschengeistes begünstigt zu haben, der alle zur Lösung der schwierigsten Probleme der Wissenschaft erforderlichen Anlagen in sich vereinigte. Es war ein Geist, der ebenso der höchsten Schärfe und Klarheit des logischen Denkens fähig war, wie der größten Aufmerksamkeit in der Beobachtung unscheinbarer Phänomene.«

Jetzt war der Genius gefunden; jetzt mußte es möglich werden, das Hauptproblem der Physik zu lösen und den endgültigen Beweis zu führen, daß die Theorie des elektrischen und magnetischen Feldes von Maxwell richtig ist. Helmholtz formulierte eine neue Preisaufgabe, diesmal nicht für Studenten, sondern für die Gelehrten der ganzen Welt. Die Preußische Akademie war es, in deren Namen die Konkurrenz ausgeschrieben wurde.

Unnötig zu sagen, daß Helmholtz seinen Meisterschüler ermunterte und ihm alle Unterstützung zusagte, wenn er sich an die Bearbeitung wagen wollte. »Ich überlegte mir die Aufgabe«, so Hertz, »und berechnete den Erfolg, welcher sich unter den günstigsten Verhältnissen erwarten ließ. Das Ergebnis war freilich nicht das gewünschte; es zeigte sich, daß eine unzweifelhafte Wirkung kaum zu hoffen war. Ich verzichtete deshalb auf die Bearbeitung . . . Es blieb aber mein Ehrgeiz, die damals aufgegebene Lösung später dennoch auf irgendeinem neuen Wege zu finden, zugleich war meine Aufmerksamkeit geschärft für alles, was mit elektrischen Schwingungen zusammenhing.«

Hertz beschäftigte sich also zunächst mit anderen, einfacheren Problemen. Er veröffentlichte ein paar Abhandlungen, trug in der Physikalischen Gesellschaft vor, machte seinen Doktor und wurde Assistent von Helmholtz.

Anfang des Jahres 1883 hoffte die kleine Universität Kiel neben der ordentlichen Professur, die seit 1847 Gustav Karsten innehatte, auf ein zusätzliches Extraordinariat. Helmholtz empfahl nachdrücklich seinen Schüler. So habilitierte sich Hertz in Kiel, und die Universität hatte damit zunächst einmal einen Privatdozenten – und nach Bewilligung der Stelle gleich den außerordentlichen Professor.

Die Aufgaben waren wie an allen Universitäten geteilt: Der Ordinarius hielt die großen Vorlesungen über Experimentalphysik, der außerordentliche Professor die über theoretische Physik. Die Schicksalswissenschaft des 20. Jahrhunderts war damals noch ein kleines, wenig beachtetes Fach. »Kolleg leer gefunden. Große Verstimmung«, notierte er einmal.

So blieb Zeit für die Forschung. Das Tagebuch spiegelt die intensiven Bemühungen wider, in dem Hauptproblem voranzukommen, der Bestätigung der Maxwellschen Theorie. Anfang des Jahres 1884 finden sich an vielen Tagen Eintragungen wie diese: »Elektrodynamische Versuche überlegt« – »Über elektrodynamische Strahlen nachgedacht« – »Elektromagnetische Lichttheorie nachgedacht« – »Abends tüchtig Elektrodynamik nach Maxwell« – »Ausschließlich Elektrodynamik« – »Den ganzen Tag Elektrodynamik gearbeitet«.

In diesem Jahr gelang Hertz eine wichtige Entdeckung. Die Maxwellsche Theorie brachte eine neue Auffassung zum Ausdruck: die Ausbreitung der Energie durch den Raum. Neben dieser Theorie gab es, sozusagen als Konkurrenz, noch ein System von Gleichungen, die alle nach dem Muster des Newtonschen Schwereanziehungsgesetzes geformt waren.

Heinrich Hertz unterzog nun dieses »alte System« einer kritischen Analyse. Und er stieß auf Unstimmigkeiten in der mathematisch-logischen Struktur. Beseitigt man diese, kommt man genau auf die Maxwellsche Theorie. Das war abermals kein eindeutiger »Beweis«, aber ein starkes Indiz für die Richtigkeit der Maxwellschen Feldtheorie.

Für eine physikalische Theorie gibt es zwei Kriterien: die mathematische Struktur und die Fähigkeit, Wirklichkeit zu beschreiben. Wolfgang Pauli schrieb einmal (zwei Generationen später): »Bei der Beurteilung einer physikalischen Theorie ist ihre logische und mathematische Struktur mindestens ebenso wichtig wie ihre Beziehung zur Empirie [Erfahrung], für mich persönlich ist erstere noch wichtiger.«

Die Bedeutung der mathematischen Analyse können wir heute besser beurteilen. Damals zählte fast nur der Bezug zur Wirklichkeit. Hertz war sich im klaren: Er mußte einen neuen physikalischen Effekt finden.

Zum 1. April 1885 erhielt Hertz einen Ruf als Ordinarius an das

Polytechnikum Karlsruhe. Die polytechnischen Schulen hatten lange um die Gleichstellung mit den Universitäten gekämpft und waren kurz vor der Anerkennung als »Technische Hochschulen«. Jedenfalls gab es in Karlsruhe ein schönes »Physikalisches Institut«, und darauf kam es an.

Heute klagen Professoren über die unmäßige Belastung durch Sitzungen und Verwaltungsarbeit. Schon damals ging es Hertz nicht viel besser. Bedenken muß man dabei, daß die Vorlesungen einem jungen Professor am Anfang seiner Lehrtätigkeit unverhältnismäßig viel Mühe bereiten. »Heute habe ich mein erstes Experimentalkolleg gehalten«, berichtete er, »es ist das auch ein rechtes Angstkolleg, bei Anstellung jeden Versuches immer das Gefühl: Wird er gelingen? Denn die beste Vorbereitung schützt durchaus nicht absolut vor den Tücken der Natur. Morgen wieder ein Kolleg, übermorgen setzt auch die Elektrotechnik ein. Ich Armer, der ich gewohnt bin, zu jedem Kolleg ein halbe Woche Muße zu haben! Dabei ist auch die Zeit, wo kein Kolleg ist, natürlich nicht frei; sondern in einer Weise, die mir auch neu ist, kommen und gehen Zirkulare – eine Kommissionssitzung um die Zeit, eine um die Zeit, und man ist froh, wenn der Abend kommt und man hat keine vergessen. Und wenn man sich setzt und an sein Kolleg endlich denken will, kommt ein Kollege, um den Besuch zu erwidern, oder ein Examenskandidat, sich vorzustellen, oder jemand, der Auskunft will.«
Manchmal mißglückte eine Vorlesung. Das Thema brauchte mehr Zeit zur Entwicklung als zur Verfügung stand, und er konnte den Gedankengang nicht zu Ende bringen. Oft waren die Hörer unruhig, und es gelang nicht, ihre Aufmerksamkeit zu fesseln. Die wissenschaftliche Arbeit stockte. Wenn er am Abend in seine Junggesellenwohnung kam und allein am Tische sein Abendbrot aß, überfiel ihn die Niedergeschlagenheit. »Schwer mit Mißmut und Hoffnungslosigkeit gekämpft«, notierte er im Tagebuch.
Nach Semesterende fuhr er in die Schweiz, kehrte aber sofort wieder um und kam zu den Eltern nach Helgoland. Vater und Mutter waren in tiefer Sorge um ihren »Heins«. Sie wußten, wie es um ihn stand. Aus

Anhänglichkeit und Pflichtbewußtsein hatte er, seit er von zu Hause fort war, regelmäßig und ausführlich geschrieben.
Später, nach seinem frühen Tode, haben die Eltern immer wieder mit Trauer und Stolz seine Briefe und die privaten Tagebücher gelesen. Die quälenden Schilderungen seiner tiefen Verzweiflung haben sie ausgeschieden und vernichtet, und so blieben in diesen Dokumenten nur Andeutungen stehen. Ein paar flüchtige Notizen lassen uns seinen Seelenzustand ahnen, so die Tagebucheintragung vom 31. Dezember 1885: »Froh, daß dieses Jahr herum und hoffend, daß kein solches folgt.«
Aus der Tiefe wurde er emporgehoben – nein, emporgerissen zum größten Triumph. Im Oktober 1886 entdeckte er die elektrischen Wellen.
»In manchen Situationen kann am besten eine Frau helfen.« Das schrieb Pauli (es war im Jahre 1937) an seinen Freund Heisenberg, als sich bei diesem eine Niedergeschlagenheit ankündigte, ausgelöst durch Überarbeitung und politische Verfolgung. Als Heinrich Hertz ein Mädchen kennenlernte, die Tochter eines Kollegen, und er bald, am 12. April 1886, bei einem gemeinsamen Ausflug mit der Familie, Verlobung feiern konnte, ging es wieder aufwärts.
Nach der Hochzeitsreise begannen Ende September die Versuche mit sehr schnellen elektrischen Schwingungen. Aus einem Transformator entnahm er hohe Wechselspannung und legte sie an zwei Drähte, die an beiden Enden kleine Metallkugeln trugen. Näherte er die beiden Drähte einander, so sprangen zwischen den Kugeln Funken über. Eine solche Funkenstrecke besitzt, wie der Physiker sagt, eine »Induktivität« und eine »Kapazität« und stellt folglich einen elektrischen Schwingkreis dar. Die elektrischen Schwingungen konnte er leicht über eine Spule oder einen Draht auf einen zweiten Schwingkreis übertragen. Der Nachweis für diese »sekundären« Schwingungen wurde durch eine zweite Funkenstrecke geliefert. Hertz sprach von den »Nebenfunken«.
Ende Oktober 1886 war es: Hertz entdeckte, daß zur Übertragung keine leitende Verbindung nötig ist. Die Schwingungen lösen sich vom

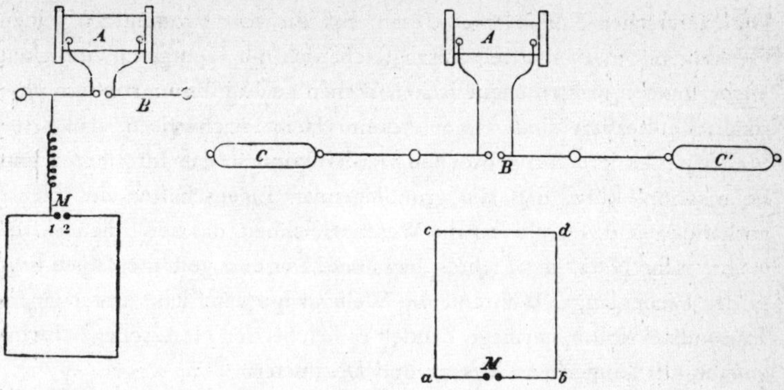

18 Das sog. Induktorium A liefert eine sehr hohe Wechselspannung. Die Schwingungen breiten sich auch durch die Luft aus. Eine metallische Verbindung (wie in der Versuchsanordnung links) ist nicht nötig. Der Nachweis erfolgt durch kleine Fünkchen, die bei M überspringen. Das sind die von Hertz sogenannten »Nebenfunken«.

Schwingkreis und greifen, durch den Raum, auf den zweiten Schwingkreis über. Das »Etwas«, das da durch den Raum hindurchgeht, sind die elektrischen Wellen.

Am 13. November 1886 gelang ihm die Übertragung seiner Wellen über einen Abstand von eineinhalb Metern auf den sekundären »Schwingkreis«. Damit hatte er erstmalig Sender und Empfänger elektrischer Wellen konstruiert.

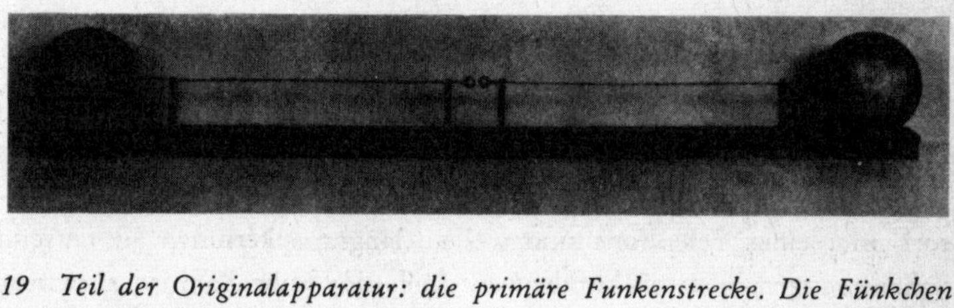

19 Teil der Originalapparatur: die primäre Funkenstrecke. Die Fünkchen springen zwischen den beiden Kugeln in der Mitte über.

Die Hertzschen Versuche bewiesen, daß die von Maxwell aus seinen Gleichungen mathematisch abgeleiteten, sich mit Lichtgeschwindigkeit ausbreitenden elektromagnetischen Wellen keine Fiktion, sondern physikalische Realität sind. Rasch konnte Hertz nachweisen, daß seine Wellen reflektiert und gebrochen werden können, daß Interferenz und Polarisation, kurz, daß alle grundlegenden Eigenschaften des Lichts vorhanden sind. Damit war die Wesensgleichheit, das heißt die elektromagnetische Natur des Lichtes, bewiesen. Der einzige Unterschied liegt in der Wellenlänge. Während die Wellenlänge des Lichts unter einem Tausendstel Millimeter liegt, handelt es sich bei den Hertzschen Schwingungen um Längen von Metern und Dezimetern.

»Durch die Gesamtheit der geschilderten Versuche ist zum ersten Male der Beweis geliefert worden für die zeitliche Ausbreitung einer vermeintlichen Fernkraft. Diese Tatsache bildet den philosophischen, in gewissem Sinne zugleich den wichtigsten Gewinn der Versuche.« So zog Hertz das Resümee.

Heute würden wir ohne zu zögern den »wichtigsten Gewinn« der Hertzschen Versuche in der technischen Anwendung sehen, in der drahtlosen Telegraphie und der Rundfunktechnik. Wie stand es damit? Hat Hertz gar nicht an eine Umsetzung seiner Entdeckung in die Praxis gedacht?

Im Jahre 1889 erhielt er den Brief eines Unbekannten, unterschrieben mit »Heinrich Huber, Electriker«. Der Münchener Ingenieur erlaubte sich eine Frage zu stellen, »mit der höflichen Bitte um gelegentliche gefl. Beantwortung durch einige Zeilen«. Es ging um die technische Anwendung.

Der »Civilingenieur« wollte die Schwingungen durch den Äther übertragen und in einem Transformator oder Telefon nachweisen. Wie er sich das im einzelnen dachte, sagte er nicht. So ging Hertz in seiner Antwort auf die vagen Ideen nur kurz ein: »Die Schwingungen eines Transformators oder eines Telephons sind viel zu langsam. Nehmen Sie tausend Schwingungen in der Sekunde, was doch eine hohe Zahl ist, so würde dem doch im Aether schon eine Wellenlänge von 300 Kilometern entsprechen, und von der gleichen Größenordnung müßten also auch die Brennweiten der benutzten Spiegel sein. Könnten Sie also Hohlspiegel von der Größe eines Kontinents bauen, so könnten Sie damit die beabsichtigten Versuche sehr gut anstellen, aber praktisch ist nichts zu machen, mit gewöhnlichen Hohlspiegeln würden Sie nicht die geringste Wirkung verspüren.«

Die Technik verwendete später in den Rundfunksendern eine sehr hohe Trägerfrequenz und überlagerte eine sogenannte »Modulationsfrequenz«. Das konnte Hertz natürlich nicht ahnen.

Die Anfrage des Münchener Ingenieurs hat Hertz jedenfalls korrekt beantwortet. Aus der negativen Beurteilung des Vorschlages hat man später den Schluß gezogen, Hertz habe überhaupt nicht an eine technische Verwertbarkeit seiner Wellen geglaubt. Das aber ist ein unzulässiger Schluß.

Halten wir fest: Hertz hat nie eine technische Anwendung ausgeschlossen. Sein Ausgangspunkt aber war ein rein theoretischer, und immer stand für ihn der Beweis der Maxwellschen Theorie im Vordergrund.

1888 ging Wilhelm Conrad Röntgen nach Würzburg; als sein Nachfolger, so wünschte es die Fakultät, sollte Heinrich Hertz nach Gießen kommen. Als der berühmte Wissenschaftsorganisator Friedrich Theodor Althoff, der Hochschulreferent im Preußischen Kultusministerium, davon hörte, hatte er den Ehrgeiz, den dreißigjährigen Hertz, diesen »aufleuchtenden Stern am Wissenshimmel«, an eine preußische Universität zu berufen. So energisch trat Althoff auf, daß Hertz tatsächlich den Ruf ablehnte mit der Aussicht, bald in einen größeren Wirkungskreis zu kommen. So geschah es auch: Hertz erhielt gleichzeitig einen Ruf nach Berlin und einen zweiten nach Bonn. Ohne zu schwanken, wählte er Bonn. Hier wurde er Direktor eines eigenen großen Instituts, um, wie Althoff formulierte, »seine Ausbreitungsgeschichten« zu Ende zu bringen.

Es sollte anders kommen. Schon seit Jahren hatte Hertz mit Zahnschmerzen, Schnupfen und Halsentzündungen laboriert. Im Sommer 1892 notierte er: »Der Schnupfen wird bösartig« und »Rückkehr des alten Leidens in Nase und Rachen«. Am 6. Oktober wurde er an der Nase operiert, Ende des Monats eine dicke Geschwulst hinter dem Ohr geöffnet. »Nichts ist schwerer als ein Kampf«, schrieb er den Eltern, »den man nicht mehr um den Sieg kämpft, sondern um nicht unanständig zu fallen.«

Eine Penicillin-Behandlung würde heute schnelle Heilung bringen. Damals war der Fall hoffnungslos. Waren also die Depressionen, unter denen Hertz gelitten hat, so müssen wir fragen, nur die Begleiterscheinung einer schleichenden Blutvergiftung?

Nach qualvollen, zuletzt unerträglichen Schmerzen und bei vollem Bewußtsein starb Heinrich Hertz am 1. Januar 1894 im Alter von 37 Jahren. In einem ergreifenden Nachruf sagte Hermann von Helmholtz: Er ist dem Neid der Götter zum Opfer gefallen.

3. Althoff: Synthese von Theorie und Praxis

Der Philosoph Gottfried Wilhelm Leibniz hatte sich als Lebensmotto gewählt: »Theoria cum praxi«. Die Maxime übernahm die Preußische Akademie der Wissenschaften. Die Gelehrten des 18. Jahrhunderts wollten eindringen in die Geheimnisse der Natur; ihre Erkenntnisse würden aber auch zugleich dem Wohlstand des Landes dienen. Davon machten sie sich allerdings übertriebene Vorstellungen.

Bei praktischen Aufgaben hatten die Wissenschaftler häufig keinen Erfolg. Der englische Ingenieur Thomas Tredgold zitierte Anfang des 19. Jahrhunderts mit Wonne den sarkastischen Ausspruch: »Die Festigkeit eines Gebäudes verhält sich umgekehrt wie die Gelehrsamkeit des Baumeisters.« Viele Praktiker zogen den Schluß, daß die gesamte Wissenschaft eine sehr aufgebauschte Angelegenheit sei und ein guter Werkmeister und ein gutes Rezept mehr helfe als alle Gelehrsamkeit.

Erst die Elektrotechnik erbrachte den unwiderleglichen Beweis: Die Wissenschaft ist die Basis der Technik. »Die heutige Starkstromelektrotechnik«, so hieß es in einer Denkschrift von 1906, »ist mit ihren Erfolgen im Beleuchtungs- und Transportwesen völlig gegründet auf Faradays, ursprünglich aller praktischen Anwendung völlig ferngelegenen Entdeckung der elektrischen Induktion, und die sogenannte drahtlose Telegraphie auf Hertz' ebensolcher Entdeckung der elektrischen Wellen. Beide Entdeckungen galten ursprünglich ganz der reinen Naturerkenntnis; sie waren durch keinerlei Hinblick auf praktische Verwendbarkeit hervorgerufen, ja sie wären, ihrer Entstehungsgeschichte nach, durch solchen Hinblick auch gar nicht zu begünstigen gewesen, und sie schienen selbst dann noch, als sie zur völligen Befriedigung des Naturforschers schon fertig waren, spröde einer praktischen Verwertung gegenüberzustehen. Eben wegen der Verschiedenheit der neu entdeckten Naturvorgänge von allen bereits länger bekannten, mußte die Technik erst ganz neue Hilfsmittel sich schaffen, um diese Vorgänge sich dienstbar machen zu können. Entsprechend verschieden von allem bereits

Dagewesenen war dann aber auch der Erfolg, waren die neu gewonnenen Möglichkeiten.«

Die Wissenschaft muß ihrem eigenen Gesetz überlassen werden, und sie wird dabei von selbst Resultate hervorbringen, die sich technisch nutzen lassen, und zwar gerade solche, die man auf keinem Wege sonst erreicht hätte. Hätte man am Anfang des 19. Jahrhunderts Ingenieuren gesagt, es müßten Millionen von Pferdestärken über Hunderte von Kilometern verlustlos und in Blitzesschnelle transportiert werden, wären sie an dieser Aufgabe verzweifelt. Am Ende des Jahrhunderts aber ergab sich die Lösung sozusagen von selbst. Es bewährte sich vollständig die Erwartung Wilhelm von Humboldts, daß »die Wissenschaft dann ihren reichsten Segen über das Leben ausgießt, wenn sie sich gleichsam von ihm zu entfernen scheint.«

»Weltreich der Physik« nennen wir unser Buch. Es war gewiß ein gewaltiger Gedankenkosmos, den Generationen von Gelehrten seit Galilei auftürmten. Das »Weltreich der Physik« war bisher im wesentlichen eine geistige Herrschaft. Von nun an gewährte sie auch höchst reale irdische Macht dem, der sich mit ihr verbündete.

In der Zeit nach Bismarck hat das Deutsche Reich keine kluge Bündnispolitik getrieben, aber einen zuverlässigen und starken Bundesgenossen hat sich das kaiserliche Deutschland geschaffen: die Wissenschaft, insbesondere die Physik und die Chemie.

Die zitierte Denkschrift von 1906 war von Philipp Lenard für das Preußische Kultusministerium erstellt worden. Der Heidelberger Physiker hatte im Jahr zuvor den Nobelpreis erhalten und mußte mit Recht als erster Fachmann gelten. Erst später traten bei ihm psychopathische Charakterzüge hervor.

Auftraggeber der Denkschrift war Friedrich Theodor Althoff, der für Jahrzehnte die Wissenschaftspolitik in Preußen bestimmte. Die Autorität, mit der Althoff sein Amt ausübte, war selbst für das autoritär regierte Preußen ein einmaliger Fall. Ebenso einmalig war sein Verständnis für die Belange der Wissenschaft.

Althoff war besessen von seiner Aufgabe, die Wissenschaft, die ein so eminent wichtiger Faktor im Staate ist, noch weiter zu fördern. Wie im alten Ägypten alles vom Nil abhing, so ist in den modernen Industrienationen die Wissenschaft der alles erhaltende Lebensstrom. Das war seine Überzeugung. Im alten Ägypten mußte die Wasserführung des Nils als eine unabänderliche Fügung hingenommen werden. Jetzt aber konnte er das Niveau der Wissenschaft heben.

Privatleben gab es nicht für Althoff. Regelmäßig arbeitete er 16 Stunden am Tag. In den allgemeinen Angelegenheiten wie Universitätsstatuten, Promotions- und Habilitationsordnungen, Gebühren- und Honorarregelungen und Prüfungswesen kannte er sich ebensogut aus wie in den Personalia der 1250 preußischen Professoren. Durch eine enorme Korrespondenz hielt er sich auf dem laufenden über alle Vorgänge an den Universitäten und Technischen Hochschulen; die besten Fachleute zog er als Gutachter heran.

Wenn Althoff spät am Vormittag seine Amtsräume betrat, lagen schon viele Arbeitsstunden hinter ihm. Seit sieben Uhr am Schreibtisch hatte er zu Hause die großen Dinge vorbereitet, zu denen er Ruhe brauchte. Im Ministerium warteten schon die Referenten und die von ihm bestellten Professoren.

Zuerst aber erledigte er die Post. Dazu wurden Schreiber und Referenten herbeizitiert. In seinem Arbeitszimmer umringten ihn bald zehn und mehr Personen, und jeder wurde beschäftigt, während er laufend neue Briefe öffnete und überflog.

»Schreiben Sie, schreiben Sie, schreiben Sie: so ging es ohne Ende. Dazwischen erregte Selbstgespräche beim Lesen: ›Ist der Kerl verrückt? Er schreibt acht Seiten, so viel Zeit habe ich nicht, lesen Sie's durch, Kollege, sagen Sie mir, was drin steht. Wie weit sind Sie (zu einem Schreiber)?‹ Nach Angabe des Stichworts diktiert er weiter, ein paar Worte, während er neue Briefe öffnet und liest. Ein anderer Schreiber nennt automatisch sein letztes Wort, und er diktiert lesend weiter. Dann wieder: ›Der Mensch hat eine Handschrift, das Zeug kann ich nicht lesen, das ist ein undiszipliniertes Subjekt, das unleserlich schreibt, das ist eine Unverschämtheit, mir so etwas zuzumuten, machen Sie mir eine

Abschrift.‹ Er lächelt, einen neuen Brief lesend, einige Minuten Schweigen, mit einem Bleistift zeichnet er einzelne Stellen am Rand. ›Sehr gut, ausgezeichnet! In die Mappe, intra domum‹. Wiederholt ist inzwischen an der Tür gepocht, leise und schüchtern, sicher Referenten, die seit Wochen sich bemühen, eine befohlene Rücksprache zu erledigen und scheu zurückweichen, wenn sie die Höhe der Innentemperatur merken. Die Nächstvertrauten sind kühner; gleichzeitig mit dem Klopfen öffnen sie die Tür, um nur wartend den Kopf durchzustecken – der 13. Kopf im Zimmer. – ›Wer ist denn da wieder, kein Mensch läßt einen in Frieden. Ach Sie, mein lieber Herr Kollege; es geht jetzt nicht, wir gehen zusammen nach Hause‹.«

Die Szene hat uns sein Freund und späterer Amtsnachfolger beschrieben. Nach der Unterredung mit dem Minister folgten dann die Audienzen mit den Professoren, darauf die Besprechungen mit den Referenten. Dazwischen immer wieder die großen Mappen zur Unterschrift.

Der Arbeitstag im Ministerium dauerte in der Regel bis nach acht Uhr. Gegessen hatte er bis dahin nur ein Frühstücksbrötchen. Zu Hause gab es dann um neun Uhr das sogenannte »Mittagessen«; bald danach saß er wieder am Schreibtisch, und es ging bis Mitternacht und länger.

Als die angegriffene Gesundheit einen Badeurlaub erforderte, wurde er in Wiesbaden der Schrecken seiner Umgebung. Die Arbeit ging auch hier weiter, wo er keinen Apparat zur Verfügung hatte. Überall suchte er Hilfe für das Abschreiben von Gutachten und Briefen. Auf die Minute genau verlangte er vom Posthalter Auskunft über die Abgangszeiten, und er berechnete die Stunde, zu der die Post im Unterrichtsministerium eintreffen mußte.

Wenn es um die Ernennung eines neuen Professors ging, hat er sich nie mit dem Votum der Fakultät begnügt, sondern sich immer selbst Aufschluß verschafft. »In solchen Sachen gibt es für pflichttreue Leute keine Ferien«, pflegte er zu sagen. So verabredete er sich 1885 in dem Münchener Hotel Marienbad mit dem Privatdozenten Max Planck. Der junge Gelehrte sollte als außerordentlicher Professor für theoretische Physik an die Universität Kiel berufen werden. Nach dem Gespräch notierte der

Menschenkenner: »Herr Dr. Planck hat mir einen außerordentlich günstigen Eindruck gemacht, sowohl durch sein bescheidenes Wesen, wie durch Klarheit und Bestimmtheit in der Erörterung wissenschaftlicher Probleme.«

Als Heinrich Hertz die Entdeckung der elektrischen Wellen gelang und die Kollegen die Tragweite begriffen, da war auch Althoff zur Stelle, um dieses vielversprechende Talent für Preußen zu sichern. Er bat Hertz nach Berlin und nahm ihm das Versprechen ab, den Ruf an die hessische Universität Gießen als Nachfolger von Röntgen und überhaupt jeden anderen Ruf an eine nichtpreußische Universität abzulehnen. Dabei hatte Althoff noch gar kein konkretes Angebot zu machen, sondern konnte nur von gewissen Möglichkeiten sprechen. Freilich wußte Heinrich Hertz wie alle deutschen Professoren, daß Verlaß war auf Althoff.

Tatsächlich wurde Hertz im folgenden Jahr für die Professur in Bonn vorgeschlagen. Bei den Verhandlungen war Hertz ganz erstaunt über die »Liberalität«, mit der Althoff die Vorlesungsverpflichtungen behandelte: »Als ein Kollege der Fakultät wünschte, ich solle doch auch dies und jenes lesen, sagte Althoff: ›Nein, wir legen nur die Verpflichtung auf, die Experimentalphysik zu lesen und das Laboratorium zu leiten; er soll freie Zeit zu seinen Arbeiten behalten.‹ Und zu mir allein auf seinem Zimmer bei der Besprechung des Gehaltes sagte er: ›Überladen Sie sich nicht mit Kollegien; es ist zwar gesetzlich, daß jeder Professor ein Publikum lesen muß, aber selbst darin sieht man durch die Finger.‹ Und ein andermal. . . sagte er: ›Machen Sie, daß im Laboratorium etwas geleistet wird, wie Sie es bisher getan haben, dann ist es uns im Ministerium ganz gleich, ob es heißt, es stehe leer.‹ Ich sah aus all diesem, wieviel Wert man auf die wissenschaftliche Seite meiner Tätigkeit legt.«

Von besonderer Bedeutung wurde die Freundschaft Althoffs mit dem großen Mathematiker Felix Klein, der in Göttingen als weitblickender Wissenschaftsorganisator wirkte. Klein verstand sehr gut, daß das alte Humboldtsche Ideal der reinen, zweckfreien, nicht nach Anwendung und Nutzen fragenden Wissenschaft die Voraussetzung zur Blüte der

Grundlagenforschung gewesen war. Aus der Physik war im Laufe des Jahrhunderts die Elektrotechnik entstanden, aus der Chemie die Teerfarbenindustrie. Diese repräsentieren neue und mächtige gesellschaftliche Kräfte; zugleich aber sind sie die natürlichen Verbündeten der Universitäten und Technischen Hochschulen.

In den Vereinigten Staaten beeindruckte Klein die auf privater Initiative beruhende Kooperation zwischen Industrie und Wissenschaft. Nach langen Verhandlungen mit Althoff gründete Klein 1898 die »Göttinger Vereinigung zur Förderung der angewandten Physik und Mathematik«. Mitglieder waren Professoren der Universität Göttingen und namhafte Industrielle, an der Spitze Henry Theodor von Böttinger, der Direktor der Farbenfabriken Bayer, und der Münchener Ingenieur Carl Linde.

Die Industriellen spendeten namhafte Beträge, mit denen in Göttingen neue Institute geschaffen wurden – und zwar gerade solche, wie es sie an der deutschen Universität noch nicht gab. Als erstes wurde ein Maschinenlaboratorium eingerichtet, als zweites ein Institut für angewandte Elektrizität.

Vertrauensvoll arbeitete die preußische Unterrichtsverwaltung, vertreten durch Althoff, und die Vereinigung zusammen. Die Vereinigung übernahm die Kosten für den Bau und die Einrichtung der neuen Institute; das Ministerium schuf im Staatshaushaltsplan für den Direktor eine ordentliche Professur. So gab es in Göttingen anstelle der ursprünglich fünf Lehrstühle für Mathematik und Physik schließlich zehn Ordinariate.

Es kam aber Felix Klein nicht lediglich darauf an, die Industriellen zu immer neuen Spenden zu animieren. Geld war wichtig für die Wissenschaft. Noch wichtiger aber war der Gedankenaustausch zwischen Gelehrten und Industriellen. Den Professoren sollte der Blick geöffnet werden für die Probleme, die die Praxis stellte, und sie sollten veranlaßt werden, mit ihren Mitteln zur Lösung beizutragen. Die Vertreter der Industrie aber wurden ermutigt, weiterhin auf die Kraft der Wissenschaft zu vertrauen.

Bei der Feier des zehnten Geburtstages der Göttinger Vereinigung war auch Althoff dabei. Er hatte, schwer erkrankt, mit 68 Jahren seinen Abschied vom Staatsdienst nehmen müssen. In der Festrede feierte Felix Klein den Freund, und Althoff empfand dankbar die Worte. Wie anders klangen sie als die unehrlichen Lobreden, die er von vielen Schmeichlern bisher gehört: »Ein Mann, der aus dem Großen schafft wie Althoff, schafft auch viele Gegensätze, und ich würde das, was ich zu sagen habe, nur abschwächen, wenn ich dies nicht erwähnen wollte und nicht hinzufügte, daß auch in den Kreisen unserer Universität Althoff gegenüber gelegentlich Mißstimmung anzutreffen ist. Demgegenüber werden wir von der Göttinger Vereinigung nicht müde werden, laut zu verkünden, daß wir diesen wunderbaren Mann von seiner großen, seiner schöpferischen, seiner idealen Seite haben kennenlernen dürfen. Wir haben gesehen, wie er die Anforderungen, welche die Neuzeit an die Hochschulen stellt, in großem Überblick umfaßt, wie ihn das Ungewohnte der dabei hervorkommenden Probleme nur anfeuert, wie er es versteht, aus dem einzelnen, dem er Vertrauen geschenkt, die höchste Leistungsfähigkeit herauszuholen und dann wieder die finanziellen und verwaltungstechnischen Schwierigkeiten mit immer neuen Methoden schließlich doch siegreich zu überwinden.«*

Ein halbes Jahr später diktierte Althoff seiner Frau im Angesicht des Todes ein letztes Telegramm nach Göttingen: »Mein Mann entbietet der wackeren Vereinigung, der wackersten Vereinigung aller Vereinigungen, Heil und Gruß, in stolzer Freude, derselben anzugehören. Er redet nur immer: es gibt nur ein Göttingen, es gibt nur einen Böttinger.«

In seinen letzten Lebensjahren hatte Althoff einen großen Plan verfolgt: Physikalische und chemische Institute neuer Art zu schaffen. Es sollte sich nicht um Universitätsinstitute wie bisher handeln, sondern um Einrichtungen ausschließlich für die Forschung. Nach der Berufung eines begabten jungen Wissenschaftlers, diese Erfahrung hatte Althoff immer wieder machen müssen, ging schlagartig dessen wissenschaftliche Produktivität zurück: Der Unterrichtsbetrieb mit Vorlesungen und

---

* Der Text ist zum besseren Verständnis mit einer kleinen stilistischen Abänderung wiedergegeben.

Übungen verschlang zu viel Zeit. Ganz im Sinne Althoffs hatte Philipp Lenard in seiner Denkschrift geschrieben: »Es erwächst dem Staate, dessen Macht auf seine technischen Leistungen sich stützt, die Aufgabe, für bessere Ausnutzung der Talente zu sorgen.«
Bei der Aufteilung der königlichen Domäne Dahlem ließ Althoff einen Teil des großen Geländes für die Wissenschaft reservieren. Hierher wollte er nach und nach aus dem Lärm und der Enge der Großstadt die Universität Berlin verlegen; das Ideal einer englischen und amerikanischen Campus-Universität vor Augen, sprach Althoff liebevoll von seinem »deutschen Oxford«.
Die weitgreifenden Pläne konnten erst nach dem Tode Althoffs von seinem kongenialen Nachfolger Friedrich Schmidt-Ott verwirklicht werden. Bei der Hundert-Jahr-Feier der Universität Berlin 1910 gab Wilhelm II. selbst die Gründung der »Kaiser-Wilhelm-Gesellschaft« bekannt. Wie bei der Göttinger Vereinigung, aber in viel größerem Maßstab, wirkten Industrie und Unterrichtsverwaltung zusammen.
»Reine Wissenschaft und nichts anderes wird hier getrieben«, so sagte Adolf von Harnack, der Präsident der Gesellschaft, über die ersten Kaiser-Wilhelm-Institute, »aber wir zweifeln nicht, daß dem, was groß und rein gedacht ist, auch der reiche materielle Segen nicht fehlen wird.«
Nach den Erfolgen der elektrotechnischen und der chemischen Industrie wußte man, daß das nicht lediglich eine Leerformel war. So ähnlich argumentieren Naturwissenschaftler noch heute.
Ironie der Geschichte: Philipp Lenard, der sich so nachdrücklich einsetzte für das große, nicht für den akademischen Unterricht, sondern ausschließlich für die Wissenschaft bestimmte »Institut für physikalische Forschung« mußte es erleben, daß von allen Kollegen ausgerechnet derjenige zum Direktor bestimmt wurde, den er als seinen größten Feind betrachtete: Albert Einstein.
Halten wir aber vor allem die Sache fest: Die großen Entdeckungen kommen nicht mehr unmittelbar aus den elementaren Bedürfnissen des Menschen, aus der Praxis für die Praxis, nicht mehr aus dem zielgerichteten Handeln des Menschen, wie dies Jahrtausende lang der Fall gewesen

war; die wirklich großen Entdeckungen erwachsen vielmehr aus der absichtslos, l'art pour l'art betriebenen Grundlagenforschung. Sie hätten gar nicht »vom Standpunkt des Praktikers aus gewonnen werden« können, denn dem Praktiker – d. h. dem Ingenieur und Unternehmer – lagen die prinzipiellen Fragestellungen völlig fern, die zu den großen Entdeckungen geführt hatten.

So wuchs aus der Physik die Elektrotechnik hervor. Im Jahre 1913 beschäftigte allein in Deutschland die elektrotechnische Industrie 200.000 Menschen und produzierte Waren im Werte von 1,3 Milliarden Mark.

Um die volkswirtschaftliche Bedeutung der Elektrotechnik zu umreißen, hat Lenin das Wort geprägt: »Kommunismus ist Sozialismus plus Elektrifizierung.« Obwohl eine entsprechende Metapher für die westlichen Demokratien fehlt, ist klar: Für jede Industriegesellschaft, unabhängig von der Wirtschaftsverfassung, besitzt die Elektrotechnik fundamentale Bedeutung. Hochspannungsleitungen verbinden die Großkraftwerke mit den Ballungsgebieten und den Industrierevieren als den Hauptabnehmern der elektrischen Energie und bilden die eigentlichen »Blutbahnen« der Volkswirtschaft. Wie in den Jahren 1850 bis 1870 beim Bau der Eisenbahnen – nur viel besser aufeinander abgestimmt – entstanden seit Ende des Ersten Weltkrieges über Regionen und Provinzen ganze Leitungsnetze, die eine Vielzahl von Erzeugern und Verbrauchern zu einem einheitlichen System zusammenschlossen. Wie es der Pionier der Elektrotechnik und Gründer des »Deutschen Museums«, Oskar von Miller, formuliert hat, wird nun »mit dem Wasser, das vom Walchensee zum Kochelsee herabfällt, die Straßenbahn in Nürnberg ebenso betrieben wie die gewerblichen Motoren in Würzburg oder die Dreschmaschinen in der Oberpfalz und Niederbayern«.

Die aus der Physik entstandene Elektrotechnik wirkte aber nun auch wieder zurück auf die Physik. »Messen, was meßbar ist. Was nicht meßbar ist, meßbar machen.« So hatte Galilei angeblich die Aufgabe seiner Nuova Scienza definiert, und so sahen die Physiker diese Aufgabe. Die elektrotechnische Industrie entwickelte, für ihre eigenen Zwecke, leistungsfähige Instrumente. Für die Physiker wurden diese ebenso unentbehrlich. Es änderte sich die gesamte physikalische Meßtechnik. An die Stelle umständlicher alter Methoden traten elegante elektrische Verfahren, die genauer waren, ein viel schnelleres Messen ermöglichten und zudem über Zählwerke eine automatische Registrierung.

Als Paradebeispiel für das Unmeßbare galt das Atom. Auf elektrischem Wege wurde es »meßbar gemacht«: Ein einzelnes geladenes Teilchen, das durch einen Luftraum hindurchgeht, erzeugt durch Stoß mit den Molekülen elektrische Ladungen: Es ändern sich also die elektrischen Eigenschaften dieses Luftraumes, was durch die Meßinstrumente registriert werden kann.

Wie wichtig die Elektrotechnik für die Physik des 20. Jahrhunderts tatsächlich war, zeigte sich auch bei der Entdeckung, die den sogenannten »Umsturz im Weltbild der Physik« einleitete. Für die Berliner Glühlampenindustrie stellte sich um 1890 die Frage, wie sich die vom Glühfaden ausgestrahlte elektromagnetische Energie auf die sichtbaren und unsichtbaren Bereiche des Spektrums verteilt. Dieses Problem griff Planck auf, und es führte ihn in eine neue physikalische Welt.

Auch Röntgen hat sich seinen »Entladungsapparat«, den er bei der Erzeugung seiner Strahlen benutzte, nicht selbst gebastelt, sondern bei der Firma Müller-Unkel in Braunschweig bestellt. Damals waren viele Physiker stolz, wenn sie selbstgebaute Instrumente verwendeten. Als in Hunderten von physikalischen und medizinischen Instituten in aller Welt die Versuche Röntgens wiederholt wurden, wäre das nur mehr eine Verschwendung von Zeit und Geld gewesen.

VIII. Die strahlende Materie

1. Röntgen: Die X-Strahlen

Die Physiker bildeten eine Bruderschaft. Wie in einem Mönchsorden gewisse geistliche Übungen gemeinsam sind und als einzig möglicher Weg zum Allerhöchsten gelten, so verband die Physiker das Einverständnis über die Methode und das Ziel. Der Gefühlszustand, der zu wissenschaftlichen Leistungen befähigt, so sagte Albert Einstein, sei dem des Religiösen ähnlich: »Das tägliche Streben entspringt keinem Vorsatz oder Programm, sondern einem unmittelbaren Bedürfnis.«
Ergebnisse wurden in Zeitschriften oder Briefen bekanntgemacht und kamen in oft ganz überraschender Weise an einer anderen Stelle zur Wirkung. Was einem Uneingeweihten völlig nichtssagend erschien, war dem Kenner eine Offenbarung, richtungweisend und prägend für das künftige Leben.
Als Schüler in Preßburg sah Philipp Lenard in der Auslage seines Buchhändlers eine Schrift »Strahlende Materie oder der vierte Aggregatszustand«. William Crookes war der Verfasser. Der sonderbare Titel beschäftigte die Phantasie des Achtzehnjährigen: »Ich wußte von drei Aggregatszuständen [fest, flüssig und gasförmig]; den vierten kennenzulernen, konnte ich unmöglich versäumen. Ich verschaffte mir das Heft und verschlang den Inhalt.«
Fasziniert war der junge Lenard von den an Hand schöner Abbildungen beschriebenen Gasentladungen bei höchsten Verdünnungen: »Und doch wurde das Verlangen, sie wirklich zu sehen, immer nur noch größer.«
Nach dem Ende der Schulzeit erlaubte der Vater nur das Studium der technischen Chemie. Er sollte mit seinen Kenntnissen die Sektfabrik und Weingroßhandlung des Vaters in die Höhe bringen. Als aber der junge Lenard auf einer Reise durch Deutschland in Heidelberg Robert Bunsen

persönlich kennenlernte, dessen Bild ihm schon lange ein »verstohlenes Heiligtum« gewesen war, stand sein Entschluß unerschütterlich fest: Er wollte Naturforscher werden.

Mit Begabung und Ehrgeiz werden spielend die Klippen akademischer Prüfungen überwunden. 1891 brachte es Lenard schon zum Assistenten bei Heinrich Hertz in Bonn, der erst fünf Jahre zuvor die elektrischen Wellen entdeckt hatte. Auch mit den Gasentladungen bei niederen Drucken war Hertz vertraut. Zu den Versuchen braucht man eine Glasröhre, an die eine Luftpumpe angeschlossen werden kann und bei der auf den beiden Seiten Metalldrähte eingeschmolzen sind, die jeweils zu einem kleinen Metallblech führen. Es wird eine hohe elektrische Spannung angelegt, und dann wird das Metallblech auf der einen Seite zur Kathode, das auf der anderen zur Anode.

So setzte Lenard im Physikalischen Institut in Bonn die als Schüler begonnenen Arbeiten fort, tief beglückt, seinen wahren Neigungen folgen zu können. Insbesondere interessierte er sich für die Kathodenstrahlen, ein Agens, das von der negativ elektrischen Kathode ausging und sich durch die Entladungsröhre zur gegenüberliegenden Wand ausbreitete.

Lenard benutzte die von Hertz entdeckte Durchlässigkeit von dünnen Metallfolien für Kathodenstrahlen und konstruierte Ende 1892 eine Röhre mit »Lenard-Fenster«. Damit konnte er die Strahlen aus dem Entladungsraum herausführen, entweder in freie Luft oder in einen zweiten evakuierten Raum, wo sie, unabhängig vom Vorgang der Entladung, weiter untersucht werden konnten. Es waren nun, wie er später mit Recht sagte, »zum ersten Male völlig reine Versuche möglich«.

Die Persönlichkeit seines großen Lehrers zog Lenard außerordentlich stark an. Lenard aber war sehr empfindlich, und so fühlte er sich häufig von seinem Professor vernachlässigt und zurückgesetzt.

Am 1. Januar 1894 starb Heinrich Hertz. Nun mußte der Assistent die Pflichten des Meisters übernehmen. Dazu gehörte die Herausgabe der »Gesammelten Werke«. Viel Zeit kosteten dabei die »Prinzipien der Mechanik«, die zwar sachlich vollendet waren, aber an manchen Stellen erst noch ausformuliert werden mußten. Mehr als zwei Jahrzehnte später setzte Lenard in seinem Sammelband »Große Naturforscher« Hertz ein literarisches Denkmal. Mittlerweile hatte sich aber seine Rassenideologie entwickelt, und er glaubte bei Hertz (der teilweise jüdischer Abstammung war) eine Persönlichkeitsspaltung konstatieren zu müssen; als Produkt des jüdischen Erbteiles erschienen ihm bezeichnenderweise die theoretischen Arbeiten, insbesondere die »Prinzipien der Mechanik«. Die Entdeckung der elektrischen Wellen führte er natürlich auf den arischen Geist zurück.

Mit Heinrich Hertz war eine Zukunftshoffnung dahingegangen. Im Preußischen Unterrichtsministerium kümmerte sich Althoff persönlich um die Nachfolge. Eine Visite in Bonn benutzte er zu einem ausführlichen Gespräch mit dem dreißigjährigen Assistenten. Lenard war verblüfft über die direkten Fragen: »Althoff wollte Auskunft über diejenigen Physiker, von denen Hertz nach meiner Kenntnis etwas Besonderes gehalten habe; am meisten fragte er nach Emil Warburg. Alsdann brachte er Breslau zur Sprache, wo ich doch Assistent gewesen sei und das so nahe bei meiner Heimat Preßburg liege. Er fragte, ob es mir dort gefallen habe? Ob ich denn ein guter Dozent sei?«

Zur Audienz beim Herrn Ministerialdirektor war Lenard, weil man es ihm so geraten hatte, im Frack und weißen Handschuhen erschienen: »Als ich hereingerufen wurde, tadelte mich Althoff auch gleich in seiner trocken-komischen Weise ob solchen Aufzugs, womit eigentlich unsere Freundschaft auch schon begonnen hatte.«

Die Förderung ließ nicht lange auf sich warten. Zunächst erhielt Lenard in Bonn die Lehrstuhlvertretung, das heißt, er führte kommissarisch die Geschäfte des Institutsdirektors. Hier erhielt er am 5. Mai 1894 einen Brief von Professor Wilhelm Conrad Röntgen aus Würzburg: »Ich möchte gerne Ihren wichtigen Versuch über Kathodenstrahlen in der freien Atmosphäre etc. sehen und habe mir dazu bei Müller-Unkel einen ›bewährten‹ Entladungsapparat bestellt. Für den Bezug der Fensterblättchen fehlt mir aber eine zuverlässige Quelle; vielleicht haben Sie die Freundlichkeit, mir eine solche per Postkarte anzugeben.«

»Die Bezugsquelle für dünne Aluminiumfolie ist auch für mich immer eine Schwierigkeit gewesen«, antwortete Lenard, »denn die Fabrikanten geben nicht gern ungewöhnliche Dicken ab, oder verwenden doch wenig Sorgfalt auf kleine Partien, so daß die Blätter löcherig ausfallen. Es mangelt mir gegenwärtig auch an einer guten Bezugsquelle. Ich erlaube mir daher, Ihnen zwei Blätter aus meinem kleinen Vorrat zu übersenden. Die Dicke beträgt etwa 0,005 mm.«
So konnte sich Röntgen nun daransetzen, die Versuche von Lenard zu wiederholen. Er erzeugte Kathodenstrahlen und führte sie durch das Lenard-Fenster in ein zweites Rohr, das mit Luft oder mit Wasserstoff-Gas gefüllt war. Und wie Philipp Lenard über seine Experimente begeistert war, so jetzt in Würzburg Wilhelm Conrad Röntgen.
Die Wahl zum Rektor seiner Universität ließ Röntgen keine Zeit mehr für die Strahlen; erst nach dem Amtsjahr, Ende Oktober 1895, nahm er seine Versuche wieder auf. Schon am 8. November glückte ihm die große Entdeckung.
Bevor der hereinbrechende Presserummel Röntgen zum gänzlichen Rückzug aus der Öffentlichkeit bewog, hat er glücklicherweise einem Reporter ein Interview gewährt, in dem er, der sonst so Schweigsame, einige Angaben über die Umstände der Entdeckung machte:
»Ich arbeitete mit einer Hittorf-Crookesschen Röhre, welche ganz in schwarzes Papier eingehüllt war. Ein Stück Bariumplatinzyanürpapier lag daneben auf dem Tisch. Ich schickte einen Strom durch die Röhre und bemerkte quer über das Papier eine eigentümliche schwarze Linie.« – »Was war das?« – »Die Wirkung war derart, daß sie den damaligen Vorstellungen gemäß nur von einer Lichtstrahlung herrühren konnte. Es war aber ganz ausgeschlossen, daß von der Röhre Licht kam, weil das dieselbe bedeckende Papier sicherlich kein Licht hindurchließ, selbst nicht das einer elektrischen Bogenlampe.« – »Was dachten Sie sich da?« – »Ich dachte nicht, sondern ich untersuchte.«
Was war in der Hittorf-Crookesschen Röhre geschehen? Die Kathodenstrahlen treffen mit großer Wucht auf die Glaswand und erzeugen dort »eine neue Art von Strahlen«. Diese Strahlen bringen einen Fluoreszenz-

Aus den Sitzungsberichten der Würzburger Physik.-medic. Gesellschaft 1895.

W. C. Röntgen: Ueber eine neue Art von Strahlen.

(Vorläufige Mittheilung.)

1. Lässt man durch eine *Hittorf*'sche Vacuumröhre, oder einen genügend evacuirten *Lenard*'schen, *Crookes*'schen oder ähnlichen Apparat die Entladungen eines grösseren *Ruhmkorff*'s gehen und bedeckt die Röhre mit einem ziemlich eng anliegenden Mantel aus dünnem, schwarzem Carton, so sieht man in dem vollständig verdunkelten Zimmer einen in die Nähe des Apparates gebrachten, mit Bariumplatincyanür angestrichenen Papierschirm bei jeder Entladung hell aufleuchten, fluoresciren, gleichgültig ob die angestrichene oder die andere Seite des Schirmes dem Entladungsapparat zugewendet ist. Die Fluorescenz ist noch in 2 m Entfernung vom Apparat bemerkbar.

Man überzeugt sich leicht, dass die Ursache der Fluorescenz vom Entladungsapparat und von keiner anderen Stelle der Leitung ausgeht.

2. Das an dieser Erscheinung zunächst Auffallende ist, dass durch die schwarze Cartonhülse, welche keine sichtbaren oder ultravioletten Strahlen des Sonnen- oder des elektrischen Bogenlichtes durchlässt, ein Agens hindurchgeht, das im Stande ist, lebhafte Fluorescenz zu erzeugen, und man wird deshalb wohl zuerst untersuchen, ob auch andere Körper diese Eigenschaft besitzen.

Man findet bald, dass alle Körper für dasselbe durchlässig sind, aber in sehr verschiedenem Grade. Einige Beispiele führe ich an. Papier ist sehr durchlässig:[1]) hinter einem eingebundenen Buch von ca. 1000 Seiten sah ich den Fluorescenzschirm noch deutlich leuchten; die Druckerschwärze bietet kein merkliches Hinderniss. Ebenso zeigte sich Fluorescenz hinter einem doppelten Whistspiel: eine einzelne Karte zwischen Apparat

1) Mit „Durchlässigkeit" eines Körpers bezeichne ich das Verhältniss der Helligkeit eines dicht hinter dem Körper gehaltenen Fluorescenzschirmes zu derjenigen Helligkeit des Schirmes, welcher dieser unter denselben Verhältnissen aber ohne Zwischenschaltung des Körpers zeigt.

20 Die Originalveröffentlichung von W. C. Röntgen.

schirm zum Aufleuchten und haben eine unglaubliche Durchdringungsfähigkeit. »Man findet bald«, notierte Röntgen, »daß alle Körper für die Strahlen durchlässig sind, aber in sehr verschiedenem Grade.«

Über seine Entdeckung erzählte Röntgen damals noch nichts; viel Worte zu machen mit einer noch so unsicheren Sache, lag ihm nicht. Erst als er gewiß war, daß es seine Richtigkeit hatte mit der Entdeckung, schrieb er seine Ergebnisse zusammen. Nach den Weihnachtstagen, am 28. Dezember 1895, reichte er sein Manuskript »Über eine neue Art von Strahlen (vorläufige Mitteilung)« beim Sekretär der kleinen Physikalisch-Medizinischen Gesellschaft in Würzburg ein.

Die kurze Abhandlung wurde sofort gedruckt, und bereits am Neujahrstag 1896 konnte Röntgen die kleine Broschüre an seine Kollegen versenden. Er legte einige Photographien bei. Eine zeigte einen Satz von Metallgewichten, die in verschlossenen Holzkästen photographiert worden waren, eine andere eine menschliche Hand.

Am 4. Januar 1896 feierte die Deutsche Physikalische Gesellschaft ihr fünfzigjähriges Jubiläum. Das Fest hätte schon im Vorjahr stattfinden sollen; aber der Tod von Heinrich Hertz, August Kundt und Hermann von Helmholtz machte eine Verschiebung um zwölf Monate notwendig. So kam es zum Festakt erst am 4. Januar 1896. Nachmittags versammelten sich die Physiker im großen Physikalischen Hörsaal der Universität. An die Experimentalvorträge schloß sich ein Rundgang durch das Institut. Einige neue Versuche waren aufgebaut, und der Ballonkorb war zu sehen, mit dem in einer Höhe von 9150 Metern Luftdruck und Temperatur gemessen worden waren. Emil Warburg hatte die Aufnahmen ausgestellt, die er zwei Tage zuvor von Röntgen erhalten hatte. Aufmerksamkeit aber erregten sie nicht.

Am Abend um acht Uhr war Diner im Hotel Reichshof. Der Vorsitzende Wilhelm von Bezold hielt die große Festrede über die Erfolge der Physik und der Physikalischen Gesellschaft. Als er ein paar Wochen später die Rede zum Druck gab, setzte er eine Fußnote hinzu: »Leider war es dem Redner, ebenso wie manchen anderen Mitgliedern der Gesellschaft gänzlich unbekannt geblieben, daß sich unter den ausgestellten Gegenständen an einer weniger auffallenden und durch zahlreiche Beschauer verdeckten Stelle die ersten Röntgenschen Photographien befanden. Wäre ihm auch nur ein Wort darüber zu Ohren gekommen, so hätte er seine Rede in ganz anderem Tone geschlossen und der seltenen Weihe gedacht, welche dem Feste dadurch verliehen worden sei, daß an diesem Tage zum ersten Male die Ergebnisse einer Entdeckung mitgeteilt wurden, deren weittragende Bedeutung auf den ersten Blick erkannt werden mußte.«

Schneller reagierten die Mediziner. Am 6. Januar 1896 gab es eine Sitzung des Berliner Vereins für Innere Medizin. Auf dem Programm stand ein Vortrag des Internisten und Psychiaters Moritz Jastrowitz: »Wenn ich Ihnen sage, daß diese Knochen nicht von einem Skelett, sondern am lebenden Menschen photographiert sind, so wird es fast wie

21 Röntgen, eine »Durch-Leuchte« der Wissenschaft. Ein Beispiel für die zahlreichen Karikaturen, die damals in den Zeitungen erschienen und Röntgen innerhalb von Wochen weltberühmt machten.

ein Scherz und märchenhaft klingen. Diese Aufnahme aber ist in der Tat am Lebenden erfolgt, und wie dies möglich ist, darüber möchte ich Ihnen nach einer vorläufigen Mitteilung des Herrn Professor Röntgen einiges vortragen.«

In Wien hatte Franz Exner den Sonderdruck mit den Photographien erhalten. Am 4. Januar – am Tag der Berliner Festsitzung – zeigte Exner die Röntgen-Aufnahmen in einer wissenschaftlichen Abendgesellschaft. Der Physiker Ernst Lecher erbat sich die Photographien und zeigte sie noch am nämlichen Abend seinem Vater, dem Herausgeber der Tageszeitung »Die Presse«.

In der Nacht verfaßte Ernst Lecher einen kurzen und sachlichen Bericht. Der Vater ergänzte den Text mit einem phantasievollen Ausblick in die Zukunft. Dem Physiker war das peinlich; später aber mußte er zugeben, daß sein Vater die medizinischen Möglichkeiten sehr gut vorausgesehen hatte.

Von Wien übernahm das Feuilleton der »Frankfurter Zeitung« die Neuigkeit. In London berichtete der »Daily Chronicle«. Die Welt hatte eine neue Sensation.

Am 9. Januar las auch Wilhelm II. »mit tiefstem Erstaunen« von der neuen »weltbewegenden Entdeckung«, und er telegraphierte nach Würzburg: »Wenn sich der Bericht bewahrheitet, so gratuliere ich Ihnen aus vollem Herzen und preise Gott, daß unserem deutschen Vaterlande der neue Triumph der Wissenschaft beschert ist, welcher hoffentlich von reichem Segen für die Menschheit sein wird.«

So wurde jeder neuen Entdeckung ein »nationaler Stempel« aufgedrückt. Wie es heute Olympiamedaillen sind und Weltrekorde, die nationale und ideologische Überlegenheit demonstrieren sollen, so damals die wissenschaftlichen Errungenschaften: »Man liest heute in den wissenschaftlichen Veröffentlichungen von deutschen, französischen, amerikanischen Forschungsergebnissen, bzw. Forschern, was früher in diesem Maße nicht der Fall war. Die Völker legen eben Wert darauf, jedem neuen Wissensfortschritt gleichsam das Ursprungszeugnis mit auf den Weg zu geben. Sie werden dabei in früher nie geübter Weise von ihrer Tages-

presse unterstützt, in wohl erwogener Absicht. Wissen sie doch, daß nichts so sehr geeignet ist, für ein Volk auf der ganzen Welt zu werben und es als den führenden Kulturträger erscheinen zu lassen. . . Deshalb hat die Führung auf dem Gebiete der Naturwissenschaften nicht mehr nur einen ideellen, sondern sie hat auch einen eminenten nationalen und politischen Wert.«
Das schrieb Adolf von Harnack in seiner berühmten Denkschrift von 1909. In der Tat standen nun die Naturwissenschaften in der Sonne der staatlichen Gunst. Verständlich, aus welchen Gründen. Nicht allein, daß ihre Ergebnisse zu entscheidenden technischen Innovationen führten. Die Entdeckungen erhöhten das nationale Prestige.
Wo das Deutsche Reich so großen Erfolg hatte – und ihn so sichtbar zur Schau stellte –, da durfte Frankreich, die »Grande Nation«, nicht zurückbleiben.

2. Marie Curie: Die Radioaktivität

Am 20. Januar 1896 hörte Henri Becquerel in einer Sitzung der Akademie der Wissenschaften in Paris von der Entdeckung der »neuen Art von Strahlen«. Zwei Ärzte hatten Röntgenaufnahmen einer menschlichen Hand vorgelegt. Im Besitze eines Sonderdruckes berichtete Henri Poincaré, daß an der Stelle der Glasröhre, von der die Röntgenstrahlen ausgehen, ein Fluoreszenzleuchten zu sehen sei.

Das war das Stichwort für Becquerel. Sein Vater, Physiker wie er, hatte sich viel mit Fluoreszenz befaßt; auch er selbst kannte sich gut aus. Schon am 24. Februar 1896 berichtete er der Akademie: Dem direkten Sonnenlicht ausgesetzte Kristalle von Natriumuranylsulfat schwärzen die Photoplatte, auch wenn diese in lichtundurchlässiges Papier eingeschlagen ist. Am 2. März ergänzte Becquerel: Die gleiche Wirkung tritt in einem vollkommen dunklen Raum ein: Von den Kristallen gehen unsichtbare Strahlen aus.

Das Phänomen schien außer Becquerel aber niemanden zu interessieren. Monate gingen ins Land, ein neues Jahr kam.

Am 12. September 1897 brachte Marie Curie ihre erste Tochter Irène zur Welt. Gegen Ende dieses Jahres wurde ihr Wunsch übermächtig, wieder wissenschaftlich zu arbeiten und endlich mit der Doktorarbeit zu beginnen. Gemeinsam mit ihrem Mann, dem Physiker Pierre Curie, suchte sie in der neuesten Literatur nach einem Thema. Dabei stieß sie auf die »Becquerel-Strahlen«.

Im Oktober 1891 war Marie Skłodowska aus ihrer polnischen Heimat nach Paris gekommen. Jahre der Entbehrung hatte sie hinter sich, Jahre der Entbehrung sollten folgen. 1893 erwarb sie als erste ihres Jahrgangs das Lizentiat in Physik, 1894 als zweite das Lizentiat in Mathematik. Im Juli 1895 heiratete sie.

»Sie ist eine Frau, sie gehört einer unterdrückten Nation an, sie ist arm, sie ist schön.« So hat später die Tochter Eve die weltweite Bewunderung für Marie Skłodowska-Curie erklärt und ihren geradezu legendären

Ruhm. »Sie hat Erfolg«, so muß man ergänzen, »sie entdeckt Zusammenhänge von der größten Tragweite für die Wissenschaft und für die Menschheit.«

Ende 1897 begann die Untersuchung der Becquerel-Strahlung: »Auf interessante Ergebnisse brauchte ich nicht lange zu warten«, schrieb sie in ihrer Autobiographie. Sie entdeckte, daß die Strahlung vom Uran herrührte und fand ein zweites Element, das Thorium, von dem ebenfalls Strahlen ausgehen. Sie nannte das neue Phänomen »Radioaktivität« und machte klar, daß es sich um eine Eigenschaft des Atoms handeln müsse: Die Radioaktivität stieg stets proportional mit der Zahl der Atome des Urans bzw. des Thoriums, das heißt: Wenn doppelt so viele Uran-Atome vorhanden waren, gab es auch eine doppelt so große Aktivität. Bei der systematischen Durchmusterung von Mineralien entdeckte Marie Curie einige Uransalze, die eine drei- bis vierfach größere Radioaktivität zeigten, als der Zahl der Uranatome entsprach. Nach mehrfacher Prüfung kam sie zu dem Ergebnis: Es ist in diesen Uransalzen ein neues, noch unbekanntes Element vorhanden, das in besonders starkem Maße die Eigenschaft der Radioaktivität besitzt.

Ein neues Element? Das war die Vision einer ungeheuren Entdeckung. Die Chemie, die Schwesterdisziplin der Physik, definierte man als die Wissenschaft von den Elementen und ihren Verbindungen. An die 80 dieser chemischen Grundstoffe kannte man nun, und jedes neue Element hatte den Glücklichen, der es gefunden, berühmt gemacht in der Wissenschaft.

«Die Welt der chemischen Vorgänge gleicht einer Bühne, auf welcher sich in unablässiger Aufeinanderfolge Szene um Szene abspielt. Die handelnden Personen auf ihr sind die Elemente. Einem jeden derselben ist eine charakteristische Rolle zugeteilt, sei es die des Statisten oder die des Charakterdarstellers.« Das schrieb der Chemiker Clemens Winkler, der selbst 1886 das Germanium entdeckt hatte.

Welche Rolle würde ihr neues Element spielen? Marie Curie wußte nur, daß sie es, wenn sie es tatsächlich finden sollte, nach ihrer geteilten und von Fremden beherrschten Heimat »Polonium« nennen würde.

Pierre Curie, acht Jahre älter als Marie und ein bedeutender Gelehrter, hatte schon bisher mit Bewunderung den Weg seiner Frau verfolgt. Jetzt ließ er die eigenen Arbeiten liegen, um Marie zur Seite zu stehen. »Wir sind der Meinung«, so schrieben sie in ihrer ersten gemeinsamen Veröffentlichung, »daß die Substanz, die wir aus der Pechblende gewonnen haben, ein noch nicht beschriebenes Metall enthält, das dem Wismut verwandt ist. Wenn das Vorhandensein dieses neuen Metalls sich bestätigen sollte, schlagen wir vor, es nach der Herkunft des einen von uns ›Polonium‹ zu nennen.«
Heute ist Uran ein Stoff, den nicht jeder kaufen kann, und hätte er beliebig viel Geld. Schon Ende des 19. Jahrhunderts war Uran teuer, viel zu teuer jedenfalls für die Curies. Wie sie mit Erleichterung feststellten, war das neue, in den Uranmineralien nachgewiesene Element auch in den Rückständen vorhanden: Aus St. Joachimsthal in Böhmen, wo das Erz gewonnen und auf Uran verarbeitet wird, erhielten sie kostenlos eine Lieferung. »Wie freute ich mich«, – so Marie Curie – »als die ersten Säcke mit braunem, mit Kiefernnadeln vermischtem Staub ankamen und als ich feststellen konnte, daß die Aktivität dieses Staubes die des Erzes überstieg. Durch einen glücklichen Zufall blieben diese Abfälle zugänglich, da sie nicht irgendwie anders verwendet, sondern einfach in einen nahegelegenen Kiefernwald geschüttet wurden.«
In diesem Abfall war nun das neue Element zu suchen. Die Curies entwickelten ein Verfahren, das bis heute in Gebrauch ist: Man unterwirft die Substanz der chemischen Analyse, zum Beispiel, indem man sie in Salzsäure auflöst und aus der Lösung Teile wieder ausfällt. Man prüft: Wohin geht die Radioaktivität? Verliert die Lösung die Aktivität, interessiert nur noch der Niederschlag. So können nach und nach die inaktiven Anteile ausgesondert werden, und die Aktivität und damit das neue Element reichern sich an, bis es schließlich – Endziel und Traum – rein vorhanden ist.
Neue Schwierigkeit: An einer Stelle des Analysenganges versagte den Curies das Trennverfahren. Beide Teile zeigten starke Radioaktivität. Schließlich bestätigte sich die gewagte Vermutung: Sie sind nicht nur

einem neuen Element auf der Spur, in ihren Retorten haben sie zwei neue Elemente!

Statist oder Charakterdarsteller auf der chemischen Bühne? Das Schicksal hat es gewollt, daß das »Polonium« genannte Element nur eine Nebenrolle spielen sollte, das zweite aber die Szene beherrschte: das »Radium«, das »Strahlende«. Im Jahre 1902 besaßen sie schließlich ein zehntel Gramm des Chlorids. »Eine unserer beliebtesten Zerstreuungen in dieser Zeit waren die allabendlichen Besuche in unserem Labor«, erinnerte sich Marie Curie: »Überall sahen wir dabei die schwach leuchtenden Umrisse der Gläser und Tüten, in denen unsere Präparate aufbewahrt waren. Dies war ein wirklich herrlicher Anblick. Die glühenden Röhrchen sahen wie winzige Zauberlichter aus.«

Merkwürdig war auch, daß die Radiumpräparate eine höhere Temperatur hatten als die Umgebung. Pierre Curie stellte Erstaunliches fest: Ein Grammatom Radium (226 Gramm) gibt pro Stunde 22,5 Kilokalorien Wärme ab. Das ist (der Größenordnung nach) so viel, wie bei der Verbrennung von einem Gramm Wasserstoff entsteht. Zum ersten Mal hatte ein Physiker die »Atomenergie« gemessen.

Wie es fast immer der Fall ist bei einer großen Entdeckung: Kein Mensch ahnte die Konsequenzen. Aufmerksam auf die scheinbar nebensächliche Beobachtung wurde drei Jahre später Albert Einstein. Aus seiner Speziellen Relativitätstheorie hatte er gegen Ende 1905 den Schluß gezogen, »daß die Masse direkt ein Maß für die im Körper enthaltene Energie ist«. Seinem Freund Conrad Habicht schrieb er damals: »Die Überlegung ist lustig und bestechend; aber ob der Herrgott nicht darüber lacht und mich an der Nase herumgeführt hat, das kann ich nicht wissen.«

Über die Entdeckung gab es später wirklich nichts zu lachen. Die Atomenergie ist fürwahr ein ernstes Thema. Man versteht aber nun den Ausspruch: Wenn heute ein großer Physiker lacht, dann zittert morgen die Welt. Gemeint damit ist, daß eine intellektuell unerwartete Wendung in dieser Wissenschaft den Physikern »komisch« vorkommt, so daß sie lachen müssen. Jede grundlegend neue Erkenntnis aber trägt in sich die Möglichkeit der Anwendung. Je aufregender und »lustiger« eine neue

Entdeckung ist, desto größer die Wahrscheinlichkeit, daß auch die technischen Folgen aufregend sein werden.

Die Bedeutung der Atomenergie blieb in diesen ersten Jahren des neuen Jahrhunderts verborgen. Pierre und Marie Curie haben aber vorausgesehen, daß das Radium in unrechten Händen ungeheuren Schaden anrichten kann, und sie haben zur besonderen Vorsicht beim Umgang mit radioaktiven Stoffen gemahnt. »Ich bin überzeugt«, so sprach er den Kollegen aus dem Herzen, »daß die Menschheit viel mehr Gutes von der Wissenschaft zu erwarten hat als Übles.«

Es waren harte Jahre für die Curies. Marie brachte ihre Doktorarbeit erst 1903 zum Abschluß. Der über vierzigjährige Pierre fühlte sich vom Establishment zurückgesetzt. Vergeblich hatte er um einen Lehrstuhl für physikalische Chemie kandidiert. 1902 drängten ihn die Freunde, sich um einen Sitz in der berühmten Akademie der Wissenschaften zu bewerben. Die Familie litt materielle Not, aber um die Verbesserung des Einkommens war es ihm weniger zu tun; es ging um die Arbeitsmöglichkeiten. Er war in einer Position wie ein außerordentlicher Professor in Deutschland, und seine Lage war ebenso bedauernswert: Über die großen Laboratorien verfügten andere, und er mußte ständig antichambrieren um ein paar Instrumente und ein paar tausend Francs.

Besonders widerwärtig die Kandidatur um den Sitz in der Akademie: Damals erforderte es der Brauch, daß man sich den Akademikern vorstellte: »Treppen steigen, klingeln, sich anmelden lassen, sagen, weshalb man gekommen sei; dies alles beschämte bereits den Kandidaten wider Willen; dann aber mußte er erst sein eigenes Loblied singen, sein Wissen, seine Arbeiten hervorheben – und dies schien ihm menschliche Kräfte zu überfordern. Schließlich erging er sich in ehrlichen und ausgiebigen Lobpreisungen über seinen Konkurrenten, indem er betonte, daß dieser ungleich geeigneter sei.« So hat es ein Journalist beschrieben, der ein Interview geführt hat, als Pierre und Marie Curie plötzlich »Weltberühmtheiten« geworden waren. 1902 aber ging die Wahl daneben: Der Konkurrent wurde gewählt.

Ein paar Monate später kam die übliche Anfrage des Ministers an die

RECHERCHES

SUR LES

SUBSTANCES RADIOACTIVES.

THÈSE PRÉSENTÉE A LA FACULTÉ DES SCIENCES DE PARIS

POUR OBTENIR LE GRADE DE DOCTEUR ÈS SCIENCES PHYSIQUES;

PAR

Mme SKLODOWSKA CURIE.

DEUXIÈME ÉDITION, REVUE ET CORRIGÉE.

PARIS,

GAUTHIER-VILLARS, IMPRIMEUR-LIBRAIRE

DU BUREAU DES LONGITUDES, DE L'ÉCOLE POLYTECHNIQUE,

Quai des Grands-Augustins, 55.

1904

22 Am 25. Juni 1903 promovierte Marie Curie mit ihrer Dissertation »Forschungen über radioaktive Substanzen«. Ein halbes Jahr später erhielt sie für eben diese Arbeiten den Nobelpreis. Die Nachfrage nach der Dissertation stieg sprunghaft, und so kam es zu einer zweiten Auflage. Hier die Titelseite.

Fakultät, Vorschläge zu machen für die Ehrenlegion. Der Dekan meinte es gut. Er kannte die kritische Einstellung Pierre Curies und bat ihn, fast beschwörend, seinen Namen nennen zu dürfen. Pierre Curie blieb hart. Seine lapidare Absage ist durch die Biographie von Eve Curie und später durch die Verfilmung klassisch geworden: »Wollen Sie die Güte haben, dem Herrn Minister zu danken und ihm mitzuteilen, daß ich gar kein Bedürfnis habe, einen Orden, aber ein um so größeres, ein Laboratorium zu bekommen.«

Im Mai 1903 wurde Pierre Curie eingeladen, in der Royal Institution in London einen Vortrag zu halten. Es war als besondere Auszeichnung gemeint, daß er an der Stelle sprechen durfte, an der Humphry Davy und Michael Faraday ihre großen Entdeckungen gemacht hatten. Marie Curie begleitete ihren Mann auf der Reise, und in den Gesprächen mit den englischen Kollegen erfuhren sie in Andeutungen, daß sie es geschafft hatten: Am 5. November erhielten sie gemeinsam die Humphry-Davy-Medaille der Royal Society, und kurz darauf kam die Mitteilung aus Stockholm. Sie teilten sich mit Henri Becquerel den Nobelpreis für Physik des Jahres 1903.

Großer Jubel in Frankreich. Nach dem Deutschen Röntgen 1901 und den beiden Niederländern Lorentz und Zeeman im folgenden Jahr war nun die französische Wissenschaft sichtbar vor der Welt ausgezeichnet. Und schon bahnte sich neuer Ruhm an: René-Prosper Blondlot, der Inhaber des physikalischen Lehrstuhles an der Universität Nancy, gab die Entdeckung der N-Strahlen bekannt. N wie Nancy, zur höheren Ehre seiner Heimatstadt.

Wieder stürzten sich die Forscher auf das neue Phänomen. Innerhalb kürzester Zeit erschienen zwölf Arbeiten. Neue erstaunliche Eigenschaften beobachteten die Kollegen zu den schon von Blondlot entdeckten. Die Akademie der Wissenschaften sprach Blondlot den mit 20.000 Francs dotierten Lalande-Preis und ihre Goldmedaille zu.

In Berlin hörte Wilhelm II. vom Triumph der Franzosen. Acht Jahre zuvor hatte sein Flügeladjutant an Röntgen telegraphiert: »Seine Majestät wollen den Vortrag Euer Hochwohlgeboren hierselbst entgegennehmen.« Blondlot aus Nancy herbeizitieren konnte Wilhelm II. nicht. Also bat er den Berliner Physiker Heinrich Rubens, ihm die N-Strahlen zu demonstrieren.

Nun kam Rubens in Verlegenheit. Er konnte die Strahlen nicht finden. Liebenswürdig gab Blondlot auf seine immer dringlicheren Fragen Auskunft. Aber umsonst. Rubens mußte dem Kaiser den Mißerfolg gestehen.

Im September 1904 ging Rubens nach Cambridge zur Tagung der »British Association for the Advancement of Science«. Viele Deutsche waren da, Wilhelm Wien aus Würzburg darunter, natürlich J. J. Thomson und der Amerikaner Robert Williams Wood. Alle verstanden sie etwas von Strahlen, und alle waren sie skeptisch.

Rubens sagte: »Professor Wood, wollen Sie nicht sogleich nach Nancy reisen und die Experimente überprüfen?« Die Engländer bestätigten: »Eine gute Idee.« Wood aber meinte, Rubens solle fahren, denn er sei bisher das Hauptopfer gewesen. Rubens aber empfand, daß es nicht taktvoll wäre, als Deutscher die Arbeiten des Franzosen zu kontrollieren: »Wood, Sie sind Amerikaner, und ihr Amerikaner könnt alles machen.«

So geschah es. Wood besuchte Blondlot im Laboratorium und ließ sich die N-Strahlen vorführen. Ausführlich hat er seine Erlebnisse beschrieben:

»Er zeigte mir zunächst eine Karte, auf der einige Kreise mit Leuchtfarbe aufgemalt worden waren. Er drehte das Gaslicht klein und richtete meine Aufmerksamkeit auf ihre gesteigerte Leuchtkraft, wenn die N-Strahlen eingeschaltet würden. Ich sagte, ich sähe keine Änderung. Er erwiderte, daß das daher käme, weil meine Augen nicht genügend empfindlich wären. So bewies dies nichts. Ich fragte ihn, ob ich einen undurchlässigen Bleischirm durch den Strahlengang bewegen könnte, während er die Helligkeitsschwankungen auf dem Schirm beobachtete. Er irrte in fast allen Fällen und gab Schwankungen an, wenn ich überhaupt keine Bewegung machte, und das bewies wohl eine Menge, doch ich sagte nichts. Darauf zeigte er mir die kaum beleuchtete Uhr und versuchte mich zu überzeugen, daß er die Zeiger sehen könne, wenn er einen großen Aktenordner gerade über seine Augen hielte. Ich fragte ihn, ob ich den Ordner halten könnte, denn ich hatte ein Holzlineal auf seinem Tisch bemerkt und erinnerte mich, daß Holz zu den wenigen Substanzen gehörte, die niemals N-Strahlen emittierten. Er stimmte dem zu, und ich tastete im Dunkeln nach dem Lineal und hielt es ihm vor das Gesicht. Oh ja, er könne die Zeiger bestens sehen. Dies allerdings bewies einiges. Doch der wesentliche und am meisten erregende Test sollte noch kommen. Begleitet von seinem Assistenten, der um diese Zeit bereits ziemlich feindselige Blicke auf mich warf, gingen wir in den Raum, wo das Spektroskop mit den Aluminiumlinsen und dem Prisma installiert war. Anstatt eines Okulars hatte dieses Instrument einen vertikalen Faden, der mit Leuchtfarbe gestrichen worden war und der in dem Bereich bewegt werden konnte, in dem das N-Strahlenspektrum beobachtet werden sollte, indem man ein Rad mit Gradeinteilung und Ziffern an seinem Umfang drehte. Blondlot nahm vor dem Instrument Platz und drehte langsam an dem Rad. Der Faden sollte heller aufleuchten, wenn er die unsichtbaren Linien des N-Strahlenspektrums durchfuhr. Im Licht einer kleinen roten Dunkelkammerleuchte las er die Ziffern von der gravierten Skala ab. Dieses Experiment hatte schon viele skeptische Besucher überzeugt, wenn er seine Messungen in ihrer Gegenwart wiederholen konnte und stets die gleichen Zahlen nannte. Ich bat ihn, seine Messungen zu wiederholen, beugte mich im Dunkeln über das Spektroskop und entfernte das Aluminiumprisma. Er drehte wieder an dem Rad und las dieselben Messungen ab wie zuvor.«

Wood sandte einen Bericht an die vielgelesene englische Zeitschrift »Nature«. Daraufhin eröffnete die populär-wissenschaftliche französische Zeitschrift »La Revue Scientifique« eine Umfrage unter den Gelehrten des Landes. Von den 40 Stellungnahmen waren nur sechs positiv. Der Chemiker Le Bel schrieb: »Welches Schauspiel bietet die französische Wissenschaft, wenn einer ihrer hervorragendsten Vertreter die Position von Spektrallinsen abliest, während das Prisma in der Tasche seines amerikanischen Kollegen liegt?«

So wurde die Affäre unter dem nationalen Aspekt gesehen. Tatsächlich handelt es sich um den schwersten Fall von Selbsttäuschung in der Physik. Nach der Bloßstellung war Blondlot ein gebrochener Mann. Er widerrief seine Veröffentlichungen. Nie wieder hat er sich im Kreise seiner Kollegen sehen lassen.

3. Rutherford: Das Atom

Aus Neuseeland kam 1895 der junge Rutherford mit einem Stipendium nach Cambridge. Aus der hintersten Ecke des Empire hatte er etwas mitgebracht, was die »Dons« der altehrwürdigen Universität, die Professoren und hohen Herren, beeindruckte und interessierte: selbstgebaute Sender und Empfänger für elektrische Wellen.

Als sich im Januar 1896 die Entdeckung Röntgens in Cambridge herumsprach, war Rutherford bereits als »Strahlenexperte« bekannt. Joseph John Thomson, der Direktor des berühmten (seinerzeit für Maxwell gegründeten) Cavendish-Laboratoriums forderte ihn auf, mit ihm gemeinsam den Einfluß der Röntgenstrahlen auf Luft zu untersuchen.

Sowohl Thomson wie Rutherford haben sich mit verbesserten Methoden immer wieder mit diesem Thema beschäftigt. Die Röntgenstrahlen nämlich zeigten in ihren Eigenschaften ein merkwürdiges Einerseits-Andererseits. Einerseits waren sie elektromagnetische Wellen (wie die von Hertz erzeugten Strahlen und wie das Licht, nur mit viel kürzerer Wellenlänge). In dieser Richtung den letzten untrüglichen Beweis in einer langen Kette von früheren Indizien und Beweisen lieferte 1911 Max Laue mit seinen Interferenzversuchen an Kristallen. Andererseits schlugen die Röntgenstrahlen in der Luft die Moleküle von Sauerstoff und Stickstoff in Stücke. Sie mußten also sehr hohe Energie besitzen. Das stimmte nicht zusammen mit der Vorstellung von Wellen. Die Erklärung für dieses Sowohl-Als-auch lieferte schon bald Albert Einstein, aber es sollte lange dauern, bis die Physiker sein Dualitätsprinzip akzeptierten.

Rutherford besonders hielt nicht viel von der hohen Theorie, um so mehr von sorgfältig beobachteten Tatsachen. Nachdem er den Einfluß der Röntgenstrahlen auf Gase untersucht hatte, ging er zu ultraviolettem Licht über und schließlich auf die gerade entdeckten »Becquerel-Strahlen«. Hier fand er das Gebiet, auf dem er innerhalb kürzester Zeit zum unbestrittenen Meister wurde. Nicht Henri Becquerel nämlich und auch

nicht Marie Curie übernahm die Führung in der Erforschung der Radioaktivität, sondern Ernest Rutherford.
Bereits 1897 unterschied er zwei verschiedene Strahlungen der radioaktiven Elemente, die er α- und β-Strahlen nannte. Den Physikern, die heute mit diesen Strahlen zu tun haben, ist meist gar nicht bewußt, daß Rutherford die Bezeichnung »schlicht aus Gründen der Einfachheit« gewählt hatte.
Geladene Teilchen werden durch ihr Verhalten in elektrischen und magnetischen Feldern identifiziert. Die β-Strahlen wurden bald als Elektronen erkannt. Bei den α-Strahlen waren die Ablenkungen genau so groß, wie sie Teilchen mit der Masse des Heliumatoms und doppelter elektrischer Ladung zeigen mußten.
»Ich habe nie einen Studenten gehabt, der mehr Enthusiasmus oder Befähigung für wissenschaftliche Arbeit gehabt hätte.« Dieses Urteil Thomsons verschaffte ihm seine erste Professur an der Mc Gill University in Montreal. Hier scharte er bald einen Kreis von Mitarbeitern um sich, von denen manche älter waren als er selbst. »Die Begeisterung und die überschäumende Arbeitskraft Rutherfords übertrugen sich natürlich auf uns alle, und das Weiterarbeiten im Institut nach dem Abendbrot war eher die Regel als die Ausnahme.« Das berichtete Otto Hahn, der vom Herbst 1905 bis Sommer 1906 zu den Schülern gehörte.
Rutherford hatte ein modernes Institut im »Macdonald Physics Building«. Das Gebäude war nach dem Stifter benannt, einem Millionär, der sein Geld durch Tabakhandel verdient hatte. Wenn er seinen Besuch ankündigte, durfte nicht einmal Rutherford seine Pfeife anstecken – Macdonald war leidenschaftlicher Gegner des Rauchens!
Rutherford fühlte sich sehr wohl in Montreal; aber noch war Nordamerika physikalisch gesehen entlegene Provinz. So folgte er 1907 einem Ruf nach Manchester.
Eine unverkennbare Vorliebe in der Arbeit hatte er für die α-Strahlen. Er suchte nach einem zweiten Beweis, daß es sich dabei wirklich um die Atomkerne des Heliums handelt. Ganz einfach: Ein Radium-Präparat wurde in ein Glasröhrchen eingeschmolzen. Dieses setzte er in einen

größeren luftdicht ausgepumpten Glaskolben. Im Laufe der Zeit sammelte sich hier Helium an. Die geladenen α-Teilchen hatten auf ihrem Wege die viel kleineren Elektronen elektrisch angezogen und sich in neutrale Helium-Atome verwandelt. Nachgewiesen wurden die winzigen Spuren des Gases mit einer Standard-Methode der chemischen Analyse. Rutherford brachte die Atome zum Leuchten und erhielt die typischen Spektrallinien des Heliums.

Damit war die Vermutung bestätigt: Die Radioaktivität ist die Begleiterscheinung eines Atomzerfalles. Das jahrhundertealte Dogma der Unwandelbarkeit der chemischen Elemente war gestürzt: Die schwersten der Atomkerne sind instabil und zerfallen unter Aussendung eines Heliumkernes oder eines Elektrons. Die dabei freiwerdende beträchtliche Energie war schon von Pierre Curie im Falle des Radiums gemessen worden. Rutherford zählte die ausgesandten α-Teilchen und bestimmte ihre Energie. Er bestätigte damit das Meßergebnis von Curie: Die bei einer Kernumwandlung freiwerdende Energie ist wesentlich höher als die Reaktionswärme chemischer Prozesse.

Warum liebte Rutherford seine α-Teilchen? Die β-Strahlen sind Elektronen, mit denen sich schon viele andere Forscher beschäftigten, darunter Joseph John Thomson und Philipp Lenard. Um winzige Körperchen handelt es sich dabei. Die α-Teilchen dagegen bilden massive Geschosse; fast schon sind es Atome. Wenn man das α-Teilchen versteht, war er überzeugt, dann hat man auch das Atom verstanden.

Das Atom. Erstaunlich eigentlich, daß man sich in England so sehr für das Atom interessierte. In Deutschland war vom Atom kaum die Rede. Warum die Engländer das Thema als wichtig ansahen, ist leicht erklärt: Wenn man die materielle Welt verstehen will, dann muß man zuerst ihre Bausteine verstehen.

Was aber war der Grund für die Vernachlässigung der Atomforschung in Deutschland? Man muß die Ursache im Denkklima suchen. Für die deutschen Forscher spielten weltanschauliche Überzeugungen eine viel größere Rolle als bei den pragmatischen Engländern. Von Bedeutung war vor allem der alte Positivismus. Ziel dieser Erkenntnistheorie ist es, alle Metaphysik als irreführend aus der Wissenschaft zu entfernen.* Für den Positivisten des 18. Jahrhunderts war das Hauptbeispiel eines solchen anthropomorphen Konzeptes, das ausgemerzt werden mußte, die Energie und das Prinzip ihrer Konstanz.

Ende des 19. Jahrhunderts war der Positivismus lebendiger denn je, vielleicht mit dem Unterschied, daß nun die Hauptvertreter in den deutschen Ländern saßen. Als besonders kompromißlose Kämpfer traten der Physiker und Philosoph Ernst Mach auf und der Chemiker Wilhelm Ostwald, der sich ebenfalls als Philosoph fühlte.

Das neue Paradebeispiel für eine abstrakte Idee, die aus der Wissenschaft entfernt werden muß, war das Atom. Wer es wagte, in der Gegenwart Machs von Atomen zu sprechen, wurde von dem Wiener grob unterbrochen: »Ham'S ans g'sehn?«

Wenn man einen Atom-Gläubigen frage, wie denn je einmal ein Atom sich als solches bemerklich machen könne (so etwa war die Argumentation Machs), sei die Antwort immer, daß ein Atom natürlich viel zu klein sei, um als Individuum eine Wirkung zeigen zu können. Also sei ein Atom doch ein bloßes Gedankending, eine Fiktion. Und solche müßten letztendlich aus der Wissenschaft ausgemerzt werden.

Rutherford aber zählte nun die Atome einzeln. Sie machen sich durch Lichtblitze bemerkbar, wenn sie auf bestimmte chemische Substanzen auftreffen.

Der Naturphilosoph Bernhard Bavink hat gesagt, daß der ganze Positivismus viel besser Negativismus genannt würde, weil er sich nur immer negativ gegen bestimmte Ideen und Prinzipien ausspreche, aber nie einen positiven Vorschlag machen könne.

1911 registrierte es Bavink mit tiefer Befriedigung, »daß ein Gelehrter ersten Ranges, der sein ganzes Leben lang gegen die genannte Hypothese gekämpft und dem Ideal einer hypothesenfreien Physik nachgejagt hat, der sein naturphilosophisches Hauptwerk ›Ernst Mach gewidmet‹ hat – Wilhelm Ostwald in Leipzig – vor kurzem in der Neuauflage seines ›Grundrisses der allgemeinen Chemie‹ sich zu dem Eingeständnis ent-

* Man vergleiche dazu das Kapitel II.2 (Leibniz)

schlossen hat, an der Tatsache der körnigen Struktur der Materie könne angesichts der neueren experimentellen Ergebnisse wohl nicht mehr gezweifelt werden. Na also!«

Gewiß war an der körnigen Struktur nicht zu zweifeln. Wie aber hatte man sich ein solches Körnchen vorzustellen? Im gleichen Jahr 1911 gelang Rutherford ein wichtiger Schritt auf dieses Ziel. Seine α-Teilchen waren es, die ein Stück in das geheimnisvolle Atom eindrangen. Dabei übt das Atom starke Kräfte auf das α-Teilchen aus und lenkt es um einen beträchtlichen Winkel aus der ursprünglichen Richtung ab.

Es war die Zeit vor dem Ersten Weltkrieg, als man unbefangen von dem »Bombardieren« einer dünnen Goldfolie durch einen Geschoßhagel von α-Teilchen sprechen konnte. »Es war bestimmt das unglaublichste Ereignis, das mir je in meinem Leben widerfuhr«, sagte Rutherford: »Es war fast so unglaublich, als wenn einer eine 15-Zoll-Granate auf ein Stück Seidenpapier abgefeuert hätte und diese zurückgekommen wäre und ihn getroffen hätte.«

1909 hatte er mit seinen Schülern diese Versuche gemacht. Zwei Jahre brauchte Rutherford zur Deutung. Das Atom ist im wesentlichen leer. Es besteht aus einem sehr kleinen Kern. Hier ist fast die gesamte Masse konzentriert und die gesamte positive Ladung. Dann gibt es noch die Elektronen. Sie sind irgendwie um den Atomkern herum gruppiert.

Das Atom besteht also sozusagen aus zwei Teilen: dem Kern im Inneren und der äußeren Hülle. Diese Zweiteilung gab den Physikern ein neues Ordnungsprinzip. Einen Teil der Atom-Eigenschaften, wie Spektrallinien und chemisches Verhalten, konnte in die Schublade »Atomhülle« gelegt werden, der andere Teil der Atom-Eigenschaften, wie die Radioaktivität, kam in die Schublade »Atomkern«.

Das neue Atommodell hatte seine Vorzüge. Aber auch seine Merkwürdigkeiten: »Die Elektronen sind irgendwie um den Kern gruppiert.« Wie sollte man das verstehen? Elektronen besitzen eine elektrische Ladung. Sie müßten sofort angezogen werden vom Atomkern. Also kann dieses Bild überhaupt nur stimmen, wenn die Elektronen um den Kern rotieren. Das ist das Planetenmodell des Atoms.

Aber auch hier gibt es Schwierigkeiten: Kreisende Elektronen unterscheiden sich durch ihre elektrische Ladung von umlaufenden Planeten. Elektrisch geladene Teilchen senden, auf Kreisbahnen bewegt, nach den Gesetzen der klassischen Physik elektromagnetische Strahlung aus. Alle Atome müßten deshalb fortwährend strahlen, wovon gar keine Rede sein kann; statt auf einer Kreisbahn müßte jedes Atom-Elektron auf immer enger werdenden Spiralbahnen umlaufen und schließlich in den Atomkern sozusagen hineinstürzen.

Solche Probleme hat Rutherford, wenn sie sich ihm stellten, auf später vertagt.

Was man jetzt brauchte, das waren neue Ideen. Und siehe da: Diese Ideen hatten sich inzwischen in Deutschland entwickelt. Rutherford hörte immer wieder von dem neuen Quantenkonzept, aber er konnte nichts anfangen damit.

Ein Segen, daß Gedankenfreiheit herrschte im Weltreich der Physik. Da gab es die einen, die sich wie Planck mit den Quanten herumschlugen, und die anderen, die das Atom erforschten. Jeder war überzeugt, daß er dem wichtigsten Problem der Zeit auf der Spur war.

Tatsächlich faßte jeder die Wahrheit an einem anderen Zipfel. Und nur weil die Wahrheit auf zwei Seiten zugleich ergriffen wurde, konnte sie ans Licht gezogen werden.

IX. Umsturz im Weltreich

1. Planck: Die Natur macht Sprünge

Was heute »theoretische Physik« genannt wird, hieß im 19. Jahrhundert »mathematische Physik«: Hier werden mit mathematischen Methoden physikalische Probleme behandelt. Joseph Fouriers »Théorie analytique de la chaleur« von 1822 hat man als die »Bibel des mathematischen Physikers« bezeichnet. Physikalisch geht es um den Transport der noch als Stoff aufgefaßten Wärme durch »Wärmeleiter« (etwa Metallzylinder). Mathematisch handelt es sich darum, eine bestimmte Gleichung, die sogenannte Wärmeleitungsgleichung, zu lösen. Man hat es natürlich mit schwierigen mathematischen Problemen zu tun (sogenannten partiellen Differentialgleichungen), bei deren Behandlung interessante Gesichtspunkte zutage treten.

Von Fouriers Denkweise angesprochen fühlte sich Franz Neumann. Neumann kam 1826 als Dozent nach Königsberg, wo er, seit 1829 Ordinarius, ein Leben lang wirkte und »die früheste Pflanzstätte der mathematischen Physik in Deutschland« begründete.

Ende November 1834 eröffnete Neumann zusammen mit seinem Kollegen Jacobi das mathematisch-physikalische Seminar. Es bestand aus zwei Abteilungen, die eine für reine und angewandte Mathematik (worunter Mechanik und physische Astronomie verstanden wurde) unter Leitung von Jacobi, die andere für mathematische Physik unter Franz Neumann. Im April 1839 wurden dem Seminar die geforderten Mittel in Höhe von 350 Talern jährlich laufend bewilligt. Die Schüler Neumanns verbreiteten die Lehre des Meisters über die anderen deutschen Hochschulen. Um 1880 stand die theoretische Physik, wie sich Planck ausdrückte, »unter dem Zeichen des Viergestirnes Hermann von Helmholtz, Gustav Kirchhoff, Rudolf Clausius und Ludwig Boltzmann«.

Unter maßgeblicher Mitwirkung von Ludwig Boltzmann und Heinrich Hertz hatte Helmholtz die Maxwellsche Theorie zur Anerkennung gebracht. Die physikalischen Grundgesetze der Elektrodynamik sind hier in Form von partiellen Differentialgleichungen gekleidet. Dabei treten mathematisch schwierige Probleme schon im physikalisch einfachsten Fall der Elektrostatik und Magnetostatik auf; die Schwierigkeiten erhöhen sich, wenn Veränderungen in der Zeit (etwa die Ausbreitung von elektromagnetischen Wellen) betrachtet werden.

Eine ähnlich bedeutsame Rolle spielte die theoretische Physik in der Thermodynamik. Von der »Weltherrin und ihrem Schatten« hatte Felix Auerbach gesprochen und damit die Energie und die Entropie gemeint. Die Bedeutung des Prinzips von der Erhaltung der Energie war allen Physikern bekannt. Am Ende des 19. Jahrhunderts zeigte Max Planck in immer neuen Anwendungen auch die Bedeutung der Entropie, denn tatsächlich spielt diese die Rolle des Direktors im Haushalt der Natur, und die Energie ist nur der Buchhalter.*

Bei solchen Erfolgen sollte man annehmen, daß sich die theoretische Physik besonderer Anerkennung erfreut hätte. Das Gegenteil war der Fall: Wissenschaft ist eben nicht nur ein geistiges, sondern auch ein gesellschaftliches Phänomen.

An den deutschen Universitäten war das Fach zunächst von Mathematikern wie Physikern in Forschung und Lehre gepflegt worden. Von etwa 1870 an gingen die Vorlesungen mehr und mehr in die Hände der Physiker über. In der Mathematik verstärkte sich die Tendenz zur abstrakt-kritischen Richtung. Die Mathematik sollte nur um ihrer selbst willen, ohne Blick auf eine mögliche Anwendung betrieben werden.

Das Ansehen der theoretischen Physik sank bei den Mathematikern auf einen Tiefpunkt. Ein Mathematiker konnte es sich nicht mehr leisten, auf diesem Gebiet wissenschaftlich zu arbeiten. Als Arnold Sommerfeld 1904 Untersuchungen über die Schmierölreibung veröffentlichte, ein hervorragend wichtiges Problem für die technische Anwendung, erschien das einem »reinen« Mathematiker so lächerlich, daß er die auf

* Man vergleiche den Abschnitt IV.3 (Helmholtz)

Physik und Technik angewandte Mathematik fortan nur noch »Schmieröl« nannte. Aber auch bei den Physikern erfreute sich das Fach keiner Wertschätzung.

»Anständige« Physik, das war, ausgesprochen oder unausgesprochen, experimentelle Physik: eine Folge des einstigen Kampfes gegen die Naturphilosophie. Da für die Naturphilosophie nach einem Worte Schellings die »Erfahrung als Lehrmeisterin der Toren« galt, so war die Auseinandersetzung hauptsächlich um die richtige Methode geführt worden. Mit erlangtem Siege über die verhaßte Naturphilosophie hatten es die Physiker aber nicht mit der Einsicht bewenden lassen, daß das Experiment unabdingbar sei, wenn man zu einem wirklichen Naturverständnis gelangen wollte. Vielmehr schoß man über das Ziel hinaus und erklärte das Experimentieren als allein sinnvolle Forschung. Als Hermann Helmholtz 1847 seinen berühmten Vortrag »Über die Erhaltung der Kraft« gehalten hatte, da waren zwar die jungen Kollegen in der »Physikalischen Gesellschaft zu Berlin« begeistert, aber die Amtsinhaber verhielten sich ablehnend: Sie befürchteten, daß diese rein theoretischen Untersuchungen »wieder die Phantasien der Hegelschen Naturphilosophie aufleben lassen könnten«.

Die Physik galt als empirische Wissenschaft. Dem Physiker geziemte nur die experimentelle Forschung. Als notwendige Voraussetzung einer erfolgreichen wissenschaftlichen Arbeit wurde der Besitz von Instrumenten betrachtet und die Fähigkeit, damit umzugehen. Ein physikalisches Institut aus privaten Mitteln aufzubauen war von etwa 1870 an aber praktisch nicht mehr möglich. Das Bestreben der Physiker war deshalb darauf gerichtet, »Institutsberechtigung« zu erlangen, das heißt, die Einrichtungen eines Universitätsinstitutes für die eigene Forschung gebrauchen zu dürfen. Oft kam es vor, daß der Ordinarius den jüngeren Kollegen Mitbenutzung der staatlichen Instrumente und Räume kurzerhand untersagte. Über nichts haben damals die Privatdozenten und Extraordinarien mehr geklagt.

Durch die hierarchische Lehrkörperstruktur der deutschen Universitäten verfügte der Ordinarius als Institutsdirektor allein über die staatliche

Instrumentensammlung, und es war seiner Entscheidung überlassen, ob er Dozenten und außerordentlichen Professoren die Mitbenutzung gestattete. Hauptsächlich aus diesem Grunde war ein eigenes Ordinariat das Ziel fast jeden Physikers. Philipp Lenard berichtete über seinen ersten Ruf nach Kiel:

»Ich sagte zu, falls ich zum unumschränkten Direktor des Physikalischen Instituts ernannt würde. . . Ich war entschlossen, mit vollkommener Rücksichtslosigkeit vorzugehen, da ich den Ruf überhaupt nur angenommen hatte, um endlich uneingeschränkt und hindernislos zu einer voll ausgerüsteten Arbeitsstätte zu kommen. Ich hatte als Assistent und als zweiter Physiker lange genug alles zugegeben, um es den mir Übergeordneten so angenehm wie möglich zu machen; jetzt forderte ich das für mich.«

Dem zweiten Physiker neben dem Ordinarius fiel die Verpflichtung zu, die finanziell unattraktiven Spezialvorlesungen zu halten, und das waren meist die über theoretische Physik. Hier war die Hörerzahl geringer, weil der Stoff schwieriger war, und hier konnte der Dozent ohne Instrumente auskommen. Diese Arbeitsteilung setzte sich an vielen Instituten gleichsam von selbst durch. Die Privatdozenten trieben häufig nolens volens theoretische Physik. Als von 1871 an neben dem Ordinariat noch eine zweite Stelle etatisiert wurde, kam es zur Institutionalisierung dieses »Gewohnheitsrechtes«. Dem Extraordinarius wurde im Anstellungsdekret die theoretische Physik als Arbeitsgebiet zugewiesen. So gab es in Deutschland eine große Zahl von theoretischen Physikern, wie sonst nirgendwo auf der Welt. Viele von ihnen waren allerdings nur verhinderte Experimentalphysiker. »Endlich Professor«, kommentierte einer von ihnen seine Ernennung, »aber nur theoretischer.« Das Ansehen des Faches war entsprechend gering.

»Die theoretische Physik liegt in Deutschland so gut wie vollständig brach«, klagte Wilhelm Wien: »Die Gründe hierfür liegen erstens darin, daß die Physiker so gut wie ausschließlich das reine Experiment pflegen und für die Theorie kein Interesse zeigen, zweitens darin, daß die meisten Mathematiker sich den ganz abstrakten Gebieten zugewandt haben, sich um die Anwendungen aber nicht kümmern. Äußerlich zeigt sich das darin, daß reine theoretische Physik nur von zwei Lehrstühlen (Berlin und Göttingen) vorgetragen wird und daß ein so bedeutender Lehrstuhl wie München ganz eingegangen ist. Die theoretische Physik findet gegenwärtig keine Abnehmer. Später wird das alles wieder anders werden, weil ja sonst die Physik überhaupt zu Grunde gehen wird.«

So kam es auch, und zwar vor allem durch Planck und Einstein. Die von Max Planck im Jahre 1900 begründete Quantentheorie leitete eine geradezu revolutionäre Phase in der Physik ein, und von ähnlicher Bedeutung war die Spezielle Relativitätstheorie Einsteins von 1905. Später sprach man vom »Umsturz im Weltbild der Physik«, weil bisher als selbstverständlich betrachtete Grundprinzipien aufgegeben werden mußten. Adolf von Harnack konstatierte: »Man klagt heute zu Unrecht, daß unsere Zeit keine Philosophen mehr habe. Sie sitzen nur jetzt in der anderen Fakultät, und ihre Namen sind Planck und Einstein.«

1889 kam Max Planck nach Berlin, zunächst als außerordentlicher Professor, denn man war sparsam in Preußen. »Seine Arbeiten sind sehr fruchtbar«, hatte die Philosophische Fakultät in ihrem Berufungsvorschlag geschrieben, »und zeigen ihn durchaus als einen Mann von originalen Gedanken, der sich seine eigenen Bahnen macht.« 1892 folgte die Ernennung zum Ordinarius.

Das von Planck geleitete »Institut für theoretische Physik« bestand nur aus einer Bibliothek und einem Lesezimmer. Den Kollegen erschien es sehr sonderbar, daß man, wie Planck, die Natur mit Papier und Bleistift erforschen wollte und nicht mit Experimenten. In seinen ersten Berliner Jahren hatte Planck immer das Gefühl, daß ihn die anderen Physiker »eigentlich für ziemlich überflüssig hielten«.

Das sollte sich sehr rasch ändern. Im Jahre 1894 nahm Planck ein neues großes Thema in Angriff. Alles was Planck tat, war konsequent und methodisch. Wenn er sich 1894 die Aufgabe stellte, die richtige Formel für die Wärmestrahlung zu finden, dann konnte man sicher sein: Am Ende der Arbeit würde tatsächlich die richtige Formel der Wärmestrahlung stehen.

Erhitzt man ein Metall (z. B. einen eisernen Kanonenofen oder eine Kochplatte), so kommt das Metall in Rotglut, Gelbglut und schließlich in Weißglut. Das Metall sendet elektromagnetische Strahlung aus, die der Mensch als Wärme empfindet.
Wie verteilt sich die Energie (in Abhängigkeit von der Temperatur des Metalles) auf die verschiedenen sichtbaren und unsichtbaren Bereiche des Spektrums? Das war die Frage, die sich den Elektroingenieuren stellte, die mit der Herstellung von Glühlampen befaßt waren. Die neue große »Physikalisch-Technische Reichsanstalt« übernahm es, die aufwendigen Präzisionsmessungen durchzuführen. Im Jahr 1894 wurde Planck aufmerksam. Die technische Bedeutung war etwas, was ihn nicht interessierte. Das Problem aber ist auch von der größten prinzipiellen Wichtigkeit.
Das war überhaupt das Merkwürdige in der Physik. Die Probleme, die die Gelehrten aus wissenschaftlichen Gründen für wichtig hielten, erwiesen sich geradezu regelmäßig als bedeutsam für die technischen Anwendungen. Es konnte sein, daß diese Anwendungen ein halbes Jahrhundert auf sich warten ließen, aber es gab fast immer Anwendungen.
Nach fünfjähriger Arbeit hatte Planck 1899 endlich eine Formel für die Verteilung der Strahlungsenergie. Originell freilich war das Ergebnis nicht: Bereits Wilhelm Wien hatte diese Strahlungsformel bekanntgemacht, und als »Wiensches Gesetz« spielte sie in den Diskussionen eine Rolle.
Planck aber sah, über Wilhelm Wien hinaus, etwas Wesentliches: In der Strahlungsformel treten zwei Naturkonstanten auf, nämlich (in unserer heutigen Bezeichnung) das Plancksche Wirkungsquantum h und die Boltzmannsche Konstante k. Damit war Planck auf Gegebenheiten gestoßen, die er »das Absolute« nannte.
Was versteht Planck unter dem »Absoluten«? Kurz gesagt: Was für Plato eine »Idee«, ist für Planck »das Absolute«. »Ausgehen können wir immer nur vom Relativen«, sagte er: »Alle unsere Messungen sind relativer Art. Das Material der Instrumente, mit denen wir arbeiten, ist

bedingt durch den Fundort, von dem es stammt, ihre Konstruktion ist bedingt durch die Geschicklichkeit des Technikers, der sie ersonnen hat, ihre Handhabung ist bedingt durch die speziellen Zwecke, die der Experimentator mit ihnen erreichen will. Aus allen diesen Daten gilt es das Absolute, Allgemeingültige, Invariante herauszufinden, was in ihnen steckt.«

James Clerk Maxwell hatte 1870 eine Rede vor der »British Association for the Advancement of Science« gehalten. Die Abmessungen der Erde, sagte er, und die Umdrehungszeit seien nicht durch Naturgesetz festgelegt, sondern durch die Erdgeschichte eher zufällig zustande gekommen. Sie könnten sich jederzeit ändern. Anders sei es mit den Atomen: Deren Masse und Schwingungsfrequenz lägen unwandelbar fest. Mit den Einheiten Meter, Kilogramm und Sekunde habe man die Erde zur Grundlage des physikalischen Maßsystems genommen; man müsse aber das Atom zur Basis machen.

Planck dagegen erschien ein auf Atome gegründetes Maßsystem immer noch zu viel menschliche Subjektivität zu enthalten: »An dieser Willkür würde aber prinzipiell. . . nichts Wesentliches geändert werden, wenn etwa zur Längeneinheit die unveränderliche Wellenlänge des Na-Lichtes genommen würde. Denn die Auswahl gerade des Na unter den vielen chemischen Elementen könnte wiederum nur etwa durch sein häufiges Vorkommen auf der Erde oder etwa durch seine glänzende Doppellinie, die keineswegs einzig in ihrer Art dasteht, gerechtfertigt werden. Es wäre daher sehr wohl denkbar, daß zu einer anderen Zeit, unter veränderten äußeren Bedingungen, jedes der bisher in Gebrauch genommenen Maßsysteme seine ursprüngliche natürliche Bedeutung teilweise oder gänzlich verlieren würde.«

Damals, im Jahre 1899, hatte Planck seine zwei neuen Naturkonstanten entdeckt. Was sie bedeuten, wußte er 1899 noch nicht. Aber er wollte sie schon zur Basis eines Maßsystems machen, zusammen mit der Lichtgeschwindigkeit und der Gravitationskonstanten. Dieses System der Naturkonstanten schien ihm eine viel tieferliegende Gegebenheit als die Atome:

»Es dürfte nicht ohne Interesse sein zu bemerken, daß mit Zuhilfenahme der beiden. . . auftretenden Constanten. . . die Möglichkeit gegeben ist, Einheiten für Länge, Masse, Zeit und Temperatur aufzustellen, welche, unabhängig von speziellen Körpern oder Substanzen, ihre Bedeutung für alle Zeiten und für alle, auch außerirdische und außermenschliche Kulturen notwendig behalten und welche daher als natürliche Maßeinheiten bezeichnet werden können.«

Auf Spaziergängen durch den Grunewald soll Planck damals seinem siebenjährigen Sohn Erwin von der Bedeutung seiner Arbeiten erzählt haben. Mit den Naturkonstanten war Planck tatsächlich eine große Entdeckung gelungen. Eine noch größere sollte sich anschließen.

Zunächst brachte das Jahr 1900 scheinbar einen Rückschlag: Das bisherige Strahlungsgesetz (das Wiensche) war doch falsch. Planck vermutete zu Recht, daß es als Näherung gültig bleiben würde für kurze Wellen und niedrige Temperaturen. Von seinem Kollegen Heinrich Rubens erfuhr Planck, wie die Näherung nach der anderen Seite (für lange Wellen und hohe Temperaturen) beschaffen war. Auf der Sitzung der Deutschen Physikalischen Gesellschaft am 19. Oktober 1900 legte er eine neue Strahlungsformel vor, die er durch eine raffinierte Verbindung der beiden Grenzfälle erhalten hatte. Die Ableitung war keineswegs zwingend; aber die beiden Grenzfälle erschienen bei Planck in einer besonders einfachen Gestalt: Simplex sigillum veri. Die Einfachheit ist das Zeichen des Wahren.

Noch in der gleichen Nacht überprüfte Heinrich Rubens die Plancksche Strahlungsformel mit seinen Messungen, und am Morgen des 20. Oktober 1900 konnte er Planck mitteilen, daß überall eine befriedigende Übereinstimmung bestehe.

Um die seit 1894 laufenden Bemühungen endlich abzuschließen, blieb als letzte und zugleich alles entscheidende Aufgabe: die gefundene Strahlungsformel aus den Prinzipien der Physik herzuleiten. »Meine neue Formel bestätigt sich gut«, schrieb Planck am 13. November 1900: »Ich habe jetzt auch eine Theorie dazu, die ich in vier Wochen hier in der Physikalischen Gesellschaft vortragen werde.«

Dieser 14. Dezember 1900 wurde zum »Geburtstag« der Quantentheorie. Als solcher wurde dieser Tag freilich erst später erkannt. Planck legte dar, wie er sich die Ableitung des Strahlungsgesetzes dachte.

In dem glühenden Metall entsteht Strahlung. Wir würden heute vielleicht sagen: durch die Schwingungen der Atome. Planck wußte nicht recht, was er von den Atomen halten sollte. Gab es sie überhaupt? Eine solche Frage wäre Rutherford lächerlich erschienen.

Planck ging den Atomen lieber aus dem Wege. Auch wenn es sie doch geben sollte: Jedenfalls wußte er nichts von ihrem Aufbau. Da legte er lieber seiner Theorie »Oszillatoren« zugrunde, die sicherlich nicht in Wirklichkeit existierten, wo man aber, was ihre Eigenschaften betraf, auf sicherem Grunde stand.

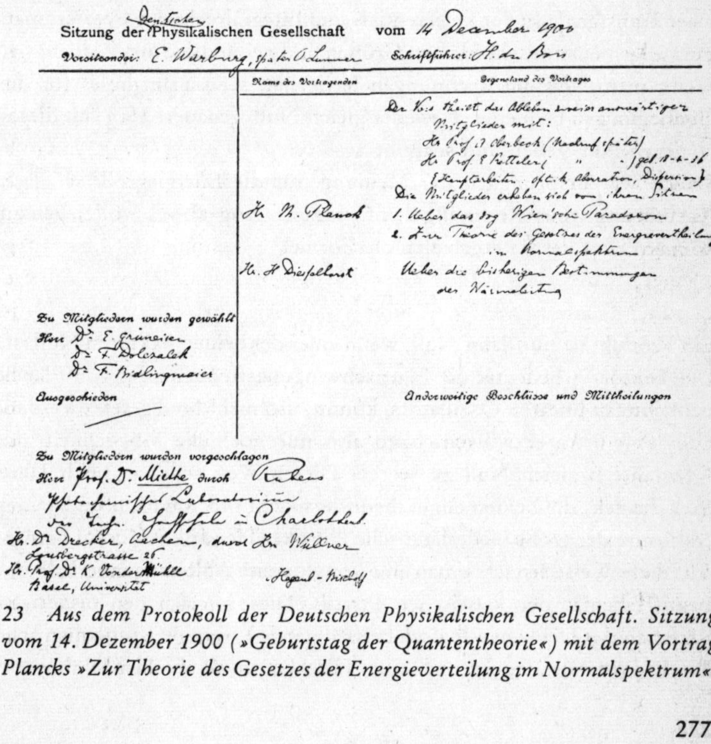

Sitzung der Deutschen Physikalischen Gesellschaft vom 14 December 1900

Vorsitzender: E. Warburg, später O. Lummer — Schriftführer: H. du Bois

Name des Vortragenden	Gegenstand des Vortrages
	Der Vors. theilt das Ableben zweier auswärtiger Mitglieder mit: Hr. Prof. A. Oberbeck (Nachruf später), Hr. Prof. E. Ketteler (") (Hauptarbeiten: Optik, Aberration, Dispersion). Die Mitglieder erheben sich von ihren Sitzen
Hr. M. Planck	1. Ueber das sog. Wien'sche Paradoxon 2. Zur Theorie des Gesetzes der Energievertheilung im Normalspektrum
Hr. H. Diesselhorst	Ueber die bisherigen Bestimmungen der Wärmeleitung

Zu Mitgliedern wurden gewählt
Herr Dr. E. Grüneisen
Dr. F. Dolezalek
Dr. F. Bidlingmaier

Ausgeschieden

Anderweitige Beschlüsse und Mittheilungen

Zu Mitgliedern wurden vorgeschlagen
Herr Prof. Dr. Miethe durch Rubens
Photochemisches Laboratorium der Techn. Hochschule in Charlottenburg.
Hr. Dr. Drecker, Aachen, durch Hr. Wüllner
Lousbergstrasse 26.
Hr. Prof. Dr. K. VonderMühll
Basel, Universität
Hagenb.-Bischoff

23 *Aus dem Protokoll der Deutschen Physikalischen Gesellschaft. Sitzung vom 14. Dezember 1900 (»Geburtstag der Quantentheorie«) mit dem Vortrag Plancks »Zur Theorie des Gesetzes der Energieverteilung im Normalspektrum«.*

Ein solcher Oszillator ist ein submikroskopisch kleines Gebilde, das elektromagnetische Strahlung aufnimmt und wieder abgibt. Vorstellen kann man sich dieses Gebilde als eine elektrische Ladung, die um einen Ruhepunkt hin- und herschwingt. So ist ein solcher Oszillator dasselbe für die Strahlungstheorie, was ein Pendel für die Mechanik ist: Das einfachste Gebilde, das Energie aufnimmt und abgibt.
Die Energie des Oszillators kann also durch Aufnahme von Strahlung zunehmen und sich durch Abgabe vermindern. Nach den klassischen Vorstellungen verläuft diese Energieänderung selbstverständlich stetig in der Zeit; jedoch sah sich Max Planck genötigt, den Wert ε einzuführen und anzunehmen, daß sich die Energie des Oszillators nur um Beträge ε ändern kann. Diese Annahme schien zunächst nur ein mathematischer Kunstgriff: In der Differential- und Integralrechnung operiert man ganz allgemein mit sehr kleinen Größen und nennt diese mit Vorliebe ε. Wenn man dann die Rechnungen fertig hat, setzt man dieses für die Überlegung so bequeme ε wieder gleich Null, genauer: Man läßt dieses ε gegen Null gehen und schreibt $\varepsilon \to 0$.
Planck war ursprünglich der Meinung, für die Energiegröße ε nach Ausführung seiner Rechnung den Grenzübergang $\varepsilon \to 0$ vollziehen zu können. Statt dessen ergab sich die Formel

$$\varepsilon = h \cdot \nu$$

Ein Produkt ist nur dann Null, wenn einer der beiden Faktoren Null ist. Der Faktor ν bedeutet die Eigenschwingungsfrequenz des von Planck betrachteten linearen Oszillators, konnte also nicht Null gesetzt werden. Um $\varepsilon = 0$ zu erzwingen, blieb also nur noch die Möglichkeit, die Konstante h gleich Null zu setzen. Diesen Weg wählten, noch Jahre nach Planck, die beiden englischen Physiker Lord Rayleigh und James Jeans und der große niederländische Physiker Hendrik Antoon Lorentz. Auf diese Weise erreichte man eine konsequente Ableitung innerhalb des Begriffschemas der klassischen Physik. Diese – nach den bisherigen Kriterien des Denkens – logisch befriedigende Lösung erkaufte man aber durch das fatale Endergebnis einer falschen physikalischen Strahlungsformel. Mit dieser suchten sich Rayleigh, Jeans und Lorentz notdürftig abzufinden.

Nicht so Max Planck. Dieser hatte sich durch jahrelange gründliche Analyse davon überzeugt, daß die Konstante h kein Hirngespinst, sondern eine physikalische Realität ist und daß der Zahlenwert mit großer Genauigkeit aus den Strahlungsmessungen bestimmt werden konnte. Planck hatte klar erkannt, daß die Größe h sogar eine ganz grundlegende Bedeutung besitzt als eine der wenigen echten Naturkonstanten. Schon im Mai 1899 hatte er daran gedacht, neben der Lichtgeschwindigkeit c auch h als Basis eines natürlichen Maßsystems einzuführen.

Das Ergebnis dieser Entdeckungen vom Mai 1899 spielte nun im Dezember 1900 eine entscheidende Rolle. Planck verfiel nicht auf den irrigen Gedanken, das gewünschte Resultat $\varepsilon = 0$ durch den Ansatz $h = 0$ zu erreichen, sondern er nahm die Relation $\varepsilon = h \cdot \nu$ als zunächst unverstanden hin. Damit war, bis auf die Begründung dieser Formel, das aufgestellte Strahlungsgesetz aus den Grundlagen der Physik hergeleitet.

Es gab also damals zwei verschiedene Strahlungsgesetze: das von Planck und das von Jeans. Nur eines aber konnte richtig sein. Bei dem großen Internationalen Mathematikerkongreß in Rom 1908 befaßte sich Hendrik Antoon Lorentz mit dem Problem: »Die Theorie von Planck ist die einzige, die uns eine mit experimentellen Ergebnissen in Einklang stehende Formel liefern würde«, sagte er: »Aber wir können sie nur unter der Voraussetzung annehmen, daß wir unsere Grundvorstellung über die elektromagnetischen Phänomene vollständig umarbeiten. Demgegenüber nötigt uns die Jeanssche Theorie, die Übereinstimmung zwischen den Beobachtungen und der Planckschen Formel einem unerklärbaren, zufälligen Umstand zuzuschreiben. Es bleibt mir, davon zu sprechen, wie die Theorie von Jeans Rechenschaft geben kann vom Maximum der Strahlungskurve, das die Experimente angezeigt haben. Die Erklärung läuft darauf hinaus, daß das Maximum eine Täuschung war, wenn man es zu beobachten geglaubt hat. . .«

Nachdem alle Experimente die Plancksche Strahlungsformel hundertfach bestätigten in allen Spektral- und Temperaturbereichen, war der Standpunkt von Lorentz physikalisch eine Absurdität. Die unter dem Zwang (scheinbar) logischer Argumente angetretene Flucht aus der Realität wurde denn auch von vielen Physikern scharf kritisiert: »Der Vortrag, den Lorentz in Rom gehalten hat, hat mich schwer enttäuscht«, sagte Wilhelm Wien: »Daß er weiter nichts vorbrachte als die alte Theorie von Jeans ohne irgend einen neuen Gesichtspunkt, finde ich etwas dürftig. Außerdem liegt die Frage, ob man die Jeanssche Theorie für diskutabel halten soll, auf experimentellem Gebiet. Meiner Meinung nach ist sie nicht diskutabel, weil die Beobachtungen enorme Abweichungen von der Jeansschen Formel geben. . . Lorentz hat sich diesmal nicht als Führer der Wissenschaft erwiesen.«
Für Lorentz, Rayleigh und Jeans stellte sich das Problem dar als eine bisher in der Naturwissenschaft noch nie aufgetretene Diskrepanz zwischen dem logischen Denken und der Wirklichkeit der Natur. Immer wieder ging Lorentz bis auf die Grundlagen zurück und versuchte auf neuen Wegen zu einer Strahlungsformel zu kommen. Immer wieder gelangte er zu der – wie ihm die Experimentalphysiker versicherten – falschen Jeansschen Formel. Ist es da verwunderlich, daß er nur noch den einzigen Ausweg sah, daß diese Formel doch richtig sein müsse?

Wir wissen heute, daß in den Grundlagen, auf die Lorentz seine Überlegungen gegründet hatte, falsche Voraussetzungen enthalten waren; aber die Grundlagen zu bezweifeln war nicht Sache von Lorentz. Seine konservative Haltung entsprach der vorsichtig-zurückhaltenden Persönlichkeit; sie war aber zweifellos auch vom Denkstil der Jahrhundertwende geprägt: Das Gebäude des Staates wie das Gebäude der Wissenschaft wurden als nach einer stürmischen Aufbauphase nunmehr endgültig gefestigt angesehen. Wer an den Grundlagen rüttelte – welches auch immer die Motive sein mochten – machte sich damit verdächtig als respektloser Geselle, der die heiligsten Güter aufs Spiel setzte.
Rayleigh, Jeans, Lorentz und auch Planck unterschieden sich in ihrer

konservativen Auffassung kaum voneinander. In den ersten Jahren bestand der Unterschied zwischen Planck und den übrigen nur in folgendem: Planck war schon seit Mai 1899 mit der Naturkonstanten h vertraut und wußte, daß sich ihr Zahlenwert aus den Strahlungsmessungen mit großer Genauigkeit ergibt. Nach Planck war das h vorhanden, und es blieb nichts übrig, als seine Existenz zu erklären, so unbequem sie auch manchmal scheinen mochte. »Jeans ist das Beispiel eines Theoretikers, wie er nicht sein soll«, meinte Planck ironisch: »Dasselbe, was Hegel für die Philosophie war. Um so schlimmer für die Tatsachen, wenn sie nicht stimmen.«

Was bedeutete die Plancksche Formel $E = h \cdot \nu$? »Ich kann ohne Übertreibung sagen«, schrieb Planck im Jahre 1910, »daß mich seit zehn Jahren im Grunde nichts in der Physik so ununterbrochen anregt, erregt und aufregt wie diese Wirkungsquanten.«

Seine Formel, so meinte Planck damals, beschreibt die Wechselwirkung zwischen der elektromagnetischen Strahlung und den Oszillatoren. Diese können die Energie nicht stetig aufnehmen und abgeben, sondern nur in Portionen, in Energiequanten. Damit wurde das Prinzip der klassischen Physik aufgehoben, das ausgedrückt war in dem Satz »Natura non facit saltus. Die Natur macht keine Sprünge.«

Dieses Prinzip hatte geradezu Pate gestanden bei der Begründung der neuzeitlichen Physik im 17. Jahrhundert. Von der Betrachtung des freien Falles (der so schnell verläuft, daß er messend nicht verfolgt werden konnte) war Galilei zur schiefen Ebene übergegangen, wo seine Experimente mit der Fallrinne die mathematischen Ergebnisse bestätigten. Von hier wiederum ließ er in Gedanken nach und nach die schiefe Ebene immer flacher werden und verwandelte den beschleunigten Fallvorgang in die unbeschleunigte, kräftefreie Bewegung in der Ebene. Auf diese Weise kam er zur (fast richtigen) Formulierung des Trägheitsgesetzes.

Auch Isaac Newton hatte die Vorstellung, daß alle Gegebenheiten in der Natur sich nicht instantan, in plötzlichen Sprüngen, sondern nur stetig, in Abhängigkeit von anderen Größen, ändern können. Er nannte die physikalischen Größen, mit denen er es zu tun hatte, Fluenten und Fluxionen, weil sie sich stetig, gleichsam fließend, veränderten.

Bei Gottfried Wilhelm Leibniz durchzieht das Prinzip der Kontinuität, das im weitesten Sinne aufgefaßte Stetigkeitsprinzip, die ganze Philosophie: »Die Gegenwart birgt stets die Zukunft in ihrem Schoße und jeder gegebene Zustand ist nur durch den ihm unmittelbar vorausgehenden auf natürliche Weise erklärbar. Bestreitet man dies, so wird es auf der Welt Lücken geben, die das große Prinzip des zureichenden Grundes umstürzen und uns dazu nötigen werden, für die Erklärung der Erscheinungen zu Wundern oder zum bloßen Zufall unsere Zuflucht zu nehmen.«

Ende des 18. Jahrhunderts bekräftigte Immanuel Kant nochmals das Stetigkeits- und Kontinuitätsprinzip als integrierenden Bestandteil der Wissenschaft; Kant zählte das Prinzip zu den Kategorien a priori, ohne die eine Naturforschung überhaupt unmöglich sei. Auch von den Wissenschaftlern und Philosophen des 19. Jahrhunderts wurde das Stetigkeitsprinzip vielfach ausgesprochen, meistens allerdings als ganz selbstverständlich gar nicht eigens formuliert.

Zum ersten Male hat Max Planck die traditionellen Wege des Denkens verlassen. Bezeichnend für ihn: Der revolutionäre Schritt wurde nicht als Befreiung vollzogen und empfunden, als Befreiung von geistigen Fesseln, sondern als unausweichliche Konsequenz, in die man sich fügen mußte, so gut es eben ging. »Es ist wahr«, schrieb Planck, »früher war die Physik einfacher, harmonischer und daher auch befriedigender. Man hatte schöne Theorien und durfte auf sie vertrauen. Heute ist das anders geworden. Neue Ideen sind aufgetaucht, nicht als überflüssiger Luxus, sondern als unerbittliche Folgerung aus neuen Tatsachen, und die alten Anschauungen lassen sich nun einmal nicht ganz unverändert aufrechterhalten, auch wenn noch keineswegs feststeht, welcher Art die Modifikationen sind, die man daran anbringen muß. Jede Neuerung ist mit unbehaglichen Übergangserscheinungen verbunden, und wir stehen jetzt mitten in denselben drin.«

Das Gebäude der Wissenschaft wurde von Planck als ein stolzes und ehrwürdiges Bauwerk betrachtet, an dem man höchstens im gleichen Stile weiterbauen durfte. Es hat ihn bedrückt, daß er es war, der damit beginnen mußte, große Teile abzureißen und mit dem alten Material, aber nach einem neuen Bauplan, wieder aufzurichten. Eine neue Generation aber sprach begeistert davon, daß der Neubau »weiter und großzügiger« sei.

Der erste dieser Generation war Albert Einstein. Für ihn galt keine Theorie als ehrwürdig-unantastbares Dogma, sondern immer nur als ein vom Menschen geschaffenes Lehrsystem, dem Unvollkommenheit auf die Stirne geprägt war. Zwischen den beiden hauptsächlichsten Theorien, der Mechanik von Isaac Newton und der Elektrodynamik von James Clerk Maxwell, bestand, wie er sah, »ein tiefgreifender formaler Unterschied«. Mindestens an einer der beiden Theorien waren also tiefgreifende Änderungen notwendig.

2. Einstein: Die Harmonien im Kosmos

Das Leben hat Einstein nichts geschenkt. Als Sohn eines kleinen jüdischen Kaufmanns spürte er den Antisemitismus schon als Schüler in München. Auch später, als er in Berlin als Mitglied der Preußischen Akademie wirkte und als größter Gelehrter des Jahrhunderts galt, wurde er in der Presse angegriffen, nur weil er Jude war und für die Völkerverständigung eintrat.

Die Gehässigkeiten auszuhalten wie die ihm ebenso lästigen Lobsprüche half ihm die Fähigkeit, »sich selbst und andere nicht gar zu ernst zu nehmen«. Mit schlagfertigem Witz entlarvte er falsches Pathos. »Jeder freut sich«, sagte er, »wenn er einmal herzlich lachen kann.«

Als er an der Technischen Hochschule in Zürich studierte, fiel seinen Professoren an ihm nichts auf als der unregelmäßige Besuch ihrer Vorlesungen. Nach dem Examen war er arbeitslos. »Ich lasse mir den Humor nicht verderben«, sagte er: »Gott schuf den Esel und gab ihm ein dickes Fell.« Er schlug sich als Aushilfslehrer durch und suchte unverzagt nach einer festen Anstellung. In Zeitungsanzeigen offerierte er Privatunterricht für drei Franken die Stunde. Aus dem Geldverdienen wurde nicht viel. Jedoch lernte er ein paar gleichaltrige junge Menschen kennen, die ebenso wißbegierig waren wie er selber. Gemeinsam lasen sie die Bücher der großen Philosophen und diskutierten über Gott und die Welt.

»Ich weiß, daß ich ein lustiger Fink bin«, sagte Einstein, »und ohne einen verdorbenen Magen gar kein Talent habe zu melancholischen Stimmungen.« Zwei Jahre nach dem Examen wurde Einstein Beamter, am Patentamt in Bern. Wie ein Witz klingt uns heute seine Dienstbezeichnung als »Experte III. Klasse«. Er heiratete eine frühere Studienkollegin, die aus Serbien stammende Mileva Maric. An den Zusammenkünften mit den Freunden änderte sich nichts. Mileva hörte aufmerksam zu, mischte sich aber nie in das Gespräch. Energisch wurde sie nur, wenn einer spottete, Einstein habe mit seinen Reden alle physikalischen Autoritäten nacheinander vom Throne gestoßen: »Was er sagt, kann er auch beweisen.« Einstein aber meinte später: »Zur Strafe bin ich selbst zu einer Autorität geworden.«

In seinen damaligen Briefen steht mitten unter den vielen physikalischen Neuigkeiten der Satz: »Wir kriegen ein Junges.« Das war Hans-Albert, genannt »Bujo« oder »Piepsvogel«, der ein »recht stattlicher impertinenter Kerl« wurde und bald ein Brüderchen bekam.

Einstein verdiente wenig. Im Leiterwägelchen holte er selbst Holz und Kohlen nach Hause und trug die Säcke hinauf in die Mietwohnung im zweiten Stock. Die Stumpen, die er rauchte, waren von der schlechtesten Sorte. Wenn Frau Mileva beim Einkaufen war, hielt Einstein den kleinen Eduard mit der linken Hand und schrieb mit der rechten. Bujo spielte mit Bauklötzchen am Fußboden und stellte dauernd neue Fragen. Geduldig antwortete der Vater. Ein Student, der staunend zusah, bekam plötzlich den Kleinen in den Arm gedrückt: »Einen Augenblick«, sagte Einstein, »ich bin gleich fertig mit der Rechnung.«

Montag bis Samstag prüfte Albert Einstein Patentanmeldungen, was er seinen »Brotberuf« nannte. Wie andere über ihren Briefmarken, saß er am Sonntag und in den Feierabendstunden am Küchentisch, vor sich ein paar Zettel und Bleistifte – und dachte nach und schrieb von Zeit zu Zeit ein paar Formeln. Die Wissenschaft war sein Hobby.

Manchmal, wenn ihn die Probleme sehr aufregten, nahm er auch einmal seine privaten Zettel mit ins Büro. Ging der gefürchtete Chef des Patentamtes durch die Räume, versteckte er mit schlechtem Gewissen seine genialen Gedanken.

»Messen, was meßbar ist. Was nicht meßbar ist, meßbar machen.« Das war, wie oft gesagt, das Grundprinzip der Physik. Auf die wichtigsten Begriffe aber, auf denen die Wissenschaft aufbaute, auf Raum und Zeit, hatte man das Prinzip noch nicht konsequent angewandt. Einstein erdachte nun seine berühmten Gedankenversuche: In einem schnellfahrenden Zug befindet sich ein Physiker mit einer Uhr. Er blickt hinaus und stellt fest, daß draußen die Uhren langsamer gehen. Ein zweiter Physiker steht am Bahndamm. Auch er hat eine Uhr, und er konstatiert:

Die Uhren im Zuge gehen langsamer. Jeder registriert also, daß die Uhr des anderen nachgeht. Das scheint paradox. Man spricht deshalb vom »Uhren-Paradoxon«.

Die Überlegung Einsteins ist durchaus in Ordnung: Es versagt nur die Anschauung des Menschen. Tatsächlich macht sich der Effekt erst bei Geschwindigkeiten bemerkbar, die an die unvorstellbar hohe Lichtgeschwindigkeit (300.000 km pro Sekunde) herankommen. Für solche Geschwindigkeiten hat der Mensch sozusagen »kein Gefühl«.

1905 hat Einstein diese Gedanken ausgearbeitet, und bald sprach man von der »Speziellen Relativitätstheorie«. 1905 ist das große Jahr der Physik. Später datierten Physiker von hier den Beginn des »goldenen Zeitalters« ihrer Wissenschaft. Einstein begründete in diesem Jahr nicht nur die Spezielle Relativitätstheorie. Er vollzog auch mit seiner Annahme von Lichtkorpuskeln den zweiten und entscheidenden Schritt in der Entwicklung der Quantentheorie.

In Deutschland ist Einstein viel Übles geschehen. Man kann darüber nicht mit Schweigen hinweggehen. Ebensowenig aber darf vergessen werden, daß es im wesentlichen deutsche Gelehrte waren, die Einstein zur Anerkennung gebracht haben. Nachträglich nämlich kann man sich gar nicht genug wundern: Obwohl Einstein damals in der Wissenschaft völlig unbekannt war, sind doch die von ihm verfaßten Aufsätze mit ihrem unkonventionellen und provozierenden Inhalt alle veröffentlicht worden.

Als erster war Paul Drude mit den Abhandlungen Einsteins befaßt. Er war damals der Herausgeber der führenden deutschen Fachzeitschrift »Annalen der Physik«. Kollegen rühmten sein »gesteigertes Verantwortungsgefühl«. Als abschreckendes Beispiel stand ihm Hans Christian Poggendorff vor Augen, der 1841 als zuständiger Annalen-Redakteur den ersten Aufsatz von Julius Robert Mayer mit den Grundgedanken zum Energieprinzip als »unphysikalische Spekulation« nicht veröffentlicht hatte.

Mit auf dem Titelblatt der Zeitschrift stand als »Mitwirkender« bei der Redaktion Max Planck. Er erhielt aber nur gelegentlich Manuskripte zur

Begutachtung. Ob Planck die Arbeiten Einsteins vor dem Druck gesehen hat, ist deshalb ungewiß. Sicher ist, daß er sich vor allen anderen Kollegen gründlich mit Einsteins Arbeiten auseinandersetzte.
Max Planck hatte im Jahre 1900 zum ersten Mal einen Quantenansatz gebraucht und auf diese Weise das Gesetz der Wärmestrahlung abgeleitet. Die Formel $\varepsilon = h \cdot \nu$ (für die Energiestufen des linearen elektromagnetischen Oszillators) schien simpel. Planck selbst hat sich nach seinen eigenen Worten »eigentlich nicht viel dabei gedacht«. Wer die Bedeutung erkannte, war nun Albert Einstein. Einstein zog sofort die radikalsten Schlüsse: Das ganze Strahlungsgesetz sei überhaupt nur verständlich, wenn man annehme, daß sich das Licht in gewissen Fällen so verhalte, als ob es aus Korpuskeln bestünde.
»Unmöglich«, sagte dazu Planck: »Die Theorie des Lichtes würde nicht um Jahrzehnte, sondern um Jahrhunderte zurückgeworfen.« Hatte nicht Heinrich Hertz in seiner großen Rede in Heidelberg ausdrücklich festgestellt: Die Wellentheorie des Lichtes ist Gewißheit? Planck fühlte sich verpflichtet, die Physik und insbesondere die Wellentheorie von Maxwell und Hertz zu schützen gegen, wie er meinte, vorschnelle Kritik: »Und alle diese Errungenschaften, die zu den stolzesten Erfolgen der Physik, ja der Naturforschung überhaupt gehören, sollen preisgegeben werden? Da bedarf es denn doch noch schwereren Geschützes, um das nachgerade sehr stark fundierte Gebäude der elektromagnetischen Lichttheorie ins Wanken zu bringen.«
So sehr sich aber Planck gegen die Vorstellung sträubte, daß das Licht aus einem Strom von Korpuskeln bestehen sollte, so sehr zog ihn die Spezielle Relativitätstheorie an. Zu verstehen ist das aus Plancks wissenschaftlicher Weltanschauung. Er strebte immer danach, »das Absolute« aufzuspüren. In der Speziellen Relativitätstheorie verlieren Raum und Zeit ihre Rolle als absolute Gegebenheiten, was ihn zutiefst beeindruckte, und noch mehr: Die Lichtgeschwindigkeit und die von ihm entdeckte Konstante h (das später sogenannte Plancksche Wirkungsquantum), die er schon 1899 als absolute Gegebenheiten angesprochen hatte – so daß er auf sie ein »für alle, auch außerirdische und außer-

menschliche Kulturen« gültiges Maßsystem gründen wollte – werden in ihrem absoluten Charakter bestätigt. »Dieser Umstand ist es gerade«, erläuterte Planck 1908, »der mich zu näherer Beschäftigung mit dem Relativitätsprinzip antrieb.«
Der Physiker Walter Kaufmann begann Versuche zur Prüfung der Theorie. Schnellbewegte Elektronen, sogenannte Kathodenstrahlen, werden in elektrischen und magnetischen Feldern abgelenkt. Schon nach wenigen Monaten zog Kaufmann aus seinen Messungen den (irrigen) Schluß: Die Spezielle Relativitätstheorie ist widerlegt. Max Planck nahm die Mühe auf sich, die Versuchsbedingungen zu analysieren: Kaufmann hatte unzulässige Annahmen gemacht.
Das starke Interesse des Professors stimulierte den Assistenten, und das war damals Max Laue. »Fremdartig mutete mich die Transformation von Raum und Zeit an«, berichtete dieser, »und die Skrupel, welche andere später laut geäußert haben, sind mir keineswegs erspart geblieben.« Im Sommer 1906 fuhr Laue in den Semesterferien von Berlin in die Schweiz, um Einstein kennenzulernen und mit ihm zu diskutieren.
Im Juli 1907 trat Laue mit einem Beweis der Speziellen Relativitätstheorie hervor. Für die Lichtgeschwindigkeit im strömenden Wasser gab es seit 1851 eine Formel von Fizeau, die unzweifelhaft richtig war, die aber bisher noch nicht aus den Prinzipien wirklich hatte abgeleitet werden können. Laue zeigte nun, daß sich die Formel ganz einfach aus dem Einsteinschen Additionstheorem der Geschwindigkeiten ergibt.
Wichtiger noch als die experimentelle Bestätigung war für die Anerkennung die mathematische Struktur der Theorie. Der Göttinger Mathematiker Hermann Minkowski faßte die Zeit als vierte (imaginäre) Raumkoordinate auf, was zunächst nicht mehr ist als ein mathematischer Trick. Der Übergang von einem ruhenden zu einem bewegten Beobachter, der bei Einstein eine zentrale Rolle spielt, stellt sich nun besonders einfach dar als Drehung in der vierdimensionalen Raum-Zeit-Welt. Damit treten die sogenannten »gruppentheoretischen Eigenschaften« der Speziellen Relativitätstheorie klar hervor. Für die Mathematiker-Schule von Felix Klein (wozu auch Hermann Minkowski gehörte) wirkte das

als Offenbarung: Nicht nur die verschiedenen Arten von Geometrie (was man seit Kleins »Erlanger Programm« von 1872 wußte), sondern auch die Theorien der Physik sind hinsichtlich der Transformationen in Raum und Zeit zu charakterisieren.

Es zeigte sich nun, daß die nach Einstein reformierte Mechanik die gleichen Transformationseigenschaften hat wie die Maxwellsche Elektrodynamik. Damit waren die beiden Hauptgebiete der Physik unter einem gemeinsamen Dach vereinigt.

Auch in der Wissenschaft braucht ein wirklich neuer Gedanke eine lange Zeit, bis er Allgemeingut wird. Jahrzehnte hatte Hermann von Helmholtz aufgewandt, um der Theorie von James Clerk Maxwell Anerkennung zu verschaffen, und viele Hirne und Hände hatte er aufgeboten. Jetzt aber setzte sich die Spezielle Relativitätstheorie – jedenfalls in Deutschland – mit großer Geschwindigkeit durch.

1905 hatte Einstein seinen Aufsatz mit dem unscheinbaren Titel »Zur Elektrodynamik bewegter Körper« veröffentlicht. Und schon drei Jahre später hielt Hermann Minkowski bei der Versammlung der deutschen Naturforscher und Ärzte in Köln einen großen Vortrag über »Raum und Zeit«.

Die Relativitätstheorie erhielt damit sozusagen offizielle Anerkennung als neues Evangelium: »Die Anschauungen über Raum und Zeit, die ich Ihnen entwickeln möchte, sind auf experimentell-physikalischem Boden erwachsen. Darin liegt ihre Stärke. Ihre Tendenz ist eine radikale. Von Stund an sollen Raum für sich und Zeit für sich völlig zu Schatten herabsinken, und nur noch eine Art Union der beiden soll Selbständigkeit bewahren.«

Eine politische Revolution kann sich in Wochen oder sogar nur Tagen abspielen. Eim »Umsturz im Weltbild der Wissenschaft« braucht mindestens ein paar Jahre, meistens sogar Jahrzehnte. Den Rekord erreichte Einstein mit seiner Speziellen Relativitätstheorie. Drei Jahre sind eine sehr kurze Zeit für die Wissenschaft. Das illustriert eine Episode an der Technischen Hochschule Stuttgart.

Der Neubau des Physikalischen Institutes sollte bewußt schlicht gehal-

ten werden. Als einziger Schmuck waren rechts und links vom Eingang zwei allegorische Figuren vorgesehen: die Energie und der Äther als die beiden Hauptkonstituenten des Weltalls. Bei der Einweihungsfeier 1909 empfand der Institutsdirektor den »Äther« als »nicht mehr zeitgemäß«. In den wenigen Jahren seit der Planung hatte sich die Einstellung der Physiker grundlegend gewandelt. Wie Schuppen fiel es ihnen von den Augen: Der Äther war nichts gewesen als eine Fiktion, war ein Phantom, das gar nicht in Wirklichkeit existierte.
Der schnelle Erfolg der Relativitätstheorie verschaffte Einstein einen Namen in der Wissenschaft. 1905 hatte niemand den Patentamtsbeamten in Bern gekannt, 1909 war er der Geheimtip. Eine besondere Auszeichnung für den Dreißigjährigen: Einstein wurde eingeladen, bei der Versammlung der deutschen Naturforscher und Ärzte in Salzburg ein Hauptreferat zu übernehmen. Das Kongreßkomitee schlug als Thema die Relativitätstheorie vor.
Einstein aber hielt dieses Problem für geklärt. Er sprach über das Quantenkonzept. Zum Vortrag am 21. September 1909 drängten sich die Physiker, und vor allem die jungen. Da saßen Max Born und Lise Meitner, Wilhelm Wien und Gustav Mie, Arnold Sommerfeld und Max Laue, James Franck und Friedrich Hasenöhrl, Johannes Stark und Heinrich Rubens. Der Redner begründete die Notwendigkeit seiner Konzeption: Nur die Lichtquanten lassen gewisse Eigenschaften der Wärmestrahlung verstehen. Aber der Beweis ließ sich nur indirekt führen. So konnte Einstein die Kollegen noch nicht überzeugen.
Nach dem Vortrag gab es eine Diskussion, und Planck brachte die Gegenargumente vor. Keinen Zweifel ließ Planck freilich an seiner hohen Wertschätzung für den jungen Einstein. Plancks Worte sind damals als Ritterschlag empfunden worden: Einstein war nun aufgenommen unter die Koryphäen der Wissenschaft, deren Meinung man ernst nahm und mit der man sich auseinandersetzte.
Planck suchte damals die Bedeutung des Wirkungsquantums in der Wechselwirkung zwischen Materie und Strahlung. An den Grundgleichungen des elektromagnetischen Feldes – der berühmten Theorie von

Maxwell – aber wollte er unter allen Umständen festhalten. Die elektromagnetische Wellentheorie des Lichtes erschien ihm durch die Phänomene der sogenannten Interferenz millionenfach bestätigt, ein Zweifel somit unmöglich.

Einstein hatte einen philosophisch überlegenen Standpunkt. Eine Theorie kann in einem Bereich noch so gut durch das Experiment bestätigt sein: Trotzdem müsse man damit rechnen, daß auch sie ihre Grenzen habe. Auch in der Mechanik, sagte er, käme man in vielen Fällen mit der Vorstellung einer gleichmäßigen Verteilung der Materie aus. Und doch sei bei feineren Effekten die atomare Struktur zu berücksichtigen. Nicht anders lägen die Dinge bei der Theorie des Lichtes: Für die optischen Interferenzen gilt mit beliebiger Genauigkeit die Wellenauffassung. Wenn es aber um die Erzeugung und Verwandlung des Lichtes gehe, sei die korpuskulare Natur in Rechnung zu stellen.

Einstein hielt also zunächst die Vorstellung einer körnigen Struktur des Lichtes für die genauere. Aus dieser, meinte er, ließe sich als Näherung die Wellentheorie ableiten. Bald aber überzeugte sich Einstein, daß das unmöglich ist. Die beiden Theorien des Lichtes stehen nicht im Verhältnis der Unterordnung in dem Sinne, daß die eine eine genauere Fassung der anderen ist. Vielmehr sind beide, Wellentheorie und Korpuskeltheorie, gleichberechtigte Bilder der Wirklichkeit. Keine der beiden Vorstellungen läßt sich auf die andere zurückführen. In dem einen Grenzfall ist das erste Bild angemessen, in dem anderen das zweite; im allgemeinen ist keine der beiden Vorstellungen ganz zutreffend.

In seinen Ideen hatte Einstein alle Kollegen weit hinter sich gelassen. Wellen- oder Korpuskulartheorie des Lichtes? Bis zum Ende der zwanziger Jahre war die Mehrheit nach wie vor von der Wellennatur überzeugt, und nur einige wenige glaubten an die Einsteinschen Lichtkorpuskeln. Für jeden Physiker aber – Niels Bohr ausgenommen – gab es nur ein Entweder-Oder. Einstein jedoch hatte längst erkannt, daß es sich um ein Sowohl-Als-auch handeln müsse. Es war eben ein Vorurteil, daß eine physikalische Wesenheit *entweder* eine Welle *oder* eine Korpuskel sein müsse, ein fest etabliertes Vorurteil: Man hatte mit der Mechanik einerseits und der Elektrodynamik andererseits Korpuskularnatur und Wellennatur sozusagen mathematisch festgeschrieben; für das Sowohl-Als-auch aber fehlte noch die mathematische Ausdrucksmöglichkeit.

Einstein blieb nicht in der unerreichbaren Höhe seiner Gedanken, sondern leitete immer wieder handfeste physikalische Folgerungen her, die sich im Experiment prüfen ließen. Dazu gehörte schon in seiner ersten Arbeit von 1905 der Photoeffekt (wofür er später den Nobelpreis erhielt) und 1907 die Theorie der spezifischen Wärme.

Als der Physiko-Chemiker Walther Nernst mit den Mitteln seines großen Berliner Institutes Messungen über die spezifische Wärme bei sehr tiefen Temperaturen durchführte, ergab sich eine Bestätigung. Die neue Quantentheorie ruhte nun, wie man gesagt hat, auf zwei »tragfähigen Grundpfeilern«: Zur Planckschen Strahlungstheorie kam die Einsteinsche Theorie der spezifischen Wärme.

Die Umwälzung in der Physik hatte begonnen. Der »durch die Strahlungsgesetze, durch die spezifische Wärme und so weiter geschaffene Zustand der Theorie ist ein lückenhafter«, schrieb Planck, und die Not gebiete, »sich zusammenzutun und gemeinsam auf Abhilfe zu sinnen.«

Walther Nernst ergriff die Initiative. Er organisierte eine »internationale Quantenkonferenz«, die als »1. Solvay-Tagung« in die Geschichte einging. Ähnlich wie heute Staatsmänner in einer politischen oder wirtschaftlichen Krise, versammelten sich damals eine Woche lang in Brüssel die führenden Physiker im kleinen Kreis, um über die nötigen Reformen zu diskutieren.

Der Kongreß machte in der ganzen physikalischen Welt großes Aufsehen. Die Teilnehmer berichteten an ihren Universitäten, ein offizieller Kongreßbericht mit allen Referaten und Diskussionen erschien in französischer Sprache und ein Jahr später in deutscher Übersetzung. In Frankreich waren es die jungen Physiker Léon Brillouin und Louis de Broglie, in England William Nicholson und Niels Bohr, die tief beeindruckt wurden. Niels Bohr war nach seiner Promotion in Kopenhagen mit einem Stipendium nach Cambridge und Manchester gegangen. Rutherford schilderte ihm lebhaft den Verlauf der Tagung.

Das alles hat Einstein in Bewegung gesetzt. »Der große Mann ist ein solcher«, sagte Jacob Burckhardt, »ohne welchen die Welt uns unvollständig erschiene, weil bestimmte große Leistungen nur durch ihn innerhalb seiner Zeit und Umgebung möglich waren und sonst undenkbar sind; er ist wesentlich verflochten in den großen Hauptstrom der Ursachen und Wirkungen.« Die Geschichte der Quantentheorie, das heißt des wichtigsten Teils in der Entwicklung des modernen physikalischen Denkens, können wir uns ohne Einstein nicht vorstellen.

1912 war das Ansehen Einsteins geradezu ins Irreale gewachsen. Arnold Sommerfeld schrieb an Einstein, daß er nun die endgültige Klärung des Quantenrätsels von ihm erhoffe. Einstein aber hatte sich einem neuen Problem zugewandt: der Erweiterung der Relativitätstheorie. »Mein Schreiben an Einstein war vergeblich«, berichtete Sommerfeld bedauernd an David Hilbert: »Einstein steckt offenbar so tief in der Gravitation, daß er für alles andere taub ist.«

In Deutschland und im deutschsprachigen Ausland begannen sich die Universitäten für Einstein zu interessieren. Die Tätigkeit am Patentamt war ihm zu beschwerlich geworden: Er konnte die rasch anwachsende Korrespondenz nicht mehr bewältigen. 1909 ging er als außerordentlicher Professor an die Universität Zürich, eineinhalb Jahre später als Ordinarius an die deutsche Karls-Universität.

Die Kollegen in Prag wußten nicht so recht, was sie von Einstein zu erwarten hatten, aber jedenfalls besaß Einstein schon einen großen Ruf. So kamen zu Einsteins Antrittsvorlesung in Prag im Sommersemester 1911 nicht nur die Professoren der Universität, sondern auch die der Technischen Hochschule und viele Gebildete aus der Stadt.

»Die ganze Prager Intelligenz war zusammengeströmt und füllte den größten Hörsaal«, berichtete ein Kollege: »Einstein hatte eine überaus schlichte Art des Auftretens. Dadurch eroberte er alle Herzen. Er sah die Dinge dieses Lebens von einer hohen Warte. Was dem Durchschnittsmenschen wichtig erscheint, hatte für ihn keine Bedeutung. Deshalb verschmähte er jegliche Art rednerischer Künste. Er sprach lebhaft und klar, aber nicht irgendwie geschraubt, sondern vielmehr ganz natürlich und stellenweise mit erfrischendem Humor. Mancher Hörer wird gestaunt haben, daß die Relativitätstheorie etwas so Einfaches ist.«

Prag war eine geistig lebendige Stadt. Die Deutschen bildeten eine Minderheit, entfalteten aber ein reges kulturelles Leben. Einstein kam in Verbindung mit dem Philosophen Hugo Bergmann, der später eine führende Rolle im Zionismus spielte, und mit dem Schriftsteller Max Brod.

Wie alle, die ihn kennenlernten, waren auch die jüdischen Philosophen und Schriftsteller sehr angetan von seiner persönlichen Bescheidenheit, seiner menschlichen Wärme und seiner Klarheit im Ausdruck. Seine Worte waren schlicht, aber nicht dürr, und ganz ungesucht wählte er volkstümliche Vergleiche und Bilder. In besonderem Maße war der Schriftsteller Max Brod beeindruckt. Er arbeitete damals an einem Roman, der um das Jahr 1600 spielt und den Titel erhielt »Tycho Brahes Weg zu Gott«.

Die Hauptwirkung erzielt der Roman in der Gegenüberstellung von Tycho Brahe und Johannes Kepler. Tycho Brahe ist der hohe adelige Herr, der ein großes Haus führt, der ständig Trubel um sich braucht, um sich wohlzufühlen, ein Mann, der einen mächtigen Briefverkehr unterhält, in Dutzende von Polemiken verstrickt ist, weil es ihm um Ruhm zu tun ist, und der auf die politisch Mächtigen schlaue Rücksicht nimmt.

Kepler dagegen hält sich zurückgezogen und bescheiden. Ihm gilt das Urteil der Zeitgenossen wenig, und hohen Herren nach dem Munde zu reden, kommt ihm nicht in den Sinn. Tycho ist der große Gelehrte und Kepler nur der Assistent, aber der Überlegene ist, bei aller Bescheidenheit, Kepler. »Es war dies«, heißt es in dem Roman, »obwohl er Kepler nach Meisterart auf die Schulter klopfte, das erstemal, daß Tycho jenes unbegreiflich Überlegene und einfach ›Richtige‹ fühlte, das von Kepler ausging. Zum erstenmal begann er zu ahnen, daß dieser scheinbar harmlose, nichts verhüllende Mensch irgendwie aus unbewußter tiefster Weisheit heraus. . . redete und handelte.«

Der Roman »Tycho Brahes Weg zu Gott« erschien 1915 und hatte Erfolg. Schon nach zwei Jahren waren 25.000 Exemplare aufgelegt. Wer das Buch las, dem drängte sich die Parallele auf zwischen Kepler und Einstein. Wie von Kepler wurden von Einstein kosmische Harmonien ans Licht gebracht. Seit dem Jahrhundert von Kepler und Newton hatte es, was die Struktur des Weltalls betraf, kaum einen Fortschritt gegeben. Nun war ein neuer Kepler unter den Menschen und das »Geheimnis des Weltenbaues« erneut um ein Stück enthüllt.

Wer Einstein persönlich kannte, der wußte, daß es noch weitergehende Entsprechungen gab. Walther Nernst sagte zu Einstein: »Dieser Kepler – das sind Sie.« In der Tat hatte die Romanfigur des Kepler Einsteins Charakterzüge. Bei Brod besitzt Kepler ein ausgeglichenes, heiteres Wesen. An einer Stelle heißt es: »Die Ruhe, mit der er seinen Arbeiten nachging und die Flöten der Schmeichler gänzlich überhörte, hatte für Tycho etwas Außermenschliches.«

In Wirklichkeit war Kepler ein aufbrausender Choleriker, dessen hochauflodernder Zorn schnell umschlug in tiefste Zerknirschung. Kepler habe sich benommen wie ein toller Hund, schrieb Brahe einmal, und er wolle mit jemandem, der eine so unverschämte Zunge habe und so wenig auf Mäßigung bedacht sei, nichts zu tun haben.

Der historische Kepler war also ein anderer, als der er von Brod gezeichnet wurde. In einem tieferen Sinne hat Brod aber doch recht daran getan, Einsteins Wesen zu charakterisieren, um der historischen Figur des Kepler Farbe zu geben. Das Besondere und Gemeinsame bei Kepler und bei Einstein war doch, daß mit ihnen ein Genie in die Welt tritt, für das die gewöhnlichen Menschengesetze nicht gelten. Schwierigkeiten, die Generationen gequält haben, werden in wenigen Jahren überwunden, die Wissenschaft erlebt eine Umwälzung, und eine neue Epoche bricht an.

»Die Berliner spekulieren mit mir wie mit einem prämierten Leghuhn«, scherzte Einstein beim Umzug in die Reichshauptstadt: »Dabei weiß ich selbst nicht, ob ich überhaupt noch Eier legen kann.« Die Sorge erwies sich als unbegründet. Im Jahr 1915, mitten im Ersten Weltkrieg, als an den Fronten Tag für Tag zehntausend Menschen totgeschossen wurden, entdeckte er tiefverborgene Weltgesetze: »Ich glaube an Spinozas Gott«, sagte Einstein, »der sich in der Harmonie des Seienden offenbart, nicht an einen Gott, der sich mit den Schicksalen und Handlungen der Menschen abgibt.«

Nach den Jahren in Prag hatte Einstein kurze Zeit an der Eidgenössischen Technischen Hochschule in Zürich gewirkt, an der er einstens selbst studierte. Auf Betreiben von Planck hatte er 1914, im Alter von 35 Jahren, die beste Stellung erhalten, die ein Gelehrter im Deutschen Reich haben konnte. Er wurde ordentliches hauptamtliches Mitglied der Preußischen Akademie der Wissenschaften in Berlin. Damit gab es für ihn keine Lehrverpflichtung mehr.

Einstein wurde auch Direktor des Kaiser-Wilhelm-Instituts für Physik. Durch den Krieg und die Not der Nachkriegszeit kam es nicht zu einem Institutsbau. Das Kaiser-Wilhelm-Institut für Physik mit Einstein als Direktor und Max von Laue als seinem Stellvertreter gewann trotzdem große Bedeutung für die Wissenschaft. Einstein und Laue verfügten über einen eigenen Etat und haben damit auf Antrag die Arbeiten anderer Forscher gefördert. So erhielt Peter Debye Mittel für seine Strukturforschungen, und Max Born konnte junge Physiker wie Pascual Jordan beschäftigen.

Aufmerksam beobachtete Friedrich Schmidt-Ott die Tätigkeit des Institutes. Als »wissenschaftlicher Hilfsarbeiter« war Schmidt-Ott in das Preußische Kultusministerium gekommen und hatte schließlich die Nachfolge Althoffs angetreten. Während es Althoff zeitlebens abgelehnt hatte, in der Hierarchie über den Ministerialdirektor hinaus zu steigen, war Schmidt-Ott 1917 Preußischer Kultusminister geworden. Das hatte, nach der Revolution im November 1918, seine Entlassung zur Folge.

Da Schmidt-Ott aber ebensowenig untätig bleiben konnte wie seinerzeit Althoff, erdachte er ein neues Instrument der Wissenschaftsförderung. Was Albert Einstein mit seinem Kaiser-Wilhelm-Institut geleistet hatte, begrenzt auf die Physik und begrenzt durch den verhältnismäßig kleinen Etat, sollte nun eine »Notgemeinschaft« für die Wissenschaft im Ganzen bewirken. Tatsächlich erreichte Schmidt-Ott 1920 die Gründung der »Notgemeinschaft der deutschen Wissenschaft«. Es war das ein Zusammenschluß aller deutschen Hochschulen und Akademien und damit die große Selbsthilfe- und Selbstverwaltungsorganisation der deutschen Gelehrten. Für jede wissenschaftliche Disziplin wurde ein »Fachausschuß« geschaffen, der die wirklich wichtigen Projekte feststellen mußte. Friedrich Schmidt-Ott trat als Präsident an die Spitze und hatte die Aufgabe, unterstützt von einem Hauptausschuß, die Belange der einzelnen Fächer untereinander auszugleichen. Die Institution arbeitete so erfolgreich, daß sie immer noch existiert, jetzt aber unter dem Namen »Deutsche Forschungsgemeinschaft«. Viele junge Wissenschaftler beginnen noch heute ihre Laufbahn mit einem Stipendium oder einer »Sachbeihilfe« der DFG.

Der Umzug Einsteins nach Berlin bedeutete auch persönlich einen Einschnitt im Leben: die Trennung von seiner ersten Frau und den beiden Söhnen, die in Zürich zurückblieben. Einstein heiratete 1919 eine Cousine und lebte fortan mit den beiden Stieftöchtern. Wenn Einstein zu Vorträgen in die Schweiz fuhr, wohnte er oft, wie er sagte, bei seiner »Verflossenen«. Bei der Scheidung überschrieb er ihr das Geld des Nobelpreises, der ihm noch gar nicht zugesprochen war.

»Sie dürfen mir nicht böse sein, daß ich erst heute auf Ihren freundlichen und interessanten Brief antworte. Aber ich hatte im letzten Monat eine der aufregendsten, anstrengendsten Zeiten meines Lebens, allerdings auch der erfolgreichsten.« Das schrieb Albert Einstein am 28. November 1915. In diesem Brief teilte er zum ersten Mal die Formeln seiner Allgemeinen Relativitätstheorie mit. An die Stelle der klassischen Mechanik (einschließlich des Newtonschen Schwereanziehungsgesetzes) war nun eine neue Theorie getreten. Neben den Bahnen der »schweren« Körper beschrieb die Theorie auch den Verlauf der Lichtstrahlen.

Von der Richtigkeit war Einstein von dem Augenblick an überzeugt, als er erkannte, daß sich aus seinen Gleichungen als erste Näherung das Newtonsche Gravitationsgesetz ergab. Seit Isaac Newton Ende des 17. Jahrhunderts erstmalig die Keplerschen Planetengesetze abgeleitet hatte, war sein Gravitationsgesetz immer wieder neu bestätigt worden. Alle Argumente für Newton galten nun auch für Einstein.

Schon frühzeitig hatte sich Einstein über Effekte zweiter Näherung Gedanken gemacht; diese Phänomene mußten es dann ermöglichen, zwischen den beiden Theorien zu entscheiden. Von den drei Effekten, die in Frage kamen, war einer die sogenannte Lichtablenkung am Sonnenrand. Bei einer totalen Sonnenfinsternis erschienen die nahe am Sonnenrand stehenden Sterne um einen winzigen Betrag verschoben. Nach dem Ende des Ersten Weltkrieges unternahmen britische Gelehrte Expeditionen nach Nordbrasilien und auf die Insel Principe vor der afrikanischen Küste zur Beobachtung der Sonnenfinsternis am 29. Mai 1919. Die Ergebnisse wurden in einer feierlichen Sitzung in London bekanntgegeben. »Revolution in der Wissenschaft«, berichteten die Korrespondenten der »Times«: »Einstein versus Newton«.

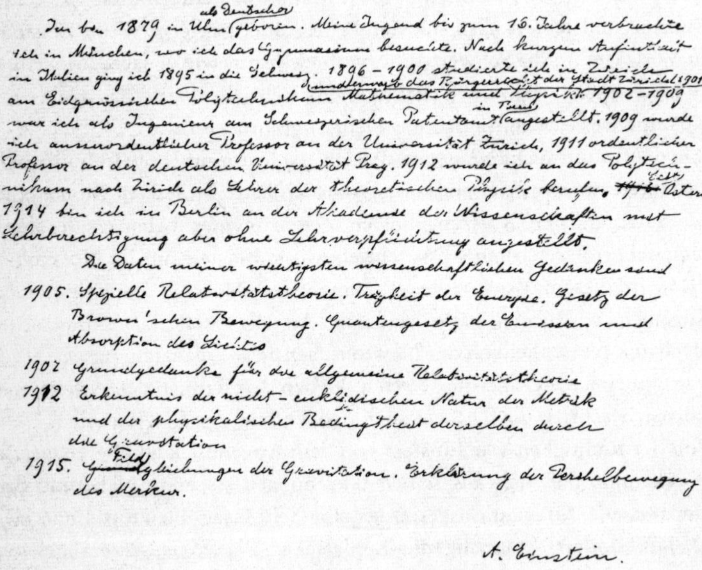

Ich bin 1879 in Ulm als Deutscher geboren. Meine Jugend bis zum 16. Jahre verbrachte ich in München, wo ich das Gymnasium besuchte. Nach kurzem Aufenthalt in Italien ging ich 1895 in die Schweiz. 1896–1900 studierte ich in Zürich am Eidgenössischen Polytechnikum Mathematik und Physik. und erwarb das Bürgerrecht der Stadt Zürich 1901. 1902–1909 war ich als Ingenieur am Schweizerischen Patentamt in Bern angestellt. 1909 wurde ich ausserordentlicher Professor an der Universität Zürich, 1911 ordentlicher Professor an der deutschen Universität Prag. 1912 wurde ich an das Polytechnikum nach Zürich als Lehrer der theoretischen Physik berufen. ~~1916~~ Seit Ostern 1914 bin ich in Berlin an der Akademie der Wissenschaften mit Lehrberechtigung aber ohne Lehrverpflichtung angestellt.

Die Daten meiner wesentlichsten wissenschaftlichen Gedanken sind

1905. Spezielle Relativitätstheorie. Trägheit der Energie. Gesetz der Brown'schen Bewegung. Quantengesetz der Emission und Absorption des Lichtes

1907 Grundgedanke für die allgemeine Relativitätstheorie

1912 Erkenntnis der nicht-euklidischen Natur der Metrik und der physikalischen Bedingtheit derselben durch die Gravitation

1915. ~~Grund~~ Feldgleichungen der Gravitation. Erklärung der Perihelbewegung des Merkur.

A. Einstein.

24 Lebenslauf Einsteins, 1919 eigenhändig geschrieben.

Isaac Newton war das große Vorbild für die Physiker und Astronomen. Sein überlebensgroßes Porträt beherrschte die Stirnseite des Sitzungssaales der Royal Society. Fast 25 Jahre lang hatte er als Präsident der Gesellschaft amtiert, und noch mehr als anderswo galten in London Werk und Methode Newtons geradezu als unantastbar. Und nun, so schien es den Mitgliedern der Royal Society, wurde verkündet: »Newton ist tot, es lebe Einstein.«

Zweihundert Jahre nach dem Tode Newtons wandte sich Einstein gleichsam persönlich an den großen Kollegen: „Newton, verzeih mir. Du fandest den einzigen Weg, der zu deiner Zeit für einen Menschen von höchster Denk- und Gestaltungskraft eben noch möglich war. Die Begriffe, die du schufst, sind auch jetzt noch führend in unserem physikalischen Denken, obwohl wir nun wissen, daß sie durch andere, der unmittelbaren Erfahrung ferner stehende ersetzt werden müssen, wenn wir ein tieferes Begreifen der Zusammenhänge anstreben.«

Wenn man nur gründlich genug über einen wissenschaftlichen Satz nachdenke, so erläuterte Einstein, käme man immer zu etwas Neuem; denn jeder wissenschaftliche Satz, ohne Ausnahme, sei falsch: Das läge daran, daß das menschliche Denken und Begriffsvermögen der Natur gegenüber unangemessen sei. Jede Theorie habe ihre Grenzen und beschreibe deshalb die Natur nicht überall richtig. Jedes Nachprüfen eines wissenschaftlichen Satzes erschüttere ihn daher und führe zu einer neuen, exakteren Formulierung, die aber auch wieder irgendwie nicht stimme und daher zu neuen Formulierungen führe und so weiter in infinitum.

Die klassische Physik hatte zur Grundlage das Konzept der absoluten Zeit und des absoluten Raumes. Hier griff die Spezielle Relativitätstheorie ein. Wesentlich für die Mechanik Newtonscher Prägung war aber ebenso die Vorstellung einer Kraft, die instantan von einem Körper auf den anderen wirkt, ohne Zeitverzögerung und ohne Einfluß des Zwischenmediums. Das ist vom Standpunkt der Speziellen Relativitätstheorie unmöglich: Jede Energie kann sich höchstens mit Lichtgeschwindigkeit ausbreiten; auch die Gravitation muß von Raumpunkt zu Raumpunkt forschreiten. Die Allgemeine Relativitätstheorie erfüllt diese Forderung. Die Leistung dieser Theorie liegt in der Verknüpfung von Materie, Raum und Zeit. Die Meßergebnisse von Maßstäben und Uhren, die Bahnen der frei fallenden Massenpunkte und die der Lichtstrahlen werden miteinander in feste Verbindung gebracht.

Die physikalischen Grundgedanken der neuen Theorie waren einfach und einleuchtend, ihre mathematische Ausgestaltung höchst kompliziert: »Das eine ist sicher«, urteilte Einstein selbst, «daß ich mich im Leben noch nicht annähernd so geplagt habe und daß ich große Hochachtung für die Mathematik eingeflößt bekommen habe, die ich bis jetzt in ihren subtileren Teilen in meiner Einfalt für puren Luxus ansah!«

Die Kollegen fanden die neue Theorie »fesselnd und aufregend«, aber »schwierig, fast zum Fürchten«. Max Born nahm Sonderabdrucke mit auf seine Hochzeitsreise. In Wien beschäftigte sich mit den Gedanken Einsteins ein Schüler des Döblinger Gymnasiums, es war Wolfgang Pauli, und in München der noch jüngere Werner Heisenberg. So wurden durch das Genie Einsteins weitere Genies für die Physik gewonnen.

Karl R. Popper, einer der bedeutendsten Denker unseres Jahrhunderts, fühlte sich nach dem Ende des Ersten Weltkrieges als wacher und aufnahmefähiger junger Mann ungemein angezogen von den in der Luft liegenden Ideen: Am meisten fesselte ihn die Geschichtsphilosophie von Karl Marx, die Psychoanalyse von Sigmund Freud, die Individualpsychologie von Alfred Adler und die Allgemeine Relativitätstheorie von Albert Einstein.

Je mehr Popper im Studium fortschritt, desto geringer wurde seine Achtung vor Marx, Freud und Adler und um so höher schätzte er Einstein. Die Allgemeine Relativitätstheorie machte mathematisch zwingende Aussagen, und zwar über die Krümmung von Lichtstrahlen im Schwerefeld der Sonne, über die Rotverschiebung von Spektrallinien und über die Bahnen von sonnennahen Himmelskörpern. Würden nun durch Beobachtungen diese Aussagen widerlegt, dann ist die Theorie insgesamt widerlegt, denn kleine Abänderungen, um die Theorie zu »retten«, kann man nicht vornehmen. Die Möglichkeit der Widerlegung, erkannte nun Popper, ist ein gar nicht hoch genug zu veranschlagender Vorzug. Eine neue Theorie wird immer Kritiker haben; finden diese einen Ansatzpunkt, so wird die »Theorie« sogleich aus den Angeln gehoben. Schlagen diese Versuche fehl, ist das ein starkes Argument für die Richtigkeit (oder besser »Brauchbarkeit«).

Eine entsprechende Falsifizierbarkeit durch empirische Befunde ist im Falle der drei anderen Theorien nicht gegeben. Tritt ein Widerspruch auf zwischen der Wirklichkeit und der Theorie, so kann diese sogleich wieder »angepaßt« werden. So schienen dem jungen Popper die Lehren von Marx, Freud und Adler eher phantasievollen Märchen zu gleichen und allein die Theorie Einsteins dem Anspruch auf Wissenschaftlichkeit zu genügen.

Die »Times« machte den Anfang. Seitdem brachten die Zeitungen und Zeitschriften immer neue Aufsätze über Einstein und seine Theorie. Wie eine Generation zuvor Charles Darwin mit seiner Abstammungslehre, so erhitzte nun Einstein die Gemüter. Jeder wollte wissen, was diese geheimnisvolle »Relativität« eigentlich bedeute.

Die Publicity brach über Einstein herein wie eine Naturkatastrophe. »Habe ich denn etwas von einem Scharlatan oder Hypnotiseur an mir, das die Menschen wie zu einem Zirkusclown zieht?« fragte sich häufig, die Welt nicht mehr verstehend, dieser bescheidene Mann, der nichts wollte, als in Ruhe seine Arbeit tun zu können.

In der weltweiten Diskussion ergriff auch der Schriftsteller und Arzt Alfred Döblin das Wort und schrieb im »Berliner Tageblatt« über »Die abscheuliche Relativitätstheorie«. Ihm ging es freilich nicht um diese Theorie im besonderen, sondern – viel allgemeiner – um die Naturauffassung der Physik. Für Döblin ist die Relativitätstheorie nur ein neuer und besonders großer Schritt in die falsche Richtung:

»Es hat mich lange schon finster gestimmt«, schrieb Döblin, »wenn ich in ein Buch sah, das Naturdinge behandelte – im Physikbuch besonders, aber auch Mineralogie und genug andere Fächer – und sah, wie diese schönen, großartigen und freien, uns alle angehenden Dinge traktiert, einseitig angegangen, verarmt und entwürdigt werden. Die Dinge der

Natur. . . sind aber von der enormsten herzlichsten Wichtigkeit für die Lebenden von heute; sie erfordern ganze Menschen, ganze Seelen und Gehirne. Die schreckliche Mißgeburt, die die Wissenschaft von heute uns als Natur demonstriert, hat nichts mit dem zu tun, was wir um uns sehen und wirklich erleben.«

Das Naturbild der modernen Physik, darauf wird gegen Döblin jeder Kenner bestehen, ist kein »verarmtes Kunstgebilde«. Es handelt sich vielmehr um Strukturen höchster Schönheit und Symmetrie, die sich dem Forscher offenbaren, freilich um mathematische Strukturen.

Wahrscheinlich sind sogar die Allgemeine Relativitätstheorie, die ein einsamer Genius geschaffen hat, und die Quantentheorie, für die es des Zusammenwirkens einer ganzen Generation bedurfte, die größten Kulturleistungen des 20. Jahrhunderts.

Das Verfahren, aus einem abgegrenzten Bereich von Naturerscheinungen durch Idealisierung der Wirklichkeit allgemeine Gesetze zu gewinnen, nennt man Induktion. »Hier gibt es keine erkennbare, systematisch anwendbare Methode, die zum Ziele führt«, sagte Albert Einstein, »der Forscher muß vielmehr der Natur jene allgemeinen Prinzipien gleichsam ablauschen.« Die Induktion ist die eigentlich schöpferische Leistung des Forschers. Dieses »Schaffen durch den Gedanken« hatte der Chemiker Justus von Liebig die »Poesie des Naturforschers« genannt.

Tatsächlich spielte bei den entscheidenden Wendungen und Durchbrüchen in der Wissenschaft der unbewußte Bereich der menschlichen Seele eine ausschlaggebende Rolle. Es wäre völlig falsch, sich die wirklich großen Forscher als einseitig-nüchterne Verstandesmenschen zu denken. Das gilt auch für den großen Ingenieur. Eine Erfindung ist eine Kulturleistung wie eine neue wissenschaftliche Theorie oder wie ein bedeutendes Kunstwerk. Eine Erfindung ist aber noch mehr als eine rein geistige Leistung, so betonte Rudolf Diesel: Hier genügt der Gedanke allein nicht. Es muß die Idee in der körperlichen Welt verwirklicht werden, wobei ganz neue Dimensionen ins Spiel kommen.

»Knowledge is power«, Wissen ist Macht, hat Francis Bacon gesagt. Wir sind weit davon entfernt, seine Auffassung zu teilen, daß der Wert einer geistigen Leistung in erster Linie an der Macht zu beurteilen sei, die sie dem Menschen verleiht. Eines aber muß man schöngeistigen Kritikern entgegenhalten: Wenn, wie es heute der Fall ist, Wissenschaft und Technik die Welt prägen, dann kann es sich dabei nicht um ein abseitiges Zerrbild der Natur handeln, das sich eine »freimaurer-artige Bruderschaft« da aufgebaut hat, wie Döblin meinte, sondern der Mensch muß wesentliche Einsichten in Zusammenhänge gewonnen haben, wenn die Natur in so weitgehender Weise seine subtilen Handlungsanweisungen befolgt.

3. Haas: Ein Faschingsscherz

»Ich versichere Ihnen, daß ich in der Quantensache nichts Neues zu sagen weiß«, hatte Einstein 1912 an Sommerfeld berichtet. Von dieser Zeit an nahm das Problem des Weltaufbaus im Großen Einstein in Anspruch. Für die Quanten war keine Zeit mehr. Hier mußten die Physiker für ein paar Jahre ohne ihn auskommen.

Einstein hatte noch einen Gedanken in die Diskussion geworfen. Es gibt einen merkwürdigen Zusammenhang zwischen der Planckschen Konstanten h und dem Elementarquantum der Elektrizität. Bekanntlich kann die elektrische Ladung nicht beliebig kleiner und kleiner gemacht werden. Die untere Grenze der Teilbarkeit ist die elektrische Ladung des Elektrons, das sogenannte Elementarquantum.

Wenn man nun das Quadrat der Elektronenladung bildet und durch die Lichtgeschwindigkeit dividiert, kommt man (da Elektronenladung und Lichtgeschwindigkeit Naturkonstanten sind) wieder auf eine Naturkonstante, und zwar auf ein »elementares Wirkungsquantum«. Aber auch die Plancksche Konstante h ist ein »elementares Wirkungsquantum«; die beiden Größen unterscheiden sich lediglich um einen Zahlenwert. Und so meinte Einstein, daß sich das Plancksche Wirkungsquantum zurückführen lassen müsse auf eine Eigenschaft des Elektrons.

Was kann man vom heutigen Standpunkt dazu sagen? Genial – wie vieles bei Einstein. Aber noch immer kennt man nicht den Zusammenhang. Wir sind eher geneigt, das elektrische Elementarquantum e und das Plancksche Wirkungsquantum h als unabhängige Naturkonstanten anzusehen und von einer künftigen Theorie der Elementarteilchen zu verlangen, daß man aus ihr das Verhältnis e^2/c zu h, eine reine Zahl, ableiten kann. Üblicherweise nennt man das mit 2π multiplizierte Verhältnis die »Sommerfeldsche Feinstrukturkonstante«:

$$\frac{2\pi e^2}{c\,h} = \frac{1}{137}$$

Insbesondere Wolfgang Pauli hat später sein Hauptziel darin gesehen, diese Zahl zu verstehen. Als er, lebensgefährlich erkrankt, im Dezember 1958 in ein Krankenhaus kam und dort das Zimmer mit der Nummer 137 erhielt, war er überzeugt, bald des unendlichen Geheimnisses teilhaftig zu werden und schickte sich in sein Schicksal, mit 58 Jahren und vielen Ideen von der Welt abgerufen zu werden.

Im März 1909 hatte Einstein seine Gedanken in der »Physikalischen Zeitschrift« publiziert. Diese regten Wilhelm Wien zu einer Stellungnahme an. Wien beschäftigte sich damals ausführlich mit dem Quantenproblem; er mußte ein Überblicksreferat verfassen für die große »Enzyklopädie der mathematischen Wissenschaften«. Er kam dabei zur Auffassung, daß das Plancksche Wirkungsquantum doch wohl nicht mit dem Elektron zusammenhänge, sondern mit dem Atom. Das Wirkungsquantum müsse, »wenn es überhaupt eine physikalische Bedeutung besitzt, aus einer universellen Eigenschaft der Atome abgeleitet werden«.

Planck-Einstein-Wien: Die bedeutendsten Physiker der Epoche waren es, die die Entwicklung vorantrieben. Wo Könige bau'n, da haben die Kärrner zu tun. Schlüsse, die die Großen gezogen, mußten logisch abgesichert, kühne Theorien in Experimenten bestätigt werden. »Wer baute das siebentorige Theben?« fragte Bert Brecht polemisch und mahnte, neben den Königen die Maurer und Zimmerleute nicht zu vergessen.

Im »Weltreich der Physik« war Einstein der König. Bald gab es kaum jemanden mehr, der dies bestreiten wollte.

Wo ein König ist, da gibt es einen Adel, einen hohen und einen niedrigen. Der hohe Adel, das waren in der Physik die ordentlichen Professoren und Institutsdirektoren, die staatliche Gelder zur Verfügung hatten und die sich in ihrem Kreise als die kleinen Könige fühlen durften (wenn sie auch persönlich ganz bescheiden waren). Die Privatdozenten bildeten den niederen Adel. Die Herren hatten den Ritterschlag erhalten, daran kein Zweifel, aber sie befanden sich noch vielfach in gar zu bescheidenen Verhältnissen, als daß es ihnen gelingen wollte, Würde auszustrahlen und Vasallen um sich zu scharen.

»Wissenschaft ist ein zutiefst aristokratisches Geschäft«, hatte Adolf von Harnack gesagt, und man konnte, wenn man kritisch eingestellt war, dieses Wort auch andersherum verstehen: daß es eben auch in der Wissenschaft eine Hierarchie gab mit oben und unten.

Bei aller Kritik aber durfte man nicht vergessen: Es war eben nicht ein »Erbadel« oder ein »Geldadel«, der da in der Physik regierte, sondern ein Geistesadel. Und die Stellen, auf denen dieser Geistesadel saß, waren keine Erbhöfe, sondern fast immer ehrlich verdient durch harte Arbeit. Auf der jedem einzelnen gebotenen Chance, durch Leistung rasch aufzusteigen, beruhte die innere Stabilität und äußere Stärke des »Weltreichs der Physik«. Gerade daran aber zweifelte damals der junge Physiker Arthur Erich Haas. Er war im Jahre 1909 ganz unten, und sein Bemühen, Schritte nach oben zu tun, ließen ihn nur noch weiter zurücksinken.

Arthur Erich Haas hatte Anfang des Jahres 1909 an der Philosophischen Fakultät der Universität Wien ein Gesuch auf Erteilung der akademischen Lehrbefugnis für das Fach »Geschichte der Physik« eingebracht und seine Habilitationsschrift vorgelegt. Dieser Antrag bereitete den Physikern Kopfzerbrechen. Zwar wußten sie einiges über die Geschichte ihres Faches, vor allem die älteren Kollegen; aber welche Maßstäbe sie an eine solche Arbeit anlegen sollten, wußten sie nicht. Historische Studien hatte es bei ihnen noch nie gegeben: So kam nach Monaten der gar nicht böse gemeinte Beschluß zustande, daß Haas erst noch eine rein physikalische (nicht historische) Arbeit anfertigen und dann diese mit der ursprünglichen Habilitationsschrift einreichen sollte.

Um diese Auflage zu erfüllen, studierte Haas nun die »neueste physikalische Literatur«, d. h. die Arbeiten von Planck, Rayleigh, Jeans und Lorentz über die Wärmestrahlung. Haas bemerkte, daß lediglich die Theorie von Planck in der Lage war, die experimentell gefundene Spektralverteilung abzuleiten: »Und doch kann die Plancksche Theorie, wie ihr Urheber selbst wiederholt hervorhebt, noch keineswegs als vollkommen angesehen werden. Denn für sie ist eine universelle Konstante wesentlich, der Planck den Namen eines ›elementaren Wirkungs-

quantums‹ gegeben hat, deren physikalische Bedeutung aber noch immer in völliges Dunkel gehüllt ist, und wie Planck erklärt, kann die Theorie der Strahlung zu keinem vollständig befriedigenden Abschlusse gelangen, bevor nicht diese ›Konstante h‹ in ihrer vollen universellen – und insbesondere in ihrer elektrodynamischen – Bedeutung erkannt ist.«
Nach Plancks Auffassung spielen bei der Entstehung der Wärmestrahlung die sogenannten »Oszillatoren« eine entscheidende Rolle. Zur Ableitung der Strahlungsformel ist es erforderlich, auf den Vorgang der Aufnahme und Abgabe der Strahlung und damit auf die Eigenschaften der Oszillatoren zurückzugehen. Da Planck wußte, daß die Strahlung in dem betrachteten Idealfall von der *speziellen* Natur der Oszillatoren unabhängig ist, hatte er bei der Ableitung der Strahlungsformel nur die prinzipiell einfachsten Gebilde betrachtet. Dieses Vorgehen war nicht nur berechtigt, sondern – in Anbetracht der mathematischen Schwierigkeiten – im Jahre 1900 das einzig Mögliche gewesen. Aber auch späterhin blieb Planck bei den linearen Oszillatoren stehen. Ob etwa die tatsächlichen, physikalischen Oszillatoren Atome oder Moleküle seien, das fragte Planck nicht. Er sah seine Lebensaufgabe in der »Suche nach dem Absoluten«, nicht in der Suche nach den speziellen Formen, in denen die Materie ausgeprägt ist.
Arthur Erich Haas jedoch, in aller Naivität, konnte sich diese komischen Planckschen Oszillatoren nicht anders denken als Atome. Er las das Buch des englischen Physikers Joseph John Thomson, der auf dem gleichen Gebiete arbeitete wie in Deutschland Philipp Lenard. »Elektrizität und Materie« hieß das Werk, und hier wurde Haas darauf gestoßen, daß man in der Physik zwar seit Jahrhunderten von Atomen redete, aber niemand angeben konnte, wie ein solches funktionierte. Er las auch das neueste Heft der »Mathematischen Enzyklopädie«, in dem Wilhelm Wien die bisherige Entwicklung des Quantenkonzeptes darlegte. Und so trafen sich bei dem 25jährigen Arthur Erich Haas, der gar kein Physiker werden wollte, sondern ein Historiker der Physik, zum ersten Mal die beiden wichtigsten Gedanken- und Problemstränge, die es in dieser Wissenschaft gab.

Die Atomforschung hatten die deutschen Physiker bisher sehr vernachlässigt; die Franzosen (insbesondere die Curies) hatten sich darum gekümmert und die Briten (insbesondere Rutherford). Dafür war das Quantenkonzept in Deutschland entstanden, und dessen Bedeutung hatten wiederum Franzosen und Engländer nicht erkannt.
Zwei Probleme zu lösen, scheint schwieriger als nur ein einziges. In diesem Fall aber hatten die beiden Probleme miteinander zu tun, und eines ließ sich nur durch das andere bewältigen. Auch als man dies wußte, dauerte die Lösung noch Jahrzehnte und erforderte die Kraft der genialsten Forscher. Arthur Erich Haas hat also das zentrale Doppelproblem der Mikrophysik nicht gelöst, aber er hat – durch das Zusammenbringen der beiden Problemstränge – einen wichtigen Anstoß gegeben.

Mit Schwung machte sich Haas Ende des Jahres 1909 an die Arbeit. »Ein Versuch zu einer elektrodynamischen Deutung des Planckschen Wirkungselementes soll nun unternommen werden«, schrieb er: »Ziel soll die Aufstellung einer Formel bilden, die die Konstante h in einen Zusammenhang mit den Grundgrößen der Elektronentheorie bringt und die auch eine genauere Berechnung des Halbmessers des Wasserstoffatoms ermöglichen würde.«
Unter dem Zwang, der Fakultät eine physikalische Arbeit einreichen zu müssen, griff Haas nach dem richtigen Schlüssel zum Verständnis des Atoms. Er verglich die Energie des Elektrons im Atom des Wasserstoffs mit dem Planckschen Energieelement und fand beide in der nämlichen Größenordnung: »Es ist also nicht nur eine sehr naheliegende, sondern auch eine durch die zahlenmäßigen Verhältnisse gut bestätigte Hypothese, daß auch die Energie des Wasserstoffatoms durch den denkbar einfachsten Ausdruck, nämlich durch die Größe $\varepsilon = h \cdot \nu$, darstellbar ist.«

Wie Planck betrachten wir heute das Wirkungsquantum h als eine fundamentale Naturkonstante, die einer weiteren »Erklärung« nicht fähig und nicht bedürftig ist. Haas selbst hielt die Atomabmessungen für fundamental, aus denen sich der Wert von h ableitet. Die von ihm gefundene Gleichung ist aber trotzdem heute noch richtig. Sie verknüpft den Radius r des kugelförmig gedachten Wasserstoffatoms mit dem Wirkungsquantum h und den Grundgrößen des Elektrons, nämlich der Masse m und der Ladung e:

$$h = 2\pi e \sqrt{r\, m}$$

Heute würde man diese Gleichung anders lesen, nämlich h als gegebene und r als abgeleitete Größe ansehen. Dieses r ist der heute sogenannte »Bohrsche« Radius des Wasserstoffatoms. Setzt man für die Naturkonstanten die bekannten Zahlenwerte ein, ergibt sich für den Radius des leichtesten Atoms

$$r \approx 0{,}5 \cdot 10^{-8}\,\text{cm}$$

Eng in einer Linie aneinandergereiht*, würden also 200 Millionen Wasserstoffatome einen Zentimeter ergeben.

»Heute ist diese Leistung allgemein anerkannt, und um so größer war zeitlebens mein Schmerz, daß damals die Beschränktheit der offiziellen Vertreter der Physik meinen Anlauf zu großen und vielleicht bahnbrechenden Leistungen im Keime erstickte.« So schrieb Haas im Lebensrückblick: »In Wien fand ich zunächst nur Geringschätzung, ja sogar Verhöhnung. Als ich im Februar 1910 in der Wiener Chemisch-Physikalischen Gesellschaft über meine Arbeit vortrug, glaubte Lecher besonders witzig zu sein, als er in der öffentlichen Diskussion das Ganze einen Faschingsscherz nannte. Als Laurenz Müllner [der Philosoph] sich bei Hasenöhrl nach mir erkundigte, erklärte ihm dieser, daß ich nicht ernstgenommen werden könne, weil ich naiverweise Wissenszweige, die gar nichts miteinander zu tun haben könnten, wie Quantentheorie (als etwas Wärmetheoretisches) und Spektroskopie (als etwas Optisches) miteinander vermenge. Ich war begreiflicherweise auf das tiefste entmutigt.«

* Das ist natürlich ein physikalisch unrealistisches Beispiel, weil sich Atome nicht »aufreihen« lassen. Wohl aber kann man sich vorstellen, daß bei sehr tiefen Temperaturen die Wasserstoffatome sehr eng gepackt ein bestimmtes Volumen einnehmen. Dann gehen $(2 \cdot 10^8)^3 = 8 \cdot 10^{24}$ = 8 Milliarden Billiarden Atome in einen Kubikzentimeter.

Dieses Urteil hielt Friedrich Hasenöhrl nicht lange aufrecht. Offenbar überzeugte er sich, daß auch andere Kollegen auf diesem Gebiet außergewöhnliche Vorstellungen entwickelten. Bald wurde der in den Haasschen Gleichungen ausgedrückte Zusammenhang zwischen den atomaren Größen und dem Planckschen Wirkungsquantum h als wesentlich erkannt. Damit hatte man zwar immer noch keine Atomtheorie. Aber man wußte: Die *künftige* Atomtheorie muß auf das Plancksche h gegründet werden.

Als Hendrik Antoon Lorentz im Oktober 1910 in Göttingen sechs Gastvorlesungen hielt, nannte er den Ansatz von Haas, »eine gewagte Hypothese«. Die Größenordnung aber, sagte er, sei richtig. Arnold Sommerfeld nahm den grundlegenden Gedanken auf. »Ich möchte nicht so weit gehen, in diesem Zusammenhang zwischen dem Wirkungsquantum h und der Molekülgröße den eigentlichen Ursprung des h zu sehen, wie es Haas und wohl auch Lorentz zu tun geneigt sind. Abgesehen von der Unsicherheit unserer Kenntnis von den Molekulardimensionen scheint mir aber ein solcher Standpunkt der universellen Bedeutung des h nicht gerecht zu werden. Vielmehr möchte ich den umgekehrten Standpunkt bevorzugen: das h nicht aus den Moleküldimensionen zu erklären, sondern die Existenz der Moleküle als eine Funktion und Folge der Existenz eines elementaren Wirkungsquantums anzusehen. Eine elektromagnetische oder mechanische ›Erklärung‹ des h scheint mir ebensowenig angezeigt und aussichtsvoll, wie eine mechanische ›Erklärung‹ der Maxwellschen Gleichungen. Wenn, wie kaum zu bezweifeln, unsere Physik einer neuen Grundhypothese bedarf, die dem elektromagnetischen Weltbilde als neu und fremdartig hinzuzufügen ist, so scheint mir dazu die Hypothese des Wirkungsquantums vor anderen berufen.«

X. Physik ist Philosophie – und Weltgeschichte

1. Sommerfeld: Wissenschaft entsteht im Gespräch

Für die Gebildeten in Europa war das Griechentum das große Ideal. Durch die Beschäftigung mit der griechischen Sprache und Kultur, davon war man überzeugt, würde Charakter und Geist der jungen Menschen in der rechten Weise geformt. Auf dem Gymnasium standen im Lehrplan ganz oben die alten Sprachen und die alte Geschichte.
Naturwissenschaftler und Ingenieure empfanden es als unzeitgemäß, daß unter Bildung immer nur »klassische Bildung« verstanden wurde. Immer drängender wiesen sie darauf hin, daß auch die Physik den Charakter des jungen Menschen präge; hier lerne er, daß es nicht auf gedrechselte Phrasen ankäme, sondern auf klares Denken und, in den Experimenten, auf saubere Arbeit und Ehrlichkeit sich selbst gegenüber. Schließlich wurde die Gründung von Realgymnasien und Oberrealschulen erreicht und, was das entscheidende war, die prinzipielle Gleichberechtigung der drei Schultypen.
Viele Physiker hatten selbst das humanistische Gymnasium besucht. »Ich zweifle, ob ich mich jemals ganz der reinen Wissenschaft gewidmet hätte, wäre ich damals nicht mit der griechischen Sprache und Kultur in innigen Zusammenhang gekommen«, schrieb Max Laue: »Die Freude am reinen Erkennen holt man sich, von Ausnahmen abgesehen, eben doch nur bei den Griechen. Wenn man jetzt versucht, wissenschaftlichen Nachwuchs, auch für die Naturwissenschaften, in größerem Umfang heranzuziehen, als in den letzten Jahrzehnten, so habe ich dafür ein Rezept: Schickt die Jungens ins Gymnasium und laßt sie dort die alten Sprachen gründlich treiben.«
Der Schulphysiker Bernhard Bavink war da etwas anderer Meinung. Wenn nur die Wahl bleibt, um der Überbürdung des Stoffes zu entge-

hen, zwischen dem Griechischen und den modernen Naturwissenschaften, »zwischen Sophokles oder Planck«, so muß ich mich dahin entscheiden, hat er gesagt, »daß dann für den heutigen jungen deutschen Menschen – von Ausnahmen abgesehen – Planck doch wichtiger ist als der antike Dichter in der Ursprache.« Hören wir ein paar Sätze aus seiner Begründung:

»Den Oedipus oder die Antigone kann . . . [der junge Mensch] schließlich auch in der deutschen Übersetzung, wenn auch nicht voll, so doch in weitem Umfang würdigen; vom neuzeitlichen Weltbild versteht er aber ohne ausreichenden physikalischen [und] naturwissenschaftlichen Unterricht überhaupt nichts und muß dann in dem Gesamtgebiet der Naturwissenschaften (da das eine immer am anderen hängt) wie ein Blinder herumtappen, und das ist denn doch weit untragbarer, als wenn jemand die wunderbaren sophokleischen Chöre und dergleichen nicht im Urtext würdigen oder Platos Dialoge nur aus Übersetzungen kennenlernte. Schlimm genug, daß wir vor diese Wahl gestellt sind. Man frage sich aber einmal auf der ›humanistischen‹ Seite ganz ehrlich: Wie würden sich wohl Plato und Aristoteles selber entscheiden?«

Das humanistische Gymnasium behielt noch lange das höhere Ansehen. Dafür ist Otto Hahn ein gutes Beispiel, der wie Laue und Bavink zum Jahrgang 1879 gehört. Als Otto Hahn längst Nobelpreisträger war und Präsident der Max-Planck-Gesellschaft, fühlte er sich gelegentlich unsicher, ob er den großen Aufgaben auch gewachsen sei. Nach einem glänzenden Vortrage Carl Friedrich von Weizsäckers gestand er seine Selbstzweifel dem Bundespräsidenten Heuss: »Ich bin ja nur ein Oberrealschüler.«

Der Neuhumanismus des 19. Jahrhunderts prägte auch die Wissenschaft. Eine Anwendung der neuen Erkenntnisse wurde als Profanierung betrachtet. Das Gelehrtenideal war die zweckfreie Forschung l'art pour l'art, die Wissenschaft um ihrer selbst willen. Unter allen Umständen sollte der Tempel der Wissenschaft »rein« gehalten werden.

Für die Mathematik bedeutete diese Forderung, daß breiten Raum Probleme einnahmen, die nichts, aber auch gar nichts mit dem zu tun

hatten, was Physiker und Ingenieure interessierte. Wo sich Mathematiker mit Differentialgleichungen beschäftigten, die auch in der Physik und der Technik auftreten, da blieben die Mathematiker bewußt bei Existenz- und Eindeutigkeitsbeweisen stehen.
So kam es zwischen Ingenieuren und Mathematikern zum Konflikt, was auch Auswirkungen auf die Physik hatte, die gewissermaßen zwischen den beiden Lagern stand. An den Universitäten wehrten sich die Mathematiker gegen die Angliederung technischer Fakultäten. Im Gegenzuge beschränkten die Ingenieure an den Technischen Hochschulen den Anteil der Mathematik: »Wir müssen aus den esoterischen Höhen zurück in die Ebene des Reißbretts.« Das war die Losung. So arbeiteten auf beiden Seiten starke Kräfte auf völlige Trennung. Dadurch entstand gegen Ende des 19. Jahrhunderts eine große Kluft zwischen Mathematik und Technik. Das war zum Schaden auch für die Physik. Die Angriffe der Ingenieure gegen die überhandnehmende Mathematik trafen mit die theoretische Physik. Und ebenso wurde diese Disziplin von den Mathematikern geringschätzig abgetan als mehr oder weniger geistlose Anwendung der von den Mathematikern entwickelten Methoden auf gewisse konkrete Einzelbeispiele.
Eine wesentliche Rolle in der Überbrückung dieser Kluft spielte der große Mathematiker Felix Klein. 1872 hatte er sein »Erlanger Programm« verkündet und damit der mathematischen Forschung einen starken Impuls gegeben. Später, um die Jahrhundertwende, war er nicht mehr in dem früheren Maße wissenschaftlich-schöpferisch tätig, sondern wirkte als großer Organisator im mathematisch-physikalischen Betrieb der Universität Göttingen. Klein stammte aus Düsseldorf und hat sein Leben deshalb gerne mit »Vater Rhein« verglichen: »Zuerst geht es stürmisch vorwärts mit interessanten Wendungen und Durchbrüchen, dann in ruhigerem breiten Lauf, schließlich verflacht sich das Leben in mannigfachen Verästelungen.«
Schon in seinem Äußeren war Klein eine imponierende, achtunggebietende Erscheinung. Er sah aus, wie man sich den Göttervater Zeus vorstellte, und wie dieser den Himmel, dirigierte er den wissenschaftli-

chen Betrieb in Göttingen. Auf Kleins Initiative ging auch die Gründung der »Göttinger Vereinigung zur Förderung der angewandten Mathematik und Physik« zurück.

Seine Freundschaft mit dem mächtigen Ministerialdirektor Friedrich Theodor Althoff nutzte Klein zu einer Personalpolitik in ganz großem Stile. 1895 gelang es ihm, in Göttingen den zweiten Lehrstuhl für Mathematik mit David Hilbert zu besetzen, der in der Zahlentheorie Beachtliches geleistet hatte. 1899 veröffentlichte Hilbert als Festschrift zur Enthüllung des Göttinger Gauß–Weber–Denkmals seine »Grundlagen der Geometrie«. Dieses Werk hat ihm Weltruhm eingetragen, und er rückte mit 37 Jahren in den Rang des Altmeisters.

Die Zusammenarbeit zwischen Klein und Hilbert war von Anfang an sachlich–freundschaftlich. In Fragen der wissenschaftlichen Organisation behielt Klein die gewohnte und bewährte Führung. 1902 erwirkten Hilbert und Klein die Errichtung eines dritten Lehrstuhles für Mathematik. Um Hilberts Weggang zu verhindern, bewilligte Althoff die Berufung von Hermann Minkowski. Nun waren »Castor und Pollux«, wie die beiden seit ihrer Königsberger Studienzeit befreundeten Hilbert und Minkowski genannt wurden, wieder vereint, und es begann eine Zeit intensiver wissenschaftlicher Zusammenarbeit. Beide hatten ein lebhaftes Interesse an der mathematischen Durchdringung der Physik und hielten darüber viele gemeinsame Seminare ab.

Abermals auf Betreiben von Felix Klein wurde im Jahre 1904 Carl Runge von Hannover nach Göttingen geholt, auf den ersten ordentlichen Lehrstuhl für angewandte Mathematik, den es in Deutschland gab. Mit vier mathematischen Lehrstühlen von solchem Gewicht hatte die Universität Göttingen eine einzigartige Stellung erreicht; der Ruhm Göttingens drang weit hinaus, und namentlich die Vereinigten Staaten schickten ihre Studenten, deren Kolleghefte sich füllten mit den neuen Ideen.

Klein war tief durchdrungen von der Bedeutung der Mathematik. Mit großem Unbehagen sah er, daß die Mathematik in der Technik nicht die Rolle spielte, die seiner Meinung für die »Königin der Wissenschaften«

angemessen war. Er setzte seine Kraft und Autorität ein, um die Entwicklung in eine andere Bahn zu lenken. Sein Paradepferd, das er den Ingenieuren vorführte, war Arnold Sommerfeld.
Angezogen von dem großen Rufe der Göttinger Mathematik kam 1894 Sommerfeld in die kleine Stadt, die nach Lichtenberg berühmt war durch ihre »Würste und Universität«. »Überwältigend war der Eindruck«, sagte Sommerfeld später, »den ich von Kleins großartiger Persönlichkeit empfing.« 1896 habilitierte er sich bei Klein, und stets hat er Felix Klein als seinen »eigentlichen Lehrer« angesehen, »nicht nur in mathematischen, sondern auch in mathematisch–physikalischen Dingen und in der Auffassung der Mechanik«. Umgekehrt akzeptierte Klein schon bald den zwanzig Jahre Jüngeren als gleichwertigen Partner.
Drei Jahre arbeiteten beide wissenschaftlich zusammen. Nach dem Weggange Sommerfelds haben sie diese Zusammenarbeit brieflich und bei gelegentlichen Besuchen fortgesetzt, vor allem an dem vierbändigen Werk »Theorie des Kreisels«. Kleins wissenschaftliches Hauptziel war und blieb dabei die Versöhnung von Mathematik und Technik, und bei der Verfolgung dieses Zieles fiel Sommerfeld die Aufgabe zu, die Notwendigkeit einer intensiven Anwendung der Mathematik bei konkreten technischen Problemen überzeugend zu demonstrieren.
Klein selber, so merkwürdig es scheinen mag, war und blieb doch reiner Mathematiker, er sah sozusagen in der Physik und in der Technik nur das Formelhafte und erfaßte wohl nicht recht das eigentliche Wesen dieser Fächer. Durch sein eigenes mathematisches Schaffen hätte Felix Klein die von ihm so sehr gewünschte Synthese der Mathematik mit Physik und Technik gar nicht erreichen können. So war das Zusammentreffen von Klein und Sommerfeld ein glücklicher Umstand, der ganz wesentlich beitrug zum Brückenschlag zwischen Technik und Mathematik.
Sommerfeld besaß die dafür notwendigen Anlagen. Neben seiner großartigen Beherrschung der Mathematik, vor allem der Methoden der Funktionentheorie und der Differentialgleichungen, besaß Sommerfeld die Fähigkeit des anschaulichen Denkens. Wenn er eine Differentialglei-

chung ansetzte, hatte er sofort die richtige Vorstellung davon, was jeder einzelne Term in der Wirklichkeit bedeutete. Er wußte schon gewissermaßen vor der Rechnung, was jedes einzelne Glied und jeder Faktor leisten würde und wo also gegebenenfalls der Ansatz erweitert werden mußte, um die komplexe Wirklichkeit zu erfassen. Sommerfeld gelang in unnachahmlicher Weise die Abbildung der realen Welt auf die abstrakte Formelwelt der Mathematik.

1897 wurde Sommerfeld Professor der Mathematik an der Bergakademie Clausthal–Zellerfeld; drei Jahre später auf energisches Betreiben von Felix Klein etatmäßiger Professor an der Technischen Hochschule Aachen, bezeichnenderweise aber nicht für Mathematik, sondern für technische Mechanik. Sommerfeld sollte demonstrieren, daß diese klassische Ingenieurdisziplin konsequent auf mathematischer Grundlage in den Vorlesungen entwickelt werden kann: »Ich hatte dabei die Genugtuung, daß meine Aachener Kollegen und Studenten, die zunächst den ›reinen Mathematiker‹ mit Mißtrauen betrachteten, mich alsbald als nützliches Glied nicht nur im Unterricht, sondern auch im praktischen Ingenieurwesen anerkannten, so daß ich zu Gutachten, zu Mitarbeit im Ingenieurverein etc. herangezogen wurde.«

Sommerfeld überwand die verbreitete Mathematiker–Krankheit der Zeit, den Sinn der Analyse in allgemeinen Aussagen, wie Existenz- und Eindeutigkeitsbeweisen zu sehen. Es ging ihm sozusagen in Fleisch und Blut über, jede Rechnung bis zum konkret–zahlenmäßigen Ergebnis zu führen. Als er später Physiker geworden war, prägte diese selbstverständliche Gewohnheit immer noch seinen wissenschaftlichen Stil, brachte aber hier die Gefahr mit sich, die kritische Auseinandersetzung mit den theoretischen Grundlagen zu vernachlässigen und sich mit »Kochrezepten« zu begnügen.

Mit zahlreichen Ingenieuren trat Sommerfeld in einen fruchtbaren Gedankenaustausch, so mit August Föppl über Resonanzphänomene bei Brücken, mit August Friedrich von Borries über Probleme des Lokomotivbaues, mit Otto Schlick über den Massenausgleich im Schiffbau und über die Bekämpfung des Schlingerns. Für die genialen Praktiker war

25 Karikatur eines Schülers: Der Genius besucht Arnold Sommerfeld, die Physik macht einen Sprung nach vorn.

Arnold Sommerfeld, der Mathematiker mit dem technischen Verständnis, der ideale Diskussionspartner. An vielen Beispielen zeigte er den Ingenieuren, daß die Mathematik, richtig verstanden, auch in der Technik ihren Platz finden muß. Der Erfolg in der Lösung komplizierter technischer Probleme kontrastierte dabei in einer für die Umwelt oft erheiternden Weise mit manueller Ungeschicklichkeit. Die einfache »Technik«, einen Nagel in die Wand zu schlagen, beherrschte Sommerfeld nicht; diese Aufgabe mußte er seiner Frau oder seinen Söhnen überlassen.

Als zwei Jahrzehnte später die Technische Hochschule Stuttgart einen Mathematiker suchte, da wünschte sich der Vorsitzende der Berufungskommission einen »kleinen Sommerfeld« und setzte hinzu: »Ein großer wäre mir natürlich noch lieber.« Sommerfeld war mit seiner Auffassung der Mathematik zum Vorbild geworden: »Natürlich ist für den Mathematiker das Einzelproblem nichts, die Methode alles. Aber können die Methoden wirklich erfolgreich entwickelt werden, wenn man sich nicht mit Einzelfällen plagt? Hätte Sommerfeld das Problem der drahtlosen Wellen bewältigen können, wenn er sich nicht vorher schon an vielen anderen schwierigen Fällen trainiert hätte?«

Seit 1894 hatte Felix Klein das Riesenprojekt der »Enzyklopädie der Mathematischen Wissenschaften« in Gang gebracht, eine umfassende Bestandsaufnahme der Mathematik als einzigartiger Kulturleistung des Menschen. Offiziell ein Werk der deutschen Akademien, das schließlich auf 24 Bände anwuchs, war es tatsächlich nur dadurch zu realisieren, daß sich Klein selbst für drei Jahrzehnte in den Dienst des Unternehmens stellte. Die Mathematische Enzyklopädie beschränkte sich nicht, bezeichnend für die Auffassung Kleins, auf reine Mathematik, sondern behandelt auch die Geodäsie, die Astronomie und die theoretische Physik.

Seinen Interessen entsprechend behielt sich Klein die Herausgabe der »Mechanik« selbst vor, während er die Physik Arnold Sommerfeld anvertraute. Sommerfeld nämlich ging 1906 von Aachen und der technischen Mechanik über nach München und zur theoretischen Physik.

In München wirkte seit der Jahrhundertwende Wilhelm Conrad Röntgen. Als die alles entscheidende Methode der Physik galt für ihn das Experiment, aber er wußte, daß auch die Mathematik in der Physik eine wichtige Rolle spielt. So setzte er sich nachdrücklich ein für die Wiederbesetzung der Professur für theoretische Physik. »Soeben erfahre ich«, schrieb er am 24. Juli 1905 in seiner zierlichen Schrift an Arnold Sommerfeld, »daß der Kultusminister Ihr Berufungsschreiben unterzeichnet hat.«

Von der Mathematik zur technischen Mechanik, von der technischen Mechanik zur theoretischen Physik. Im Falle Sommerfelds war das der konsequente Weg eines Forschers, dem es im Sinne von Felix Klein darum zu tun war, dem »mathematischen Gedanken zum Siege zu verhelfen«.

Der akademische Unterricht zwang Sommerfeld, sich ebenso einzuarbeiten in die modernen Probleme der Physik. »Ich muß über Maxwellsche Theorie vortragen«, sagte er seinem Assistenten Peter Debye und lud ihn nach Hause zum Abendessen ein. Und Debye wußte, daß nach dem Essen das Thema die Maxwellsche Theorie sein würde. So war Debye zweimal in der Woche Gast bei Sommerfeld, und von acht bis elf oder zwölf diskutierten Meister und Lehrling – und beide lernten Physik.

Sommerfeld hatte stets eine sehr ehrgeizige Auffassung davon, was er in seinen Vorlesungen zu bieten hatte: nämlich die neuesten Ergebnisse der Forschung. So nahm er schon 1907 die von Albert Einstein zwei Jahre zuvor begründete Spezielle Relativitätstheorie auf, die bisher nur von Max Planck als richtig akzeptiert worden war. Von da an wurde Sommerfeld zu einem Vorkämpfer dieser Theorie. Mit der überlegenen Beherrschung des mathematischen Kalküls gelangen ihm bald fruchtbare Anwendungen auf verschiedene physikalische Phänomene. Ein Beispiel ist das Entstehen der Röntgenstrahlen. Treffen Elektronen auf ein Hindernis, werden sie scharf abgebremst. Da die Elektronen ursprünglich eine sehr hohe Geschwindigkeit haben, kommt die Relativitätstheorie ins Spiel. Sommerfelds Rechnungen trugen wesentlich zur schnellen Anerkennung bei.

Sommerfeld traf Einstein zum erstenmal 1909 in Salzburg bei der Versammlung der deutschen Naturforscher und Ärzte. Er war beeindruckt von Einsteins Vortrag; aber von den Lichtkorpuskeln hielt er ebensowenig wie die anderen Physiker. Sommerfeld hatte irgendwo von Experimenten gehört, die es angeblich nötig machten, den Photoeffekt anders als mit den Einsteinschen Lichtquanten zu deuten. Einstein glaubte nicht an diese Experimente, aber er war nicht starrsinnig. »Wenn sich dies als zutreffend erweist«, gab er zu, »dann ist es nichts mit der Anordnung der Energie des Lichtes um diskrete, mit Lichtgeschwindigkeit bewegte Punkte.«

Als Einstein an einer Magenverstimmung laborierte, da sorgte Sommerfeld rührend für den Jüngeren. »Ich begreife es jetzt«, so dankte ihm Einstein, »daß Ihre Schüler Sie so gern haben! Ein so schönes Verhältnis

zwischen Professor und Studenten steht wohl einzig da. Ich will mir Sie ganz zum Vorbild nehmen.«
In den wenigen und turbulenten Tagen der Salzburger Naturforscherversammlung begründeten die nach Herkommen und Veranlagung so verschiedenen Männer eine auf gegenseitiger Hochachtung basierende Zuneigung. Einstein schloß, wie er an einen Freund schrieb, Sommerfeld stürmisch in sein Herz. Er sei »ganz verliebt« in ihn, denn »er ist ein prachtvoller Kerl«. Ähnlich hegte Sommerfeld für Einstein fortan das Gefühl der »Bewunderung und Verehrung«.
Einsteins Argumenten zu folgen vermochte Sommerfeld aber noch nicht. In langen Gesprächen mit Max Planck erfuhr er, daß dieser sein Quantenprinzip eher abzuschwächen suchte. Sommerfeld gewann, wie Planck, die Überzeugung, daß man bei diesem schwierigen Problem »so konservativ wie möglich« vorgehen müsse.
Im März 1910 aber konstatierte Walther Nernst eine befriedigende Übereinstimmung der Einsteinschen Theorie der spezifischen Wärme mit den im Nernstschen Institut ausgeführten Messungen. Arnold Sommerfeld, der stets ausgezeichnet über die neuesten Ergebnisse auf dem Fachgebiet unterrichtet war, erfuhr schnell von dieser entscheidenden Wendung. Gleichzeitig wurde er durch seinen eigenen Assistenten Peter Debye zu einer Stellungnahme gedrängt: Dieser hatte die vielleicht kürzeste und durchsichtigste Ableitung des Planckschen Strahlungsgesetzes entwickelt. Im März 1910 berichtete Debye an Sommerfeld, daß er mit seinen »Überlegungen zur Strahlung jetzt so ziemlich auf einem festen Punkt angelangt sei« und ließ den Wunsch nach einer Publikation anklingen.
Für alle Arbeiten seiner Mitarbeiter fühlte sich Sommerfeld verantwortlich. Was sollte er tun? Wie man im Institut verwundert feststellte, benötigte er mitten im Jahr plötzlich eine »Erholung« und fuhr für eine Woche nach Zürich. »Seine Vorstellung von Erholung war«, bemerkte dazu ein Schüler, »den ganzen Tag mit Einstein über Physik zu diskutieren.« Arnold Sommerfeld sei eine ganze Woche dagewesen, berichtete Einstein, »um die Lichtfrage und einiges aus der Relativität zu verhan-

deln: Seine Anwesenheit war ein wahres Fest für mich. Er hat sich in weitgehendem Maße meinen Gesichtspunkten angeschlossen.«

Mit Sommerfeld war eine wichtige Persönlichkeit für das Quantenkonzept gewonnen. Anders als Einstein und Planck hatte Sommerfeld einen großen Kreis von Schülern, mit denen er in ständigem Gedankenaustausch stand und die er beeinflußte. So war man in München seit etwa Anfang 1911 auch im Kreis der Jüngeren energisch um das Quantenrätsel bemüht.

Von 1910 an lieferte Sommerfeld die ersten Beiträge, die, wie er sich später ausdrückte, »Blumensträußchen« waren auf dem von Planck entdeckten Gebiet. In einem Brief nannte er Planck den Forscher,

»Der sorgsam urbar macht das neue Land,
Dieweil ich hie und da ein Blumensträußchen fand.«

Worauf Planck, der alte Freund, erwiderte:

»Was ich gepflückt, was Du gepflückt,
Das wollen wir verbinden,
Und da sich eins zum andern schickt,
Den schönsten Kranz draus winden.«

Tatsächlich holten Planck, Sommerfeld und Einstein die schönste Blumenernte ein. Diese wahre Blütezeit der theoretischen Physik in Deutschland erhielt ihren Glanz von dem Dreigestirn Einstein, Planck und Sommerfeld. Um es in eine kurze Formel zu bringen: Einstein war das Genie, Planck die Autorität und Sommerfeld der Lehrer.

Auf dem internationalen Solvay-Kongreß in Brüssel 1911 trug Arnold Sommerfeld einen neuen Quantenansatz vor und wandte ihn in ausgedehnten Rechnungen auf viele Naturerscheinungen an. Wichtiger wäre die Klärung der Grundlagen gewesen.

Sommerfelds Brüsseler Referat wurde beachtet. Als fruchtbar erwiesen sich dabei nicht die konkreten Ergebnisse – auf die Sommerfeld selbst größtes Gewicht gelegt hatte –, sondern seine allgemeine Auffassung des Planckschen Wirkungsquantums.

Eineinhalb Jahre zuvor hatte der junge Arthur Erich Haas die Plancksche Konstante aus den Eigenschaften der Atome erklären wollen.

Sommerfeld stellte diesen Gedanken vom Kopf auf die Füße: Mit Hilfe des Planckschen Wirkungsquantums müsse man in der Lage sein, das Rätsel des Atom– und Molekülbaues zu lösen.
Im März 1913 gelang es dann dem jungen und genialen dänischen Forscher Niels Bohr, eine wirkliche Quantentheorie des Atoms zu begründen. Aus einfachen »Postulaten« (wissenschaftlichen Sätzen, die selbst nicht begründet werden konnten) leitete Bohr die Eigenschaften des einfachsten Atoms, des Wasserstoffs, ab. Zu diesem Erfolg hatte entscheidend die Überzeugung beigetragen, daß es das Wirkungsquantum sei, das für die Stabilität des planetarischen Atommodells sorge. Diese Auffassung aber hatte Sommerfelds Referat in Brüssel vermittelt.

Niels Bohr stellte sich das Atom wie ein Planetensystem en miniature vor: Wie die Planeten um die Sonne, so kreisen um den Atomkern die Elektronen.Physikalisch ist ein solches Atom ein »elektromagnetischer Dipol«; dessen Verhalten aber war in Theorie und Praxis der beginnenden Rundfunktechnik bestens bekannt. So wurde ein Planetenmodell für das Atom als unmöglich angesehen.
Der einzige Unterschied zwischen einem Atom und einem strahlenden Dipol besteht darin, daß ein Atom viele Größenordnungen kleiner ist: Um die Länge von einem Meter zu erhalten, müßte man etwa 10 Milliarden Atome an einer Kette aufreihen. Dieser Unterschied in der Größe schien jedoch keine prinzipielle Bedeutung zu haben.
Niels Bohr aber stellte sich auf den Standpunkt, daß das winzig kleine Atom eine Welt für sich darstellt, einen Mikrokosmos, in dem andere Gesetze gelten als die bisher bekannten im Bereich der Größenordnung von Zentimetern und Metern.
Seit Max Planck zur Ableitung seiner Strahlungsformel im Jahre 1900 zum erstenmal einen Quantenansatz gebraucht hatte, war man im Kreise der führenden Physiker, vor allem in Deutschland, doch zur Überzeugung gekommen, daß mit der Planckschen Konstanten h die bisherige, die »klassische« Physik jedenfalls teilweise außer Kraft gesetzt würde. Mit Hilfe des Planckschen Wirkungsquantums h und anderen funda-

mentalen Naturkonstanten läßt sich eine Längeneinheit von atomarer Größe bilden. Daraus zog Bohr den Schluß, daß diese Außerkraftsetzung der klassischen Physik gerade im Mikrobereich des Atoms eintritt. Um nun das - nach den klassischen Gesetzen der Physik unmögliche - planetarische Atommodell zu konstruieren, stellte Bohr die Forderung auf, daß es im Atom bestimmte ausgezeichnete Kreisbahnen gibt, auf denen die Elektronen entgegen der bisherigen Ansicht *nicht* strahlen. Das berühmte erste Postulat lautet nach Bohr:
»Ein Atomsystem besitzt eine Anzahl von Zuständen, in welchen keine Energiestrahlung stattfindet, selbst wenn sich die Teilchen in gegenseitiger Bewegung befinden und eine solche Emission nach der gewöhnlichen Elektrodynamik zu erwarten wäre. Die Zustände sind als die ›stationären‹ Zustände des betrachteten Systems bezeichnet.«
In der alten klassischen Physik von Galilei, Newton und Leibniz bis hin zu Planck und Einstein hatte das Prinzip »natura non facit saltus« gegolten: Die Natur macht keine Sprünge. Mit dem ersten Quantenansatz Plancks wurde dieser Grundsatz durchbrochen. Ein Maß für die Durchbrechung des Stetigkeitsprinzips ist dabei das Energieelement $\varepsilon = h \cdot \nu$. Ein schwingendes System kann nach Planck Energiestrahlung nur portionsweise aufnehmen und abgeben. Genial übertrug Bohr diese Konzeption auf das Atom und formulierte als sein zweites Postulat:
»Jede Emission oder Absorption von Energiestrahlung soll dem Übergang aus einem in einen anderen ›stationären‹ Zustand entsprechen. Die bei einem solchen Übergang emittierte Strahlung ist homogen, und ihre Frequenz wird bestimmt durch die Beziehung

$$h\nu = A_1 - A_2,$$

wo h Plancks Konstante und A_1 und A_2 die Energien des Systems in den beiden stationären Zuständen bedeuten.«
Dies war in der Tat ein kühner und mit den überkommenen Vorstellungen nicht vereinbarer Ansatz. Wenn das Elektron beim Übergang von einer Bahn zur andern eine einheitliche Frequenz ausstrahlen soll, so muß es sozusagen schon vorher wissen, wo es später ankommen wird.

»Das Elektron besitzt also einen eigenen Willen und ein Bewußtsein«, kommentierten manche das Paradoxon.
Arnold Sommerfeld gehörte zu den ersten, die die Bedeutung des Bohrschen Ansatzes erkannten. Am 4. September 1913 schrieb er auf einer Karte an Bohr: »Ich danke Ihnen vielmals für die Übersendung Ihrer hochinteressanten Arbeit . . . Das Problem . . . hat mir schon lange vorgeschwebt. Ich habe davon vor einigen Jahren zu Debye gesprochen. Wenn ich auch vorläufig noch etwas skeptisch bin gegenüber den Atommodellen überhaupt, so liegt fraglos eine große Leistung vor.«
Diese »Skepsis gegenüber den Atommodellen überhaupt« hat Bohr später sehr belustigt: Das von Bohr aufgestellte Modell des Atoms hat niemand - auch Bohr selbst nicht - mit größerer Meisterschaft gehandhabt als Sommerfeld; dieser hat sozusagen noch das letzte Detail aus diesem Atommodell herausgeholt und herausgerechnet. Sechs Jahre lang hatte Sommerfeld in Aachen das Fach »Technische Mechanik« vertreten und in dieser Zeit eine ganze Anzahl von Ingenieuraufgaben mathematisch bewältigt. Es scheint, als habe er nun auch das Bohrsche Atommodell als eine Maschine betrachtet, die er bis ins Kleinste kannte und beherrschte und an der sein Herz hing.
Die neuen Gedanken über die Ausgestaltung des Bohrschen Atommodells trug Sommerfeld im Wintersemester 1914/15 seinen Assistenten und Studenten im internen Institutskolloquium vor. Am 6. Dezember 1915 trat er damit vor die Bayerische Akademie.
Bohr hatte als Bahnen der Elektronen im Atom (jedenfalls bei der mathematischen Behandlung) nur Kreise in Betracht gezogen; durch die Analogie mit den Planetenbahnen um die Sonne war es naheliegend, auch Ellipsen zu berücksichtigen. Es ergab sich aber das enttäuschende Ergebnis, daß aus der Rechnung nur die alten Bohrschen Energiewerte ohne jede Abänderung herauskamen. Die Energie einer ganzen Schar von Ellipsen fiel immer mit der Energie einer bestimmten Kreisbahn zusammen.
Sommerfeld war seit 1907 ein begeisterter Anhänger der Speziellen Relativitätstheorie und hatte die Einsteinschen Formeln auf viele physi-

kalische Probleme angewandt. Auch jetzt nahm er das Problem unter dem Aspekt der Relativitätstheorie in Angriff und erhielt endlich die gesuchte Energieaufspaltung. Dort, wo bei Bohr nur ein Energiewert A vorlag, gab es jetzt im allgemeinen eine ganze Reihe A, A', A'' ... Das hat zur Folge, daß die Spektrallinien, deren Frequenzen sich nach Bohr durch $h\nu = A_1 - A_2$ errechnen, in ihrer Zahl vermehrt werden. Denn jetzt sind neben den alten Werten A_1 und A_2 (die zu den Kreisbahnen gehören) auch A_1', A_1'' ... und A_2', A_2'' ... einzusetzen. Da die A_1-Werte untereinander (und die A_2-Werte untereinander) nur wenig verschieden sind, so sind auch die sich ergebenden Frequenzen untereinander sehr wenig verschieden. Anstelle *einer* Spektrallinie bei Bohr gibt es also bei Sommerfeld eine ganze Anzahl eng beieinanderliegender Spektrallinien. Das ist die sogenannte »Feinstruktur«.

So hatte also Sommerfeld das alte Kepler-Problem im neuen Lichte behandelt, mit einem Quantenansatz und der Relativitätstheorie.

Wie er früher in Aachen in enger Verbindung mit den Ingenieuren die mathematische Behandlung technischer Probleme vorangetrieben hatte, so fand er jetzt seine Gesprächspartner unter den Experimentalphysikern. Die immer genauer zur Verfügung stehenden Daten über die Eigenschaften der Atome waren die Prüfsteine für die Richtigkeit der Theorie. Die Sommerfeldschen Rechnungen brachten eine gute Übereinstimmung mit den experimentell ermittelten Werten. Die Quantenpostulate Bohrs konnten damit auf die beste Weise, durch den Erfolg, gerechtfertigt werden; dennoch blieb ihr Widerspruch zur »klassischen Physik«.

»Im allgemeinen gebe ich vollkommen zu, daß die Bohrsche Theorie in ihrem heutigen Zustande eine mit verschiedenen logischen Härten verbundene Umstellung unseres Denkens erfordert«, urteilte ein Sommerfeld-Schüler: »Mir selbst ist diese innere Umkrempelung sehr schwer gefallen, und namentlich der Umstand war es, daß die Elektronen während ihrer Bewegung in den statischen Bahnen nicht strahlen, an welchem ich mich stieß ... Ein genügendes Vertrauen zu der neuen Theorie, um selbst eine Anwendung derselben zu versuchen, gewann ich aber erst, nachdem Sommerfeld in seiner Theorie der Feinzerlegung der Wasserstofflinien eine so glänzende Übereinstimmung mit der Erfahrung erzielt hatte. Wenn ich nun selbst erst sehr spät aus einem Saulus ein Paulus geworden bin, kann ich es natürlich um so eher verstehen, daß ein Forscher, der seit langer Zeit detaillierte eigene Vorstellungen über den Atombau besitzt, nicht geneigt ist, dieselben wesentlich abzuändern . . . Die Schwierigkeiten der Bohrschen Theorie sind in der Tat sehr ernster Natur. Jeder, der mit diesen Atommodellen arbeitet, muß sich stets gegenwärtig halten, daß viele Punkte der Theorie provisorischen Charakter haben. Und kein Punkt ist unserem Denken weniger sympathisch als der, daß sich die Schwingungszahl nach der Formel $h\nu = A_1 - A_2$ berechnen soll.«

Eine grundsätzliche Klärung vermochte man zunächst nicht zu erzielen. »Ich kann nur die Technik der Quanten fördern, Sie müssen ihre Philosophie machen«, schrieb Sommerfeld an Einstein. Diese Philosophie der Quanten und Atome ließ aber noch lange Jahre auf sich warten. Es war ein Glücksfall für die Wissenschaft, daß sich der Pragmatiker Sommerfeld durch die gewichtigen Bedenken nicht zurückhalten ließ und, mangels besserem, als richtig das ansah, was sich aus seinen Ansätzen errechnen ließ und (einigermaßen) in Übereinstimmung mit den Experimenten stand.

Schon etwa fünf Jahre nach der ersten Veröffentlichung Bohrs konnte durch Sommerfeld ein gewisser Abschluß in der mathematischen Entwicklung des Atommodelles erreicht werden. Er unternahm es, das neue Gebiet zusammenfassend darzustellen. Sommerfelds Buch über »Atombau und Spektrallinien«, das 1919 in erster und in den folgenden Jahren in immer neuen Auflagen erschien, wurde, wie seine Schüler sagten, die »Bibel der Atomphysik«. Hier leitete er die drei Keplerschen Gesetze für die Elektronen im Atom her: Was Kepler für die Planeten am Himmel erwiesen hatte, zeigte Sommerfeld für die Elektronen im Atom. Die Elektronen im Atom beschreiben Ellipsenbahnen, erfüllen den Flächensatz und den Satz, daß sich »die Quadrate der Umlaufszeiten verhalten wie die Kuben der großen Achsen«.

In dem seither oft zitierten Vorwort beschwor Sommerfeld, der sonst gar nicht überschwengliche, zu Keplers Ellipsen auch Keplers Geist: »Was wir heutzutage aus der Sprache der Spektren heraushören, ist eine wirkliche Sphärenmusik des Atoms, ein Zusammenklingen ganzzahliger Verhältnisse, eine bei aller Mannigfaltigkeit zunehmende Ordnung und Harmonie. Für alle Zeiten wird die Theorie der Spektrallinien den Namen Bohrs tragen. Aber noch ein anderer Name wird dauernd mit ihr verknüpft sein, der Name Plancks. Alle ganzzahligen Gesetze der Spektrallinien und der Atomistik fließen letzten Endes aus der Quantentheorie. Sie ist das geheimnisvolle Organon, auf dem die Natur die Spektralmusik spielt und nach dessen Rhythmus sie den Bau der Atome und der Kerne regelt.«

Und Sommerfelds Meisterschüler Wolfgang Pauli bestätigte: »Es ist, wie wenn Keplers Suchen nach den Harmonien im Kosmos, geleitet von dem musikalischen Gefühl für die Schönheit der richtigen Proportion im Sinne der Philosophie der Pythagoreer, sein ›geometria est archetypus pulchritudinis mundi‹ (die Geometrie ist das Urbild der Schönheit der Welt) hier wiedererklingen würde«.

Tatsächlich ist das Sommerfeldsche Atommodell mit den Ellipsenbahnen der Elektronen um den Atomkern ein Abbild des Planetensystems, und alle Gesetzmäßigkeiten des Makrokosmos, die Kepler zur Bewunderung und Demut hingerissen hatten, finden sich im Mikrokosmos Atom wieder. Aber noch mehr: Die Sommerfeldschen Quantisierungsvorschriften für die Bewegung der Elektronen im Atom bewirken eine über die mathematische Struktur des Planetensystems hinausreichende höhere »Ordnung und Harmonie«. Man muß Sommerfeld, diesen Meister der Atomphysik, so hat sein Schüler Helmut Hönl gesagt, im Licht einer geistigen Tradition sehen, die bis auf Kepler zurückreicht: »Diese Einstellung zu den Naturerscheinungen war bei Sommerfeld nicht etwa das Ergebnis historischer Studien, sondern sie war ihm angeboren. Sein feiner, mathematischer Spürsinn ließ ihn allenthalben harmonische und klar erfaßbare Gesetzmäßigkeiten erschauen«.

Den unverwechselbaren Denkstil, der eine eigene »Sommerfeldsche«

Physik des Atoms geprägt hat, beschrieb auch Werner Heisenberg: »Sommerfeld liebte zwar die klassische Physik, die exakte Ableitung physikalischer Resultate aus gegebenen wohldefinierten Voraussetzungen, aber er wußte, daß in neuen Gebieten der Physik . . . mit solchen Methoden nicht mehr viel auszurichten ist. Hier galt es, die mathematische Darstellung der Phänomene zu erraten. Dafür sind zwei Fähigkeiten erforderlich, die Sommerfeld in hohem Maße besaß:
1. ein sicheres ästhetisches Empfinden für mögliche mathematische Formen und 2. ein untrüglicher Instinkt für den physikalischen Kern des Problems. Was die ästhetische Seite dieser phänomenologischen Physik betrifft, so reizte Sommerfeld besonders das Auftreten ganzer Zahlen. ›Sind's ganze Zahlen, geh' zu Sommerfeld‹, so hatte Pauli übermütig formuliert im Anschluß an die Reklame einer optischen Firma, die den Werbespruch hatte, ›Sind's die Augen, geh' zu Ruhnke‹.«
Unter den jungen, dem Neuen zugewandten Physikern und den Physikstudenten in aller Welt gewann der Name Sommerfeld legendären Ruhm. Von nah und fern kamen die Schüler. Fast zufällig war 1908 Peter Paul Ewald in eine Sommerfeld-Vorlesung geraten. »Von da ab wußte ich«, sagte er, »daß meine Liebe dieser wunderbaren Harmonie von anschaulichem mathematischen Denken und physikalischem Geschehen galt.«
In seiner Doktorarbeit beschäftigte sich Ewald mit dem Durchgang von Röntgenstrahlen durch Materie. Bei der Niederschrift kamen ihm einige Resultate so merkwürdig vor, daß er den am Institut tätigen Privatdozenten Max Laue um ein Gespräch ersuchte. Niemand schien dafür besser geeignet, denn Laue hatte sich auf optische Probleme spezialisiert. In diesem Gespräch hat Ewald für seine Dissertation nichts profitiert, wohl aber Max Laue blitzartig eine Idee gefaßt: Was geschieht, wenn Röntgenstrahlen durch einen Kristall gehen? Wenn es wirklich stimmte, daß Röntgenstrahlen kurze elektromagnetische Wellen – also dem Licht verwandt – sind und wenn weiterhin stimmte, daß die Kristalle regelmäßig aus den Atombausteinen aufgebaut sind, dann muß man doch eigentlich einen Interferenzeffekt erwarten können. Es muß dann ein

Kristall für Röntgenlicht dasselbe sein wie ein Beugungsgitter für gewöhnliches Licht, und da hatte man ja schon seit Joseph von Fraunhofer, dem Pionier der praktischen und theoretischen Optik, Interferenzerscheinungen beobachtet. Hinter einem Beugungsgitter wechselt in charakteristischer Weise Hell und Dunkel: Licht zu Licht gefügt kann Dunkelheit ergeben – dafür tritt dann Verstärkung der Intensität in anderen Richtungen auf.

»Wes das Herz voll ist, des fließt der Mund über«: Laue diskutierte mit jedem, der davon hören wollte. Die anerkannten Meister Röntgen und Sommerfeld äußerten Zweifel; aber die jüngeren Physiker begannen, sich für die Idee zu erwärmen. Zur Ausführung des Versuchs erbot sich Walther Friedrich, und er schien tatsächlich der Geeignetste: Erstens hatte er schon Erfahrung im Umgang mit Röntgenstrahlen, zweitens hatte er eben promoviert und suchte nach einer neuen Aufgabe. Unter dem Gewicht der Einwände Sommerfelds kamen aber nun auch Friedrich Bedenken.

Laues Enthusiasmus war jedoch nicht zu dämpfen. Er überredete einen jungen Doktoranden, das Experiment zu wagen, und später erinnerte er sich: »Daß ein wenig Diplomatie erforderlich gewesen wäre, um den Beginn der Versuche im Sommerfeldschen Institut zu erreichen, das ist allerdings richtig. Denn um die Wende März-April 1912 sah es so aus, als wollte Friedrich die Interferenzversuche zunächst noch zurückstellen. Da veranlaßte ich Knipping, sich der Sache anzunehmen.«

Schon der zweite Versuch brachte den Erfolg. Auf der Photographie sah man deutlich neben dem direkt durchgegangenen Hauptstrahl auch einen Kranz regelmäßig angeordneter Punkte. In seiner Begeisterung sandte Laue Kopien in alle Welt. »Ich gratuliere Ihnen herzlich zu Ihrem wunderbaren Erfolge«, antwortete Einstein. »Ihr Experiment gehört zum Schönsten, was die Physik erlebt hat.«

Wie ein Lauffeuer sprach sich der Erfolg unter den Physikern in München herum. Röntgen stürmte in das Sommerfeldsche Institut, um sich die Versuchsergebnisse anzusehen, und war sehr ergriffen, wie ein junger Physiker beobachtete: Es war schon etwas Besonderes mit diesen

geheimnisvollen X-Strahlen, die er achtzehn Jahre zuvor in Würzburg entdeckt hatte.
Sommerfeld aber konnte stolz sein, daß die schöne Entdeckung nicht in dem großen, unter Röntgens Leitung stehenden »Physikalischen Institut«, sondern in der kleinen experimentellen Abteilung seines Lehrstuhls gelungen war. Sommerfeld konnte überhaupt stolz sein auf seine »jungen Leute«, auf die erste Generation, die er für die Physik gewonnen hatte: Peter Debye, Peter Paul Ewald, Paul S. Epstein, Demetrios Hondros und Paul Ehrenfest.
Bald nach Kriegsende 1918 kamen neue Schüler und Mitarbeiter, unter ihnen Helmut Hönl, Wolfgang Pauli und Werner Heisenberg. »Was ich an Ihnen besonders bewundere«, schrieb damals Einstein, »das ist, daß Sie eine so große Zahl junger Talente wie aus dem Boden gestampft haben. Das ist etwas ganz Einzigartiges. Sie müssen eine Gabe haben, die Geister ihrer Hörer zu veredeln und zu aktivieren.«
Als Wolfgang Pauli im Oktober 1918 und Werner Heisenberg zwei Jahre später seine Schüler wurden, da verstand es Sommerfeld tatsächlich, deren Genie »zu aktivieren«. Heisenberg, wie viele Adepten Sommerfelds, ursprünglich entschlossen, reine Mathematik zu studieren, wurde schon durch das erste Gespräch für die theoretische Physik gewonnen: »Sommerfeld empfing mich in einem hellen Zimmer, durch dessen Fenster man im Hof der Universität die Studenten auf den Bänken unter der großen Akazie sitzen sah. Der kleine, untersetze Mann mit dem etwas martialisch anmutenden dunklen Schnurrbart machte zunächst einen strengen Eindruck. Aber schon aus den ersten Sätzen schien mir eine unmittelbare Güte zu sprechen, ein Wohlwollen für den jungen Menschen, der hier Führung und Rat suchte.«
Bald darauf lernte Heisenberg auch Wolfgang Pauli kennen. Im Hörsaal saßen die beiden Meisterschüler nebeneinander, und Pauli flüsterte, eben als Sommerfeld seine Vorlesung beginnen wollte: »Sieht er nicht aus wie ein alter Husarenoberst?«
Auf den ersten Blick wirkte Sommerfeld tatsächlich wie ein gestrenger »Geheimrat«. Nur wenige Professoren trugen diesen Ehrentitel.

Der Geheimrat war ein Freund der Jugend. Immer hatte er Zeit für anregende Diskussionen, und wie er von seinen genialen Schülern die Ideen aufnahm, gab er großzügig eigene und fremde Gedanken weiter. Sommerfeld hatte sehr entschiedene Ansichten darüber, was seine jungen Leute tun und was sie nicht tun sollten. So sah er nicht gerne, daß sie Schach spielten, und er sagte zu Heisenberg: »Sie sollten nicht mit Schachspielen ihre Zeit vertun. Wenn Sie sich geistig betätigen wollen, dann machen Sie besser Physik, und wenn Sie sich erholen wollen, können Sie Skifahren gehen.«

Sommerfeld selbst hatte sich zu lange mit Mathematik beschäftigt und mit technischer Mechanik, und als er mit 38 Jahren zur Physik kam, war er schon zu alt, um wirklich originell sein zu können. Es waren seine jungen Leute, auf die er seine Hoffnungen setzte.

Sommer wie Winter zog er mit seinen Mitarbeitern in die Berge. Hauptbeschäftigung aber war nicht das Wandern und das Skilaufen, sondern die wissenschaftliche Diskussion. Thema der Gespräche war ausschließlich die Physik.

Die alles andere verdrängende Leidenschaft für die Physik war auch eine Flucht aus den Niederungen des politischen Alltags. Nach Ende des Ersten Weltkrieges fand er in der Politik »alles unsagbar elend und blödsinnig«.

Die Welt der Physik, dieser heilige Tempel der Wissenschaft, sollte frei gehalten werden von den bösen politischen Leidenschaften. »Mit wahrer Wut« reagierte er, als es in Berlin zu Massenversammlungen gegen die Relativitätstheorie kam. Wie er erfuhr, waren Demagogen am Werk, die die von ihm so bewunderte Theorie schmähten als »entartete Wissenschaft« und »jüdischen Weltbluff«.

»Mit wahrer Wut habe ich, als Mensch und als Vorsitzender der Physikalischen Gesellschaft, die Berliner Hetze gegen Sie verfolgt«, schrieb Sommerfeld an Einstein. Für die Physiker brach eine Welt zusammen. »Ich war so überzeugt gewesen«, so schilderte es Werner Heisenberg in seiner Autobiographie, »daß wenigstens die Wissenschaft vom Streit der politischen Meinungen vollständig ferngehalten werden könnte. Nun

INSTITUT
FÜR THEORET. PHYSIK
MÜNCHEN, UNIVERSITÄT,
LUDWIGSTRASSE 17.

MÜNCHEN, DEN 3. September 1920.

Lieber Einstein!

Mit wahrer Wut habe ich, als Mensch und als Vorsitzender der Phys. Ges., die Berliner Hetze gegen Sie verfolgt. Eine warnende Bitte an Wolf-Heidelberg, er möchte die Finger davon lassen, war überflüssig. Sein Name ist, wie er Ihnen inzwischen geschrieben hat, einfach misbraucht worden. Ebenso wird es gewiss mit Lenard stehen. Eine feine Sorte, die Weyland - Gehrcke!

Heute habe ich mit Planck beraten, was auf der Naturforscher-Gesellschaft zu tun ist. Wir wollen dem Vorsitzenden, meinem Collegen v. Müller, eine scharfe Abwehr gegen die „wissenschaftl." Demagogie und eine Vertrauenskundgebung für Sie in den Mund legen. Es soll nicht darüber förmlich abgestimmt ~~werden~~ sondern nur als Ausfluss des wissenschaftl. Gewissens vorgebracht werden.

Von Deutschland fortgehn dürfen Sie aber nicht! Ihre ganze Arbeit wurzelt in der deutschen (+ holländischen) Wissenschaft; nirgends findet Sie soviel Verständnis wie in Deutschland. Deutschl. jetzt, wo es so namenlos von allen Seiten mishandelt wird, zu verlassen, sähe Ihnen nicht gleich. Noch eins: mit Ihren Ansichten wären Sie in Frankreich, England, Amerika während des Krieges sicher eingesperrt worden, wenn Sie sich wie ich nicht zweifle dann gegen die Entente und ihr Lügen

system gewandt hätten (vgl. Jaurès, Russel, Cartoux etc.).
Dass Sie, ausgerechnet Sie, sich ernstlich dagegen verteidigen müssen, dass Sie ~~nicht~~ abschreiben und die Kritik scheuen, ist ja wirklich ein Hohn auf jede Gerechtigkeit und Vernunft. –

Die süddeutschen Monatshefte haben Sie um einen Artikel gebeten und sorgen sehr um Ihre Antwort. Sie können sie auch, wenn es Ihnen lieber ist, an mich geben. Aber wir müssen sie wegen der weiteren Einleitung so bald als irgend möglich haben. Die Süddeutschen werden viel gelesen und sind ein angesehenes Organ; Sie können darin nebenbei auch gegen die „Hanzen" Stellung nehmen. Ihre Erklärung im Berliner Tageblatt habe ich nicht gelesen, sie wird ~~aber~~ von anderen nicht als sehr glücklich und Ihnen nicht ganz ähnlich beurteilt. Das mit den Hanzen aber war gut. Das B.T. scheint mir eigentlich nicht der rechte Ort um mit den Radau-Antisemiten abzurechnen. Es würde uns sehr freuen, wenn Sie bei den Südd. mittäten.

Ich hoffe, Sie haben inzwischen schon wieder Ihr philosophisches Lachen gefunden, und das Mitleid mit Deutschland, dessen Qualen sich wie überall in Pogromen äussern. Aber nichts von Fahnenflucht.

Herzlich Ihr

A. Sommerfeld.

Ich habe Grebe gebeten, in Nauheim seine Aufnahmen zu demonstrieren. Er wird es tun. Für die Diskussion scheint mir diese Frage jetzt am wichtigsten. Sie werden doch sicher nach Nauheim kommen?

26 *Brief Sommerfelds an Einstein vom 3. 9. 1920: Beschwörender Appell, Einstein möge Deutschland nicht verlassen.*

sah ich, daß selbst das wissenschaftliche Leben durch böse politische Leidenschaften infiziert und entstellt werden kann.«

Heute wissen wir: Bei der Ablösung tradierter Denkformen sind persönliche Auseinandersetzungen unvermeidlich; es ist eine Fiktion, daß in der Wissenschaft Konflikte rein rational ausgetragen werden könnten mit Argumenten und Gegenargumenten. Die Schärfe, mit der in den zwanziger Jahren die Auseinandersetzung geführt wurde, war aber doch einmalig: Eine politische Revolution war zeitlich zusammengetroffen mit einer wissenschaftlichen Umwälzung. So verbanden sich politische und wissenschaftliche Emotionen.

Heftig bekämpften die Physiker diese Verquickung von Wissenschaft und Politik. In der Wissenschaft war jeder einzelne verpflichtet, nur rein wissenschaftliche Gesichtspunkte anzuführen und gelten zu lassen. Wenn auch Emotionen nie ganz vermieden werden konnten, so war es um so wichtiger, daß alle nach diesem (nie vollkommen erreichbaren) Ideal strebten.

Die Trennung von Wissenschaft und Politik führte dazu, daß die Gelehrten sich zwar energisch um die »Reinheit« ihres Tempels bemühten, das politische Geschäft aber als rettungslos schmutzig anderen überließen. Die Wissenschaftler zogen sich zurück in ihren Elfenbeinturm. Je lauter die Schreie auf den Gassen, desto stiller die Gelehrten.

Während des Ersten Weltkrieges hatte sich Wolfgang Pauli für Politik engagiert. Seine eigentliche Aufgabe aber fand der Schüler des Döblinger Gymnasiums bald in der Wissenschaft. Soll ein Gelehrter in die Politik eingreifen? Paulis Antwort war später ein entschiedenes Nein: »Wer dem ›Willen zur Macht‹ etwas anderes, Geistiges entgegensetzen will, darf nicht selbst einem Machtwillen so weit erliegen, daß er sich einen größeren Einfluß auf die Weltgeschichte zurechnet, als er der Natur der Sache nach haben kann. Ein chinesisches Sprichwort sagt: ›Ist das rechte Mittel in der Hand des verkehrten Mannes, so wird das richtige Mittel verkehrt. Daher lege man kein Mittel in die Hand des verkehrten Mannes‹.«

2. Pauli: Das Gewissen der Physik

Albert Einstein hat ihn als seinen legitimen Nachfolger angesehen, der in der Physik die große, Mikrokosmos und Makrokosmos umspannende Theorie vollenden sollte. Für Werner Heisenberg war er der »oberste Richter«. Bei allen Arbeiten hat Heisenberg vor der Veröffentlichung das Urteil seines »Freundes und schärfsten Kritikers« eingeholt. Die jüngeren Kollegen nannten ihn die »Geißel Gottes«, und einer schrieb: »Ich hatte aus Angst vor Bohr und Ihnen (und sonst niemandem in der Welt) mehr als ein Jahr mit dem Entschluß herumgewürgt, die paar Zeilen drucken zu lassen.« Die Rede ist von Wolfgang Pauli, der, solange er lebte, eine Art Institution war in seinem Fach, der theoretischen Physik.

Man hat Leibniz den letzten Gelehrten genannt, der noch alles Wissen seiner Zeit beherrschte, Alexander von Humboldt den letzten, der die Naturwissenschaften noch voll überblickte. Wolfgang Pauli wird man als den letzten Universalisten der Physik bezeichnen können, der in allen Grundlagenproblemen Kompetenz besaß. »Ich wußte seit der Zeit, da er mein Assistent in Göttingen war«, urteilte Max Born, »daß er ein Genie war, nur vergleichbar mit Einstein selbst, ja wissenschaftlich vielleicht noch größer.«

Im Oktober 1918 kam Wolfgang Pauli von Wien an die Universität München, um hier bei Arnold Sommerfeld theoretische Physik zu hören. Der Achtzehnjährige war »schon im vollen Besitz der mathematischen und mathematisch-physikalischen Methoden«, wie der Geheimrat staunend registrierte: »Er brachte eine fertige Arbeit zur Allgemeinen Relativitätstheorie mit, die sofort Einsteins Aufmerksamkeit und Bewunderung erregte.«

Staunen und Bewunderung für das frühreife Genie spricht auch aus dem Briefe, den im Mai 1919 der berühmte Mathematiker Hermann Weyl an Pauli richtete: »Wie Sie es aber fertig gebracht haben, sich in so jungen Jahren in den Besitz all der Erkenntnismittel zu setzen und diejenige

Freiheit des Denkens zu erwerben, die nötig ist, um sich die Relativitätstheorie zu eigen zu machen, ist mir nahezu unbegreiflich.«
Damals sollte, im Rahmen der großangelegten »Enzyklopädie der Mathematischen Wissenschaften« auf höchstem mathematischen und physikalischen Niveau auch die Relativitätstheorie dargestellt werden. Felix Klein als Gesamtherausgeber und Arnold Sommerfeld als der Verantwortliche für den Band »Physik« verfolgten das Prinzip, nur den anerkannten Experten, im allgemeinen den Schöpfer des betreffenden Gebietes, als Verfasser heranzuziehen. So war Albert Einstein für das Thema »Relativitätstheorie« gewonnen worden. Als Einstein wegen Überlastung absagte, übernahm Pauli in seinem dritten Studiensemester die Aufgabe. Darin kommt das geradezu sagenhafte Vertrauen Sommerfelds in die Fähigkeiten seines Schülers zum Ausdruck.
Als sie nach einem Jahr fertig war, erregte die Ausarbeitung eine Sensation. Einstein sprach in seiner Rezension von dem »reifen und großangelegten Werk«: »Man weiß nicht, was man am meisten bewundern soll, das psychologische Verständnis für die Ideenentwicklung, die Sicherheit der mathematischen Deduktion, den tiefen physikalischen Blick, das Vermögen übersichtlicher systematischer Darstellung, die Literaturkenntnis, die sachliche Vollständigkeit, die Sicherheit der Kritik.«
Diesen Erfolg hatte Pauli sozusagen en passant erworben. Sein Hauptinteresse galt der Quantentheorie. Seit Max Planck im Jahre 1900 einen ersten Ansatz versucht hatte, war klargeworden, daß für die Mikrowelt der Atome die bekannten, »klassisch« genannten Prinzipien nicht ausreichten. Man mußte differenzierter denken lernen, um die Natur zu verstehen.
»Die Physik ist momentan wieder einmal sehr verfahren, für mich ist sie jedenfalls viel zu schwierig und ich wollte, ich wäre Filmkomiker oder so etwas und hätte nie etwas von Physik gehört.« Das schrieb Pauli an einen Freund, und aus solchen Stellen wird deutlich, daß die jungen Menschen damals die großen Schwierigkeiten in der Atomphysik als schwere psychische Belastung empfunden haben. In der Unbedenklichkeit der

Jugend vermochten sie diese freilich immer wieder abzuschütteln. So heißt es übermütig in einem Brief an Heisenberg: »Jetzt halte ich schon auf Briefseite 12, und 2 Uhr 40 Nacht ist es auch schon, ein Zeitpunkt, wo ich in Ehren und mit gutem Gewissen schlafen gehen kann. Jetzt können Sie einmal kritisieren und pöbeln!«

Drei Jahre oder sechs Semester, die vorgeschriebene Mindeststudienzeit, verbrachte Pauli an der Universität München bei Arnold Sommerfeld. Er hat den Geheimrat zeitlebens herzlich verehrt, was ihn nicht hinderte, auch ihm, wie allen anderen, gelegentlich ein sehr kritisches Wort ins Stammbuch zu schreiben. Als Sommerfeld bei einer Tagung Ideen Paulis vortrug, die dieser für noch nicht ausgereift hielt, schrieb Pauli ironisch: »Sollte ich einmal zu faul sein, eine Sache selbst zu publizieren oder dies aus irgendwelchen sachlichen Bedenken nicht gerne tun wollen . . . so werde ich sie Ihnen brieflich mitteilen. Sie werden sie dann bestimmt in irgendeiner Form früher oder später publizieren. Natürlich werde ich Sie nicht ausdrücklich darum ersuchen, sonst würden Sie es aus pädagogischen Gründen ablehnen. Es ist dies überhaupt eine sehr angenehme Methode der Veröffentlichung von irgendwelchen Überlegungen, die mir schon einmal Herr Landé so gut besorgt hat.«

In den Kreis von jungen theoretischen Physikern, die Sommerfeld um sich geschart hatte, kam im November 1920 auch Werner Heisenberg. Nur ein Jahr haben Pauli und Heisenberg gemeinsam als Studenten verbracht; im Juli 1921 promovierte Pauli an der Universität München »summa cum laude«. Er ging zunächst nach Göttingen zu Max Born und dann zu Niels Bohr nach Kopenhagen.

Das wissenschaftliche Gespräch, das am Tage ihrer ersten Begegnung begonnen hatte, setzte sich nun in den Briefen fort. Mitte Oktober 1921 reiste Pauli ab, und im November wechselten sie bereits ausführliche Briefe. 37 Jahre lang haben sie in ihrer Korrespondenz alle aktuellen mathematischen, physikalischen und erkenntnistheoretischen Probleme behandelt. Der Vergleich mit dem Briefwechsel zwischen Newton und Leibniz ist nicht zu hoch gegriffen.

»Es geht mir immer sehr merkwürdig mit Heisenberg«, meinte Pauli

1924: »Wenn ich über seine Ideen nachdenke, so kommen sie mir gräßlich vor, und ich schimpfe innerlich sehr darüber«: »Denn er ist sehr unphilosophisch, er achtet nicht auf klare Herausarbeitung der Grundannahmen und ihren Zusammenhang mit den bisherigen Theorien. Wenn ich aber mit ihm spreche, so gefällt er mir sehr gut, und ich sehe, er hat allerlei neue Argumente – wenigstens im Herzen. Ich halte ihn dann – abgesehen davon, daß er persönlich auch ein sehr netter Mensch ist – für sehr bedeutend, sogar für genial und glaube, daß er die Wissenschaft noch einmal sehr vorwärts bringen wird.«

So kam es auch. Am 24. Juni 1925 informierte Heisenberg seinen Freund über seine Ansätze zur später sogenannten »Göttinger« oder »Heisenbergschen« Quantentheorie: »Über meine eigenen Arbeiten hab' ich fast keine Lust zu schreiben, weil mir selbst alles noch unklar ist und ich nur ungefähr ahne, wie es werden wird; aber vielleicht sind die Grundgedanken doch richtig. Grundsatz ist: Bei der Berechnung von irgendwelchen Größen, als Energie, Frequenz usw. dürfen nur Beziehungen zwischen prinzipiell kontrollierbaren Größen vorkommen.«

Das war eine Besinnung auf die Philosophie des Positivismus. Diese insbesondere von Ernst Mach Ende des 19. Jahrhunderts ausgebaute Erkenntnistheorie war unter den deutschen Physikern fast Allgemeingut geworden. Historiker haben deshalb Heisenbergs Ansatz auf das Vorbild von Mach zurückgeführt. Heisenberg aber hat damals die Gedanken Machs nicht durch das Studium seiner Schriften kennengelernt, sondern durch die Diskussionen mit Pauli. Schon in den frühen zwanziger Jahren hat Pauli betont, daß in der Physik »nur prinzipiell beobachtbare Größen« Heimatrecht haben und bezeichnete bereits die »Bahnen der Elektronen im Atom« als eine Vorstellung, die es auszumerzen gelte.

In einem Brief Paulis an Niels Bohr vom Dezember 1924 stehen Sätze, die gleichsam der Wegweiser sind zur neuen Atommechanik: »Ich glaube, daß Energie- und Impulswerte der stationären Zustände etwas viel Realeres sind als ›Bahnen‹. Das (noch unerreichte) Ziel muß sein, diese und alle anderen physikalisch realen, beobachtbaren Eigenschaften

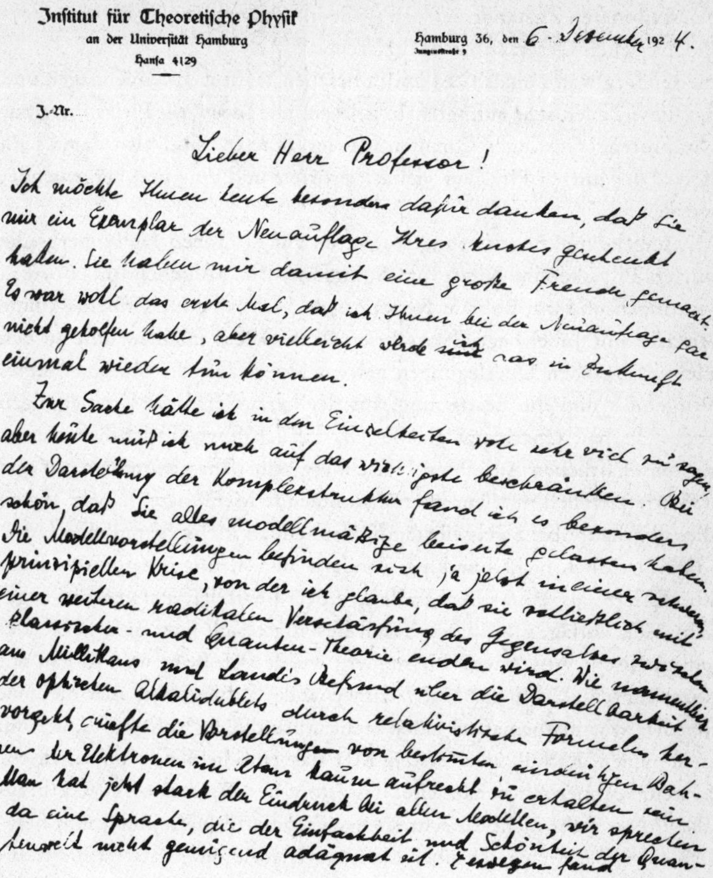

Institut für Theoretische Physik
an der Universität Hamburg
Hansa 4129

Hamburg 36, den 6. Dezember 1924.
Jungiusstraße 9

J.-Nr.

Lieber Herr Professor!

Ich möchte Ihnen heute besonders dafür danken, daß Sie mir ein Exemplar der Neuauflage Ihres Buches geschenkt haben. Sie haben mir damit eine große Freude gemacht. Es war wohl das erste Mal, daß ich Ihnen bei der Neuauflage nicht geholfen habe, aber vielleicht werde ich das in Zukunft einmal wieder tun können.

Zur Sache hätte ich in den Einzelheiten wohl sehr viel zu sagen, aber heute muß ich mich auf das Wichtigste beschränken. Bei der Darstellung der Komplexstruktur fand ich es besonders schön, daß Sie alles modellmäßige beiseite gelassen haben. Die Modellvorstellungen befinden sich ja jetzt in einer schweren prinzipiellen Krise, von der ich glaube, daß sie schließlich mit einer weiteren radikalen Verschärfung des Gegensatzes zwischen klassischer- und Quanten-Theorie enden wird. Wie namentlich aus Millikans und Landés Befund über die Darstellbarkeit der optischen Alkalidubletts durch relativistische Formeln hervorgeht, dürfte die Vorstellungen von bestimmten eindeutigen Bahnen der Elektronen im Atom kaum aufrecht zu erhalten sein. Man hat jetzt stark den Eindruck bei allen Modellen, wir sprechen da eine Sprache, die der Einfachheit und Schönheit der Quantenwelt nicht genügend adäquat ist. Deswegen fand

27 *Brief von Wolfgang Pauli an den verehrten Lehrer Arnold Sommerfeld mit Bemerkungen über die Krise der Modellvorstellungen.*

der stationären Zustände aus den (ganzen) Quantenzahlen und quantentheoretischen Gesetzen zu deduzieren.«
Heisenberg war damals Gast am Bohrschen Institut in Kopenhagen und hat diese Zeilen sehr aufmerksam gelesen. Die Ideen, die Heisenberg zur berühmten »Göttinger Quantentheorie« führten, sind also damals im Kreise der jungen Physiker vielfach erörtert und hin- und hergewendet worden.
Mit ungeheurer Begeisterung reagierten auf die Ideen Heisenbergs die jungen Physiker im Kreise um Sommerfeld in München, um Born in Göttingen und um Bohr in Kopenhagen. »Ich habe Heisenbergs kühne Ansätze mit Jubel begrüßt«, schrieb Pauli: »Was mich so sehr an den Heisenbergschen Überlegungen gefreut hat, das ist die Methode seines Vorgehens und die Bestrebung, aus der heraus er diese Überlegungen angestellt hat. Überhaupt glaube ich, daß ich jetzt hinsichtlich meiner wissenschaftlichen Ansichten Heisenberg sehr nahe gekommen bin und daß wir ziemlich in allem übereinstimmende Meinungen haben, soweit dies überhaupt bei zwei selbständig denkenden Menschen möglich ist.«
»Pauli ist doch nicht nur klug, sondern auch fleißig«, hatte Max Born konstatiert, als Paulis Abhandlung über die Relativitätstheorie abgeschlossen vorlag, und dieses Urteil bestätigte sich jetzt aufs neue. Der physikalische Ansatz von Heisenberg wurde von Born und Jordan zur sogenannten »Göttinger Matrizenmechanik« ausgestaltet, aber die neue Theorie war mathematisch noch recht unhandlich. Pauli war es, der mit dem neuen Kalkül zum ersten Mal das entscheidende physikalische System rechnerisch behandelte, das Atom des Wasserstoffs. »Ich brauche Ihnen wohl nicht zu schreiben«, gratulierte Heisenberg ihm herzlich, »wie sehr ich mich über die neue Theorie des Wasserstoffs freue, und wie sehr ich es bewundere, daß Sie diese Theorie so schnell herausgebracht haben.«
Anfang Februar 1926 erhielt Pauli von Sommerfeld einen Brief, der ihn über die neue Wellenmechanik von Schrödinger informierte. Vor Jahresfrist hatte man keine einzige brauchbare Atomtheorie, nun gab es zwei Theorien. Die wichtigste Frage war jetzt die nach dem Verhältnis der

Heisenbergschen Quantenmechanik zur Schrödingerschen Wellenmechanik.

Im April 1926, während eines Forschungsaufenthaltes in Kopenhagen, fand Pauli den Beweis, daß die beiden Theorien mathematisch miteinander zusammenfallen. Schrödinger publizierte schneller, und es kam zu keiner eigenen Veröffentlichung Paulis. Ebenso ging es in einem weiteren Fall. »Ich komme mir doch sehr ordinär vor«, entschuldigte sich Schrödinger, »daß ich Dir immer schreiben muß: Was Du mir schreibst, ist bereits in einer Annalennote im Druck.«

Die vielleicht wichtigste Leistung Paulis im Jahre 1926 war sein Beitrag zur physikalisch-erkenntnistheoretischen Analyse der Quantentheorie. Auch hier hat Pauli keine eigene Abhandlung publiziert, sondern sich begnügt, seine Ideen in langen Briefen mitzuteilen. Deshalb ist es nicht möglich, allein aus den gedruckten Abhandlungen auf Rolle und Bedeutung eines Physikers zu schließen. Die Zeitschriftenaufsätze sind gleichsam nur die Spitze des Eisberges; das Gewichtigste aber spielte sich unter der Oberfläche ab.

Die Architekten der neuen Atomphysik verhielten sich ähnlich wie noch heute Politiker, wenn sie ein möglicherweise umstrittenes Projekt gebilligt haben wollen. Es gibt den sozusagen direkten Weg, die Vorstellungen, die man hat, fertig auszuarbeiten und dem Entscheidungsgremium zur Abstimmung vorzulegen. Dabei läuft man das Risiko der offiziellen Ablehnung. Klüger ist es, zunächst einmal, gleichsam versuchsweise, die Reaktionen zu testen. So lassen sich gewisse Ausgestaltungen noch korrigieren, Ausgestaltungen, die vielleicht nebensächlich sind und das Projekt als Ganzes unnötig gefährden. Erst wenn das Urteil überwiegend positiv ausfällt, bringt der Politiker seinen Vorschlag als »Drucksache« offiziell vor das Parlament.

Nicht viel anders die Physiker. Der Aufsatz, mit dem er das später so berühmte »Pauliprinzip« bekanntmachen wollte, war im Dezember 1924 fertig. Pauli reichte das Manuskript aber noch nicht bei der »Zeitschrift für Physik« ein. Ihm war daran gelegen, erst einmal die Reaktion von Bohr und Heisenberg zu erfahren, und er wollte die Gültigkeit am

Beispiel komplizierterer Atome überprüfen. Er sandte deshalb das Manuskript mit einem langen Brief nach Kopenhagen, und in den Weihnachtsferien besuchte er seine Kollegen in Tübingen. Erst als Bohr und Heisenberg lebhaft zustimmten, und als auch die neuen Messungen in Tübingen das Prinzip bestätigten, kam es zur Publikation. Pauli hatte damit, wie wir heute sagen würden, den Spin des Elektrons erfaßt, der als quantentheoretische Größe nur zwei Werte annehmen kann. Mit dem neuen Konzept ließ sich nun endlich der Aufbau der Atome im Periodensystem der Elemente im Prinzip verstehen.

Weder Einstein noch Heisenberg haben sich so wie Pauli für die Physik verantwortlich gefühlt. Einstein und Heisenberg waren – dies gilt zumindest für ihre schöpferischen Phasen – absorbiert von ihren Problemen und vermochten dann nicht recht Anteil zu nehmen an den Vorgängen ringsum. Leidenschaftlich interessiert Heisenberg alles, was ihm auf dem Wege liegt, was er zur Lösung seiner Aufgabe gerade braucht. Um das andere sorgt er sich jetzt nicht; er schiebt es zur Seite und wird es, wenn nötig, zur gegebenen Zeit wieder aufgreifen.

Ganz anders Pauli. In jedem Augenblick nimmt er an allem in der Grundlagenphysik Anteil. Er weist hin auf fruchtbare Ansätze, hilft Kollegen bei Schwierigkeiten, warnt vor unklaren Gedanken und zeigt, wo noch Beweise fehlen.

Keine Arbeit hat Heisenberg veröffentlicht, ehe sie nicht Pauli vorher gelesen hatte. Von seiten Paulis erforderte das eine ungeheure intellektuelle Kraft: Bis 1958 zählt das Schriftenverzeichnis Heisenbergs 128 Nummern. Dazu kommen 250 Briefe, die Heisenberg im Laufe seines Lebens an Pauli gerichtet hat und die alle beantwortet wurden. Vor allem in den letzten Jahren Paulis, 1957 und 1958, als Heisenberg unter allen Umständen den Durchbruch mit seiner Weltformel erzwingen wollte, fühlte sich Pauli mit dieser Aufgabe physisch und psychisch schwer belastet.

Heisenberg drängte damals Pauli zu einer gemeinsamen Veröffentlichung. Pauli war gewiß begeistert von einigen Ergebnissen, er hatte selbst wichtige Ideen beigesteuert und zusammen mit Heisenberg eine vorläufige Mitteilung, einen sogenannten »Preprint«, an eine Reihe von Kollegen gesandt. Aber er war nicht sicher, ob sie den richtigen Weg gefunden hatten. An vielen Stellen schien ihm eine weitere Klärung unabdingbar. »Mit Veröffentlichung warten, bis Sache klargestellt«, ist eine typische Stellungnahme.

Als die Zeitungen die »Einheitliche Feldtheorie« als »Abschluß der Physik« feierten, sandte Pauli an einige Kollegen einen »Kommentar«. Dieser bestand nur aus einem weißen Briefbogen, auf dem mit vier Strichen ein großes Rechteck gemalt war. Darüber war zu lesen: »Dies soll der Welt zeigen, daß ich wie Tizian malen kann«, und darunter: »Es fehlen nur ein paar technische Einzelheiten.« Pauli wollte zum Ausdruck bringen, daß die Theorie vorläufig nur den großen Rahmen abstecke, daß aber von einem »Abbild der Natur« noch keine Rede sein könne.

Als »echt Pauli« wurde diese Stellungnahme von vielen Physikern belacht; sie sahen damit aber nur die Außenseite. Pauli hat schwer gerungen, um mit sich, mit Heisenberg, mit der Sache ins reine zu kommen. Am 7. April 1958 teilte Pauli seine »definitive Entscheidung« mit: »Ich muß den Plan mit Dir zusammen eine Arbeit . . . zu publizieren, gänzlich fallen lassen. Es ist die einzige Entscheidung, die mir von nun an logisch und ehrlich erscheint, da wesentliche Teile des Preprint sich nicht mehr mit meiner Meinung decken. Auch kann ich Dich nicht länger hinhalten, einmal muß man zu einem Punkt kommen . . . Uns beiden ist nun volle Freiheit des Handelns wiedergegeben . . .«

So ist Pauli, wie er sich ausdrückte, »aus dem Heisenberg–Zug« ausgestiegen. Am 4. August 1958 unterzeichnete er ein Rundschreiben: »As essential parts of the preprint with the title ›On the Isospingroup in the Theory of Elementary Particles‹ don't any longer agree with my opinion, I am forced to give up the plan to publish a common paper with Heisenberg on the subject in question.«

Es gab nicht nur Heisenberg. Niels Bohr, Arnold Sommerfeld, Oskar Klein, RalphKronig – und wie sie alle hießen, die theoretischen Physiker des 20. Jahrhunderts – alle erwarteten und erhielten auf eine Anfrage eine in die Tiefe gehende, überlegte Stellungnahme.

Schon mit jungen Jahren wuchs Pauli hinein in die Rolle eines «obersten Richters« über physikalische Theorien, Gedanken und Forschungsprogramme. Die Kollegen nannten ihn »das Gewissen der Physik«.
Durch seine Ideen und durch seine Kritik war er unentbehrlich. »Nur wer ihn nicht gut kannte«, sagte Carl Friedrich von Weizsäcker, »konnte von seinen Äußerungen verletzt sein. Wahrscheinlich stand hinter ihnen eine sehr sensible Seele, die mit sich selbst oft genug in Konflikt lag, und ein überklarer Verstand, der unter der Unklarheit anderer gleichsam physisch zu leiden vermochte.«
Pauli hat gefühlt, daß er oft verletzte, auch wenn er es nicht wollte. Er war darum fast glücklich, als ihm ein befreundeter Kollege sagte: »Pauli, dein Herz ist besser als dein Verstand.« Oft hat er dieses Wort zitiert.
Die Kritik Paulis ist streng sachlich und darum oft schonungslos. Sie ist aber immer konstruktiv. Er will nicht demütigen, sondern klären. »Bei mir fällt das Ausdenken boshafter Bemerkungen«, konstatierte er, »immer zusammen mit Nachdenken über den Gegenstand«. »Boshaft« ist jedoch nicht das richtige Wort. Witzig allerdings ist er auf Kosten anderer. Mit Paul Ehrenfest, mit dem er sich besonders gut verstand, führte er jahrelang einen ausgesprochenen »Witzkrieg«.
Als Paul Ehrenfest und Wolfgang Pauli 1922 zum ersten Mal zusammentrafen, da war der zweiundzwanzigjährige Pauli schon ein Begriff in der Wissenschaft durch seinen großen Aufsatz in der »Enzyklopädie der Mathematischen Wissenschaften« über die Relativitätstheorie.
Viele Jahre zuvor hatte auch Ehrenfest gemeinsam mit seiner Frau einen originellen, aber umstrittenen Artikel für die Mathematische Enzyklopädie geschrieben. Anläßlich der berühmten »Bohr-Festspiele« 1922 in Göttingen, einem großen Vortragszyklus, zu dem aus ganz Deutschland und dem angrenzenden Ausland viele Physiker angereist waren, wurden Ehrenfest und Pauli miteinander bekannt. Ehrenfest fixierte den Jüngeren in seiner spöttischen Weise und sagte: »Herr Pauli, Ihr Enzyklopädieartikel gefällt mir aber besser als Sie selber.« Darauf Pauli mit der größten Ruhe: »Das ist doch komisch, mir geht es mit Ihnen gerade umgekehrt.«

Keinen Gedanken verschwendete Pauli daran, daß man sich durch scharfe Kritik Feinde, durch ein gefälliges Lob gute Freunde machen kann. »So eifrig und ganz in Banden geschlagen von der Materie und ihrer Gestaltung habe ich lange kein Buch mehr gelesen wie Ihren Castellio«, schreibt etwa Thomas Mann in einem Brief an Stefan Zweig. »Es ist eine Sensation, tief erregend, allen Abscheu und alle Sympathie des Tages auf ein historisches Objekt sammelnd.« Zur gleichen Zeit aber spricht Thomas Mann in seinem Tagebuch von dem »ordinär geschriebenen« Castellio-Buch – »stofflich interessant, dabei fade und subaltern wie gewöhnlich«.

Kritik und Lob nach diplomatischen Rücksichten zu vergeben, war Paulis Art nicht. Was er meinte, brachte er zum Ausdruck. Bei ihm gab es keine ausweichende Höflichkeit, aber auch keine Gehässigkeiten im Rücken eines Kollegen.

Unerbittlich kämpfte Pauli, wenn die Physik drohte auf Abwege zu kommen. Da stellte er sich auch verehrungswürdigen Persönlichkeiten entgegen, mochten sie nun Bohr und Sommerfeld heißen oder gar Planck und Einstein.

Als Einstein 1929 neue Ansätze zu seiner »einheitlichen Feldtheorie« vorlegte, deckte Pauli schonungslos die Schwächen auf: »Und wo bleibt ferner die Deutung der Periheldrehung des Merkur und der Lichtablenkung durch die Sonne? Die scheint doch bei Ihrem weitgehenden Abbau der allgemeinen Relativitätstheorie verloren zu gehen. Ich halte jedoch an dieser schönen Theorie fest, selbst wenn sie von Ihnen verraten wird.«

Allein am Schreibtisch, vor sich die Bogen mit dem Kopf »Physikalisches Institut der Eidg. Technischen Hochschule Zürich«, konnte Pauli über alles reflektieren, was ihn bewegte und seine »Erkundigungsfragen« formulieren. Wenn er noch mehr Konzentration nötig hatte, schrieb er zu Hause, auf seinem persönlichen Briefpapier »Prof. Dr. W. Pauli, Zollikon-Zürich, Bergstraße 35«. So setzte er sich auseinander mit den Gedanken der Kollegen, die in Sonderdrucken und Briefen an ihn herangetragen wurden, und er erfaßte das Wesentliche. »Inzwischen habe ich zu Nacht gegessen, habe länger und länger über Ihr P.S. nachgedacht und schließlich bin ich dagegen«, äußerte er sich: »Ich schreibe das Folgende nicht so sehr als endgültige Meinung, als vielmehr in der Hoffnung, von Ihnen eines Besseren belehrt zu werden.« So führte Pauli das wissenschaftliche Gespräch, indem er die Antithese entwickelte, und in diesem Sinne war er ungewöhnlich dialogisch veranlagt. »Meine eigene Psychologie ist«, konstatierte er, »daß ich leichter das sehe, was gegen das spricht, was der andere sagt.«

Immer verfolgte Pauli sehr genau die Entwicklung der Grundlagenphysik, und immer griff er ein, wo es ihm notwendig schien. »Nun kommt ein Punkt«, schrieb er an einen schwedischen Kollegen und Freund, »wo Du nach meiner Meinung einem Irrtum zum Opfer gefallen bist, der dringend Berichtigung erfordert.«

»Um meiner alten Gewohnheit treu zu bleiben«, heißt es in einem Brief Heisenbergs, »unklare Gedanken durch Briefe an Dich zu verbessern, will ich Dir ausführlicher schreiben.« So zwang Pauli auch im schriftlichen Dialog seinen Partner zur Klarheit. In der Diskussion war er in keiner Weise bereit, und vielleicht sogar unfähig, ungenaue Formulierungen durchgehen zu lassen.

Ebenso kompromißlos wie über physikalische Theorien hat Pauli über Menschen geurteilt. »Der Heisenberg hat etwas Gläubiges an sich«, pflegte er zu sagen: »Das befähigt ihn, mit immer neuen Ideen zu kommen. Das kann ich nicht nachmachen. Meine Stärke ist die kritische Analyse«.

3. Heisenberg: Die Jahrhundertwissenschaft

Jede Generation hat ihre Genies. Im 15. Jahrhundert wurden die hochbegabten jungen Menschen von der Malerei und Bildhauerei angezogen und im Zeitalter des Barock von der Musik. Im 20. Jahrhundert war es durch die Relativitätstheorie Einsteins und das Atommodell Bohrs die theoretische Physik, die die große Faszination ausübte.

Der amerikanische Wissenschaftshistoriker Thomas S. Kuhn, der Verfasser des berühmten Buches »Die Struktur wissenschaftlicher Revolutionen«, hatte Gelegenheit zu einem ausführlichen Interview mit Heisenberg. Seine Frage: Wie war es möglich, daß die Physik damals in den zwanziger Jahren einen so starken Entwicklungsschub machen konnte? Und die Antwort: »Die begabten Leute merkten, daß etwas in der Physik los war. Ich fühlte, das ist ein Gebiet, wo ich versuchen könnte, etwas zu machen. So wurde ich durch die Möglichkeit gefesselt, etwas leisten zu können. Es sieht so aus, als ob die Zahl der Begabungen auf einem Gebiet plötzlich ansteigt, aber das ist wahrscheinlich nicht der Fall. Die Zahl bleibt mehr oder weniger gleich, aber der historische Prozeß ist bei einem entscheidenden Punkt angelangt, und so sammeln sich die Begabungen.«

Die Begabungen sammelten sich Anfang der zwanziger Jahre bei Arnold Sommerfeld an der Universität München, bei Max Born in Göttingen und bei Niels Bohr in Kopenhagen.

In München waren die Lehren Bohrs in einer frühen Entwicklungsstufe übernommen worden; die Grundlage aller Arbeit blieb hier das Bohr-Sommerfeldsche Atommodell. Sommerfeld und seine Schüler bemühten sich, die Fülle der Spektrallinien und ihre Aufspaltung in magnetischen und elektrischen Feldern in halbempirischen Gesetzen zu ordnen und modellmäßig zu deuten. Spötter nannten das »Zahlenmystik«.

Bohr dagegen hatte sich inzwischen überzeugt, daß es nur mit einer entschlossenen Abkehr von eingebürgerten Vorstellungen möglich sein würde, in der Lösung voranzukommen. Jedoch blieb völlig offen, an welcher Stelle die Abänderungen vorgenommen werden mußten. Ein Versuch, das bis auf Julius Robert Mayer und Hermann von Helmholtz zurückgehende und geradezu geheiligte Prinzip der Energieerhaltung zu opfern, um endlich die dem menschlichen Denken so merkwürdig scheinenden Vorgänge im Atom zu fassen, scheiterte.

Im Frühsommer des Jahres 1925 schienen alle Bemühungen in einer Sackgasse zu enden. Wolfgang Pauli geriet über die großen Schwierigkeiten in tiefe Verzweiflung. »Nun hoffe ich aber doch«, schrieb er, »daß Bohr uns mit einer neuen Idee retten wird. Ich lasse ihn dringend darum bitten.«

Die neue Idee aber kam von Werner Heisenberg. 23 Jahre alt war er damals und Privatdozent bei Max Born an der Universität Göttingen. Seine Lehr- und Wanderjahre waren vorüber. Sechs Semester hatte er bei Sommerfeld in München theoretische Physik studiert und im Juli 1923 seine Doktorprüfung gemacht. Born hatte ihn nach Göttingen geholt. Einige Monate war er dann auch mit einem Stipendium nach Kopenhagen zu Bohr gegangen: »Bei Sommerfeld hab' ich den Optimismus gelernt«, pflegte er zu sagen, »bei den Göttingern die Mathematik und bei Bohr die Physik.«

Es ging um den Übergang von der alten klassischen Physik zu einer Wissenschaft, die der Natur mehr angemessen war. Die quantentheoretische Physik erschien wie ein neues Land, das man jenseits eines vorerst unüberschreitbaren Hindernisses, einer breiten Meeresstraße, schon undeutlich am Horizont erkennen konnte. Der trennende Meeresarm war an manchen Stellen breit, an anderen schmal, und es gab Inseln. Heisenberg fand die Stelle, an der der Abstand zwischen dem alten und dem neuen Land am kleinsten war.

Heisenberg schlug eine Brücke. Wie ein Astronaut bei seinen ersten Schritten auf einem neuen Himmelskörper beherrschte Heisenberg natürlich noch nicht alle Gesetze der Bewegung und mußte sich zunächst mit einem relativ bescheidenen Programm begnügen.

Da machte sich, mitten in der Ausarbeitung dieser Gedanken, der schöne Göttinger Frühsommer für Heisenberg höchst unangenehm bemerkbar

die Hamburger wollen an seine Stelle Heisenberg haben.
Ich wäre sehr traurig darüber, wenn er wegginge, und
will alles daransetzen, ihn hier zu halten. Denn wir sind
mitten in schönen Arbeiten, von denen ich Ihnen gleich
näheres sagen werde. Heisenberg will im Sommer bei
Ihnen in München promovieren. Als ich ihn fragte, was
er nachher vorhabe, antwortete er: „Das habe ich doch
nicht zu entscheiden! das bestimmt Sommerfeld!". Sie sind
also sein selbsterkorener Vormund, und ich muss mich
an Sie halten, wenn ich Heisenberg nach Göttingen ziehen
will. Ich möchte nämlich einen Privatdozenten haben,
da mir die Lehrtätigkeit zu viel wird. Paul Hertz zählt
nicht, er ist zur Philosophie übergegangen; und meine
Doctoranden, von denen einige auch recht tüchtig sind,
sind noch nicht weit genug, natürlich auch nicht ver-
gleichbar mit Heisenberg. Sie haben Wentzel, und ich nehme
an, daß Pauli nach 1 Jahr zu Ihnen zurückkehren wird.
Könnten Sie unter diesen Umständen auf Heisenberg
verzichten und ihm zureden, sich in Göttingen zu habi-
litieren? Ich würde natürlich Sorge tragen, daß er mate-
riell gut gestellt wird. Bitte überlegen Sie sich diese Sache.
Natürlich wäre auch Pauli mir sehr willkommen; aber
der kann das Leben in der Kleinstadt, wie er behauptet,
nicht aushalten.
Auch über Ihre andern Leute muss ich Ihnen schreiben,
da sie sämtlich behaupten, mit den vorhandenen
Themen nicht durchzukommen, und neue haben wollen.

28 Brief von Max Born an Arnold Sommerfeld vom 5. 1. 1923, 2. Seite, mit einem Urteil über den jungen Heisenberg. Der letzte Abschnitt auf der ersten Seite beginnt mit: »Heisenberg habe ich sehr lieb gewonnen; er ist bei uns allen sehr beliebt und geschätzt. Seine Begabung ist unerhört, aber besonders erfreulich ist sein nettes, bescheidenes Wesen, seine gute Laune, sein Eifer und seine Begeisterung ...«

in einigen Heufieberanfällen. Er entschloß sich zur sofortigen Abreise nach Helgoland. In der Klausur ordneten sich die Gedanken. Das, was nur mathematisches Beiwerk war, trat zurück, und die Aufmerksamkeit konzentrierte sich auf das Wesentliche der neuen Physik: »In Helgoland war ein Augenblick, in dem es mir wie eine Erleuchtung kam, als ich sah, daß die Energie zeitlich konstant war. Es war ziemlich spät in der Nacht. Ich rechnete es mühsam aus, und es stimmte. Da bin ich auf einen Felsen gestiegen und habe den Sonnenaufgang gesehen und war glücklich.« Nach etwa einer Woche fuhr Heisenberg zurück nach Göttingen. Da die Reise ohnehin über Hamburg ging, besuchte er dort Wolfgang Pauli auf

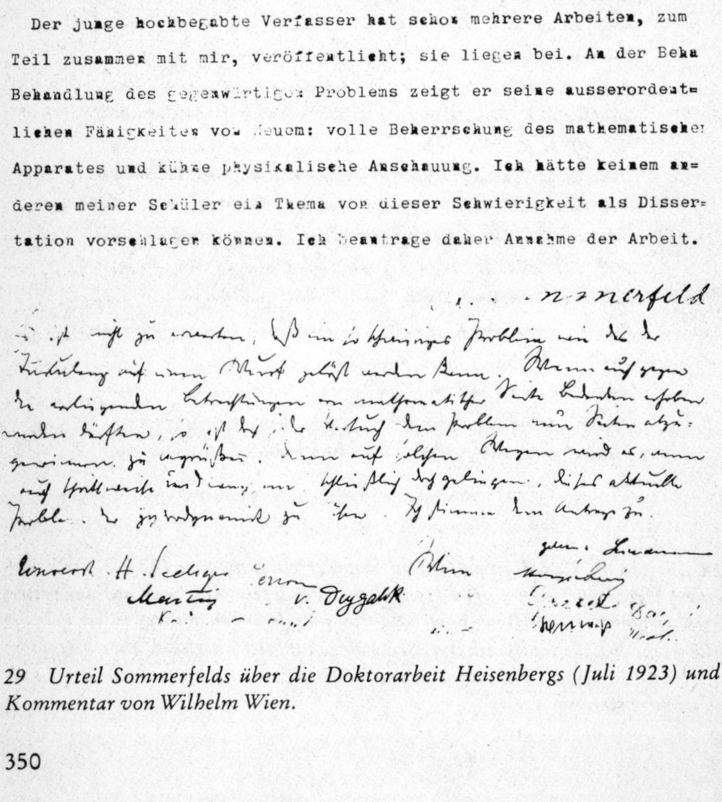
Der junge hochbegabte Verfasser hat schon mehrere Arbeiten, zum
Teil zusammen mit mir, veröffentlicht; sie liegen bei. An der Beha
Behandlung des gegenwärtigen Problems zeigt er seine ausserordent=
lichen Fähigkeiten von Neuem: volle Beherrschung des mathematischen
Apparates und kühne physikalische Anschauung. Ich hätte keinem an=
deren meiner Schüler ein Thema von dieser Schwierigkeit als Disser=
tation vorschlagen können. Ich beantrage daher Annahme der Arbeit.

29 Urteil Sommerfelds über die Doktorarbeit Heisenbergs (Juli 1923) und Kommentar von Wilhelm Wien.

einige Stunden, die – wie üblich – zur intensiven Diskussion genutzt wurden. Wieder in Göttingen, erhielt Heisenberg bereits einen oder zwei Tage später einen langen Brief des Freundes, in dem die Ergebnisse des Gesprächs zusammengefaßt und weitergeführt wurden.

Wenn man jetzt nach über fünfzig Jahren diese Briefe liest, ist man erstaunt, mit welcher Intensität Heisenberg und Pauli damals gelebt und gedacht haben müssen. Sie waren besessen von ihrer Physik; es war die Besessenheit des Genies von seinem Gegenstand, die die Voraussetzung ist für ein unsterbliches Werk.

Am 11. Juli 1925 schloß Heisenberg seine Ausarbeitung ab. »Ich erinnere mich, daß ich das Manuskript nicht gleich studiert habe, denn ich war am Ende des Semesters ziemlich erschöpft. Aber ich war fasziniert, als ich es gelesen hatte.« So schrieb Born in seinen Lebenserinnerungen.

Am 29. Juli 1925 ging die Abhandlung »Über quantentheoretische Umdeutung kinematischer und mechanischer Beziehungen« bei der »Zeitschrift für Physik« ein.

Eine neue Art von mathematischen Größen hatte Heisenberg in die Physik eingeführt. Das war, was Max Born bewegte. Er fand schnell heraus, daß es sich um sogenannte »Matrizen« handeln müsse. Zusammen mit dem jungen Pascual Jordan entwickelte er den gedanklichen Ansatz weiter zu einem Kalkül, der »Göttinger Matrizenmechanik«.

Im Oktober kam Heisenberg aus Kopenhagen zurück nach Göttingen, und Anfang November 1925 entstand die berühmte »Dreimännerarbeit« von Born, Heisenberg und Jordan. Damit waren die entscheidenden Schritte zur mathematischen Ausgestaltung der physikalischen Grundgedanken Heisenbergs getan.

Daß nun endlich offenbar die langgesuchten Naturgesetze für den Mikrokosmos Atom gefunden waren, sprach sich in Physikerkreisen wie ein Lauffeuer herum. »Heisenberg hat ein großes Quantenei gelegt«, schrieb Einstein. Und später: »Die Heisenberg-Bornschen Gedanken halten alle in Atem, das Sinnen und Denken aller theoretisch interessierten Menschen. An die Stelle einer dumpfen Resignation ist eine bei uns Dickblütern einzigartige Spannung getreten.«

Anfang 1926 legte Erwin Schrödinger eine zweite Theorie vor, die Wellenmechanik, und Schrödinger und Pauli bewiesen unabhängig voneinander die mathematische und damit – im Prinzip – auch die physikalische Gleichwertigkeit.
Erwin Schrödinger faßte das Atom auf als ein schwingendes System, der Saite eines Musikinstrumentes vergleichbar, mit Grundton und Obertönen. Für Heisenberg war die von Schrödinger vertretene halb–klassische Interpretation eine Herausforderung. Über Monate gab es nun Diskussionen zwischen Bohr und Heisenberg über die Frage, wie das in der Matrizen- und Wellenmechanik gefundene und offenbar richtige Rechenschema erkenntnistheoretisch zu interpretieren war. Es ging darum, wie es Pauli gefordert hatte, hinter der formalen mathematischen Struktur den »physikalischen Kern bloßzulegen«.
Seit 1. Mai 1926 hatte Heisenberg eine feste Anstellung an der Universität Kopenhagen als Dozent für theoretische Physik. Er zog ein in die kleine Dienstwohnung im Dachstock des Instituts.
Bohr war ein starker Diskutierer; Heisenberg jedoch, nicht minder zäh, hielt unerbittlich an dem als richtig Erkannten fest. Die Gespräche begannen oft erst spät am Abend in Heisenbergs Dachwohnung und dauerten dann meistens bis nach Mitternacht. In ihrem Für und Wider wurden alle bisherigen Vorschläge – von Schrödinger, von Einstein, von Born – geprüft. Oft endete die Diskussion in Verzweiflung über die Unverständlichkeit der Quantentheorie in Bohrs Wohnung bei einem Glas Portwein. Heisenberg ging dann allein durch den nahen Park und stellte sich verzweifelt die Frage: »Ist es möglich, daß die Natur so verrückt ist?«
Wochen– und monatelang waren Heisenberg und Bohr in einem Zustand der äußersten intellektuellen Anspannung. Hier rangen zwei ebenbürtige Geister miteinander und gegeneinander um ein wirkliches Verständnis der neuen Theorie.
Das Entstehen von Wissenschaft kann man vergleichen mit der Herstellung einer perfekten Ebene in der Feinmechanik. Man erreicht eine sogenannte »Standardebene absoluter Richtigkeit« nur dadurch, daß

man mindestens drei Ebenen zugleich herstellt und durch abwechselndes Aufeinanderreiben jeder mit jeder anderen die vorspringenden Spitzen beseitigt.

So entstand die richtige Form der Atomphysik durch ständige Konfrontation der Argumente: Bohr mit Pauli, Pauli mit Einstein, Einstein mit Heisenberg, Heisenberg mit Bohr. Eine »Gelehrtenrepublik« (oder eine »scientific community«, wie die Sozialwissenschaftler sagen) ist mehr als eine wissenschaftliche Schule. In einer wissenschaftlichen Schule dominiert eine Persönlichkeit, und in Streitfällen mag deren Autorität oft entscheidend sein. In der »scientific community« existieren mehrere Autoritäten (größere und kleinere), und Subjektivitäten schleifen sich viel schneller ab.

Die Ergebnisse der vielen Diskussionen 1926 und 1927 waren schließlich die statistische Deutung der Phänomene von Max Born, die Unschärferelation von Werner Heisenberg und das Komplementaritätsprinzip von Niels Bohr. Wieder ist der Anteil Paulis damals ausschließlich den Insidern bewußt geworden, weil er seine Ideen nur in Briefen mitgeteilt hat. So ist sein zwölf Seiten langer Brief an Heisenberg vom 19. Oktober 1926 die Vorstufe zur späteren Unschärferelation. Schon bei Pauli finden sich charakteristische Formulierungen, die heute geflügelte Worte sind in der Wissenschaft: »Man kann die Welt mit dem p-Auge und man kann sie mit dem q-Auge ansehen, aber wenn man beide Augen zugleich aufmachen will, dann wird man irre.«

Die Weltwirklichkeit, so hatte man bisher gemeint, besteht aus Massenpunkten, die hinsichtlich ihres Ortes q und hinsichtlich ihrer Geschwindigkeit respektive des Impulses p im Prinzip beliebig genau fixiert werden können. Paulis Formulierung brachte zum Ausdruck: Von einem Teilchen läßt sich entweder nur der Ort q oder nur der Impuls p genau feststellen. Der Doppelsinn des Begriffes »q-Auge« hat die Physiker immer wieder belustigt.

»Wissenschaft entsteht im Gespräch«: Im vorliegenden Fall kann man geradezu verfolgen, wie es im Dialog zwischen Pauli und Heisenberg zur wissenschaftlichen Klärung kam.

Pauli: »Soweit die Mathematik. Die Physik davon ist mir noch weitgehend unklar. Die erste Frage ist, warum denn nicht sowohl die q's als auch die p's beide mit beliebiger Genauigkeit vorgeschrieben werden dürfen.«

Heisenberg: »Ich möchte glauben, daß Ihre p–Wellen eine ebensogroße physikalische Realität haben, wie die q–Wellen . . . Die prinzipielle Äquivalenz von p und q ist mir sehr sympathisch. Die Gleichung $p.q-q.p=\hbar/i$ entspricht also immer in der Wellenvorstellung der Tatsache, daß es keinen Sinn hat, von einer monochromatischen Welle in einem bestimmten Zeitpunkt zu sprechen. Analog hat es keinen Sinn, von der Lage einer Korpuskel bestimmter Geschwindigkeit zu sprechen. Nimmt man es aber mit Geschwindigkeit und Lage nicht so genau, so hat das sehr wohl einen Sinn.«

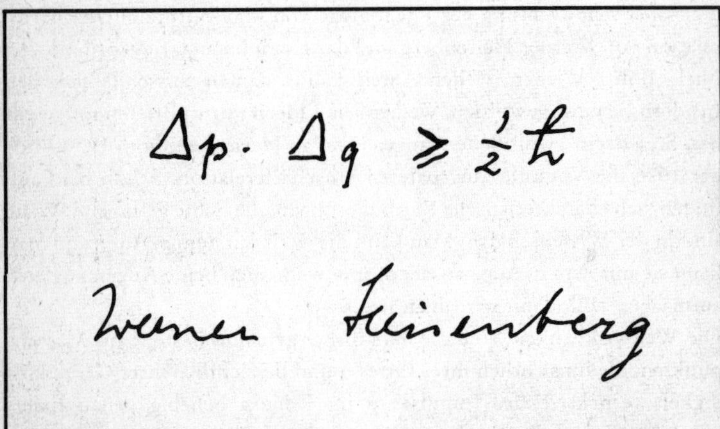

30 Die Unschärferelation Heisenbergs von 1927 in eigenhändiger Aufzeichnung.

Nur Gottes Weisheit ist allumfassend; jedes menschliche Wissen stößt irgendwo auf Grenzen. So hatten die Physiker des 17. Jahrhunderts gesagt, die das Wort »Gott« noch unbefangen verwenden konnten. Auf diesem begrenzten Gebiet jedoch entspreche, was der Mensch an mathematischen Strukturen in der Welt erkennt, dem, was Gott bei der Schöpfung gemeint hat.

Seither hatte jede Generation die Grenzen um ein Stück weiter hinausgeschoben, in jeder Generation war eine neue große Provinz hinzugekommen und, unleugbar, es war mächtig geworden, dieses Weltreich der Physik.

Seit dem Zeitalter der Entdeckungsreisen waren die weißen Flecken auf den Landkarten, gekennzeichnet als »terra incognita«, unbekanntes Land, immer weiter zusammengeschrumpft und schließlich nur noch im höchsten Norden und tiefsten Süden kleine Reste geblieben. Eine magische Wirkung ging von diesen weiß gebliebenen Flecken aus, und der Mensch ruhte und rastete nicht, bis er seinen Fuß auch dorthin gesetzt. Welche Faszination kann von einem Punkt ausgehen, der »Nordpol« heißt? Für viele Menschen heute mag das unverständlich sein, wo doch an diesem imaginären Punkt nichts anderes erwartet werden kann als was sonst in dieser Weltgegend zu finden ist, über Tausende und Abertausende von Quadratkilometern hinweg, nämlich Eis und Schnee, bizarr geformt, aber ermüdend für Auge und Phantasie in der ewigen Wiederholung.

Man muß schon Roald Amundsen selbst gehört haben, um zu begreifen, was einen Menschen treibt, das Unbekannte zu erfahren. Amundsen hatte nur Eis und Schnee zu erwarten; große Überraschungen konnte der Nordpol nicht mehr bieten. Die Physiker aber wußten, daß es Bereiche der Natur gab, wo noch wirkliche Geheimnisse lagen. Regionen waren unerforscht geblieben, die anziehender waren als das Eldorado, das indianische Goldland, für die spanischen Eroberer Amerikas, anziehender noch als das sagenhafte »Atlantis«, das immer wieder die Phantasie der Menschen bewegt hatte.

Da die Physiker nun, bildlich gesprochen, eingedrungen waren in das Innere des Atoms, sahen sie vor sich als terra incognita den Atomkern. Ernest Rutherford hatte 1911 ein Werkzeug an das Atom angesetzt, das niemand so liebte wie er und das niemand so meisterhaft beherrschte, nämlich die α-Strahlen, und so indirekt die Existenz erschlossen. Inmitten des Mikrokosmos »Atom« tat sich ein neuer Mikrokosmos auf. Vergrößert man in Gedanken das winzige Atom bis zur Größe eines Riesenballons mit 100 Metern Durchmesser, so hat der Atomkern erst die Größe eines Stecknadelkopfes erreicht.

Was bisher »Atomphysik« war, das teilte sich nun in Atomkern-Physik und Atomhüllen-Physik. Weil der Mensch aber, und auch der Physiker in seiner Sprache, nicht konsequent ist, so hieß es weiter »Atomenergie«, wo man eigentlich »Kernenergie« sagen sollte. Denn die großen Energien, die bei den radioaktiven Umwandlungen entstehen, entstammen dem Atomkern.

Die Radioaktivität der schweren Elemente war die erste Eigenschaft der Atomkerne, auf die man gestoßen war. Seitdem man erst einmal Klarheit hatte, daß das Atom einen Kern besitzt, entdeckte man Schritt um Schritt neue Eigenschaften dieser Atomkerne.

Immer besser lernten die Chemiker, Atome miteinander zu verbinden, und sie setzten sie fast schon nach Belieben zu Molekülen zusammen. Entsprechend schufen sich nun die Physiker (und Radiochemiker) Methoden, Atomkerne umzuwandeln, Atomkerne zu formen. Hauptwerkzeug waren die Rutherfordschen α-Strahlen. James Chadwick, ein Schüler Rutherfords, bombardierte Beryllium-Atomkerne. Dabei entdeckte er ein neues »Elementarteilchen«, das Neutron.

Bisher hatte man nur das Elektron gekannt und das Proton (den Atomkern des leichtesten Elementes Wasserstoff). Aus diesen beiden Teilchen, meinte man, sind alle Atomkerne aufgebaut. So sollte etwa das α-Teilchen als Atomkern des zweitleichtesten Elementes aus vier Protonen und zwei Elektronen bestehen. Mitte März 1932 erfuhr Heisenberg von der Entdeckung des Neutrons. Blitzartig kam ihm die Idee: Der Atomkern ist nicht aus Protonen und Elektronen aufgebaut, sondern aus Protonen und Neutronen. Damit waren einige Schwierigkeiten weggeblasen, die man in der jungen Disziplin der Kernphysik hatte. Die Pfingstferien verbrachte Heisenberg mit seinem Freund und Schüler Carl Friedrich von Weizsäcker im Thüringer Wald, und hier hat er seine Gedanken ausgearbeitet.

Viele schwere Atomkerne gibt es, die β-Strahlen aussenden: Aus dem Atomkern kommt ein Elektron heraus. Also kann Heisenbergs Theorie nicht stimmen, sagten die Physiker. »Kinder, ihr habt nicht genug Phantasie«, antwortete Heisenberg: »Seht dort das Hallenbad. Da gehen alle Leute angezogen hinein und kommen angezogen heraus. Könnt ihr davon schließen, daß sie auch drinnen angezogen schwimmen?«
Im Kreise seiner Schüler saß der junge Professor im Garten auf dem Messegelände in Leipzig. Sie bewunderten ihn maßlos. Vor ein paar Jahren erst hatte er die Quantentheorie aufgebaut und dem menschlichen Denken neue Dimensionen eröffnet, und seither beschäftigte er sich mit Theorien, die nochmals ein Stück schwerer waren. Erstaunlich, daß er die Zeit gefunden hatte, in der Kernphysik auf dem laufenden zu bleiben. Jetzt ordnete und deutete er schlagartig die scheinbar so verworrenen Ergebnisse der vielen Experimente.
1927 war Heisenberg als ordentlicher Professor der theoretischen Physik nach Leipzig gekommen. Diese Jahre hat Heisenberg später als eine unendlich glückliche Zeit empfunden: Er lebte ganz seiner Wissenschaft, und jeder Tag fast brachte ein neues schönes Ergebnis.
Natürlich wußte Heisenberg: Jeder intellektuelle Fortschritt in der Physik wird zu einer praktischen Anwendung führen. Aber er sorgte sich nicht, und keiner seiner Kollegen sorgte sich, was das für eine Technik sein würde, die einmal aus der Kernphysik hervorgehen würde.
In diesen Jahren war Heisenberg oft zu Besuch bei Niels Bohr in Kopenhagen. Hier sah Heisenberg immer viele Kollegen aus aller Welt. Junge Physiker waren es meistens, denn die Physik war eine junge Wissenschaft: Mit jeder Generation stieg die Zahl der Physiker auf das Doppelte und Dreifache. Einmal war auch Rutherford zu Gast in Kopenhagen, für den Bohr aus alten Zeiten eine herzliche Verehrung hegte. Rutherford war jetzt der Direktor des berühmten Cavendish-Laboratoriums in Cambridge.
Rutherford hatte seine berühmten Versuche alle mit bescheidensten Hilfsmitteln ausgeführt: mit kleinen Blechdosen, Holz von Zigarrenkisten und Siegellack. Die Zeiten hatten sich geändert. Die Studenten, die

bei Rutherford ihre Doktorarbeit machten, brauchten Monate und Jahre, bis sie den Versuchsaufbau fertig hatten. Merkwürdig: Rutherford, der sich bis dahin überhaupt nicht interessierte, kam von dem Tag an regelmäßig, an dem die eigentliche Arbeit begann, das Experimentieren.

Und wie der Student zuerst gelitten hatte unter der Teilnahmslosigkeit des Chefs, so schwer auszuhalten war nun sein ständiges Drängen. Rutherford war oft so ungeduldig, daß die jungen Leute ihre ganze Willenskraft aufbieten mußten.

Rutherfords Enthusiasmus war lebendig wie in den jungen Jahren. Das Cavendish-Laboratorium war das große Zentrum der Kernphysik und Rutherford wie eh und je der unbestrittene Meister.

Als darum Heisenberg in Kopenhagen Gelegenheit hatte, mit dem großen Manne zu sprechen, fragte er ihn geradeheraus: »Do you think we once will gain nuclear power?« »Glauben Sie, daß wir eines Tages Atomenergie gewinnen können?« Verächtlich schmetterte Rutherford diese phantastische Idee ab: »Dog's moonshine.«

Die beiden Physiker standen im Garten. Heisenberg hat die Szene gut im Gedächtnis behalten. Er kannte das englische Wort nicht. Aber die Verachtung, mit der es Rutherford hervorstieß, machte ihm klar: »Dog's moonshine«, das bedeutete so etwas wie »Spinnerei«.

Das war echte angelsächsische Nüchternheit: nur immer auf dem Boden der Tatsachen! In Deutschland erlaubte man der Phantasie mehr Spielraum: »Es wäre möglich und ist nicht einmal unwahrscheinlich«, hatte Einstein schon 1920 geschrieben, »daß neuartige Energiequellen von unerhörter Wirksamkeit erschlossen werden können.«

In der Kernphysik war Deutschland eindeutig zurückgeblieben. Immer größer und teurer wurden die Apparate. Dabei herrschte große Not im Lande. Der Staat mußte sparen, und die Institutsetats wurden drastisch gekürzt. Nur auf der theoretischen Seite der Kernphysik lag Deutschland mit an der Spitze, durch Heisenberg. Aber hier war die Zeit der mathematischen Zusammenfassung noch nicht gekommen. Experimente brauchte man, Experimente und nochmals Experimente.

Seit 1920 hatte die »Notgemeinschaft der deutschen Wissenschaft« mit ihrem Präsidenten Friedrich Schmidt-Ott eine segensreiche Wirkung entfaltet. In einer Zeit der wirtschaftlichen und politischen Krise war die Wissenschaft einig wie nie zuvor. Die beschwörenden Appelle blieben nicht ohne Eindruck auf Regierung und Industrie. Viele Millionen flossen der Notgemeinschaft zu. Das war die wirtschaftliche Grundlage, auf der die Physik und mit ihr andere Wissenschaften zur Blüte kamen.

Anfang der dreißiger Jahre entstand innerhalb der Notgemeinschaft ein kühner Plan: mit einem gezielten Förderungsprogramm den Rückstand in der Kernphysik aufzuholen. Peter Debye, der älteste Schüler Sommerfelds und nun Kollege Heisenbergs in Leipzig, wandte sich mit einer Rundfrage an zwölf deutsche Kernphysiker. Es läuft einem kalt über den Rücken, wenn man die Themen liest, die da in großem Stile in Angriff genommen werden sollten: Isotopentrennung, Schwerwasser-Produktion, Kernzertrümmerung. Alles war genannt, was man zum Bau eines Kernreaktors und einer Atombombe brauchte.

Die Machtergreifung durch den Nationalsozialismus war die große Zäsur in der deutschen Geschichte. Sie unterbrach auch die Entwicklung der Wissenschaft. 1933 ging das goldene Zeitalter der Physik zu Ende. Fünf Nobelpreisträger der Physik wurden vertrieben. Insgesamt verließen das Land etwa 150 für die Grundlagenforschung ausgebildete Physiker. Die Zahl scheint nicht allzu groß. Man muß den Lebensweg dieser Wissenschaftler verfolgen, um zu verstehen, was ihre Emigration bedeutete. Viele begründeten in England und den Vereinigten Staaten neue Schulen und eigene Disziplinen; eine ganze Reihe erhielt den Nobelpreis – als Amerikaner. Von diesem Verlust hat sich Deutschland nie mehr erholt. Er hatte schlimmere Auswirkungen als alle Kriegszerstörungen. Geist ist durch nichts zu ersetzen.

Die Welt sah vor allem Einstein. »Der Papst der Physik verläßt Deutschland«, sagte man, »und zieht in die Neue Welt.« Die Führung, die Deutschland unbestritten innegehabt hatte, ging auf die Vereinigten Staaten über. »Die Zukunft sieht trübe aus für die deutsche Physik«,

schrieb Sommerfeld an seinen nun so weit entfernten Freund: »Ich muß mich damit trösten, daß ich ihr goldenes Zeitalter tätig miterlebt habe.«
Schon das Kaiserreich hatte eine hervorragende Wissenschaftspolitik getrieben. Die Weimarer Republik war womöglich noch wissenschaftsfreundlicher als der Wilhelminische Staat. Das hatte nun ein Ende. An die Stelle der verdrängten Gelehrten rückten die Zweit– und Drittklassigen. Es wurden Außenseiter zu Professoren ernannt, die sich bisher durch nichts hervorgetan hatten als durch eine sogenannte »aufrechte politische Gesinnung«. Als wieder einmal ein gänzlich Unqualifizierter auf einen Lehrstuhl berufen wurde, urteilte Heisenberg: »Er hat keine einzige Arbeit in der theoretischen Physik veröffentlicht, und so ist der Fall auch für den Außenstehenden völlig klar.«
In den Universitäten, den Ministerien und der Notgemeinschaft das gleiche Bild: Friedrich Schmidt-Ott, der um die deutsche Wissenschaft hundertfach verdiente Präsident, wurde aus dem Amt gejagt, und an seine Stelle setzte sich der nationalsozialistische Physiker Johannes Stark. Mit seinem merkwürdig unausgeglichenen Charakter hatte sich Stark überall Feinde gemacht. Verbunden war er zuletzt nur noch mit seinem Gesinnungsgenossen Philipp Lenard. Seit 1920 hatten beide gegen die Relativitätstheorie und die Quantentheorie ständig neue Angriffe gerichtet. Diese Theorien, so sagten sie, hätten nichts zu tun mit der Wirklichkeit der Natur, sondern seien nur mathematische Dogmatik, typisch für den semitischen Geist. Die Kollegen aber spotteten: »Was man nicht verstehen kann, sieht man drum als jüdisch an.«
Die Zeiten, in denen man sich über wissenschaftlich abwegige Auffassungen derart lustig machen konnte, waren 1933 vorbei. Als »alte Kämpfer« rühmten sich Stark und Lenard der langjährigen geistigen Verbundenheit mit Adolf Hitler. Und gar kein Zweifel: Die beiden hatten Einfluß bei den neuen Herren.
Lenard und Stark waren in ihren jungen Jahren Pioniere der Strahlenforschung gewesen. Stark hatte sogar ein Jahrbuch für »Radioaktivität und Elektronik« gegründet. Unter »Elektronik« verstand man damals die Physik des Elektrons, also der Kathodenstrahlen und Gasentladungen.

Inzwischen war aus der Radioaktivität die Kernphysik hervorgegangen. Stark und Lenard hatten längst das Verständnis für die aktuelle Forschung verloren. »Wir sind alle mehr oder weniger einseitig«, urteilte Max Planck weise: Was er Lenard und Stark übelnehme, sei nicht ihre Einseitigkeit, wohl aber, daß sie nicht fühlten, wie einseitig sie seien: »Das ist sehr gefährlich.«

Als Nationalsozialist stand nun Stark an der Spitze der Notgemeinschaft. Er war früher Experte der radioaktiven Forschung gewesen und immer noch ein Experimentalphysiker aus Leidenschaft. Vor ihm lag das Programm Peter Debyes für die gezielte Förderung der experimentellen Kernphysik. Es ging um das nationale Prestige. Es ging um Atomkernenergie.

In den Akten der Notgemeinschaft (der heutigen »Deutschen Forschungsgemeinschaft«) häuften sich die Anträge, unter denen die Befürwortungen der Fachgutachter standen, und als letztes »Präsident Stark verfügt Ablehnung«.

Zu einer Förderung der Kernphysik kam es nicht. Mit einem erheblichen Rückstand trat das Dritte Reich an die Schwelle des Atomzeitalters.

Die neuen Männer trieben eine neue, eine nationalsozialistische Wissenschaftspolitik. Wo bisher das Prinzip der Leistung gegolten hatte, trat nun die »Rasse«. Die Physik sei, so sagten Stark und Lenard, eine Schöpfung germanischen Geistes. Wo sich anderes »Blut« geltend mache, insbesondere das jüdische, könne nur unfruchtbares Blendwerk entstehen, wie das Einstein zur Genüge bewiesen habe.

1933 erhielt Heisenberg (rückwirkend für das Jahr 1932) den Nobelpreis der Physik. Damit lenkte er den Haß auf sich. In den NS-Monatsheften wurde er von Stark geschmäht als »Geist vom Geiste Einsteins«. Was uns heute wie ein Lob klingt, war damals eine gefährliche Beschimpfung. Für die Nationalsozialisten galt Einstein, der bescheidene Mann, als besonders »frecher Jude«.

Am 31. März 1935 erreichte Arnold Sommerfeld die Altersgrenze. Der große akademische Lehrer, der Generationen von theoretischen Physikern herangebildet hatte, sollte den besten nur möglichen Nachfolger erhalten. Die Berufungskommission setzte Werner Heisenberg an die erste Stelle.

Der Fall wurde dem Reichsdozentenführer in Berlin vorgelegt. Dieser lehnte am 14. Juli 1937 kategorisch »im Einvernehmen mit dem Stellvertreter des Führers« eine Berufung Heisenbergs nach München unter allen Umständen ab. Gleichzeitig eröffnete das »Schwarze Korps«, die Zeitschrift der SS, einen wuchtigen Angriff gegen Heisenberg.

Mit den ärgsten Schimpfworten wurde er geschmäht, die im damaligen Jargon zur Verfügung standen: als »Ossietzky der Physik« und »Weißer Jude«, das heißt »nicht Rassejude an sich«, wohl aber »Geistesjude, Gesinnungsjude oder Charakterjude«. In diesem Stil ging es über eine ganze Zeitungsseite: »Heisenberg ist nur ein Beispiel für manche andere. Sie allesamt sind Statthalter des Judentums im deutschen Geistesleben, die ebenso verschwinden müssen wie die Juden selbst.«

Zum Ordinarius für theoretische Physik an der Universität München wurde schließlich ein gewisser Wilhelm Müller ernannt. Sommerfeld, der sich in berechtigtem wissenschaftlichen Stolz den besten Nachfolger gewünscht hatte, erhielt den »denkbar schlechtesten«. »Die Berufung dieses Mannes muß als völlig sinnlos angesehen werden«, protestierte Ludwig Prandtl, »wenn man nicht etwa den Sinn darin sehen will, daß zerstört werden soll.« Wer seinen Blick warf auf die Zustände an den Universitäten, der mußte verzweifelt sein wie der berühmte Göttinger Aërodynamiker. Seine Eingabe beim »Reichsmarschall« war ebenso vergeblich wie viele andere Vorstöße der deutschen Physiker.

Die Nazis hatten keine Ahnung von der Bedeutung der Wissenschaft. Während sie eine rücksichtslose Machtpolitik trieben, zerstörten sie die Fundamente, auf denen die geistige und wirtschaftliche und damit letztlich, langfristig gesehen, die militärische Stärke beruhten. Carl Bosch, der Chemiker und Industrielle, und Max Planck, der theoretische Physiker, intervenierten persönlich bei Adolf Hitler. »Dann muß Deutschland eben für hundert Jahre ohne Physik und Chemie auskommen.« Das war die Antwort Hitlers, die sie zum Verstummen brachte. Heute überblicken wir den unermeßlichen Schaden, den dieser Mann

den Menschen und der Menschheitskultur zugefügt hat. Die Schande, die er über unser Land brachte, wird nie mehr getilgt werden können. Die Nationalsozialisten wollten das Deutsche Reich groß machen, aber triumphierend sahen sie zu, wie die Größten das Land verließen. Sie wußten nicht, daß durch den Weggang oft nur eines bedeutenden Gelehrten eine ganze Forschungsrichtung abgeschnitten werden konnte.
Auch Heisenberg stand vor der Frage: Sollte er den Nazis alles hinwerfen und nach Amerika gehen? Er hatte viele Freunde dort. Seit seiner Vortragsreise durch die Vereinigten Staaten 1929 waren immer wieder Briefe von drüben gekommen: Herzlich willkommen sei er in der Neuen Welt, wo man jetzt mit Riesenschritten vorwärtsstürme in der Physik.
»Daß es mir sehr schmerzlich wäre, aus Deutschland fortzugehen, wissen Sie«, schrieb Heisenberg an den alten Lehrer Sommerfeld: »Ich möchte es nicht tun, wenn es nicht unbedingt sein muß.« Heisenberg besaß starke gefühlsmäßige Bindungen an Deutschland: die Erinnerung an die ersten Tage des Kriegsausbruches 1914 mit dem tiefen Gefühl der Verbundenheit mit allen Menschen im gleichen Schicksal, die Wanderungen mit den Pfadfindern durch die Heimat, die Gedichte Goethes, Mörikes und Eichendorffs, die er sich dabei aufgesagt, und die Volkslieder, die sie dabei gesungen. Er hat geglaubt, die kleinen Kreise von Menschen, mit denen man im tiefsten Einvernehmen Hausmusik machen könne, nirgendwo mehr auf der Welt zu finden.
Viele gingen. Manche freiwillig, die meisten nur gezwungen. Nach dem »Anschluß« fielen auch die Österreicher unter die Rassengesetze; die sogenannten Halb- und Vierteljuden wurden »abgebaut«.
Die Bemühungen, Lise Meitner zu halten, waren von vornherein zum Scheitern verurteilt. Mit ihr verlor Deutschland einen der wenigen hochqualifizierten Kernphysiker.
Seit der Gründung des Kaiser-Wilhelm-Instituts für Chemie in Berlin-Dahlem hatte Lise Meitner hier mit Otto Hahn zusammengearbeitet. Trefflich hatten einander die beiden Forscher ergänzt, und aus dem Institut war ein Strom bedeutender Arbeiten hervorgegangen. Die Phy-

siker nannten Lise Meitner stolz und liebevoll »unsere Madame Curie«, und sie erzählten zum hundertsten Mal die Geschichte, die ein Besucher des Instituts zufällig miterlebt hatte. Hahn war auf dem Wege in sein Dienstzimmer im ersten Stock, aber Lise Meitner hielt ihn auf, und vor dem Treppenaufgang diskutierten sie. »Liebes Hähnchen«, sagte Lise Meitner, »geh nach oben. Von Physik verstehst du nichts.«

Ende 1938 rechnete Otto Hahn mit einem Disziplinarverfahren und der Amtsenthebung. Zu lange hatte er sich der Entlassung Lise Meitners widersetzt. Die Experimente, die er im Dezember 1938 mit Fritz Straßmann durchführte, gaben ihm die Gewißheit: Er war gerettet, jedenfalls fürs erste. In der ganzen Welt nämlich machten bei Physikern und Chemikern diese Arbeiten das größte Aufsehen. Publicity ist noch heute ein guter Schutz in einem totalitären Staat.

Merkwürdige Ergebnisse waren es in der Tat, die sie erhalten hatten, so merkwürdig, daß Hahn und Straßmann Tage brauchten, um sich selbst in immer neuen Kontrollversuchen zu überzeugen: Bei der Bestrahlung von Uran mit Neutronen entsteht Barium. Sie hatten das Atom gespalten.

Niels Bohr war gerade auf dem Weg von Kopenhagen in die Vereinigten Staaten, als er die Neuigkeit hörte. Fast hätte er das Schiff versäumt. Wo es entsprechend ausgerüstete Institute in der Welt gab, wurden die Versuche wiederholt und zweifelsfrei festgestellt: Der Prozeß wird durch ein Neutron bewirkt; gleichzeitig entstehen zwei bis drei neue Neutronen.

Das hieß also, es war möglich, im Uran eine Kettenreaktion in Gang zu setzen. Wie in einem Schneeballsystem sollte sich die Zahl der Neutronen steigern – und ebenso die Zahl der gespaltenen Uran–Atomkerne: 1, 2, 4, 8, 16, 32, 64 . . . Binnen Sekundenbruchteilen müßten dann alle vorhandenen Atomkerne des Urans gespalten werden.

1919 hatte Ernest Rutherford Stickstoff in Sauerstoff verwandelt. Seither war es nichts Besonderes mehr, wenn man aus einem Element ein anderes erzeugte. Immer aber war diese Verwandlung auf einige wenige Atome beschränkt. Otto Hahn und Fritz Straßmann hatten – beiläufig geschätzt – bei der Bestrahlung ihrer 15-Gramm-Ampulle vielleicht eine Million Uran-Atomkerne in Barium-Atomkerne gespalten. Eine Million Atome klingt viel, ist aber ein Nichts bei der unvorstellbaren Kleinheit der Atome.

Durch die Kettenreaktion bestand die Aussicht, eine wirklich wägbare Menge von Uran umzuwandeln. Und das war das Sensationelle: Bei der Spaltung eines Uran–Atomkerns entsteht Energie, eine winzige Menge zwar nur, die auch dann, wenn eine Million Atome beteiligt sind, nur mit den feinsten Meßinstrumenten feststellbar ist. Wenn aber die ungeheure Zahl von Atomen gespalten werden könnte, die in einem Kilo Uran vorhanden ist, dann wäre das ein Sprengstoff von unerhörter Gewalt – oder ein Kraftwerk von phantastischer Leistungsfähigkeit. Ein neues Zeitalter kündigte sich an.

Zur gleichen Zeit, als das die Forscher entdeckten, marschierten deutsche Truppen in Prag ein. In England begann man, sich auf Krieg einzustellen. In Amerika waren es Flüchtlinge aus Europa, die wußten, was von Hitler zu halten war. Den Physiker Leo Szilard überfiel ein jähes Entsetzen: Sollte Deutschland einen Vorsprung in der technischen Nutzung der Kernenergie gewinnen – die Nazis würden das zu einer Erpressung größten Stils nutzen.

Ende Juli 1939 fuhr Szilard zu Einstein, der gerade am Atlantik Urlaub machte. Einstein schrieb einen Entwurf. Szilard übersetzte ins Englische und fügte einige Abschnitte hinzu. Am 2. August 1939 unterschrieb Einstein den Brief an Franklin D. Roosevelt. Szilard übergab ihn einem Freund des amerikanischen Präsidenten. Nach einigem Hin und Her hatte Roosevelt begriffen. Zu seinem Attaché sprach er die berühmt gewordenen Worte: »Das hier bedeutet: Wir müssen handeln.«

Am 1. September begann der Krieg. Wenige Tage später erhielt Heisenberg seinen Gestellungsbefehl. Er wurde aber nicht zu den Gebirgsjägern gerufen, bei denen er gedient hatte, sondern nach Berlin ins Heereswaffenamt. Das war der Anfang des deutschen »Uran-Projektes«. Werner Heisenberg erhielt den Auftrag, den Prozeß der Kettenreaktion nach der physikalischen Seite hin zu untersuchen. Würde die auftretende hohe Energie das Uran nicht sofort zum Verdampfen bringen? War eine »Kernexplosion« überhaupt möglich?

Mit der Physik des Neutrons war Heisenberg gut vertraut. Schon nach ein paar Monaten hatte er die Theorie des Atomreaktors fertig. Die Kollegen haben nur noch gestaunt. Gleichsam von selbst wurde Heisenberg zum führenden Kopf auf der deutschen Seite.

Von den Kollegen aus den alliierten Ländern, und vor allem von den Emigranten, ist es Heisenberg sehr verübelt worden, daß er sich dem deutschen Uranprojekt zur Verfügung gestellt hat. »Die meisten Wissenschaftler haben mit den Nazis gemeinsame Sache gemacht«, schrieb Max Born an Einstein, »sogar Heisenberg hat mit aller Kraft für diese Verbrecher gearbeitet.«

Aus welchen Motiven hat sich Heisenberg dem Projekt zur Verfügung gestellt? Darauf ist zunächst zu sagen, daß er mit einem Einberufungsbefehl zum Heereswaffenamt kommandiert worden ist. Zur Mitarbeit kam er also durch den Mechanismus des militärischen Befehls und Gehorsams.

Die wissenschaftliche Faszination war sicherlich ein ganz wesentliches Motiv. Wahrscheinlich hat auch der Kampf um die Rehabilitierung der modernen Physik eine große Rolle gespielt. Noch galten ja bei vielen »Führern« in Partei und Staat die Quantentheorie und die Relativitätstheorie als »jüdische Geistesprodukte«. Heisenberg sah nun eine Möglichkeit, zu beweisen, was die moderne theoretische Physik tatsächlich leisten konnte.

An Atombomben als Realität dachten die deutschen Physiker zunächst nicht. Ein jähes Entsetzen aber überfiel Heisenberg und seine Freunde, als sie die Möglichkeit erkannten, daß auch Plutonium 239 als Sprengstoff dienen kann: »Wir sahen eigentlich seit September 1941 eine freie Straße zur Atombombe vor uns.«

Die Arbeiten wurden hauptsächlich im Kaiser-Wilhelm-Institut für Physik ausgeführt. Es waren kaum zehn Jahre vergangen, seit Einstein sein Amt als Direktor aufgegeben hatte, aber was war nicht alles inzwischen geschehen!

»Man denkt immer«, schrieb damals Lise Meitner, »viel schwerer kann das Leben kaum in dieser Welt werden, aber man irrt sich.« Die Bombenangriffe auf Berlin nahmen zu an Heftigkeit. Heisenberg wurde am 1. Juli 1942 verantwortlicher Direktor.
Ende 1943 verlagerte Heisenberg sein Institut nach Hechingen in Württemberg-Hohenzollern. Sie bauten in dem 15 Kilometer entfernten und idyllisch gelegenen Haigerloch, gut versteckt in einem Felsenkeller unter der Schloßkirche, ihren Atomreaktor auf. Gewöhnlich einmal in der Woche kam Heisenberg von Hechingen mit dem Fahrrad herüber. Er hat die Fahrten durch die herrliche Landschaft mit den vielen Obstgärten und Wäldern sehr genossen. »Der Weise braucht nicht zu hasten und erreicht doch sein Ziel«, zitierte damals Max Planck.
Für Heisenberg waren lange Wanderungen und Radtouren in Gottes freier Natur ein wichtiges Element in seinem Leben; wie ein Dichter begeisterte er sich über die Schönheit der Welt. Zugleich schuf der Wechsel von starker geistiger Anspannung zu sportlicher Betätigung, bei der das Gehirn ausruht, die Voraussetzung für seine Höchstleistung in der Wissenschaft.
Als einen »Pfundskerl« schildern ihn alle, die ihn kannten. In Hechingen kaufte er auf dem Wochenmarkt mit dem Handwägelchen selbst seine Kartoffeln ein. In der Haigerlocher Schloßkirche, direkt über dem Felsenkeller, entspannte er sich beim Orgelspiel. Gern ließ er sich in ein Gespräch ein über Musik, besonders, wenn er selbst noch etwas lernen konnte.
Was die Forschungsarbeit anlangte, allerdings, da blieb er verschlossen und nicht nur, weil das Ganze eine geheime Reichssache war. Er hatte schwere Sorgen. Wie weit waren die amerikanischen Kollegen? Konnten nicht plötzlich, sozusagen »aus heiterem Himmel«, amerikanische Atombomben auf deutsche Städte fallen? War er dann nicht schuldig vor dem ganzen deutschen Volk – denn er hatte nicht deutlich genug auf diese Gefahr für unschuldige Menschen aufmerksam gemacht. Und dann die Folgen für seine Mitarbeiter, für seine Familie, für ihn selbst: Bei jeder militärischen Katastrophe wütete das Regime gegen die angeblich

oder wirklich Schuldigen. Die Sachlage wäre für jeden Volksgerichtshof eindeutig gewesen.
Aber andererseits: Wenn er die Regierung warnte vor dieser Gefahr: Würde man dann nicht von ihm erwarten, innerhalb von sechs Monaten eine Atombombe zu liefern? Von allen »Wunderwaffen« wäre für die Nazis die Atombombe das ideale Instrument gewesen, Vergeltung zu üben. Damals wurde Hitler im Führerbunker in Berlin ein Trickfilm gezeigt. Ein Flugzeug, ein Stuka, stürzte sich auf die Umrisse der britischen Insel; ein Feuerschlag folgte, und die Insel flog zerfetzt in Stücke. »So wird es ihnen ergehen«, rief Hitler hingerissen aus, »so werden wir sie vernichten!« Ein Segen für uns alle, daß Hitler nicht geahnt hat, was in Hechingen und im Atombunker von Haigerloch wirklich vor sich ging. So konnten die deutschen Physiker das Ziel ihrer Arbeit selbst bestimmen: Ihr Ziel aber war nicht die Atombombe, sondern der energieliefernde Atomreaktor.
Ende Februar 1945 war endlich alles verfügbare Uran und das schwere Wasser aus Berlin eingetroffen. Der Aufbau des Versuches konnte beginnen. Würde jetzt eine Kettenreaktion zustande kommen? Nicht die geringsten Sicherheitsmaßnahmen waren vorbereitet. Immer mehr näherte sich die Neutronenzahl der kritischen Marke. Die Spannung im Felsenkeller wurde unerträglich.
Heisenberg dachte an das berühmte Wort des Preußenkönigs nach der Niederlage gegen Napoleon: Daß nun der Staat durch geistige Kräfte ersetzen müsse, was er an materiellen verloren habe. Aus der Niederlage war damals eine Erneuerung des Vaterlandes hervorgegangen. Es war der große Wunsch Heisenbergs, daß 1945, in dieser Zeit des totalen Zusammenbruchs, wenigstens der deutschen Wissenschaft ein Erfolg vergönnt sein möge: So könnte Deutschland abermals durch geistige Kräfte ersetzen, was es an materiellen verloren hatte. Durch einen Erfolg in der Kernphysik wollte Heisenberg die Hoffnung auf einen geistigen Wiederaufbau des geschundenen Vaterlandes gründen.
Mit dem Einpumpen des schweren Wassers stieg die Zahl der Neutronen ständig, über alle bisher erreichten Werte. Aus je zehn Neutronen im

Innern wurden schließlich an der Oberfläche 67. Es reichte nicht. Sie brauchten mehr Uran und mehr schweres Wasser. Im März 1945 war das nirgendwo zu beschaffen. Bald rechneten die Wissenschaftler aus, daß mit einer kugelförmigen Anordnung statt einer zylindrischen der kritische Punkt wahrscheinlich erreicht worden wäre. Zu spät.

Die letzten Reste aufgelöster deutscher Truppen zogen durch Hechingen ostwärts. Am 19. April feierten die Physiker Abschied, und am 20. April, Führers Geburtstag, morgens früh um 3 Uhr, setzte sich Heisenberg auf sein Fahrrad, um sich durchzuschlagen zur Familie. In Urfeld am Walchensee, 270 Kilometer entfernt, warteten seine Frau und die sechs Kinder.

Ein paar Tage blieben für die Familie. Dann holte ihn ein alliiertes Sonderkommando. Zusammen mit Otto Hahn, Max von Laue, Carl Friedrich von Weizsäcker und anderen wurde er zuerst in Belgien und dann in England interniert.

Auf dem Gutshof »Farmhall« hörten die zehn deutschen Gelehrten am Abend des ewig denkwürdigen 6. August 1945 über den BBC Home Service die inhaltsschwere Nachricht: Über der japanischen Stadt Hiroshima war eine Atombombe explodiert. 200.000 Menschen hatten den Tod gefunden.

An diesem Abend hat keiner der Internierten schnell Schlaf finden können. Als er sich um ein Uhr nachts in sein Zimmer zurückzog, sagte Max von Laue: »Als ich jung war, wollte ich Physik treiben und Weltgeschichte erleben. Die Physik habe ich getrieben, und daß ich Weltgeschichte miterlebt habe, wahrhaftig, das kann ich jetzt in meinen alten Tagen wohl sagen.«

Die Physik selbst war Weltgeschichte geworden.

Heisenberg lenkte den Blick in die Zukunft. Es würde darauf ankommen, in Deutschland eine Wissenschaftspolitik zu entwickeln, die an die guten Traditionen vor 1933 anknüpfte, gleichzeitig aber berücksichtigte, daß die Weltuhr um ein entscheidendes Stück vorwärtsgerückt war.

Das wichtigste, so schien ihm, würde eine vertrauensvolle Zusammenarbeit zwischen der Regierung und den Gelehrten des Landes sein. Seit dem 6. August 1945 kann die Wissenschaft nicht mehr die Forderung stellen, ein Elfenbeinturm oder »Naturschutzpark« zu sein in der Gesellschaft. Zu tief greifen die Konsequenzen der Forschung ein in das Leben. Die Machthaber des Dritten Reiches hatten in ihrem völligen Unverständnis der Wissenschaft den größten Schaden zugefügt. Die Gelehrten aber waren durch ihr Desinteresse und ihre Verachtung für alle Politik mitschuldig geworden, daß in einer »Völkerwanderung von unten« das Schicksal des ganzen Volkes in solche Hände fallen konnte. Aus Verantwortung für ihre Wissenschaft und aus Verantwortung für die Menschen müssen sich deshalb die Gelehrten sorgen um das Wohl und Wehe des Staates und ihre Stimme erheben.

Im 20. Jahrhundert hat der Mensch durch die Physik eine Macht errungen, daß es ihm fürwahr bange werden muß vor seiner Gottähnlichkeit, wie es im Spruche heißt. In der massivsten und direktesten Weise und der subtilsten und indirektesten, auf geradem Wege und versteckt über Tausende von Kanälen wirkt die Wissenschaft. Sie verändert die Umwelt und verändert den Menschen, sein Denken und seine Seele.

Wir müssen mit der Wissenschaft leben oder mit ihr untergehen.

Literatur-Verzeichnis

Mit unserem Literaturverzeichnis wollen wir, nach den Abschnitten des Buches gegliedert, den Leser auf das wichtigste Schrifttum hinweisen. Dabei handelt es sich zunächst um die sogenannte »Sekundärliteratur«, also Biographien und andere Darstellungen aus der Retrospektive. Wer ein tieferes Verständnis erstrebt, muß daneben zu den Quellen selbst greifen, das heißt zu den Werken der großen Physiker, Philosophen, Ingenieure und Wissenschaftsorganisatoren. Wir geben auch hier keine erschöpfende Aufzählung, sondern nennen nur die wichtigsten und für den deutschen Leser zugänglichen und lesbaren Ausgaben. Nachschlagewerke, in denen man zu (fast) allen erwähnten Persönlichkeiten Informationen findet, werden nicht eigens genannt. Besonders nützlich sind hier das Dictionary of Scientific Biography (15 Bde. New York 1970–1978) und die Enzyklopädie »Die Großen der Weltgeschichte« (12 Bde. Zürich 1970–1979), die beide in den Nachschlageabteilungen der wissenschaftlichen Bibliotheken stehen und, bescheidener im Umfang, das einbändige »Lexikon Geschichte der Physik A–Z« (Aulis Verlag Deubner, Köln 1972).

I. Das neue Weltbild

1. *Galileo Galilei (1564–1642)*

Galileo Galilei: Dialog über die beiden hauptsächlichsten Weltsysteme. Übersetzt und erläutert von Emil Strauss. Leipzig 1892;

Galileo Galilei: Unterredungen und mathematische Demonstrationen über zwei neue Wissenszweige, die Mechanik und die Fallgesetze betreffend. Neudruck Darmstadt 1964;

Emil Wohlwill: Galilei und sein Kampf für die Copernikanische Lehre. 2 Bde. Nachdruck Wiesbaden 1969;

Hans-Christian Freiesleben: Galileo Galilei. Physik und Glaube an der Wende zur Neuzeit. Stuttgart 1956;

Ernst Brüche (Herausgeber): Sonne steh still. 400 Jahre Galileo Galilei. Mosbach 1964;

Friedrich Klemm: Galilei und die Technik. In: *Technikgeschichte.* Bd. 37, 1970, S. 13–26.

2. *Johannes Kepler (1571–1630)*

Johannes Kepler: Das Weltgeheimnis. Übersetzt und eingeleitet von Max Caspar. Augsburg 1923;

Johannes Kepler: Neue Astronomie. Übersetzt und eingeleitet von Max Caspar. München etc. 1929;

Johannes Kepler: Weltharmonik. Übersetzt und eingeleitet von Max Caspar. München etc. 1939;

Johannes Kepler in seinen Briefen. Herausgegeben von Max Caspar und Walther von Dyck. 2 Bde. München etc. 1930;

Franz Hammer: Johannes Kepler. Ein Bild seines Lebens und Wirkens. Stuttgart 1943;

Max Caspar: Johannes Kepler. Stuttgart 1948;

Hans Schimank: Epochen der Naturforschung. Leonardo, Kepler, Faraday. 2. Aufl. München 1964;

Arthur Koestler: Die Nachtwandler. Bern etc. 1959;

Walther Gerlach und Martha List: Johannes Kepler. Leben und Werk. München 1966;

Hans Christian Freiesleben: Kepler als Forscher. Darmstadt 1970.

3. *Isaac Newton (1643–1727)*

Isaac Newton: Mathematische Prinzipien der Naturlehre. Mit Bemerkungen und Erläuterungen herausgegeben von Jacob Philipp Wolfers. Neudruck Darmstadt 1963;

Isaac Newton: Optik oder Abhandlung über Spiegelungen, Brechungen, Beugungen und Farben des Lichts. Übersetzt und herausgegeben von William Abendroth. Leipzig 1898;

Sergej Iwanowitsch Wawilow: Isaac Newton: [Ost-] Berlin 1951;

David Brewster: Memoirs of the life, writings and discoveries of Sir Isaac Newton. 2 Bde. Neudruck New York etc. 1965;

Ernst Cassirer: Die Philosophie der Aufklärung. 3. Aufl. Tübingen 1973;

Andreas Kleinert: Die allgemeinverständlichen Physikbücher der französischen Aufklärung. Aarau 1974;

Emil A. Fellmann: Vor 250 Jahren starb Isaac Newton. In: *Bild der Wissenschaft.* Jg. 1977, Heft 4, S. 162–167.

II. Das Perpetuum mobile

1. *Karl Elias Beßler (1680–1745)*

Frida Ichak: Das Perpetuum mobile (= Aus Natur und Geisteswelt. Bd. 462). Leipzig 1914;

Friedrich Klemm: Vom Perpetuum mobile zum Energieprinzip. In: *Deutsches Museum. Abhandlungen und Berichte.* Jg. 33, 1965, Heft 3, S. 5–24;

István Szabó: Geschichte der mechanischen Prinzipien und ihrer wichtigsten Anwendungen. Basel 1976;

Otto Spiess: Leonhard Euler. Ein Beitrag zur Geistesgeschichte des XVIII. Jahrhunderts. Frauenfeld/Leipzig 1929.

2. *Gottfried Wilhelm Leibniz (1646–1716)*

Gottfried Wilhelm Leibniz: Hauptschriften zur Grundlegung der Philosophie. Übersetzt von A. Buchenau . . . herausgegeben von Ernst Cassirer. 2 Bde. Neudruck Hamburg 1966;

Gottfried Wilhelm Leibniz. Auswahl [aus seinen Schriften] und Einleitung von Friedrich Heer. Fischer Bücherei Nr. 229. Frankfurt 1958;

Kuno Fischer: Gottfried Wilhelm Leibniz. Leben, Werk und Lehre. 5. Aufl. Heidelberg 1920;

Ludolf von Mackensen: Zur Vorgeschichte und Entstehung der ersten digitalen 4-Spezies-Rechenmaschine von Gottfried Wilhelm Leibniz. In: *Akten des Internationalen Leibniz-Kongresses.* Hannover, 14.–19. November 1966. Bd. 2. Wiesbaden 1969, S. 34–68.

3. *Benjamin Thompson, Graf Rumford (1753–1814)*

Count Rumford: Collected works. Herausgegeben von Sanborn C. Brown. 5 Bde. Cambridge Mass. 1968–1970;

Egon Larsen: Graf Rumford. Ein Amerikaner in München. München 1961;

Sanborn C. Brown: Benjamin Thompson, Count Rumford. Oxford 1967.

III. Neues Land

1. *Alessandro Volta (1745–1827)*

Fritz Fraunberger: Vom Frosch zum Dynamo. Köln 1965;

Jürgen Teichmann: Die Entwicklung von Grundbegriffen der Elektrizitätslehre, insbesondere des elektrischen Stromes, bis 1820. Hildesheim 1974;

Ernst Rödl, Jürgen Teichmann und Adolf Wißner: Der gebändigte Blitz.

Illustr. Geschichte der elektrischen Entdeckungen und Erfindungen. Hamburg 1972.

2. *Johann Wilhelm Ritter (1776–1810)*
Johann Wilhelm Ritter: Die Begründung der Elektrochemie und Entdeckung der ultravioletten Strahlen. Ostwalds Klassiker. Neue Folge. Bd. 2. Frankfurt 1968. Hier Biographie S. 7–21;
Friedrich Klemm und Armin Hermann (Herausgeber): Briefe eines romantischen Physikers. München 1966;
Hans Schimank: Johann Wilhelm Ritter. Der Begründer der wissenschaftlichen Elektrochemie. Ein Lebensbild aus dem Zeitalter der Romantik. In: *Deutsches Museum. Abhandlungen und Berichte.* Jg. 5, 1933, Heft 6, S. 175–203.

3. *Hans Christian Oersted (1777–1851)*
Hans Christian Oersted: Naturvidenskabelige Skrifter. 3 Bde. Kopenhagen 1920. Hier Biographie von Kirstine Meyer in Bd. 1, S. III–CLXVI;
Bern Dibner: Oersted and the Discovery of Electromagnetism. Norwalk, Conn. 1961.

IV. Die Herrin der Welt

1. *Friedrich Schelling (1775–1854)*
Friedrich Schelling: Schriften zur Naturphilosophie. 1799–1801 (= Schellings Werke. Herausgegeben von Manfred Schröter. Bd. 2). München 1958;
Friedrich Schelling: Zur Naturphilosophie. 1792–1803 (= Schellings Werke. Herausgegeben von Manfred Schröter. Ergänzungsband 1). München 1956;
Zeitschrift für spekulative Physik. Herausgegeben von Friedrich Schelling. 2 Bde. Jena etc. 1800/01.

2. *Julius Robert Mayer (1814–1878)*
Robert Mayer: Die Mechanik der Wärme in gesammelten Schriften. Herausgegeben von Jacob J. Weyrauch. 3. Aufl. Stuttgart 1893;
Robert Mayer: Kleinere Schriften und Briefe. Nebst Mitteilungen aus seinem Leben. Herausgegeben von Jacob J. Weyrauch. Stuttgart 1893;
Helmut Schmolz und Hubert Weckbach: Robert Mayer. Sein Leben und Werk in Dokumenten. Weißenhorn 1964;
Hans Schimank: Julius Robert Mayer (1814–1878). Sein Weg zur Erkenntnis

und Darstellung des Energieprinzips. In: *Deutsches Museum. Abhandlungen und Berichte.* Jg. 33, 1965, Heft 3, S. 25–61.

3. *Hermann von Helmholtz (1821–1894)*
Hermann von Helmholtz: Vorträge und Reden. 2 Bde. 4. Aufl. Braunschweig 1896;
Leo Koenigsberger: Hermann von Helmholtz. [Biographie]. 3 Bde. Braunschweig 1902/03;
Felix Auerbach: Die Weltherrin und ihr Schatten. Ein Vortrag über Energie und Entropie. Jena 1902.

V. Die Werkstätte des Physikers

1. *Georg Christoph Lichtenberg (1742–1799)*
Johann Christian Polykarp Erxleben: Anfangsgründe der Naturlehre. Mit Zusätzen von Georg Christoph Lichtenberg. 5. Aufl. Göttingen 1791;
Gottlieb Gamauf: Erinnerungen aus Lichtenbergs Vorlesungen über Erxlebens Anfangsgründe der Naturlehre. 3 Bde. Wien etc. 1808–1812;
Ludwig Christian Lichtenberg und Friedrich Kries: Lichtenbergs physikalische und mathematische Schriften. 4 Bde. Göttingen 1803–1806;
Georg Christoph Lichtenberg: Schriften und Briefe; herausgegeben von Wolfgang Promies. 4 Bde. München 1967–1971;
Wolfgang Promies (Herausgeber): Aufklärung über Lichtenberg. Kleine Vandenhoeck-Reihe 1393. Göttingen 1974.

2. *Heinrich Gustav Magnus (1802–1870)*
Hermann von Helmholtz: Zum Gedächtnis an Gustav Magnus. In: Vorträge und Reden von Hermann von Helmholtz. Bd. 2. 4. Aufl. Braunschweig 1896, S. 33–51;
Ernst Brüche: Aus der Vergangenheit der Physikalischen Gesellschaften. In: *Physikalische Blätter.* Jg. 16, 1960, S. 499–505 u. S. 616–621; Jg. 17, 1961, S. 27–33 usw.

3. *Gustav Karsten (1820–1900)*
Gustav Karsten: Von der Stellung der Naturwissenschaften, besonders der physikalischen an unseren Universitäten. Kiel 1849. Anonym erschienen;
Charlotte Schmidt-Schönbeck: 300 Jahre Physik und Astronomie an der Kieler Universität. Kiel 1965;

Erwin K. Scheuch und Heine v. Alemann (Herausgeber): Das Forschungsinstitut. Formen der Institutionalisierung von Wissenschaft. Erlangen 1978.

VI. Die Elektrotechnik

1. *Michael Faraday (1791–1867)*

Michael Faraday: Experimentaluntersuchungen über Elektrizität. Deutsche Übersetzung von S. Kalischer. 3 Bde. Berlin 1889–1891;

Michael Faraday: Diary. 8 Bde. London 1932–1936;

Bence Jones: The life and letters of Faraday. 2 Bde. London 1870;

Wilhelm Ostwald: Michael Faraday. Eine psychographische Studie. Zürich 1924;

Silvanus P. Thompson: Michael Faradays Leben und Wirken. Neudruck Wiesbaden 1965;

L. Pearce Williams: Michael Faraday. A biography. London 1964;

Walther Gerlach: Michael Faraday (1791–1867). In: *Deutsches Museum. Abhandlungen und Berichte*. Jg. 36, 1968, Heft 1, S. 5–52.

2. *Werner von Siemens (1816–1892)*

Volker Aschoff: Paul Schilling von Canstatt und die Geschichte des elektromagnetischen Telegraphen. In: *Deutsches Museum. Abhandlungen und Berichte*. Jg. 44, 1976, Heft 3, S. 3–53;

Volker Aschoff: Die elektrische Nachrichtentechnik im 19. Jahrhundert. In: *Naturwissenschaft, Technik und Wirtschaft. Acht Gespräche der Georg-Agricola-Gesellschaft . . .* Herausgegeben von Wilhelm Treue und Kurt Mauel. 2 Teile. Göttingen 1976. Hier Teil 2, S. 522–541;

Karl Steinbuch: Die informierte Gesellschaft. Geschichte und Zukunft der Nachrichtentechnik. Reinbek 1968;

Werner Siemens: Wissenschaftliche und Technische Arbeiten. 2 Bde. 2. Aufl. Berlin 1889/91;

Werner von Siemens: Lebenserinnerungen. 17. Aufl. München 1966;

Georg Siemens: Der Weg der Elektrotechnik. Geschichte des Hauses Siemens. 2 Bde. 2. Aufl. Freiburg etc. 1961;

Sigfrid von Weiher: Werner von Siemens. Ein Wegbereiter der deutschen Industrie. In: *Deutsches Museum. Abhandlungen und Berichte*. Jg. 34, 1966, Heft 3, S. 5–38;

Sigfrid von Weiher: Werner von Siemens. Ein Leben für Wissenschaft, Technik und Wirtschaft. Göttingen 1970.

3. *Charles E. L. Brown (1863–1924)*

Theodor Boveri: Erinnerungen an C. E. L. Brown, im Zusammenhang mit der Energieübertragung Lauffen-Frankfurt. In: *Bulletin des Schweiz. Elektrotechn. Vereins.* Bd. 57, 1966, S. 793–796;

Walter Boveri: Ein Weg im Wandel der Zeit. Jugendjahre. München 1963;

Brown, Boveri & Cie. AG Mannheim: BBC Mannheim [Festschrift zum 75. Jubiläum]. Mannheim 1975;

Willy Heinrich Ziegler: Die wirtschaftliche Entwicklung der A.G. Brown, Boveri & Cie., Baden, des Brown-Boveri-Konzerns und der A.G. Motor-Columbus. Berner jur. Diss. Brugg 1937;

Albrecht Zimmermann: 50 Jahre Brown-Boveri Mannheim. In: *Der Kontakt.* Jg. 1950, S. 5–38;

W. H. Grabenkamp: Hohe Spannung – Lange Leitung. Vor 75 Jahren: »Kraftübertragung Lauffen-Frankfurt«. Geburtsstunde der Großkraftwirtschaft. In: *Der Kontakt.* Jg. 1966, S. 90–101;

Adolf Wißner: Entwicklungen der Starkstromtechnik. In: *Naturwissenschaft, Technik und Wirtschaft. Acht Gespräche der Georg-Agricola-Gesellschaft* . . . Herausgegeben von Wilhelm Treue und Kurt Mauel. 2 Teile. Göttingen 1976. Hier Teil 2, S. 511–521.

VII. Die elektrischen Wellen

1. *James Clerk Maxwell (1831–1879)*

The scientific papers of J. Clerk Maxwell. Herausgegeben von W. D. Niven. 2 Bde. Neudruck New York 1952;

James Clerk Maxwell: Treatise on electricity and magnetism. 3. Auflage Oxford 1891;

Lewis Campbell und William Garnett: The life of James Clerk Maxwell. 2. Aufl. London 1884;

R. T. Glazebrook: James Clerk Maxwell and modern physics. London 1896.

2. *Heinrich Hertz (1857–1894)*

Heinrich Hertz: Gesammelte Werke. 3 Bde. Leipzig 1892–1895;

Heinrich Hertz: Erinnerungen, Briefe, Tagebücher. Zusammengestellt von Johanna Hertz. 2. Aufl. mit einer biographischen Einleitung von Max von Laue. Weinheim etc. 1977.

3. *Friedrich Theodor Althoff (1839–1908)*
Aus Friedrich Althoffs Berliner Zeit. Erinnerungen für seine Freunde. Zusammengestellt von Marie Althoff. Jena 1918;
Arnold Sachse: Friedrich Althoff und sein Werk. Berlin 1927;
Friedrich Schmidt-Ott: Erlebtes und Erstrebtes. 1860–1950. Wiesbaden 1952.

VIII. Die strahlende Materie

1. *Wilhelm Conrad Röntgen (1845–1923)*
Wilhelm Conrad Röntgen: Über eine neue Art von Strahlen. Herausgegeben von Fritz Krafft. München 1972;
Otto Glasser: Wilhelm Conrad Röntgen und die Geschichte der Röntgenstrahlen. Berlin etc. 1959;
Ernst Streller: Röntgens Leben und Werk. In: Wilhelm Conrad Röntgen 1845–1923. München 1973.

2. *Marie Skłodowska-Curie (1867–1934)*
Eve Curie: Madame Curie. Frankfurt 1952;
Marie Curie: Pierre Curie [Biographie]. Wien 1950.

3. *Ernest Rutherford (1871–1937)*
Arthur Steward Eve: Rutherford. Cambridge 1939;
Ivor B. N. Evans: Man of power, the life story of Baron Rutherford of Nelson. London 1939;
Norman Feather: Lord Rutherford. London 1940;
John Rowland: Ernest Rutherford, atom pioneer. London 1955;
Robin Mc Kown: Giant of the atom, Ernest Rutherford. New York 1962;
Edward Neville da Costa Andrade: Rutherford and the nature of the atom. London 1964.

IX. Umsturz im Weltbild

1. *Max Planck (1858–1947)*
Max Planck: Physikalische Abhandlungen und Vorträge. 3 Bde. Braunschweig 1958;
Max Planck: Vorträge und Erinnerungen. 7. Aufl. Darmstadt 1969;
Armin Hermann: Max Planck. In Selbstzeugnissen und Bilddokumenten. Rowohlts Bildmonographien Nr. 198. Reinbek 1973.

2. *Albert Einstein (1879–1955)*
Banesh Hoffmann: Albert Einstein. Schöpfer und Rebell. Dietikon-Zürich 1976;
Ronald W. Clark: Albert Einstein. Leben und Werk. Eßlingen und München 1974;
Albert Einstein: Über den Frieden. Weltordnung oder Weltuntergang? Bern 1975;
Horst Nelkowski etc. (Herausgeber): Einstein Symposion Berlin. Berlin 1979;
Peter C. Aichelburg und Roman U. Sexl (Herausgeber): Albert Einstein. Sein Einfluß auf Physik, Philosophie und Politik. Braunschweig 1979;
Armin Hermann: Die Neue Physik. Zum Gedenken an Albert Einstein, Max von Laue, Otto Hahn, Lise Meitner. München 1979.

3. *Arthur Erich Haas (1884–1941)*
Arthur Erich Haas: Der erste Quantenansatz für das Atom. Stuttgart 1965. Hier Biographie S. 7–25.

X. Physik ist Philosophie – und Weltgeschichte

1. *Arnold Sommerfeld (1868–1951)*
Albert Einstein/Arnold Sommerfeld: Briefwechsel. Sechzig Briefe aus dem goldenen Zeitalter der modernen Physik. Basel/Stuttgart 1968;
Ulrich Benz: Arnold Sommerfeld. Lehrer und Forscher an der Schwelle zum Atomzeitalter. Stuttgart 1975.

2. *Wolfgang Pauli (1900–1958)*
Wolfgang Pauli: Aufsätze und Vorträge über Physik und Erkenntnistheorie. Braunschweig 1961;
Wolfgang Pauli: Collected Scientific Papers. 2 Bde. New York etc. 1964;
Wolfgang Pauli: Wissenschaftlicher Briefwechsel mit Bohr, Einstein, Heisenberg u.a. Band I: 1919–1929. New York etc. 1979.

3. *Werner Heisenberg (1901–1976)*
Werner Heisenberg: Schritte über Grenzen. Gesammelte Reden und Aufsätze. 2. Aufl. München 1973;
Werner Heisenberg: Der Teil und das Ganze. Gespräche im Umkreis der Atomphysik. 4. Aufl. München 1972;

Armin Hermann: Werner Heisenberg. In Selbstzeugnissen und Bilddokumenten. Rowohlts Bildmonographien Nr. 240. Reinbek 1976;
Armin Hermann: Die Jahrhundertwissenschaft. Werner Heisenberg und die Physik seiner Zeit. Stuttgart 1977;
Elisabeth Heisenberg: Das politische Leben eines Unpolitischen. Erinnerungen an Werner Heisenberg. München/Zürich 1980.

Abbildungsverzeichnis

a) *Tafeln*

14. Januar 1845 zeigt die Gründer der Physikalischen Gesellschaft zu Berlin, aus der die heutige Deutsche Physikalische Gesellschaft hervorging. *Von links nach rechts, oben:* Karsten, Heitz, Knoblauch. *Unten:* Brücke, du Bois-Reymond, Beetz.

12 Eine der glänzenden Experimentalvorlesungen von Michael Faraday in der Royal Institution in London (um 1850). In der ersten Reihe sitzen der Prinzgemahl Albert und der Thronfolger.

13 Die Berliner Hofgesellschaft im Jahre 1874. Hermann Helmholtz, der »Reichskanzler der deutschen Physik«, mit seiner Frau im Salon der Frau von Schleinitz. Gemälde von Adolph von Menzel.

14 Elektrotechnische Ausstellung in Frankfurt 1891. Die »Kraftübertragung« über 178 km von Lauffen am Neckar nach Frankfurt wurde »das bedeutendste und wichtigste Experiment in der technischen Elektrizität, seitdem diese geheimnisvolle Naturkraft dem Menschen dienstbar geworden ist.«

15 Die Wissenschaft und die Industrie zusammenzubringen, war das große Ziel von Felix Klein, der als Sonne die Szene beleuchtet: Mit viel Geld und Selbstbewußtsein nähern sich die Industriellen; sie geben Geld und erhalten Gelehrsamkeit. Sie verlieren nicht ihr ganzes Geld, aber offenbar ihr Selbstbewußtsein. Über allem thront billigend der allmächtige Althoff. Die Karikatur entstand 1908 zum zehnjährigen Jubiläum der »Göttinger Vereinigung«.

16 Versuchsanordnung, mit der am 8. November 1895 in Würzburg Röntgen seine Strahlen entdeckte (Rekonstruktion durch das Deutsche Röntgen-Museum in Remscheid-Lennep).

17 Aufnahme, die Röntgen am 22. Dezember 1895 von der Hand seiner Frau angefertigt hat.

18 Um die Jahrhundertwende sprach man vielfach von der Strahlung als dem »vierten Aggregatszustand der Materie«. Wie später die vierte Dimension, so faszinierte damals dieser rätselhafte »vierte Zustand«. Das Photo zeigt das Physikerehepaar Marie und Pierre Curie, die die Erscheinung der Radioaktivität erforschten.

19 Ernest Rutherford (*vorne rechts*) im Jahre 1905 mit seinem Team vor dem McDonald Physics Building der McGill University in Montreal. *Links hinter* Rutherford Otto Hahn.

20 Erste Solvay-Tagung in Brüssel 1911, die »Gipfel- und Krisenkonferenz« der Physiker. Die führenden Gelehrten aus aller Welt nahmen teil, und wie beabsichtigt wurde ein Meilenstein gesetzt.

21 Nach dem Ende des Ersten Weltkrieges erregte Einstein mit seiner Allgemeinen Relativitätstheorie ungeheures Interesse. Völkische Kreise schmähten die moderne Physik schon damals als »entartete Wissenschaft«.

22 28. Juni 1929: Goldenes Doktorjubiläum von Max Planck. Stiftung der goldenen »Max-Planck-Medaille« durch die Deutsche Physikalische Gesellschaft und erste Verleihung an Planck und Einstein.

23 Geheimrat Arnold Sommerfeld, der große Forscher und Lehrer der theoretischen Physik.

24 Werner Heisenberg (1926 in Kopenhagen).

25 Wolfgang Pauli (1929 in Kopenhagen).

26 Seit 1929 bildete sich um Niels Bohr in Kopenhagen, Arnold Sommerfeld in München und Max Born in Göttingen ein Kreis junger theoretischer Physiker, die überzeugt waren, daß etwas Neues an die Stelle der klassischen Physik gesetzt werden mußte. Hier ein Treffen dieser »scientific community« bei Bohr in Kopenhagen im April 1933. Viele der Abgebildeten waren schon damals berühmt, andere wurden es später.

27 Werner Heisenberg (ca. 1965) in seinem Max-Planck-Institut für Physik und Astrophysik in München-Freimann. An der Wand hängt, als äußeres Zeichen der Verbundenheit, ein Porträt des verehrten Lehrers Arnold Sommerfeld.

b) *Abbildungen im Text*

1 Der »Sidereus nuncius« von 1610 (zu übersetzen mit »Sternenbotschaft« oder »Sternenbote«). In dieser Schrift beschrieb Galilei den Bau seines Fernrohres und teilte seine ersten Beobachtungen mit

2 Aus den Tagebüchern Galileis: Seine Beobachtungen über Sonnenflecken widerlegten erneut die herrschende Lehrmeinung von der Unveränderlichkeit der himmlischen Sphären, wozu die Reinheit der Sonne gehörte. Mit dem Jesuitenpater Christoph Scheiner ergab sich ein Streit über die Deutung und die Priorität der Entdeckung

3 Keplers Modell des Planetensystems im Erstlingswerk »Mysterium cosmographicum« von 1596

4 Titelseite der berühmten »Mathematischen Prinzipien der Naturlehre«. Das Werk erschien am 5. Juli 1687 in einer Auflage von 300 Exemplaren. Wenige Wochen später wurden 50 weitere Exemplare abgezogen. Wir zeigen das Titelblatt dieser »zweiten« Erstauflage

5 Schon im 18. Jahrhundert gab es das, was wir heute ein »Sachbuch« nennen. Hier eine deutsche Übersetzung von »Il Newtonianismo per le dame« des Grafen Algarotti

6 Mechanisches Perpetuum mobile nach Villard de Honnecourt (um 1235)
7 Perpetuum mobile von Karl Elias Beßler. Kupferstich aus dessen Werk »Perpetuum mobile triumphans« (Kassel 1719)
8 Galvanis Froschschenkelversuche. Abbildung aus seinem Buch »De viribus electricitatis« (1791)
9 Darstellung von »Voltaschen Säulen« in den »Philosophical Transactions« von 1800
10 Genialisch wie alles bei Ritter war auch seine Schrift. Hier ein Brief an Karl von Hardenberg, den Bruder des Novalis, vom 1.2.1807 mit einem Bericht über seinen Besuch bei Volta in Como
11 Die berühmte lateinische Flugschrift vom Juli 1820, in der Oersted seine Entdeckung des Elektromagnetismus der wissenschaftlichen Welt anzeigte
12 Zusammenfassende Beschreibung der Versuche von James Prescott Joule (1842). Wiedergegeben aus »Bild der Wissenschaft«
13 Erste Seite der Veröffentlichung, die später Mayers Priorität als Entdecker des Energieprinzips sicherte. Beachtet aber wurden damals seine Gedanken nicht
14 Die 1849 anonym erschienene Denkschrift von Gustav Karsten über die Lage der Physik in Deutschland
15 Die entscheidende Eintragung über die Entdeckung der elektromagnetischen Induktion im Labor-Tagebuch Faradays unter dem 29. August 1831
16 Die Versuchsanordnungen Faradays, mit denen er die elektromagnetische Induktion zu finden hoffte. Die Empfindlichkeit 1825 und 1828 war zu klein; erst mit der Anordnung vom 29. August 1831, die wir heute einfach einen »Transformator« nennen, war er erfolgreich
17 Kraftlinien zwischen einer positiven und negativen Ladung. Skizze von Michael Faraday in seinem Labortagebuch (»Diary«) 1836
18 Das sog. Induktorium A liefert eine sehr hohe Wechselspannung. Die Schwingungen breiten sich auch durch die Luft aus. Eine metallische Verbindung (wie in der Versuchsanordnung links) ist nicht nötig. Der Nachweis erfolgt durch kleine Fünkchen, die bei M überspringen. Das sind die von Hertz sogenannten »Nebenfunken«
19 Teil der Originalapparatur: die primäre Funkenstrecke. Die Fünkchen springen zwischen den beiden kleinen Kugeln in der Mitte über
20 Die Originalveröffentlichung von W. C. Röntgen.
21 Röntgen, eine »Durch-Leuchte« der Wissenschaft. Ein Beispiel für die zahlreichen Karikaturen, die damals in den Zeitungen erschienen und Röntgen innerhalb von Wochen weltberühmt machten
22 Am 25. Juni 1903 promovierte Marie Curie mit ihrer Dissertation »Forschungen über radioaktive Substanzen«. Ein halbes Jahr später erhielt sie für

eben diese Arbeiten den Nobelpreis. Die Nachfrage nach der Dissertation stieg sprunghaft, und so kam es zu einer zweiten Auflage. Hier die Titelseite

23 Aus dem Protokoll der Deutschen Physikalischen Gesellschaft. Sitzung vom 14. Dezember 1900 (»Geburtstag der Quantentheorie«) mit dem Vortrag Plancks »Zur Theorie des Gesetzes der Energieverteilung im Normalspektrum«

24 Lebenslauf Einsteins, 1919 eigenhändig geschrieben

25 Karikatur eines Schülers: Der Genius besucht Arnold Sommerfeld, die Physik macht einen Sprung nach vorn

26 Brief Sommerfelds an Einstein vom 3.9.1920: Beschwörender Appell, Einstein möge Deutschland nicht verlassen

27 Brief von Wolfgang Pauli an den verehrten Lehrer Arnold Sommerfeld mit Bemerkungen über die Krise der Modellvorstellungen

28 Brief von Max Born an Arnold Sommerfeld vom 5.1.1923, 2. Seite, mit einem Urteil über den jungen Heisenberg. Der letzte Abschnitt auf der ersten Seite beginnt mit: »Heisenberg habe ich sehr lieb gewonnen; er ist bei uns allen sehr beliebt und geschätzt. Seine Begabung ist unerhört, aber besonders erfreulich ist sein nettes, bescheidenes Wesen, seine gute Laune, sein Eifer und seine Begeisterung . . .«

29 Urteil Sommerfelds über die Doktorarbeit Heisenbergs (Juli 1923) und Kommentar von Wilhelm Wien

30 Die Unschärferelation Heisenbergs von 1927 in eigenhändiger Aufzeichnung

Personenregister

(die im Literaturverzeichnis genannten Autoren sind nicht aufgenommen)

Bitte beachten Sie
die folgenden Seiten:

Isaac Asimov

Aller Anfang ist Schwere
Ullstein Buch 34002

Von Zeit und Raum
Ullstein Buch 34021

Quasar, Quasar, leuchte weit
Ullstein Buch 34022

Drehmomente
Ullstein Buch 34047

Ullstein Sachbuch

Michel Gauquelin

Die Uhren des Kosmos gehen anders

Ullstein Buch 3193

Ullstein Sachbuch

Michel Gauquelin, Professor an der Sorbonne in Paris, berichtet hier über erstaunliche Experimente, die zeigen, daß es der Wissenschaft in den letzten Jahren gelungen ist, zwischen der mystischen Befragung der Sterne und exakt feststellbaren Einflüssen der Gestirne auf unser Leben eine Brücke zu schlagen.
Ein verantwortungsbewußtes Buch, das die neuen Erkenntnisse über den Hintergrund der kosmischen Kräfte und den wissenschaftlichen Kern der Astrologie zusammenfaßt.

Martin Gardner

Die Zahlenspiele des Dr. Matrix

Ullstein Buch 4160

Ullstein Ratgeber

Martin Gardner, bekannt durch zahlreiche Veröffentlichungen aus dem Bereich der Mathematik, z. B. »Mathematischer Karneval«, »Mathematische Hexereien«, legt hier ein weiteres, außergewöhnliches Buch vor.
In unterhaltsamer Form führt er den Leser an die Probleme der Zahlentheorie heran. Er vermittelt ein Gefühl für die Technik des Zahlenrechnens, gibt aber auch Einblick in die manchmal kuriosen Zusammenhänge der verschiedenen Rechenmethoden.
Ein unterhaltsames und informatives Buch.

Sharpe/Lewis

Der Egowecker

Ein Schlüssel zu Glück und Erfolg

Ullstein Buch 34012

Jedermann kann sein Verhalten steuern und zu seinem Vorteil verändern. Hemmungen gegenüber fremden Menschen werden durch den »Egowecker« abgebaut, Mißerfolge bringen niemand mehr aus der Ruhe, Prüfungen werden ohne Magenkrämpfe abgelegt, bei Vorstellungsgesprächen wird die Angst überwunden. Anhand von 12 Programmen lernt der Leser, eigene Zielprogramme zu entwickeln und diese einzusetzen.
»Der Egowecker« führt den Leser aus der Tretmühle von Ängsten und Mißerfolgen heraus auf den Weg der Erfüllung. Das Geheimnis des »Egoweckers« liegt in uns allen – es muß nur geweckt werden.

Dr. Robert Sharpe ist einer der führenden englischen Experten auf dem Gebiet der Verhaltenstherapie. David Lewis studierte Medizin und Fotografie und ist heute freischaffender Journalist und Schriftsteller.

Ullstein Sachbuch